하나님의 오순절 번갯불

LIGHTNING BOLTS
FROM PENTECOSTAL SKIES

사랑마루
SARANGMARU

Lightning Bolts from Pentecostal Skies;
or Devices of the Devil Unmasked
By Martin Wells Knapp
with God's Bible School Ohio Cincinnati, 1898,
Newby's Book, Indiana Noblesville, 1898.
Korean Translation Copyright © 2015 by The Sarangmaru, Seoul, Korea

GIFT 사중복음 고전시리즈 1
사중복음신앙과 신학의 보화

하나님의 오순절 번갯불

Lightning Bolts From Pentecostal Skies;
or Devices of the Devil Unmasked

저　자 / 마틴 웰즈 냅 Martin Wells Knapp
번　역 / 남태욱 박문수 장혜선 홍용표(해제)
감　수 / 최인식
서울신학대학교 글로벌사중복음연구소 (GIFT)
경기도 부천시 소사구 호현로 468번지 52

발행일 / 초판 1쇄 2015년 9월 18일
발행인 / 김진호
편집인 / 유윤종
책임편집 / 강신덕
기획·편집 / 전영욱 강영아
디자인·일러스트 / 권미경 오인표
홍보·마케팅 / 강형규 박지훈
행정지원 / 조미정 박주영 신문섭

펴낸곳 / 도서출판 사랑마루
주　소 / 서울시 강남구 테헤란로 64길 17(대치동)
전　화 / (02)3459-1051~2 FAX (02)3459-1070
이메일 / edu@eholynet.org
등록 / 2011년 1월 17일 등록번호/ 제2011-000013호

ISBN 979-11-86124-18-5 03230

GI·FT 사중복음 고전시리즈 1

사중복음신앙과 신학의 보화

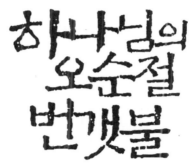

LIGHTNING BOLTS
FROM PENTECOSTAL SKIES

사랑마루
SARANGMARU

마틴 웰스 냅의 약력

1853년 미국 미시건 주 앨비온 탄생.
1872년 19세 미시건 앨비언 신학대학 입학
1881년 감리교 미시건 연회 목사 안수
1882년 『오순절 다이나마이트』 저술
1883년 더플린교회에서 '부흥자'Revivalist 紙 시작
1885년 『내 안에 면류관 쓰신 그리스도』완성 1887년 출간 베스트셀러
1888년 『하나님의 부흥자』God's Revivalist로 개명 확장
1888,89년 『출애굽에서 가나안 입성』출간 및 베스트셀러
1890년 『부흥의 토네이도스[폭풍]』 증보 출간 베스트셀러
1890년 이후 총 성결연맹 중동부연맹 매니저로 활동함.
1892년 신시내티로 부흥자 본부를 이전함. 도시 빈민을 구제하기 위한 성결전도관(Mission)
　　　창설함. 매일 1,200명 구호사역, 『이중 치유』 출간함.
1893년 만국 오순절부흥기도연맹(IPRL, IRPL) 창설.
1894년 『복음가』,『눈물과 승리가』 피켓, 브라이언트와 함께 발행하여 베스트셀러 됨. 『부흥자』,
　　　성결연합, 구제전도관 본부를 Y.M.C.A 2층으로 통합 이전. 켄터기 뷸라하이츠 성경
　　　학교, 영성수양원, 양로원, 고아원 병설함.
1895년 신시내티 〈하나님의 성서학원 선교훈련원〉God's Bible School and Missionary
　　　Training Home 창설. 성결 오순절 문고, 구원문고, 계간문고 등 확장.
1896년 세계일주선교기금부 신설, 중국 선교사 크라우스 등 선교사로 파송함.
1897년 3월 만국오순절성결연합 및 기도연맹을 확장하며 회장이 됨. 복음가 2권 발행, 나까다
　　　주지가 냅의 수양회와 신학교 참석함.
1898년 오순절 사중복음 해설서 『하나님의 오순절 번갯불』 저술. 신시내티 인근 구원파크 천막
　　　캠프집회 시작함.
1899년 『오순절적 저항』Pentecostal Aggressiveness 발행. 시카고은혜감리교회 메트로폴
　　　리탄 성결교회와 오스틴 성결교회로 분립하고, 만국성결교회 총회장 리스(Rees)가 담
　　　임. 냅은 리스와 순회선교사 찰스 스토커, 바이런 리스, 윌리엄 갓비를 세계에 파송함.
　　　생명의 구원선과 전도단을 오하이오 강에 배정함.
1900년 신시내티 어번 산(은혜의 동산) 매입, 2년 수학하고 1년 실습하는 〈하나님의 성서학원
　　　선교훈련원〉, 만국성결엽합, 『부흥자』통합 확충, 하나님의 장막과 강의동 완공, GBS
　　　180여명 학생 출석하였고, 졸업생들을 만국성결연합의 목사로 안수, 세계선교국
　　　(WMD) 카우만(Cowman) 부부를 극동에, 다른 선교사들을 인도에 파송함.
1901년 감리교를 탈퇴함, 길보른(Kilbourne) 부부를 안수하여 일본에 파송, 극동 성결교 부
　　　흥자 본부 시작,
　　　12월 7일 열병으로 소천함. 일생 40여권 책, 120여권 오순절성결책자를 편성하여 출
　　　간하고 보급함. '부흥자' 간행, 100여 곳에 전도관 설립, 구호 전도관과 고아원(호프카
　　　티지) 등을 설립; 세계 4대륙에 선교사들을 파송하였음.
*참고도서 『19세기 급진적 성결운동가들의 생애와 사상』 - "마틴 냅의 생애와 사상"(홍용표)

Martin Wells Knapp.

추천사

마틴 냅은 짧은 생애 동안 성결운동과 부흥회를 이끌며 성경학교를 세워 선교사들을 양성하고 19세기 성결캠프미팅을 주도한 하나님의 위대한 종이었다. 당시 그의 성결운동은 주류가 아닌 급진적 운동으로 그들이 외친 성령세례와 성결과 신유와 재림 등의 메시지는 성경에 뿌리박은 강력하고도 순전한 복음이었다. 냅의 삶과 정신이 집약된 〈하나님의 오순절 번갯불〉이 번역되어 출간된 것은 하나님의 크신 은혜이며, 한국교회에 엄청난 영적인 활력을 주고 진정한 복음의 바람을 일으킬 것이라 기대한다.

"웨슬리안 성결운동의 원초적 에너지,
일독을 적극 추천합니다."

유석성 박사
서울신학대학교 총장

서울신학대학교의 모체인 경성성서학원의 전통은 일본의 동경성서학원에서, 그리고 다시 만국성결교회의 하나님의 성서학원으로 그 기원을 찾을 수 있는 바, 하나님의 성서학원을 설립하고 만국성결교회를 창립한 마틴 웰스냅의 본서는 역사적으로, 신앙적으로, 그리고 신학적으로 특별한 의의가 있는 성결운동의 보화라 할 수 있다. 사중복음 펜티코탈리즘(오순절 정신)의 본질을 명확히 밝혀주는 본서는 웨슬리안 성결운동의 원초적 에너지를 담고 있으며, 독자로 하여금 말씀을 보게 하고, 기도하게 하고, 거룩한 삶으로 순종케 하는 힘을 주는 고전적 신앙 양서이다. 일독을 적극 추천한다.

"성령의 역사에 의한 그리스도인의 성결이
새로운 변화를 일으키길 기대합니다."

김성원 박사
나사렛대학교 신학대학원장

오늘날 한국의 교회와 사회를 볼 때, 19세기 미국에서 있었던 성결운동이 지금 우리에게 절실하게 필요하다는 것을 느낀다. 이 책에서 강조하고 있는 성령의 역사에 의한 오순절적 성결 체험은 21세기 한국교회, 나아가 세계교회에 큰 영향력일 것이다. 새로운 변화를 위한 성결운동이 일어나기를 기대한다.

"마틴 냅이 그리워집니다."

박명수 박사
서울신대 현대기독교역사연구소장

필자가 마틴 냅을 알게 된 것은 1987년 가을 미국 보스턴대학교 도서관에
서였다. 필자는 도서관에서 우연히 필그림성결교회(만국성결교회의 후신
이며, 웨슬리안 교회의 전신)의 역사책을 보게 되었고, 여기에서 마틴 냅
을 발견하게 되었다. 그리고 그 책에서 동양선교회 창립자 카우만이 냅에
게서 안수를 받았다는 것을 알게 되었고, 비로소 이명직목사님의 [성결교
회 약사]에 나오는 만국성결교회가 바로 냅이 만든 단체라는 것을 알았다.
그 때 가졌던 흥분은 지금도 기억이 새롭다. 사실 냅과 냅이 만든 만국성결
연맹, 하나님의 성서학원, 그리고 [하나님의 부흥자]는 초기 동양선교회의
막강한 후원자였다. 동양선교회는 냅과 그 그룹의 지원을 받았다지만 거기
에 종속된 단체는 아니었다.

마틴 냅은 매우 특별한 사람이다. 그는 감리교의 교권주의에 반대하고,
복음 안에서 자유를 맛보기 위해서 투쟁한 사람으로 소위 급진적 성결운동
(Radical Holiness Movement)의 중심인물이었다. 급진적 성결운동이
란 중생과 성결을 강조하는 전통적인 성결운동을 넘어서서 신유와 재림까
지 강조하는 그룹을 말하는 것이다. 여기에서 "급진적"이라는 말은 사도행
전의 "오순절"로 돌아가자는 것이다. 오순절이야말로 기독교의 시작이며,
모든 교회의 고향이기 때문이다.

세계교회사에서 냅은 웨슬리의 성결운동과 오순절의 성령운동을 연결시키고 있다. 웨슬리는 이미 성결이 인간의 사역이 아니고, 성령의 역사임을 주장했다. 그리고 이런 웨슬리의 정신은 그의 후계자로 지목되었던 존 플레쳐, 19세기의 위대한 성결의 여인 푀비 팔머를 거쳐 19세기 말에는 마틴 냅에 이르게 된 것이다. 아마도 냅은 이상의 어떤 사람 보다도 성결과 성령세례를 강력하게 연결한 사람이라고 생각한다. 그래서 그는 온전한 성결을 "오순절적인 성결"이라고 부르고 있다. 냅이 세운 하나님의 성서학원에서 오순절운동의 창시자 윌리암 시무어가 공부했다는 것도 주목할 만하다.

냅은 신학자가 아니라 부흥사였다. 따라서 그는 대중들이 잘 알아들을 수 있는 용어를 통해서 복음을 전했다. 우리가 냅의 이 책을 읽게 되면 냅이 왜 많은 사람들에게 큰 영향을 미쳤는지를 알게 될 것이다. 앞으로 계속 냅의 서적들이 번역되어 식어져 가는 한국의 성결운동을 부활시켰으면 한다. 한국에도 냅 같은 열정의 성결운동가가 나오기를 바란다.

성령의 충만함과 거룩한 삶에 목말라 하는 독자들에게

최인식 박사
글로벌사중복음연구소장

본서는 병든 한국교회를 새롭게 하는 치유의 선물이다

본서『하나님의 오순절 번갯불』이 당신의 손에 들어온 것은 영적 퇴보의 시대에 거룩한 삶에 목말라 하는 당신에게 있어서 하나의 특별한 은총의 사건이 될 것입니다.

왜냐하면 본서가 현대 그리스도인에게 마땅히 요구되는 '거룩한 삶'과 '영적 활력이 넘치는 삶'에 대한 강력한 도전과 치료의 메시지를 지금까지의 그 어떤 경건서적들보다도 명확하게 들려줄 것이기 때문입니다.

이것이 글로벌사중복음연구소(GIFT, Global Institute for the Fourfold-gospel Theology)가 창립되면서 제일 먼저 한국교회에 전달

하고픈 선물(GIFT)로 본서를 택한 이유입니다. 오순절 성결운동의 본래적인 정신과 메시지를 새롭게 들음으로써 '경건의 능력'을 회복하는 것입니다.

당신은 누구입니까?

당신은 오랜 세월 동안 하나님의 뜻대로 거룩한(성결, 성화) 삶을 살고자 애써왔으나 뭔가 부족함을 느끼고 있습니다. 거룩함에 참여하고 있다는 확신이 약합니다.

당신은 방언도 하고, 십일조와 주일성수도 하고, 교회의 많은 선한 일에 참여하지만, 성령 안에서 주어지는 정의와 평화와 기쁨의 하나님 나라(롬 14:17)를 풍성히 누리지 못하고 있습니다.

당신은 혹 목사요, 선교사요, 신학교수요, 전도사요, 장로요, 권사요, 안수집사요, 교회학교 교사요, 그 외에 교회를 섬기고 남들을 인도하는 지도자로서 활동하지만, 시간이 가면 갈수록 신앙생활이 '일'이 되어 심한 피곤을 느끼는 때가 많아진다고 하면서 힘들어하고 있습니다.

당신은 오늘날 한국의 교회들이 크건 작건 간에 교권주의와 세속주의에 감염되어 있으나 치료책을 제대로 찾지 못하여 병세가 더욱 심해지고 있는 상황을 바라보면서도 뾰족한 대안이 없어 개탄해 마지않고 있습니다.

당신은 우리들만의 체계적인 복음적 영성수련에 부족함을 느껴, 가톨릭이나 불교와 같은 이웃 종교인들이 행하는 영성수련이라도 배워 응용하여 자신에게 접목해 봄직도 하다고 생각하고 있습니다.

이러한 당신에게 이 책은 하늘에서 번갯불이 내리치듯이, 영적으로 무디어진 당신의 일상적인 삶에 도전과 격려의 말씀으로 당신을 감전시키게 될 것입니다. 당신을 치유하는 위대한 선물이 될 것입니다!

본서는 교회혁신을 위한 오순절 정신으로 충만하다

이 책은 19세기 말 미국에서 성결운동이 고조되었을 때, 거기에 머물지 않고 오순절 성령강림 사건으로 태어난 초대교회의 삶을 재조명하면서 성결운동이 보다 더 철저하고도 근원적인 데로 나아가야 할 것임을 촉구하기 위해 등장하였습니다.

이 책이 핵심적으로 보여주고자 하는 것은 성령세례로 말미암는 오순절 정신(Pentecostalism)에 입각한 그리스도인의 삶과 교회의 모습입니다. 또한 일상적이고 습관적인 신앙생활 속에 박혀 있는 크고 작은 암적 요소인 돌덩이들을 찾아 제거케 함으로써 오순절 초대교회의 거룩하고, 선교적이고, 사랑이 넘치는 공동체성을 회복토록 안내하는 것입니다.

이 책의 저자는 19세기 말 미국 성결운동의 지도자이자, 성결교회를 창립한 마틴 웰즈 냅(Martin Wells Knapp, 1853-1901) 목사입니다. 그는 사중복음 부흥사요, 성결운동 저술가요, 복음적 신학 교육자요, 유능한 행정 조직자요, 구제 사업가요, 영성 훈련가요, 초교파 연합운동가요, 선교 동원가요, 무엇보다도 교회의 혁신을 추구한 개혁자였습니다.

저자 마틴 냅은 미감리교회의 목사로 활동하다가 그가 전하는 사중복음적 메시지와 부흥활동이 지니는 펜티코스탈리즘의 급진성(Radicalism) 때문에 미감리교 당국과 마찰을 빚음으로 인해 법정 싸움으로까지 나가 재판에 승소했으나, 오순절적 사중복음(Full Gospel)을 온전히 전하는 데 한계에 부딪쳐 결국 감리교를 탈퇴하여 초교파적(unsectarian)인 연합활동을 하는 가운데 자신의 비전을 이루어 나갔습니다.

오순절 운동, 혹은 오순절 성결운동은 특정 교단의 전유물이 아닙니다.

주지하다시피 이러한 운동이 특정 교단의 소유로 자타에게 인식되는 동안 그 고유의 본래적 의미가 교리적으로 경직화한 경향을 보여왔습니다.

마틴 냅은 오순절 정신의 구현을 통해 성서가 그리스도인들에게 요청하는 거룩한 삶에 대해 강력히 도전했던 선구자들을 말할 때 단연 가장 중요한 인물 중의 한 사람입니다.

본서를 통해서 '오순절 정신'이 무엇인지, 그것이 얼마나 중요하고 긴급한 것인지, 그리고 어떻게 하면 그 정신을 실현할 수 있는지를 바로 알게 될 것입니다.

본서는 거룩한 삶에 대해 무한한 열망을 갖게 한다

그러므로 본서는 그냥 읽을 수 있는 책이 아닙니다. 본서는 성령으로 충만코자 하는 갈급한 마음, 갈구하는 마음이 아니고서는 읽혀지지 않습니다. 본서는 낮고 낮은 마음으로 읽는 자들에게 놀라운 위로와 신앙의 향상과 삶의 변화를 가져다 줄 것입니다.

본서는 여러 교회들 중에 특히 성결을 최고의 영적 가치로 여기는 성결교회 성도들에게 최고, 최상의 필독 고전입니다. 성결한 삶이 무엇인지를 갈구하는 자들을 위한 이처럼 아름답고 담대하고 힘찬 글을 읽어 본 일이 없습니다.

회심이나 오순절 성화에 대한 재발견을 잘못 이해한 이들은 틀림없이 본서가 제시하는 성서적인 기준을 자신이 해온 경험의 수준으로 끌어내리고 싶을 것입니다. 저자는 우리의 금 간 펌프를 버리고 오순절 경험의 샘솟는 우물을 얻기 위해 하늘의 급수시설을 취하라고 요청하고 있습니다.

이 책은 거룩한 삶에 무한한 열망을 갖게 합니다. 그동안 포기하고 살았던 참된 거룩함을 추구하게 합니다. 동시에 우리의 위선과 나태함을 고발합니다. 그리고 참된 부흥이 무엇인지를 묻습니다. 우리는 거듭난 자인가? 혹시 영적으로 사생아는 아닌가?

당신이 본서를 진지하게 읽고 묻고 실천한다면, 반드시 하나님의 말씀을 선포하고, 그리스도를 증거하고, 성령의 능력을 나타내는 탁월한 하나님의 사람, 그리스도의 제자, 성령 충만한 그리스도인으로 재탄생하게 될 것입니다.

본서는 사중복음의 성서적-신학적-목회적 전거(典據, source)다!
본서는 2,000여 년 기독교 역사 동안 교회를 통해서 줄곧 선포해 온 메시지들 가운데 가장 핵심적인 사중복음의 중생, 성결, 신유, 재림과 그와 관련된 신앙생활 상의 실제 문제를 다룬, 사중복음의 성서적-신학적-목회적 전거로서 그 가치를 높이 평가할 수 있는 책입니다.

특히 성결교회가 1897년에 미국에서 창립되었고, 그 이듬해인 1898년에 본서가 출판되었으므로 본서는 성결교회와 더불어 태어났다는 면에서도 매우 의미 있는 역사적 가치를 지니고 있다고 할 수 있습니다.

본서를 이해하는 데 필요한 문헌으로 GIFT 사중복음논총 창간호(2014)『19세기 급진적 성결운동 지도자들의 생애와 사상』과 GIFT 사중복음신학시리즈 제1권(2014)『예수의 바람, 성령의 바람: 사중복음 정신과 21세기 교회혁신』을 추천합니다.

본서의 번역은 장혜선 박사, 남태욱 박사, 박문수 박사 및 홍용표 박사가 수고해 주셨습니다. 특히 장혜선 박사가 최종적으로 원문 대조 및 교정하는 고난도의 작업을 잘 감당해 주셨고, 마지막으로 최인식 박사가 감수와 윤문을 맡아주셨습니다.

본서는 서울신학대학교 성결신학연구위원회(위원장 최인식)의 프로젝트 중 하나의 사업으로서 글로벌사중복음연구소가 맡아 추진한 결과물로 나온 것입니다. 이를 위해 적극적으로 지원해 주신 대학 당국과 유석성 총장님께 깊은 감사의 말씀을 올립니다.

본서는 기독교대한성결교회(총회장 유동선)와 본 STU 글로벌사중복음연구소 간의 MOU 체결 이후 맺은 첫 결실로 총회 교육국(유윤종 국장)에서 출판을 맡아주셨습니다. 관계자 여러분에게 심심한 감사의 마음을 전합니다.

그리고 본서는 홍성교회(당회장 김형배목사)의 출판비 후원으로 출간되었습니다. 귀 교회를 통하여 가시밭의 백합화 같은 사중복음의 향기가 온 누리에 퍼지기를 기원합니다.

"하나님이 그대에게 주신 은혜의 선물을 불일 듯 되살아나게 하시오."
'아나주프레오' Revive and Refire!

(딤후 1:6, 현대인 번역)

하나님의 오순절 번갯불

Lightning Bolts From Pentecostal Skies;or Devices of the Devil Unmasked

Contents

추천사 / 6

머리말 / 10

제1장 서문 prefatory / 19

제2장 오순절 세례 Pentecostal Baptism / 27

제3장 오순절 성화 Pentecostal Sanctification / 51

제4장 오순절 회심 Pentecostal Converts / 71

제5장 오순절 부흥 Pentecostal Revivals / 95

제6장 오순절 은사 Pentecostal Gifts / 111

제7장 오순절 헌물 Pentecostal Giving / 119

제8장 오순절 가정들 Pentecostal Homes / 147

제9장 오순절 치유 Pentecostal Healing / 163

제10장 오순절 대망: 그리스도의 재림 Pentecostal Expectancy of Christ's Return / 179

제11장 오순절 교회 The Pentecostal Church / 211

제12장 오순절 설교자 Pentecostal Preachers / 245

제13장 오순절 거짓 사역자들 Pentecostal Imposters / 329

『하나님의 오순절 번갯불』깊이 읽기 홍용표 박사(서울신대) / 381

Illustrations

Designed by the Author and executed by J. A. KNAPP.

1. 저자 사진 / 5

2. 번개 맞은 죄의 나무 / 18

3. 타락, 구원, 성화 / 50

4. 예수 재림에 대한 도해 / 178

5. 재림 / 208

6. 반석 위에 세운 집, 모래 위에 지은 집 / 241

7. 세 마귀들이 맴돌다 / 374

〈번개 맞은 죄의 나무〉

LIGHTNING BOLTS
FROM PENTECOSTAL SKIES

제**1**장

서문
prefatory

성경과 이 책에 나오는 번갯불(lightening bolts)은 오류와 그 오류를 고집하는 사람들에게만 타격을 준다.

번개가 내리쳐 오순절 정화와 능력의 태풍이 몰아치고 지면을 휩쓰는 동안, 하나님의 진리의 피뢰침(lightening rods)으로 보호 받는 사람들은 안전한 곳에서 소리쳐 노래할 수 있다.

우리는 물질 세계와 영적 세계 모두에서 전기의 시대를 살고 있다. 전기에서 빛, 열, 운동을 끌어오자 옛 방식과 가전기구들에 혁명이 일어났다.

오순절 발전기에서 빛과 사랑과 능력이 영적 세계로 터져 나오자, 대중들은 과거 촛불로만 비추던 역마차—형식과 예식과 메마른 신조들과 왜곡된 경험—에서 돌이켜 번쩍번쩍 환한 빛을 내며 빠르게 움직이는 온전한 구원(full salvation)의 자동차로 달려들었다. 이 차량은 하나님의 능력으로 승객들을 태우고 승리롭게 "영광에서 영광"에 이르게 한다.

번개는 깜짝 놀라게 한다. 우리는 생생하고 강력하고 치명적인 힘을 가진 번개에 깜짝 놀란다. 모든 시대에 걸쳐 오순절 하늘에서 떨어진 번개는 전 세계를 놀라게 했다. 이 책의 저자는 이 번개가 어떤 폭풍도 흔들 수 없는 반석 위 안전한 집을 갖지 못한 독자들에게 충격을 주어 그들을 깨어나게 하기를 기도한다.

번개는 강타한다. 번쩍이는 불은 항상 어딘가에 부딪친다. 하늘에서 번쩍 하고 환해지는 번갯불(sheet-lightning)은 번개의 아름다움과 더불어 그 진면목을 보여준다. 즉, 번개는 단지 "밝히는 놀이"가 아니라 부딪치는 힘이라는 것이다. 하나님은 땅위에라도 결코 재미삼아 번개를 보내지 않으신다. 오순절 번갯불은 예수를 십자가에 못 박은 자들을 내리치고, 그 이후로도 바리새인들과 위선자들 위에 무서운 진노를 계속 내려왔다.

번개는 각성케 한다. 번갯불을 동반하는 천둥은 강력한 각성제다. 바울(Paul), 웨슬리(Wesley), 피니(Finney) 같은 사람들을 뒤따르는 삶과 능력과 열정은 오순절 능력의 번개가 되어 종종 수많은 사람들을 죄의 잠에서 깨워 하나님의 나라로 인도한다.

번개는 주변의 대상들을 드러낸다. 번개의 강렬한 불빛은 어둠을 몰아내고 그림자 아래 숨어 있는 모든 적들을 드러낸다. 탐조등 아래에서는 먹이를 찾아 헤매는 여우와 비겁한 중상 모략가, 그리고 위험한 함정들과 안전한 장소가 드러나게 된다. 오순절 번개는 교회를 혼미하게 하는 죄, 형식주의, 세속성과 오류의 어둔 밤을 놀라게하고, 때로 무섭게 드러낸다. 번개는 타락한 사람들에게 그들의 모습을 드러내고, 영적인 적들을 경각시키며, 구원자이신 오직 한 분 주님을 드러낸다.

번개는 두렵게 한다. 사람들은 맹렬한 번개를 무서워한다. 그들은 번개 맞는 것을 두려워한다. 그러나 하나님은 사랑이 무한하신 분이시기에 번개를 만드셨고, 또한 마땅히 떨어져야 하는 곳에 번개를 던지고 계신다. 실제로 사람들은 영적인 번개를 무서워한다. 영적 번개를 담당하는 목회자들에게 반감을 느끼는 이유가 여기에 있다. 이러한 이유로 내가 아는 은사 받은 한 설교자는 최근에 4천 달러를 받는 직책에서 3백 달러를 받는 자리로 옮겨졌다. 다른 한 사람도 같은 이유로 쫓겨났다는 소식을 들었다. 오순절의 보호를 받지 못하는 사람들은 오순절 목회자들이 갖고 있는 오순절 불과 폭풍을 두려워하는데, 거기에서 번개가 자주 나타나기 때문이다.

번개는 사람을 가리지 않는다. 번개는 인종, 풍토, 신조, 사회적, 정치적 또는 교권적 지위를 막론하고 떨어진다. 하나님은 번개를 보내기에 적합하다고 판단하시는 곳마다에 죽음과 파멸을 주시는데, 아무것도 남기지도 않으시고 변명의 여지도 없게 하신다. 마찬가지로, 오순절 번개는 허위와 죄가 발견되는 곳마다에 떨어지며 명예와 신조들에 관심을 두지 않기에 오류가 사라지는 것을 원하는 모든 사람들에게 빛과 위로가 된다.

번개는 사람들에게 충격을 준다. 이것은 번개가 사람들이 살고 있는 장소 가까이에 떨어진다는 분명한 신호이다. 서기관들과 바리새인들은 이러한 종류의 번개가 처음 떨어졌을 때 무서워하며 "충격을 받았다." 형식주의자들과 세속주의자들, 위선자들은 언제나 이렇게 좋지 않은 영향을 받는 반면에 하나님의 참된 자녀들은 그것을 찬양한다.

> *"거친 폭풍에 용감히 맞설 수 있다네.*
> *그 영혼에 주님의 영광이 함께하기에.*
> *폭풍우 가운데서도 외칠 수 있으니,*
> *'주님을 찬양하라!'"*

이러한 사역은 천상의 불사역이라는 부서의 일로, 하나님은 이 사역으로 당신의 자녀들을 기쁘게 하신다. 그 외의 사람들은 번개에 어떤 영향을 받는지에 따라서 그들의 진정한 영적 성품을 평가하신다.

때때로 번개는 죽인다. 번개가 죽일 때, 우리는 번개나 또는 번개를 보내신 하나님께 불평하지 않고, 오히려 "주님은 모든 일을 잘되게 하신다."라고 말한다. 그러므로 아간과 아나니아, 삽비라는 번개를 맞아 악행하는 자들에게 경고가 되었고, 이때에도 하나님의 백성들은 보호를 받았다. 이와 같이 번개는 오늘날에도 유사한 부류의 인물들에게 떨어져서 유사한 결과를 가져온다.

번개는 비상한 것이다. 번개는 항구적인 태양의 발광이나 조용한 중력의 힘과 비교하면 비상한 것이지만, 하나님께 속한 것이며 태양이나 중력처럼 자기의 역할이 있다. 은총의 햇빛과 구원의 향기로운 바람은 영적 세계에서는 정상적인 것들이다. 그러나 영적 세계에서 번개는 물질 세계와 마찬가지로 진정한 자기 역할이 있다. 번개는 어느 쪽에도 정상적인 상태는 아니다. 영계와 물질계 모두에서 번개는 예외적이고 일반적인 상태는 아니지만 하나님이 없애지는 않으실 힘(force)이다. 필자는 빛과 양식과 온기로 충만한 다섯 권의 책을 저술하였고, 단지 이 책에서만 아주 심각하게 번개로 채웠다.

번개는 관심을 끈다. 번개는 대중의 관심을 끈다. 진동을 동반하는 천둥은 도처에 있다. 영적인 불도 그렇다. 번개 맞은 사람들의 울부짖음이 온 도시에 자주 울리고, 또한 출판사라는 공명판의 도움으로 온 나라에 울려 퍼진다. 이러한 것들이 예수님 당시에는 예루살렘을 소동으로 가득 채웠고, 똑같은 번개가 정확하고 맹렬하게 번개로 파멸된 자들의 자녀들에게 다시 튀어서 현대의 예루살렘 역시 번개로 가득한 것이다.

번개는 인기가 없다. 번개는 대체로 사람들을 두렵게 하기 때문에 인기가 없다. 번개는 경고의 재료로써 각성케 하고 놀라게 하고 때로 죽이기도 한다. 하지만 번개는 하나님의 계획의 일부분이며, 다른 어떤 물리력이 감당할 수 없는 사명을 갖고 있다. 기독교의 번개 국면은 같은 이유로 인기가 없지만, 그럼에도 불구하고 필요성이 없다고 할 사람은 없다. 이 책의 번개는 하나님의 진리라는 거대한 폭풍우에서 나오며, 이 진리는 하나님의 말씀에 그 근거를 둔다.

번개는 절대로 사과하지 않는다. 누가 번개를 맞건, 또는 얼마나 많은 사람이 얼마나 끔찍하게 "충격을 받았든지" 또는 비난하는지 상관없이, 번개는 결코 어떤 것도 철회하지 않는다. 만일 필자가 자신의 잘못된 견해를 표현한 것이 있다면, 필자는 기쁘게 수정을 받아들이고 공개적으로 사과할 것이다. 하지만 하나님의 말씀에서부터 나온 것이라면 그 번개가 아무리 심하고 사람들에게 비난거리가 된다 해도 거기에는 어떤 사과도 있을 수 없다.

번개는 가혹하게 나타난다. 번개의 사역은 흔히 잔인하고 파괴적인 것 같이 보인다. 제한된 인간의 시야로는 그렇게 보일 수 있다. 그러나 하나님의 기준으로 보면, 결코 그렇지 않다. 오직 무한하신 사랑의 품에서 나온 번개가 물질 세계와 영적 세계를 내리치기 때문이다. 이전에는 몰랐더라도, 우리는 영원(Eternity)이라는 대학에서 "어린양의 진노"조차 오히려 거룩한 사랑의 한 방식이라는 사실을 틀림없이 배우게 될 것이다.

번개는 갑작스럽다. 같은 방식으로 진리도 "번개처럼 빠르게" 그 적들에게 갑자기 나타난다. 그러면 적들은 자신들이 "심한 고통과 죄악의 굴레" 가운데 있음을 인식하게 된다. 아나니아와 같은 자들은 지상의 법정보다 더 높은 법정에 속전속결로 소환된다. 마치 갑자기 홍해에 빠져버린 바로의 군대와 같다. 그러나 바로의 군대가 쳐부수고자 했던 자들은 해변에서 승리의 노래를 부른다. 또한 사람들이 자신들의 어리석음을 알았을 때는 이미 너무 늦어서 죄 아래로 침몰해버린 노아 홍수 직전의 세상과도 같다.

번개는 변하지 않는다. 번개는 아담, 모세, 그리고 초대 교회 시대와 같이 지금도 꼭 같다. 오순절 진리라는 전류도 마찬가지이다. 족장들과 예언자들과 사도들을 승리롭게 하늘로 이동시켰던 구원 열차에 빛, 열과 운동을 주는 전선(wire)은 그때와 같은 진주 문으로 그들의 자손들을 이 시대로부터 데려갈 것이다. 또한 옛날의 거짓된 예언자와 백성들과 바리새적인 위선자들에게 떨어졌던 번개는 오늘날 그들의 추종자들에게도 동일한 진노로 내리칠 것이다.

번개는 신성모독적으로 보인다. 번개는 종종 교회들을 치고, 때로는 설교자들을 죽인다. 실제로, 현대의 많은 성전 첨탑들이 번갯불을 유인한다. 비슷한 방식으로 가짜(shame) 교회들이나 설교자들은 오순절 하늘로부터 강력한 질책과 폭로의 불을 초래한다. 그 어떤 성스러운 장소와 직무에 대한 거짓 맹세도 불을 막을 수 없다. 하나님께 불순종하고 하나님을 모욕하는 곳은 어떤 곳이라도 거룩하지 못하고, 신성한 신뢰를 배신함으로 자신의 직무를 속되게 하는 사람은 누구라도 거룩하지 못하다. 그런 장소나 그런 목회자들이 하나님의 번개의 대상들이고, 이 책에서 그들을 강조하여 드러내고 있다.

번개에 대한 보호가 준비되었다. 번개에 대한 완벽한 보호막이 있다. 번개에 완벽하게 차단된 사람은 햇빛 아래 있는 것과 마찬가지로 폭풍 속의 번개 아래에서도 안전하다. 거짓 공언(shame profession)이라는 피뢰침으로는 보호받을 수 없다. 피뢰침이 번개를 우회시키는 것이 아니라 오히려 번개를 끌어들이기 때문이다. 그러나 성령 체험으로 세상으로부터 격리된 모든 사람은 위에서나 아래에서 나오는 어떤 불에도 두려워하지 않는다. 만일 "충격을 받거나" 죽는다면, 적당하게 격리되지 않았기 때문일 것이다.

번개는 상쾌한 소나기를 예고한다. 소나기로 인해 가뭄이 물러가고, 자연이 새롭게 된다. 그러니 소나기는 하늘이 내리는 보배로운 은택이다. 이것은 오순절 능력의 번개를 수반하는 구원의 소나기에도 해당된다. 소나기를 통해 형식주의라는 사하라 사막이 기독교의 경험과 실천이라는 꽃이 가득한 정원으로 바뀌고, 세속성과 죄의 말라리아가 제거되어 영적 분위기가 신선하고 건강하게 되어 천국의 아름다움과 향기로 가득해진다. 지금 글을 쓰는 필자에게도 축복의 소나기가 부어졌으며, 또한 하나님께서 이 책을 바르게 읽는 사람들에게 축복의 소나기를 부어주실 것을 믿고 기도한다. "우리 가운데서 역사하시는 능력대로 우리의 온갖 구하는 것이나 생각하는 것에 더 넘치도록 능히 하실 이에게 교회 안에서와 그리스도 예수 안에서 영광이 대대로 영원무궁하기를 원하노라. 아멘"(엡 3:20-21).

제2장

오순절 세례
Pentecostal Baptism

성경에는 예수의 피라는 빨간 줄 하나가 관통하고 있다고 한다. 그런데 성경에는 또 다른 줄 하나가 흐르고 있다. 바로 오순절 성령 강림을 약속하는 하얀 줄이다. 성경의 모든 약속 중에서, 하나님은 이것을 모든 세대를 위한 "약속"(THE PROMISE)이라고 높이신다. 예언자들은 이 약속에 대해 기록하고 노래했다. 그리고 하나님의 나라가 도래했을 때, 위대한 예언자들은 왕의 강림만 선포한 것이 아니라 성령의 오심도 선포했다. 다른 어떤 것보다도 예수 자신이 이 약속의 성취를 알리셨는데 그것은 흘러넘치는 생수의 근원이 되어 죄와 형식의 메마른 사막을 낙원의 정원으로 변화시키는 것이었다. 성령강림과 내주하심 그리고 정화와 충만케 하심은 그분의 백성들의 삶에서 분수령이 되는 경험이었다. 여기에 붙여진 거룩한 이름 중 하나가 "세례"이다. "그는 성령과 불로 세례를 줄 것이다"(마 3:11).

오순절 세례는 약속된 세례이다. "내가 내 아버지께서 약속하신 것을 너희에게 보내리니"(눅 24:49). 심지어 갈보리에서 성취된 약속들마저도 오순절을 중심으로 이루어지는 약속에 비하면 많이 언급되거나 강력하게 표현된 것이 아니다(요 14:16; 15:26; 16:13과 참고문헌들을 보라). 그토록 강조하고 반복해서 말씀하신 약속이 이루어지지 않았다면 하나님은 하나님이 아니었을 것이다. 오순절 세례는 하나님의 하나님 되심이 걸려 있는 일이다. 그러므로 성령은 교회에 부어져야 한다. 그렇지 않으면, 영원한 보좌가 허물어질 것이다.

오순절 세례는 명령된 세례이다. "성령으로 충만함을 받으라"(엡 5:18). 믿는 자들은 성경에 있는 다른 명령들처럼 이 명령에 순종해야 할 커다란 의무 아래 있다. 그러므로 성령으로 충만할 때까지 "머무르기"를 거부하는 사람들은 하나님의 명령에 불순종하는 것이며, 그들 자신의 영혼뿐만 아니라 우리가 성령 충만 받은 후에 구원할 다른 사람들까지도 위험에 빠뜨리는 것이다. 우리가 먼저 본을 보이지 않으면 순종을 가르칠 수 없다. 그 나라의 가장 중요한 요구사항을 하찮게 여기는 시민은 누구든지 그 나라를 대표해서 보냄 받을 자격이 없는 것이다. 그러므로 이 명령을 알고도 따르지 않는 사람은 모두 죄가 있다. 이와 같이 스스로 임명된 수많은 사역자들에게는 하나님이 요구하시고 하늘이 인증한 성령의 불꽃이 있어야 한다.

오순절 세례는 영적인 세례이다. "요한은 물로 세례를 베풀었으나 너희는 몇 날이 못 되어 성령으로 세례를 받으리라 하셨느니라"(행 1:5). 요한의 세례는 물로 베푼 세례였다. 오순절 세례는 하나님이 베푸시는 세례다. 이 세례가 치료하는 질병은 영적인 것으로, 피부나 뼈, 피나 신경보다 더 깊은 차원에 있다. 따라서 그 치료법도 영적이어야 하고, 그래야 효과적이다. 제거해야 할 찌꺼기가 온 영혼에 퍼져 있어서, 하늘의 불이 아니고서는 녹여서 깨끗하게 될 수도 없다. 오순절 세례는 영광스러운 영적 실재로서 물은 외적인 표지(sign)이다.

오순절 세례는 예수가 행한 세례이다. "하나님이 오른손으로 예수를 높이시매 그가 약속하신 성령을 아버지께 받아서 너희가 보고 듣는 이것을 부어 주셨느니라"(행 2:33). 그러므로 이 세례를 흠잡는 사람은 예수를 흠잡는 것이며, 이를 비판하는 사람은 예수를 비판하는 것이다. 이 세례를 반대하는 모든 사람들은 예수를 반대하는 것이다. 요한은 물로 세례를 베풀었고, 예수는 성령으로 세례를 베풀었다.

오순절 세례는 한 가지 세례이다. 어떤 사람들은 성령으로 받은 세례는 불로 받은 세례와 구분되는 것이라고 한다. 즉 세례가 두 개인데, 하나는 성령으로 받는 세례이고, 또 다른 하나는 불로 받는 세례라는 것이다. 그러나 사도행전 1장 5절에서 보여주는 것처럼 예수는 약속의 성취를 언급하면서 불에 대해서는 전혀 언급하지 않았고, 약속이 이루어졌을 때 성령의 임재로 불의 혀가 나타났을 뿐 다시 반복되지 않았다. 불은 명백하게 약속이 성취된 외적인 표식이다. 예수님이 오셨을 때 그의 강림을 별 하나로 알 수 있었다. 성령이 강림하실 때는 불의 혀로 나타났다.

그럼 이 질문에 답해보자. "사람들을 진실로 성화시키는 두 번째 불세례가 존재하는가?" 주석가 갓비(W. B. Godbey)는 이렇게 말한다.

"아니다. 오직 한 세례만 있을 뿐이다(엡 4:5). 그러나 당신 속에는 이미 여러 차례의 불이 일어난 경험이 있을 수 있다.

디모데후서 1장 6절은 '그러므로 내가 나의 안수함으로 네 속에 있는 하나님의 은사를 다시 불일 듯하게 하기 위하여 너로 생각하게 하노니'라고 했다. 디모데는 성령의 은사를 이미 받았다. 그것이 성화이다. 여기서 바울은 그것을 다시 불일 듯하게 하라고 권면하고 있다. 헬라어로 아나조푸레오anazoopureo는 번역하면 영어로는 'stir up'인데 '다시'라는 뜻을 가진 'ana'와 '생명'이라는 뜻을 가진 'Zooe', 불이라는 뜻을 가진 'pur'로 이루어져 있다. 그러므로 그 의미는 다시 살아나게 하고 다시 불붙인다는 뜻이다.

하나님의 오순절 번갯불

이 성경구절들로 인해 우리는 난제에서 벗어날 수 있다. 불의 세례를 받지 않았다면 성화되지 않은 것이다. 만약 불이 사라졌다면 그 경험을 잃어버린 것이다. 디모데는 배교자가 아니었다. 그는 성화된 경험 안에 있었다. 그러나 바울은 그에게 그 경험을 다시 불일 듯 일어나게 하라고 상기시킨다. 중생은 생명을 주고, 성화는 정결과 힘을 준다. 디모데가 자신 안에 있는 하나님의 생명을 되살리기 위해 하늘의 바다로부터 부으심이 필요했다면, 또 하늘 제단으로부터 불세례가 내려 그의 성화를 뜨겁게 유지시키는 것이 필요했다면, 디모데에게 주는 바울의 충고는 우리에게도 해당되는 것이 아닐까? 우리가 영적인 생명을 누리고 있다는 사실이 우리가 다시 새롭게 되고 되살아날 수 있다는 결론과 반대되지는 않는다. 우리가 성령과 불로 세례를 받은 적이 있다는 사실이, 그리고 우리 마음 제단에 하나님의 불이 타고 있으며 죄를 삼키는 불꽃이 우리 온 존재를 관통하고 있다는 사실이 더 많은 불을 받지 못하는 이유가 될 수 없다. 하나님과 영혼들을 향해 더 뜨거워지고 더욱 열심을 내자. 우리는 모두 디모데처럼 하나님과 하늘로부터 영원히 '다시 살아나고 다시 불일 듯' 할 필요가 있다. 아무리 뜨거워도 위험하게 되지 않는다."

오순절 세례는 검증된 세례이다. "오랫동안 고대하던" 오순절 날이 임했을 때, 그리고 모든 조건들이 충족되었을 때 약속이 이루어졌다. 그렇게 세례가 기다리던 사람들에게 임했고, 그들은 모두 "성령으로 충만해졌다." 고넬료와 그의 집안(행 10), 에베소의 회심자들(행 19), 그리고 다른 사람에게도 이 일이 반복되어 초대교회를 성령세례 받은 교회들로 탁월하게 만들었다. 그리고 수천의 증인들—살아있는 이도 있고 현재 번역된 다수의 증언들—이 동일하게 복된 세례를 증거하고 있다. 이렇게 신자들은 그 세례의 실재와 획득가능성을 확증했다. 흠 없는 여러 증인들의 입을 통해서 모든 것이 확실해졌다. 이것은 검증된 세례이다.

오순절 세례는 정결케 하는 세례이다. 베드로는 성령으로 감동받아 자신과 다른 이들에게 영향을 준 세례의 성격에 대해 이렇게 선포했다. "마음을 아시는 하나님이 우리에게와 같이 그들에게도 성령을 주어 증언하게 하시고 믿음으로 그들의 마음을 깨끗케 하사"(행 15:9,10). 이 말은 성령 세례가 육체의 정욕이나 타고난 죄를 없애지 못하고, 온전히 성화되었더라도 여전히 교만과 정욕, 두려움, 시기, 분노, 성급함을 그 영혼 안에 가지고 있다는 통상적인 믿음에 대해 치명타를 날린다. 아니다. 아니다. 천 번이라도 아니다. 성령의 역사를 곡해하는 것들에서 떠나라. 그것은 인간 마음에 있는 부패성의 맹공격을 없애는 성령의 능력을 마비시키는 것이다. 정결케 하시는 성령의 불은 타고난 죄의 찌꺼기들을 모두 제거하여 죄로 인한 질병의 씨를 없애고 악이 머물고 있는 "옛사람"을 쫓아내어 영혼을 온전히 거룩하게 한다. 물세례가 외적인 생활을 정결케 하고 모든 실제적인 죄들을 씻어 없애는 중생인 것과 같이, 불로 상징되는 이 세례는 모든 내면의 찌꺼기가 없어질 때까지 녹이고 태운다. 그리고 이같이 정결케 된 영혼은 "흰 눈보다 더 하얗게" 된다. 영광을 드리자!

오순절 세례는 권능을 부여한다. 오순절 세례는 약속된 "위로부터의 능력", "성령의 능력"으로, 영적인 삶에서 능력의 요새를 무너뜨리는 정욕이라는 암을 제거한다. 이뿐 아니라 오순절 세례는 영적으로 온전하게 건강하게 하고, 또한 예수를 높여 그 안에서 그분의 지혜와 능력을 끊임없이 공급받도록 만든다. 그리고 원수가 공격할 때에 우리는 우리 내면에 그 원수보다, 또한 우리 자신보다 더 크신 분이 계시다는 사실을 알게 되어, 예수의 능력 안에서 그의 복된 세례를 통해 "넉넉히 이기는 자"가 된다. 이 세례는 약한 자를 강한 자로 변화시킬 뿐 아니라 우리가 하나님을 위해 증거하고 사역하고 기도하고 설교하고 베풀고 견디고 부인하고 고난당하고 노래하고 기록하고 외치고 표명하고 죽을 수 있도록 필요한 능력을 주신다. 그러므로 우리 영혼을 "그의 영광의 힘을 따라 모든 능력으로 능하게 하시며 기쁨으로 모든 견딤과 오래 참음에 이르게 하시고"(골 1:11) 예수의 이름으로 강하게 하시는 것이다.

오순절 세례는 자유케 한다. 오순절 세례의 영향으로 믿는 자들은 "아들이 자유케 하는 자는 진실로 자유하다"는 것을 완전히 깨닫고, 낮은 곳에서 일어나 "영광스런 자유"로 나아간다. 이 자유는 모든 기독교인의 특권이다. 모든 속박이 깨어졌다. 마침내 영혼이 자유케 되었다. 인습과 편견과 선입견, 그리고 무시무시한 비난의 새장이 깨졌다. 이제 독수리처럼 날개를 펴고 공중으로 높이 날아올라 달콤하고 축복된 온전한 자유를 누리게 된다.

오순절 세례는 기쁨을 가져다준다. 이것은 예수가 제자들에게 드러낸 "너희 기쁨이 충만할" "이러한 일들" 중 하나이다. 하나님은 당신의 백성이 기뻐하기 원하신다. 죄는 그들을 슬프게 했지만 성령은 그들을 기쁘게 하신다. 그래서 모든 상황 속에서 주님의 기쁨이 그들의 능력이었다. 그래서 성질 사나운 똥개가 무는 것부터 "그들의 재산이 축나는" 일이나 심지어 사형집행인이 휘두르는 도끼까지도 하나님이 보내거나 허락한 것이면 그 무엇도 기쁘게 받아들일 수 있다.

오순절 세례는 두려움을 좇아낸다. 세례를 받고 겁쟁이 베드로는 담대한 승리자가 되었다. 세상에 대한 두려움, 어두움과 도둑의 위험, 가난이나 원수나 죽음이나 장래에 대한 두려움은 울부짖는 늑대와 같지만 오순절의 불 앞에서는 모두 달아난다. 이 세례가 주는, 아니 오직 이 세례만이 줄 수 있는 "완전한 사랑"(perfect love)은 "심판 날에 담대할 수 있도록" 우리 안에서 "모든 두려움을 내좇는다."

오순절 세례는 정욕을 죽이는 세례이다. 앞에서 본 것처럼 세례는 타고난 모든 죄를 깨끗하게 한다. 말씀에 주어진 더욱 강력한 비유가 필요한데 이렇게 표현할 수 있다. 내면의 죄는 "죄의 몸이 사라지고"(롬 6:6) "죽은" 것으로 나타난다. 오순절의 배터리로부터 흘러나온 전류는 "이 사망의 몸"을 완전히 감전사시킨다. 그래서 믿는 자들은 죄에 대해서는 죽고 하나님에 대해서는 살게 되는 것이다. 이것은 마치 반항하고 교만했던 도둑이 쇠사슬에 묶여 감옥 안에 있다가 갑자기 처형되어 그 몸이 던져지는 것과 같다.

오순절 세례는 견고하게 하는 세례이다. 그 세례를 받은 자는 "믿음 안에 견고하여지고" "사랑 안에 뿌리내리고 자라게 되며" "능력 있게 모든 일을 할 수 있으며 견딜 수 있게 된다." 이 세례는 실체도 없이 쉽게 유혹과 반대에 빠지게 하는 얄팍한 가짜 거룩함을 부끄럽게 한다. 제국의 증여품들이나 쾌락의 유혹, 세상의 위협이나 고문은 이 놀랍게 변화시키는

하나님의 오순절 번갯불

능력의 선물을 소유한 사람을 흔들 수도 없고 좌절시킬 수도 없다. 그러므로 초대교회 설교자들은 초창기부터 믿는 자들에게 이 경험을 선포했다. 만일 많은 거짓 선생들이 주장하는 것처럼, 그러한 과정이 "어린 회심자들을 낙심시키는" 것으로 추정된다면, 사도들은 커다란 잘못을 범한 것이다. 하나님을 통해 확신 받고, 견고하게 되어 강력해진 수많은 성도들이 이러한 사단의 책략으로 난파되었다. 누군가는 심판 날에 자신의 피로 책임을 지게 될 것이다. 오순절 세례를 주장한다는 이유로 "괴짜"(cranky)라거나 "맹신자"(hobbyist)라고 비난받던 사람들이 심판날에 어느 정도 위로받게 될 것이다.

오순절 세례는 취하게 하는 세례이다. 이 세례는 강력한 영적 약물 효과가 있어서 사람들은 이 세례를 받은 이들이 취했다고 생각했다. 세례 받은 이들이 요란하게 웃고 외쳤기에 군중들은 그 이상하고 신기한 광경을 보기 위해 몰려들었다. 처음 영혼의 떨림을 경험한 사람들의 마음에 천국의 황홀경이 심겨져서, 그들은 그 도취를 통제할 수 없었다. 또 그럴 생각도 없었을 것이다. 틀림없이 '나 문화(I.Culture)' 목사는 그런 광경을 보고 혼란스러웠고 역겹다고 여겼다. '형식성(F.O.R.Mality)' 목사는 표현하지 못할 정도로 충격을 받았고, '위선(H.Y.Pocrisy)' 부부는 분노를 감출 수 없었다. 그리고 '죄 사랑(Love Sin)' 가족과 '자기만족(Self Indulgent)' 가족은 예나 지금이나 "그 현상 안에서 조금의 신앙도 볼" 수 없었다. 그러나 성도들은 기뻐했고 베드로는 설교했다. 하나님이 그 결과를 살펴주셔서 하루 만에 3천 명이 회개하고 하늘과 땅이 기뻐했다. 제자들은 너무도 "취해서" "평판"이나 "고관들", 정치적인 또는 교회적인 위험과 박해자들을 염두에 두지 않았다. 이런 기쁨이라면 한번 경험해볼 만하지 않은가? 악마나 그의 수하들은 이런 경험이 단지 사역자들과 초기 시대를 위한 것일 뿐이라고 우리를 설득한다. 그런 거짓을 퍼뜨리는 가짜 설교자에게 화 있으라!

오순절 세례는 조명하는 세례이다. 오순절 세례는 영적인 시야를 분명하게 해주어 전에는 희미하게 겉모습만 보였던 성경의 위대한 진리들을 이제는 거대한 로키 산맥처럼 볼 수 있게 한다. 전에는 은혜의 좁은 길과 작은 호수처럼 보이던 것들이 아마존과 나이아가라와 대서양으로 변하게 된다. 이러한 조명은 모든 죄인들에게서 성도가 될 수 있는 가능성을 보게 할 뿐 아니라 기후와 인종이 다른 지역에 사는 모든 믿는 자들이 서로 가까운 친척이라는 사실을 깨닫게 한다. 이것은 갑자기 영혼을 휩쓸어 천상의 빛의 영광스러운 햇살로 데려간다. 오순절 세례 안에 하나님이 계시므로 빛 가운데 걸으면서 그곳에서 하나님과 또한 하나님의 가족과 친교할 수 있게 되며, 깨끗케 하는 피를 지속적으로 보고 느끼며 더 확대시키게 된다.

오순절 세례는 참된 자유의 원천이다. "그중에 가난한 사람이 없으니 이는 밭과 집 있는 자는 팔아 그 판 것의 값을 가져다가 사도들의 발 앞에 두매 그들이 각 사람의 필요를 따라 나누어 줌이라"(행 4:34-35). 오순절의 진정한 불은 인색함과 구두쇠 같은 마음과 내놓지 않으려는 꽉 쥔 손을 마른 풀이 산불에 타듯이 태워버린다. 오순절 세례는 우리의 영혼을 녹여서 태평양 같은 하나님의 사랑 안에 들어가게 하는데, 구원의 선박이 잃어버린 자를 구원하기 위해서 바다 안에서 끊임없이 움직인다. 이 세례를 받았다고 주장하는 사람 안에 인색한 마음이 있다면 마치 흠잡을 데 없이 건강하다고 주장하는 사람에게 천연두가 발병하는 것과 같다. ("오순절 헌물" 7장을 보라.)

오순절 세례는 사람들을 이끌어 들이는 세례이다. "이 소리가 나매 큰 무리가 모여"(행 2:6). 여러 주 동안 오후와 저녁 시간에, 이 도시에서 열린 오순절 모임에 사람들이 모여들었다. 오순절 설교, 오순절 간증, 기도, 권면, 확신, 회심, 성화, 외침과 눈물, 승리가 있는 그곳에, 사람들이 서로를 이끌어 올 것이다. 어제 집회에서 간증한 젊은이는 저 펜실베이니아에서 이끌려 왔는데, 그는 이 세례를 받기 전에는 이 일이 무엇인지도 알지 못했을 것이다.

오순절 세례는 죄를 깨닫게 하는 세례이다. "그들이 이 말을 듣고 마음에 찔려 베드로와 다른 사도들에게 물어 이르되 형제들아 우리가 어찌 할꼬 하거늘"(행 2:37). 이는 구원받지 못한 사람들에게 이 세례를 설교하면 안 된다는 허튼 소리에 대한 명확한 답변이다. 존 웨슬리가 오직 믿는 자들만 이 은사를 받을 자격이 있다고 가르쳤기 때문에 많은 이들이 이 교리를 구원받지 못한 이들이 있는 곳에서는 선포하지 말아야 한다는 오류에 빠지게 되었다. 이것은 악마의 술책이다. 오순절 세례에 대해 설교하고 간증하는 것은 성결하지 못한 신자들뿐 아니라 오순절 사건에서 보여주듯이 믿지 않는 자들에게도 죄를 깨닫게 하는 가장 강력한 도구이다. 폭도들에게 용서에 대해 말하는 것과 더불어 완전히 충성된 삶의 태도와 그 기쁨에 대해 말해주는 것 외에 그들을 평정케 할 수 있는 다른 효과적인 방법이 또 있을까? 물에 빠진 사람이 구조선 안에서 생명을 얻을 수 있을 뿐만 아니라 깨끗한 옷과 풍부한 먹을거리까지 얻을 수 있다는 말을 듣는 다면 구조선에 올라타려는 노력을 결코 멈추지 않을 것이다. 회심이 사람을 구원의 구조선에 옮겨놓는다면, 이 세례는 옷 입히고 무장시키며 먹이고 채워 영원히 썩지 않을 생명을 공급한다. 그러므로 오순절 세례의 선포는 이런 일들에 대하여 깊은 확신을 준다.

오순절 세례는 연합시키는 세례이다. "우리가 다 한 성령으로 세례를 받아 한 몸이 되었고"(고전 12:13). 이 세례는 각각의 신앙고백과 피부색과 서로 다른 기후에 사는 사람들의 장벽을 태워 없애서 사람들을 거룩한 사랑의 끈으로 단단히 묶어 하나 되게 한다. 중생은 믿는 이를 하나님의 가족이 되게 하고 이 세례는 가족의 일원을 갈라놓고 소외시키는 모든 요소들을 제거한다. 이런 세례가 존중 받는 모임에서는 모든 교파가 한마음과 한 생각이 되어 함께 어울린다. 이 세례는 맹렬히 불타는 용광로같이 믿는 자들을 녹여서 하나로 흘러가는 사랑의 물줄기로 만들어준다.

오순절 세례는 효과적인 기도에 필수적이다. "우리는 마땅히 기도할 바를 알지 못하나 오직 성령이 말할 수 없는 탄식으로 우리를 위하여 친히 간구하시느니라"(롬 8:26). 오직 성령충만한 신자들만이 기도의 거인이 될 수 있다. 우리 영혼과 하나님 사이의 전선을 차단시키고 그분과의 친교를 방해하는 마음의 정욕은 오직 이 세례로만 파괴할 수 있다. 성령으로 충만하고 성령으로 행동하며 성령으로 응답받는 것이 효과적인 기도에 대한 하나님의 명령이다.

오순절 세례는 혀를 풀어주는(tongue-loosening) 세례이다. "그들이 다 성령의 충만함을 받고 성령이 말하게 하심을 따라 다른 언어로 말하

기를 시작하니라." 오순절 체험의 물줄기가 흘러내리는 곳 어디에서나 오
순절 간증의 수레바퀴가 움직이기 시작한다. 다락방에서도, 고넬료에게
도, 에베소의 회심자들에게도 성령을 받는 곳에서는 언제나 그러했다. 이
세례는 영적으로 혀가 묶인 자들과 영적으로 벙어리인 자들을 치료하시
는 하나님의 치료법이다.

오순절 세례는 확증하는 세례이다. "그들이 사도의 가르침을 받아 서로
교제하고 떡을 떼며 오로지 기도하기를 힘쓰니라"(행 2:42). 바울은 이
세례를 경험하도록 교회들을 이끌어서 "교회들을 견고하게 했다." 회심했
다고 공언하는 수많은 이들이 다시 죄에 빠지는 한 가지 이유는 바울의 모
범을 따르는 목회자가 드물기 때문이다. 그리고 그들이 이러한 모범을 따
르지 않는 이유는 그 경험을 해보지 않았기 때문이다. 요한이나 바울 같
은 지도자가 되고자 하는 사람들이 모두 체험적으로 그들의 모범을 따른
다면, 그들은 즉시 오순절의 정결함과 능력을 경험할 수 있는 가나안 땅
으로 많은 무리들을 이끌 수 있을 것이다.

오순절 세례는 영혼을 얻는 세례이다. "주께서 구원받는 사람을 날마다
더하게 하시니라"(행 2:47). 이 세례는 "죄지은 자들을 가르쳐 죄인들이
하나님께로 돌아오게" 한다. 부흥의 능력은 엔진의 증기와 불과 같이 그
들을 움직이게 한다. 이같은 오순절의 긴요한 조건들이 무시되는 관례적
인 연장집회*는 성경적인 지식과 경험의 부족하다는 것을 광고하는 것이
다. 또한 하늘의 발전기를 인간적인 조작으로 대치하는 것이 얼마나 어리

---

* 19세기 텐트미팅의 한 형태로, 기간을 정하지 않고 계속 진행된 집회

석은 일인지는 그러한 집회들에서 드러나는 초라하고 일시적이고 부정직한 결과를 통해 잘 알 수 있다.

오순절의 세례는 내주하는 것이다. "영원토록 너희와 함께 있게 하리니"(요 14:16). 성령이 오시면 성전이 깨끗하고 아름답게 된다. 이것이 성령으로 받는 세례이다. 그의 내주하심은 끊임없이 흘러나오는 샘과 같이 성전을 깨끗케 하신다. 그분이 머물러 계실 만한 조건들이 위반되지 않는다면 성령은 영원히 함께하실 것이다. 영혼의 성전은 내주하심을 위해 창조되었고, 이를 위해 구원 받았으며, 이를 위해 성령이 소유하셨다. 성령은 슬퍼하며 떠나셔야 할 경우가 아니라면 결코 떠나지 않으신다.(힐즈[A. M. Hills] 목사의 "오순절의 빛"을 보라.)

오순절 세례는 마지막 영화를 위해 필수적인 것이다. "예수를 죽은 자 가운데서 살리신 이의 영이 너희 안에 거하시면 그리스도 예수를 죽은 자 가운데서 살리신 이가 너희 안에 거하시는 그의 영으로 말미암아 너희 죽을 몸도 살리시리라"(롬 8:11). 먼저 세례 받고 성령으로 정결하게 되지 않으면 성령이 우리 안에 거하실 수 없다. 그분이 우리 안에 거하시지 않으면 예수님이 오셔서 이전에 있었던 구원의 전 역사를 완성하시고 정점에 이르게 하실 때 우리 몸을 살리실 수도, 영화롭게 하실 수도 없다.

오순절 세례는 놀라움을 일으킨다. "그들이 다 놀라 신기하게 여겨"(행 2:7). 군중들은 이것이 어디서 오는 것인지 어떤 방법으로 그렇게 되었는지 이해할 수 없었다. "영적인 일은 영적으로 분별하나니" 우리도 종종 오순절 집회에 모인 사람들이 성령으로 인해 나타난 일들을 놀란 눈으로 바라보는 것을 접하게 된다. 요즘 소위 오순절적이라고 하는 많은 일들이 아무런 놀라움도 일으키지 않는다는 사실은 결함이 있다는 것을 말해준다.

오순절 세례는 당황케 한다. "다 놀라며 당황하여 서로 이르되 이 어찌 된 일이냐 하며"(행2:12). 이 세례는 초자연적이다. 예수님의 성육신만큼 신비로운 것이다. 하늘이 땅 위에 있는 것처럼 아직 깨어나지 못한 인간의 생각을 초월하는 높은 것이다. 영적인 눈을 가진 사람들은 이 세례를 받아들이고 하나님의 계시와 역사로 선포한다. 영적이지 않은 사람들은 그들이 교회에서 사역을 하는 사람이거나 교회 밖에 있는 사람이거나 이 세례를 분석하려 하며 그 본질과 현상에 대해 언제나 놀라워하고 당황하며 어리둥절해 한다. 자연적인 인간은 무한한 공간을 측량하려고 시도하거나 창조의 모든 신비를 이해하려 하는 것과 같은 방식으로 하나님의 역사를 대한다.

오순절 세례는 조롱당한 세례이다. "또 어떤 이들은 조롱하여 이르되 그들이 새 술에 취하였다 하더라"(행2:13). 비웃음은 보통 자신의 주장에 약점이나 결함이 있다고 광고할 때 드러나는 경우가 많다. 그래서 세상이 가장 좋아하는 무기 중 하나이다. 세상은 성령으로 세례 받은 사람들에게 술에 취해 흥청거린다고 비난했다. 그리고 성령의 역사를 거룩하지 못한 영들에게 돌렸다. 현대의 형식주의자들도 똑같은 죄를 범하고 있다. 하나님 나라의 새 술의 효력으로 우리가 웃거나 울거나 외치거나 뛸 때 거짓 교수들이 마귀의 조롱이라는 기관총을 우리에게 겨누더라도 놀라지 마라. 그리고 걱정하지 말고 기뻐하라. 너희 전에 있었던 선지자들도 이같이 박해하였기 때문이다.

오순절 세례는 소멸될 수도 있는 세례이다. "성령을 소멸하지 말며"(살전 5:19). 물이 불을 끄듯이, 의무를 소홀히 하거나 죄를 고백하지 않거나 성령의 감동에 불순종하면, 이러한 일이 찬물을 켜도록 하여 이 세례로 인해 불붙은 성령의 불을 소멸할 수도 있다. (힐즈 목사의 "성령의 불을 소멸하지 말라"를 보라.)

오순절 세례는 죽음에 관련된 세례이다. 먼저 이 세례는 믿는 사람의 마음에 있는 "옛사람"의 정욕을 감전사시킨다. 두 번째로 이것은 전류가 흐르는 전선과 같아서 함부로 손을 대면 죽음에 이를 수도 있다. 법궤를 잡으려 했다가 희생되었던 사람들과 고라와 그 자손들(민 16장), 아나니아와 삽비라, 헤롯왕이 증인이다. 이 세례나 그 현상에 대해 반대하는 것보다 폭풍 속에서 피뢰침을 가지고 노는 것이 훨씬 안전할 것이다.

오순절 세례는 지위나 성별, 직책이나 국적 어느 것에도 제한받지 않는다. "누구든지 그리스도와 합하기 위하여 세례를 받은 자는 그리스도로 옷 입었느니라 너희는 유대인이나 헬라인이나 종이나 자유인이나 남자나 여자나 다 그리스도 예수 안에서 하나이니라"(갈 3:27,28). 오순절에 여자들도 이 세례를 받았고 받은 은사들을 사용하라는 하나님의 명령도 받았다. 스데반은 평신도들 가운데 첫 번째 열매이고 고넬료와 그 집안의 세례는 오순절 세례가 모든 이름과 연령과 국적을 위한 것이라는 하나님 나라의 객관적인 교훈이다. 크루(Kru)족 소년 새미 모리스(Sammy Morris), 인도의 데이비드(David), 거룩하게 된 노예 아만다 스미스(Amanda Smith)는 이 진리가 현대에 나타난 증거들이다.

오순절 세례는 변화를 일으키는 세례이다. "그들이 베드로와 요한이 담대하게 말함을 보고 그들을 본래 학문 없는 범인으로 알았다가 이상히 여

하나님의 오순절 번갯불

기며 또 전에 예수와 함께 있던 줄도 알고"(행 4:13). 이 세례는 영적인 애송이를 거인으로 변화시키고 영적인 바보를 철학자로, 영적인 겁쟁이를 왕이신 예수의 용감한 대장으로 변화시켜서 사람들과 마귀들, 그리고 교회와 국가의 총공격에 담대히 맞서 싸워 승리를 외치게 한다.

오순절 세례는 회심에 뒤따른다. 이 세례는 오직 하나님의 자녀들에게만 약속되었다. 성경이 기록하는 모든 사람들은 먼저 신자가 되고 나서 이 세례를 받았다. 오순절에 모인 사람들이나 고넬료와 그의 가족들, 에베소의 회심자들과 그외의 사람들처럼 말이다. 회심과 성령세례를 혼동하는 것은 정원에 나무를 심는 것과 잡초를 제거하는 것을 혼동하는 것과 같다. 이 두 가지가 같다고 주장하는 모든 사람들은 자신이 무지하다는 것과 성령세례를 받지 못했다는 것을 자랑하는 꼴이다. 그 세례의 불같은 부으심을 경험한 사람들은 그 차이를 구별하는 데 어려움이 없기 때문이다.

오순절 세례는 믿는 자들만을 위한 것이다. "세상은 능히 이를 받지 못하나니"(요14:17). "육에 속한 사람은 하나님의 성령의 일들을 받지 아니하나니 이는 그것들이 그에게는 어리석게 보임이요, 또 그는 그것들을 알 수도 없나니 그러한 일은 영적으로 분별되기 때문이라"(고전 2:14). 그리스도와 바울은 세상에 속한 사람들이 이 세례를 받을 수 없다는 데 의견을 같이하고 있다. 하나님은 당신의 영적인 성전을 오직 거듭난 삶의 기초 위에만 세우신다. 하나님은 나사로를 자유하게 하시기 전에 부활하게 하셨다. 하나님은 마귀의 집을 청소하고 그 안을 채울 것을 계획하지 않으셨다. 요한은 죽은 시체에 물 세례를 주지 않았고 예수님도 죽은 영혼에게 불로 세례를 주지 않으셨다. 오직 하나님의 자녀 됨을 알고 있는 영광스러운 빛 가운데 살고 있는 신자들만 오순절에 이 세례를 받았고 지금까지도 그렇다. 다른 사람들은 "받을 수 없다." 하나님이 그렇게 말씀하신다. 그러므로 이 질문은 영원히 논쟁거리가 되지 못한다. 그리고 이 세례를 교회의 일원이든 아니든 아직 회심하지 않은 사람에게 주려 하는 것은 바보 같은 짓이다. 그러나 그들 앞에서 설교할 수는 있으며, 그렇게 하면 죄를 깨닫게 하는 강력한 힘을 일으킬 수 있다.

오순절 세례는 순간적이다. 죄로 조난당한 사람을 구원하고 그를 최종적인 완전함으로 회복시키는 구원의 세 가지 위대한 역사는 모두 순간적이다. 첫째는 사람의 모든 실제적인 죄를 용서하시는 것과 영적인 죽음으로부터 그의 영혼을 부활시키시고 그 이름을 어린양의 생명책에 기록하는 것을 받아들이는 성령으로 인한 탄생이다. 둘째는 예수님이 오실 때 신자가 얻는 마지막 영화인데 그의 몸과 마음에 미치는 죄의 영향력이 제거될 것이고 그의 온 존재가 천상의 것으로 변화할 것이다. 이는 "눈 깜짝할" 사이에 일어나는 일이라고 하나님이 선언하셨다. 셋째는 그 세례를 통해 타고난 죄가 제거되고 하나님으로 충만하게 되는 세례이다. 이것도 위에서 언급한 다른 두 가지 획기적인 역사처럼 언제나 순간적으로 일어난다. 그 후에 점차로 그 의미가 펼쳐지고 깨달아지는 것이지만 이 일의 본질은 순간적으로 일어난다는 것이다.

"또 너희의 구하는 바 주가 갑자기 그의 성전에 임하시리니"(말 3:1). "홀연히 하늘로부터 급하고 강한 바람 같은 소리가 있어…그들이 다 성령의 충만함을 받고"(행 2:2~4). 세례가 집행되는 것이 "선물"을 받는 것, "물"에 빠지는 것, 약을 처방하는 것과 그것을 받는 사람으로 표현되었다.

그러므로 어떤 사람이 물로 세례를 받는 때처럼, 선물을 받으려고 손을 내밀어서 선물을 받는 것처럼, 물을 마시는 것처럼, 또는 "문을 열고" 친구를 맞아들이는 것처럼 재빨리 이 세례를 받는데, 이것은 영적인 움직임이 육체적인 활동보다 더 빠르게 일어나기 때문이다. 성경의 계명들과 약속들과 인물들과 같은 모든 본보기들이 세례의 의무에 대해 가르치고, 그 세례의 즉각성을 선언하고 있다. 그 세례의 실재를 확인시켜주는 모든 세대의 모든 지역에서 드러나는 신자들의 경험이 강력한 나이아가라 폭포처럼 하나가 되어 동일한 사실을 압도적으로 증거하고 있다.

사탄은 혼미해진 신학자들이 말하는 "점진주의"(gradualism)라는 가르침을 통해 군중들을 속여서 불확실성이라는 안개로 그들의 눈을 가려서 그들이 오순절의 승리의 정상에서 기뻐하지 못하도록 한다. 성경을 읽어보면 이 영광스러운 영적 세례는 성장이나 죽음, 또는 공로나 학위로 얻을 수 없고, "성령과 불로" 믿는 자들에게 세례를 주는 권한을 가지신 분이 베푸시는 순간적인 행동이라는 것을 미련한 자들도 확신할 수 있을 것이다. 사탄과 그의 설교자들이 당신을 혼미하게 만들지 않도록 조심하라. 지옥은 사탄과 그 졸개들과 연합해서 신자들이 "빛 가운데서 성도의 기업"을 지금 받을 수 있다는 사실에 대해 알 수 없게 만들고 있다.

오순절 세례는 하나님께 대한 절대적 포기를 조건으로 한다. "하나님이 자기에게 순종하는 사람들에게 주신"(행 5:32). 만약 금이 불에 들어가기를 거부한다면 결코 순전한 금이 될 수 없고, 인증도장도 받지 못할 것이다. 위대한 선생 되신 주님은 이 큰 상급을 순종하지 않는 제자들에게는 주시지 않는다. 그들은 이를 구해야 하고 기도해야 하고 위해서 금식하고 희생해야 한다. 조금이라도 자기 뜻을 고집하는 불꽃이 남아있으면 결코 주어지지 않을 것이다. 그 고집이 무엇에 기초하고 있건 더 지혜로운 하나님의 뜻에 순복해야 한다. 그것은 친구일 수도 있고, 지위나 명성 혹은 기대감이나 경험, 제단에 나가기를 꺼려하는 마음이나 비슷한 종류의 시험을 받기 싫어하는 마음일 수도 있다. 하나님께 순종해야만 이 세례가 주어진다. 하나님은 오직 당신께 순종하는 이들만이 이 귀중한 유산을 받을 수 있다고 말씀하신다.

오순절 세례는 믿음으로 받는 것이다. "이는 그리스도 예수 안에서 아브라함의 복이 이방인에게 미치게 하고 또 우리로 하여금 믿음으로 말미암아 성령의 약속을 받게 하려 함이라"(갈 3:14). 칭의와 같이 이 세례는 공로나 자신의 성장이나 죽음이나 신앙고백으로 얻어지는 것이 아니다. 오직 믿음을 통해서만 받을 수 있다. 이스라엘 백성들이 믿음으로 홍해와 요단강을 건넜듯이 참회하는 자의 죄도 믿음을 통해서 구세주의 보혈이라는 홍해 속에 빠지고, 믿는 이는 믿음으로 정욕에 대해 죽는 요단강을 건너 아브라함의 진정한 자손들에게 약속된 영적인 가나안 땅으로 당당하게 옮겨가는 것이다. 이는 오직 이 "안식"에 들어가는 것을 믿는 사람들에게만 허락되었다. 영혼이 모든 것에 죽고 오직 하나님의 뜻으로만 살 때 모든 즐길 거리와 보물들을 내려놓고 모든 조건들에 자기 자신을 던지면서 두손으로 이 약속을 붙잡을 수 있다. 그러면 그때 그 능력이 드러나서 그 유익을 취할 수 있게 된다. 이스라엘이 가데스 광야에서 넘어진 것과 같이 당신의 마음이 강퍅하게 되어 "불신앙 때문에 들어가지 못하고" 뒤로 넘어지지 않도록 주의하라.

오순절 세례는 간절히 구함으로 받을 수 있다. "너희가 악할지라도 좋은 것을 자식에게 줄 줄 알거든 하물며 너희 하늘 아버지께서 구하는 자에게 성령을 주시지 않겠느냐 하시니라"(눅 11:13). "마음을 같이하여 오로지 기도에 힘쓰더라"(행 1:14). 끈질긴 기도, 연합된 기도, 믿음의 기도, 기대하는 기도는 오순절의 방을 여는 열쇠로서 유일한 것이다. 이 수준에 이르는 자들은 야곱같이 기도하고 금식하고 탄원해야 한다. "나를 축복해 줄 때까지 당신을 놓지 않을 것입니다." 하나님의 자녀들이 앞뒤를 가리지 않고 자신을 온전히 하나님께 내던져 피로 산 바 된 이 선물을 구하면 그분은 거절하지 않으실 것이다. 그분의 말씀이 선포하고 오순절이 증거하고 살아있는 수많은 증인들이 고백하듯이 말이다. 할렐루야!

오순절 세례가 필요하다고 반드시 고백해야 한다. 우리는 지은 죄를 고백하고 내버리며 믿음으로 이 약속 안에서 용서받아서 하나님의 아들 됨을 얻는다. 성령과 함께하는 세례는 우리 본성의 죄를 고백하고, 하나님의 뜻과 반대되는 모든 것들에 대해 죽고, 세례를 주실 것이라는 약속을 믿을 때 받을 수 있다. 물세례가 순종하는 사람들에게 집행되는 것과 마찬가지로, 하늘로부터 오는 이 세례는 약속된 조건들을 충족시킨 모든 사람들에게 예수님이 주시는 것이다. 이 세례는 성장이나 공로로 받는 것이 아니라 위에 열거한 조건들을 만족시킬 때 받을 수 있다. 독자들이여, 여러분은 이 조건을 갖추고 있는가?

오순절 세례는 필수적인 세례이다. 그렇지 않았다면 하나님이 이를 선포하지도 제공하지도 명령하지도 않았을 것이다. 필수적이지 않다면, 예수님도 이를 받지 않았을 것이고 이 조건을 만족시키는 사람들에게 베풀

준비를 하고 서 계시지도 않았을 것이다. 없어도 된다면, 성령께서도 이 세례를 소유하지 못했을 때, 다른 모든 빛들이 희미하게 느껴질 정도로 이 세례를 갈망하게 하지 않을 것이고, 이에 대해 깊이 확신하도록 하지 않았을 것이다. 이 세례가 없으면, 원죄라는 옛 뱀이 그의 모든 자녀들의 교만, 불신, 두려움, 시기, 거룩하지 못한 분노, 참지 못함, 이기심과 더불어 성화되지 못한 마음의 어두운 정글 속에 숨어서 똬리를 틀고 혀를 날름거릴 것이다. 이 세례가 없으면, 사랑은 있어도 완전한 사랑은 결코 없을 것이다. 평화는 있어도 완전한 평화는 없을 것이며 기쁨은 있지만 충만한 기쁨은 없을 것이다. 담대함은 있어도 두려움 없는 담대함은 없을 것이다. 인내는 있어도 완전한 인내는 없을 것이다. 생명은 있어도 불은 없을 것이다. 성장과 함께 질병도 있을 것이다. 오순절 세례가 없으면 하나님이 기뻐하지 않으신다. 이 세례 없이 그의 명령과 약속을 취할 수 없고, 영적인 금광을 캘 수 있는 기회도 사라질 것이다. 성령세례와 함께 받을 수 있는 것들을 잃어버리게 되고, 신자가 다른 사람을 돌보고 이끌어야 할 부담을 갖지 않게 된다. 이런 때는 신자가 전기 모터가 되어 영적인 빛과 열과 움직임을 발해야 한다. 독자들이여, 이 세례를 받았는가? 여러분은 지금 이 영광스러운 부여를 누리고 있는가? 여러분은 성령세례의 축복을 전하고 있는가?

하나님의 오순절 번갯불

〈타락, 구원, 성화〉

제**3**장

오순절 성화
Pentecostal Sanctification

오순절 성화란 초기 오순절 교회에서 설교되고 고백되고 경험되고 살아 있던 성화로, 지금 실제로 성화를 소유한 모든 사람들에게도 동일하다. 이는 사탄이 속이는 대치물들과 전혀 다른 것으로 메마르고 냉랭하고 논쟁적이고 비판적이며 독단적이고 이론적이며 광적인 것들과 대조적이다.

오순절 성화는 예수님이 한 신자 안에서 행하시는 사역으로, 주님이 성령으로 세례를 주실 때 일어난다.

이러한 세례를 받은 사람은 모두 오순절 성화를 받은 것이고, 오순절 성화를 가진 모든 사람은 이 세례를 받은 것이다. 예수님은 세례자이자 성화자이다. 즉 믿는 자가 받는 대상이며, 성령이 그 내용이다. 말씀은 세례의 그릇이고, 피는 그 값이다. 하나님 아버지께서 이 일을 계획하셔서 예정하셨고 이 일을 성취하시고자 아들을 주셨다.

믿는 자는 세례자에게 복종하고, 말씀에 순종하며 그 피를 의지하여 성령을 받고 그 영광스러운 결과로 인해 하나님 아버지께 찬양을 드린다.

오순절 성화는 예수님이 주시는 것이다. "너희는 하나님으로부터 나서 그리스도 예수 안에 있고 예수는 하나님으로부터 나와서 우리에게 지혜와 의로움과 거룩함과 구원함이 되셨으니 기록된 바 자랑하는 자는 주 안에서 자랑하라 함과 같게 하려 함이라"(고전 1:30-31). 그리스도가 성화를 주셨기 때문에 그 모든 영광을 자신이나 다른 사람이 아닌 주님께로 돌려야 한다. 심지어 말씀 그 자체도 주님이 하신 일의 영광을 빼앗을 정도로까지 과도하게 높여져서는 안 된다.

오순절 성화는 성령을 통해 일어난다. "성령이 거룩하게 하심으로 순종함과 예수 그리스도의 피뿌림을 얻기 위하여"(벧전 1:2). 베드로는 성령을 통해 이 일이 일어났음을 분명하게 선언하고 있다.

오순절 성화는 진리에 순종함으로 받는다. "너희가 진리를 순종함으로 너희 영혼을 깨끗하게 하여 거짓이 없이 형제 사랑하기에 이르렀으니 마음으로 뜨겁게 서로 사랑하라"(벧전 1:22). 예수님은 이렇게 기도하셨다. "그들을 진리로 거룩하게 하옵소서 아버지의 말씀은 진리니이다"(요 17:17). 베드로는 그의 편지를 받는 사람들 가운데 주님의 기도가 응답되었다고 말한다.

오순절 성화는 피를 통해서 이루어진다. "그러므로 예수도 자기 피로써 백성을 거룩하게 하려고 성문 밖에서 고난을 받으셨느니라"(히 13:12). 성화는 속죄의 더 큰 목표이고, 예수님의 피가 그 대가이다. 이것을 받아들이지 않는 사람은 예수님의 피를 거부하는 것이다. 믿지 않았기에 그는 믿음이 없는 자이다. 마비상태에 있는 교회는 대부분 이 점을 실제로 믿지 않기 때문인데, 강단이나 회중석이나 둘다 마찬가지이다.

오순절 성화는 하나님의 뜻이다. "하나님의 뜻은 이것이니 너희의 거룩함이라 곧 음란을 버리라"(살전 4:3). 여기에 분명히 선포되었다. 첫째, 성화는 하나님의 뜻이다. 그렇다면 누가 감히 이를 비판하거나 이에 무심할 수 있겠는가? 둘째, 이것이 음란에 대한 하나님의 치료법이다. 세상을 사랑하는 마음은 영적인 음란이다. 중생은 세상을 포기하게 하고 성화는 세상을 향한 마음에 있는 타고난 죄를 불태우고 하늘의 것을 사모하는 마음을 전해주어 세상의 오염된 우물에서 나온 불결한 물을 싫어하도록 만든다. 참으로 구원받은 모든 사람들은 춤추기, 서커스, 극장, 경마 등과 같은 세상의 즐거움을 포기한다. 나아가 진정으로 거룩하게 된 사람들은 세상을 미워한다.

오순절 성화는 사도적 기쁨의 근원이다. "그러나 주께서 사랑하시는 형제들아 우리가 항상 너희에 관하여 마땅히 하나님께 감사할 것은 하나님이 처음부터 너희를 택하사 성령의 거룩하게 하심과 진리를 믿음으로 구원을 받게 하심이라"(살후 2:13). 바울은 그의 백성들이 거룩함을 소유했다고 애통해 한 것이 아니라 오히려 이 때문에 "마땅히 감사"하고 있다고 했다. 이점에서 바울은 자기를 따르는 가짜 추종자들의 무리와는 다르다.

오순절 전시실(gallery)은 오순절 교리의 전깃불로 환하게 빛날 뿐 아니라 오순절 경험의 찬양과 외침 소리로 가득 차 있다. 성화의 진리는 밝고 눈부시게 빛나며 그 아름다움과 능력으로 사람들을 매료시킨다. 이것들을 진지하게 살펴보는 동안 우리는 우리 자신과 같은 본성으로 인간 안에 성육신한 교리를 본다. 그러니 오순절 성화가 할 수 있는 것과 우리와 교회와 세상, 그리고 하나님이 우리 안에서 마땅히 기대하는 것이 무엇인지 주시하라. 그것들을 살펴보자. 그래서 체험으로 검증된다면 우리는 하나님이 우리를 위해 하신 일을 기뻐할 것이다. 만약 그렇지 않다 해도 우리는 그분이 하실 수 있는 일과 준비하신 일로 인해 기뻐할 수 있다. 여기에 반대되는 성경 구절은 없을 뿐더러 오히려 이것을 증명하는 많은 사실들이 있으므로 우리는 초대 교회의 중요한 경험이 오늘날의 믿는 자들에게도 일어날 수 있다는 것을 확신할 것이다. 성경을 가볍게 읽어보기만 해도 오순절 성화에 대한 다음의 사실을 알 수 있다.

오순절 성화는 나쁜 버릇이나 유혹, 타락의 위험, 실수를 면제하는 역

하나님의 오순절 번갯불

사가 아니었다. 기록된 바 사도적 백성 중 가장 훌륭한 사람도 그들이 "죄 짓지 않을 수 있게" 굳건하게 섰다고 생각할 때 "다양한 유혹으로 무거운 부담 속에 있었고", "허약한 마음으로 둘러싸여 있어서" "주의할" 필요가 있었다. 그리고 베드로처럼 실수에 대한 꾸지람을 들어야만 했다. 성화는 은혜 안에서 성장 없는 역사나 기독교적인 활동 없이 이루는 역사(work)가 아니다. 왜냐하면 성화를 소유한 사람은 성장과 활동에 있어서 모범을 보였고 다른 이들도 그와 같이 하라고 호소했기 때문이다. 오순절 성화는 새로운 은혜를 전해주는 것이 아니다. 오순절 성화는 중생 때 심겨진 꽃들이 자라는 것을 방해하는 육체의 정욕이라는 잡초를 모두 제거하고, 또 그 꽃들이 잘 자라도록 도와주시고 내주하시는 위로자가 계신다는 것을 확신시켜 준다.

오순절 성화는 어느 모로 보나 광신주의를 조장하지 않는다. 오순절 교회에 대부분 광신주의가 나타나지 않았기 때문이다. 하지만 지금이나 그때나 형식주의자들은 대부분 오순절 성화가 광신주의라고 말한다.

오순절 성화는 신약성경 어디에서도 "더 깊은 역사" 또는 "더 높은 삶" 또는 "보다 더 종교적"이라고 불리지 않는다. 오히려 성령이 오순절 성화라는 용어를 선택했다. 앞에 언급된 용어들에 의하면 너무나 자주 인간의 진보가 가능할 것이라 생각해 온 것을 알 수 있는데, 이는 사실 인간의 허영심이다.

오순절 성화는 착한 일에 의해서나, 성장에 의하거나, 죄를 억제하거나 또 그것을 전가시켜서 되는 것이 아니고, 죽어서 얻거나 혹은 학위를 가졌다고 얻을 수 있는 것도 아니다. 성경의 첫 장부터 마지막 장까지 그 어디에도, 신약성경의 모범 어디에도 이러한 방법으로 성화를 얻었다는 실마리가 없다. 이러한 발상은 지옥에서 나온 것으로, 성화의 불을 받지 못하게 하려고 아직 깨닫지 못한 거짓 고백자들을 속여왔다.

오순절 성화는 사역자들이나 유대인들에게만 국한된 것이 아니다. 이 조건에 합당한 사람들 누구에게나 약속되었고 또한 주어졌다. "이 약속은 너와 네 자손들을 위한 것이다."

오순절 성화가 오직 사도들만을 위한 것이었다고 가르치는 사람들은 성화에 대한 변명할 수 없는 무지를 드러내는 것이다. 고넬료와 그의 집 안사람들이 받았고(행 10장), 에베소 사람들도 받았으며(행 14장), 성경의 명령, 약속, 조항들의 전체적인 취지가 모두 연합하여 그러한 선생들의 무지와 죄를 꾸짖고 있다. 그것은 공기와 햇빛이 사도들에게만 주어진 것이라고 가르치는 것만큼이나 황당한 일이다.

오순절 성화는 회심과 구별된다. 오직 참되게 회개한 사람만이 오순절 성화를 받을 수 있고, 받지 못했다면 찾도록 권고해야 한다.

오순절 성화는 다음의 유익들을 주는데, 그 기준이 높아서 중생만으로는 얻을 수 없는 것들이다. 이 주제는 앞 장에서 다뤄진 "오순절 세례"에 포함되어 있고 많은 부분이 거기에 적용된다.

오순절 성화는 형제애의 증표이다. "거룩하게 하시는 이와 거룩하게 함을 입은 자들이 다 한 근원에서 난지라 그러므로 형제라 부르시기를 부끄러워하지 아니하니라"(히 2:11). 세속적인 사람들은 이 증표(badge)를 부끄러워 하지만 예수님은 이를 자랑스럽게 여기신다. 여러분의 눈을 세상 사람들에게 둔다면 그 표시를 숨기고자 하는 유혹을 받을 것이다. 그러나 여러분의 눈을 예수님께 둔다면 여러분은 기쁨으로 기꺼이 그 표식을 달고서 그 일을 보지 못하는 사람들이 가하는 어떤 오명이나 비판도 환영하게 될 것이다. 이 표시를 가진 사람들은 세상의 질서를 배설물처럼 여기게 되는 영적인 비밀에 이르게 될 것이다.

다음은 이 세상을 초월하여 영광스럽게 주어지는 사항들이다.

깨끗한 마음. "마음이 청결한 자는 복이 있나니 저희가 하나님을 볼 것임이요"(마 5:8). "믿음으로 그들의 마음을 깨끗이 하셨느니라"(행 15:9). 이와 같이 말씀은 모든 논쟁을 뛰어넘어 성령 세례를 통한 성화가 영혼을 완전히 깨끗하게 한다고 확증한다.

완전한 평강. "하나님으로부터 평강이"(빌 1:2). 평강이 "더욱 많아진다"(벧전 1:2). 중생은 하나님과의 평화를 심고, 성화는 마음에서 모든 불일치한 요소들을 제거하여 하나님의 평강과 성숙함이 형용할 수 없는 단계에 이르기까지 계속 성장하게 한다. 영광! 단 하나의 반박에도 격분하는 거짓 공언자들과 얼마나 대조되는가!

오순절 성화는 극복하는 경험이다. 그것은 예수님이 약속하신 "원수의 모든 능력 위에 서는" 능력을 부여한다. 그래서 무서운 화살들을 모두 잠재우고 그 방패는 강력해서 성난 화살이 수없이 날아와도 전부 막아낼 수 있다. "우리를 사랑하신 그분을 통해 정복자보다 크게" 만들어 주신다. 그러면 악마는 패하여 그 무기가 포획되고 그 군대는 진압되며, 그러고도 하나님 안에서 힘이 충분히 남아서 이제 기진맥진해진 천만 악마들 보다 더 힘이 셀 것이다. 그들이 골리앗보다 더 강력하게 우리를 공격하거나 들릴라보다 천 배나 더 아름다운 모습으로 유혹한다 하더라도 말이다. 영광! 악마의 배터리에 첫판부터 무너지는 현대인들과 이름뿐인 완전 성화와 뚜렷이 대조된다.

오순절 성화는 완전한 사랑을 부여한다. "거짓이 없이 형제 사랑하기에 이르렀으니"(벧전 1:22). 완전한 사랑에 반대되는 모든 것들은 영혼으로부터 쫓겨나간다. 성화는 시기심과 악의, 교만과 이런 종류의 모든 정욕을 녹여버리고 그 대신 영혼을 따뜻하게 지켜준다. 원수를 사랑하고 그들을 위해 기도할 뿐 아니라, 그 원수들이 열 배나 더 악하게 굴지라도 그와 같은 다함없는 사랑을 보여줄 것이다. 이 은혜는 십자가 위에서 원수들을 위해 기도하신 예수님의 삶을 통해 아름답게 나타났으며, 스데반이 박해자들을 위해 기도할 때에도 역시 같은 모습으로 드러났다.

오순절 성화는 거룩한 용기를 넘치게 준다. 중생하면 어느 정도 담대함을 얻지만, 가장 중요한 순간에 베드로와 같이 실패하게 된다. 성령세례와 불은 모든 종류의 육적인 두려움을 파괴하고 그 보좌에 불굴의 용기를 좌정하게 한다. 그 용기로 인해, 승리에 대해 완벽한 확신을 가지고 원수의 얼굴을 대면할 수 있다. 교권적이고 정치적인 산헤드린은 그들의 공포스런 면모를 상실하게 되고 승리의 미소와 함성을 대면하게 될 것이며 "하나님이 우리를 위하신다면, 누가 우리를 대적하리요?"라는 병사들의 함성에 직면할 것이다. 성령세례와 불은 세상과 지옥의 모든 권세에 맞서서 그것들이 흔들리고 날아가 버리는 것을 보게 된다. 그것은 세상에 매인 것을 풀고 그 힘의 신적인 근원을 알리고 높이게 된다. 이 성화는 기드온처럼 수천 명의 무지몽매한 군인들은 돌려보내고, 미심쩍은 모든 욕망은 십자가에 못 박고 외친다. "주님과 기드온의 칼"은 모든 적들을 혼비백산하게 만든다. 가짜는 살기 위해 백기를 든다.

오순절 성화는 사명의 길을 갈 때 말할 수 없는 기쁨을 준다. 맡겨진 일이 얼마나 힘든 일이건 그 길이 얼마나 험하건 간에 오순절의 축복을 소유한 사람들은 그 일을 향한 강한 갈망을 가지고 있다. 그 가는 길이 가시밭길이고 그 끝에는 나뭇단과 화형대가 있을지도 모르지만, 그들은 신부가 신랑을 맞이하듯 팔을 벌리고 이를 받아들인다. 예수님이 가신 길을 너무도 열렬히 사모하여 필요 이상으로 순교를 원하는 기독교인들을 보호하기 위해 초대교회에 관련 규율이 필요했다는 것은 사실이다. 이러한 본원적인 은혜 앞에서 봉사에 대한 일시적인 보상이나 봉급은 불필요하다. 일하는 기쁨이 가장 달콤한 보상이었으며, 그 훈련이 강할수록 왕관도 더 밝게 빛났다. 이런 체제 안에서는 고용된 사역자가 별 쓸모가 없었다. 오늘날 많은 사람들이 비슷한 경험을 누리고 있고 오순절 성화를 소유한 사람들이 그 실재를 증거하고 있다. 공허한 고백은 시험을 견디지 못하고, 오히려 싸움을 좋아하며, 자기부인과 사명을 소모적인 잡일로 여긴다.

영적인 기쁨의 충만. 슬픔이 전혀 없다는 뜻이 아니라 "슬플지라도 항상 기뻐한다"는 것이다. 이 기쁨은 미소나 웃음, 노래, 외침, 찬양 또는 폴짝폴짝 뛰기 등 여러 가지로 나타날 수 있다. 진정한 종교가 단지 기쁨과 그 표현만으로 구성되는 것은 아니지만 영적인 기쁨이 없는 종교는 악마의 속임수이다. 악마는 지옥에 묶인 많은 희생자들에게 이런 속임수를 써왔다. 그 황홀경을 경험한 사람들은 교회 안팎에 있는 세상에 속한 사람들이 그토록 사랑하는 농담이나 희롱, 혹은 세속적인 즐길 거리를 언제나 경멸할 것이다. 교회 안에 있는 "오락 배교(amusement apostacy)"는 영적인 죽음을 선동하는 것이다. 말할 수 없는 영원한 기쁨이 충만한 신자들은 사탄이 주는 간질거리는 대체물들을 전혀 갈망하지 않는데, 이런 것들은 가짜 교회들이 자주 종교를 빙자하여 팔고 있는 것이다. 얼마나 경멸스러운 광대짓인가! 그것이 물줄기로 흐른다면 그것이 흘러나오는 샘은 얼마나 한탄스러운 것인가! 그것을 마시는 사람들의 입맛은 얼마나 타락한 것인가! 그러한 신성모독과 사기행각에 참여하거나 침묵함으로써 아멘을 말하는 사람들의 행동은 얼마나 죄악되는가! 마땅히 있어야 할 성령의 열매 대신 "소돔의 사과"(역자 주: 맛있게 보이지만 따는 순간 연기로 변해버리는 열매)를 발견한 농부의 실망은 얼마나 클까! 오순절 성화는 모든 세속적인 대체물들을 경멸하는 기쁨만 전해주는 것이 아니라 그 어떤 것보다 심한 기근과 박해 가운데서도 즐거워할 수 있는 기쁨을 준다. "재산을 기쁘게 축낼 수 있게" 하며 사랑하는 사람의 장례식에서도 환호할 수 있게 한다. 그런 사람으로부터 온 편지 한 장이 내 앞에 있다. 읽어보면, "저는 맹렬히 불타는 용광로 속에 있지만 하나님의 아들의 형상이 나와 함께 계십니다. 그래서 저는 왕께 할렐루야라고 노래할 수 있습니다." 날씨가 더워지면 곧바로 시들어버리는 영적인 삶과 얼마나 대조되는가! 위선자들과 교만한 자들과 형식주의자들, 그리고 모든 관계자들이 자만심 강한 신학교 사람들의 승인을 받아 성경 종교 대신 바꿔치기해 놓은 혐오스럽고 죄 많은 종교와 얼마나 크게 비교되는가? 감전되어 비틀려 죽은 보잘 것 없는 시체가 있는 그곳에 하나님은 만 명의 적도 놀라 도망가게 하는 전신갑주로 무장한 영적 거인을 두실 것이다.

완전한 확신. "확실한 이해의 풍성함에 이르게"(골 2:2). 의심의 이스마엘은 감전되어 죽었고 완전한 확신을 가진 이삭은 충만한 믿음 가운데 기뻐한다.

> *"완전한 확신, 예수님은 나의 것.*
> *오, 하나님의 영광을 미리 맛봄이여,*
> *구원의 상속자로 하나님이 사신 나는*
> *그의 영으로 태어나 그 피로 깨끗하게 되었네."*

의심의 성에 사는 사람들은 오순절 성화를 고백하지만 그들의 말과 표정이 그 고백은 거짓이라고 말한다.

완전한 인내. "기쁨으로 모든 견딤과 오래 참음에 이르게 하시고"(골 1:11). 온전한 성화는 성급함의 찌꺼기를 모두 제거하고 완전한 인내라는 순전한 금을 남겨 가장 곤혹스러운 시험도 기쁨으로 견딜 수 있게 한다. 고린도전서 13장에서 사랑은 모든 것을 견딘다고 말한다. 온전한 성화를 받기 전에는 정욕적인 마음의 저항으로 인해 인내가 손상되어 있다. 그러나 성화를 받고 나면 어떤 것도 감당치 못할 인내가 다스린다. 온전한 성화를 받았다고 고백하면서 울컥하고 분내고 성내는 사람은 성화에 대한 모독을 저지르고 있는 것이다. 그런 사람은 그런 모든 껍질들을 완전히 태워버리는 다락방에 들어가야 한다.

오순절 성화는 풍성한 열매를 동반한다. "모든 선한 일에 열매를 맺게 하시며"(골 1:10). "무릇 열매를 맺는 가지는 더 열매를 맺게 하려 하여 그것을 깨끗하게 하시느니라"(요 15:2). "너희가 열매를 많이 맺으면 내 아버지께서 영광을 받으실 것이요"(요 15:8). 성도의 가지는 중생할 때 어느 정도 열매를 맺는다. 오순절의 성화는 "모든 선한 일에 열매가 풍성하게 되는" 영역으로 들어가게 한다. 내주하시는 영은 모든 기도와 찬양, 간증과 설교와 글쓰기에 명확한 논점과 능력과 성공을 주신다. 그래서 "그가 하는 모든 일마다 번성"하도록 믿는 자들 안에서 증거하신다. 항상 그렇게 보이는 것은 아닐지라도 언제나 그렇다. 노년을 아프리카에서 보내며 수천 명을 하나님께로 인도한 테일러 감독(Bishop Taylor)은 이 진리를 보여주는 한가지 사례이다.

오순절 성화는 풍성한 은혜를 누리게 한다. "그러나 죄가 더한 곳에 은혜가 더욱 넘쳤나니"(롬 5:20). 다음과 같이 노래한다.

> 주님과 함께 풍성한 은혜를 발견하였고
> 그 은혜가 나의 모든 괴로움을 사라지게 했으니
> 치료하는 강물이 얼마나 풍성한지
> 구원하고 채우며 흘러넘치네.

그리고 하나님이 "아시고(Know-so) 회개하게 하심"을 주실 수 있을까 하는 회의에 빠진 때와, 온전히 거룩하게 하시고 계속되는 승리의 오순절 경험을 주시면서 완전히 깨끗하게 하시는 그의 능력을 거부했을 때를 기억하며 부끄러워 한다. 그러한 생각들은 자연의 하나님과 은혜의 하나님이라는 이전에 갖고 있던 한심한 개념 구분에 불과하다. 한때는 은혜가 촛불 정도로 빛나게 보였지만, 이제는 빛으로 찬 온 우주처럼 그 안을 떠다니고 날아다니며 일을 하게 된다. 회심하기 이전에 그랬던 것처럼 "죄를 지을 수밖에 없어."라고 울부짖는 대신, 또는 오순절 세례 전에 그랬던 것처럼 "죄를 짓지 않는 것이 너무 어려워."라고 하는 대신 이제는 이렇게 외친다. "하나님이 모든 은혜를 나에게 풍성히 주셔서 모든 일 가운데 언제나 풍족하여 모든 선한 일에 풍성하게 되었다." 하나님은 "모든 필요를 채워주시며", 시험과 궁핍과 어려움이 아무리 크더라도 그의 은혜는 무한하여 다함없는 풍성함으로 여전히 충분할 것이다. 이러한 생각이 초대 교회를 감화시켜 모든 전투에서 불굴의 정복 정신을 갖게 했다. 그렇게 하나님은 백만 마귀를 하나인 것처럼 쫓아내시고 아무리 심한 죄인이라도 용서하시며 질병과 "걱정하는 주문"에 걸린 부패한 식성을 치료하시고, 그 자리에서 구원받도록 온전히 거룩하게 하신다. 초대 교회가 경험한 이 성화가 얼마나 강력했던지 그들은 절대로 타협하지 않고 이방인의 땅 한가운데 교회를 세워서 사탄이 모든 세대를 통해 만든 습관과 관습과 미신과 죄의 쇠사슬로부터 사람들을 구원해냈다. 그때는 오순절 경험이 빈번했는데 지금은 교회가 이전과 같지 못하다고 누가 말하겠는가? 허다한 무리들이 이것을 믿을 때까지 마귀는 계속 '아니오'라고 말하고 자기주장 강한 학자들은 앵무새처럼 사탄의 이야기를 반복할 것이다. 이러한 생각은 지옥에서 생겨난 것이며 아무런 체험이 없거나 자신들의 비참한 상태에 대해 변명하려는 질 낮은 사람들이 좋아하는 것이다. 은혜에 대한 비관적인 생각을 거부하고, 무한히 공급해 주시는 그 은혜가 우리와 같은 수백만의 작은 사람들을 대속하고 구원하고 거룩하게 하고 영화롭게 한다는 것을 기억하라. 이 은혜는 무한한 바다에 떨어지는 물방울 하나에 불과할 것이다. 영광! 그 은혜의 영향으로 사도들의 교회는 유대인들이나 로마인들에게 재정적인 도움을 구하지 않고 혹은 "특허 받은 약"에 대한 단 하나의 광고도 없이 온 세상을 구원의 띠로 둘렀다. 그들은 옛 성인이 증거한 대로 "대단히 놀랍게" 살았다. 오순절 성화는 억압하는 모든 끈들을 끊고 달콤한 대기로 풍선처럼 날아오르게 한다. 지명수배(Wanted) – 하나님은 지금 이 상승을 누릴 수백만의 영혼들을 찾고 계신다.

오순절 성화를 받은 사람들은 예수님처럼 된다. 오순절 성화를 고백하는 사람이 이것을 실패한다면 그것은 거짓이며 무너진 다리와 같다. 하나님의 종은 이렇게 말한다. "예수님은 그의 원수들을 사랑하고 그들을 위해 기도하셨습니다. 당신도 그렇습니까? 그분은 머리 둘 데가 없으셨을지라도 불평하지 않았습니다. 당신도 그렇습니까? 모두가 그분을 버리고 도망쳤을 때에도 그분은 군말이 없으셨습니다. 당신도 그렇습니까? 그분은 가난한 자와 비천한 자들에게 가셔서 그들을 하나님께로 인도했습니다. 당신도 그렇습니까? 그분은 자기 자신을 부인하고 지친 영혼을 위로할 수 있도록 편안함과 소유를 버리셨습니다. 당신도 그렇습니까? 예수님은 사람을 만나거나 무리를 만날 때에 영원한 것들에 대해 말씀하셨습니다. 당신도 그렇습니까? 그분은 '사람이 하나님께 하는 모든 헛된 말'을 결코 취하지 말고 어리석은 말이나 희롱을 하지 말라고 말씀하셨습니다. 당신도 그렇습니까? 예수님은 잃어버린 세상을 위하여 기도하실 때 매우 간절히 '고통 중에' 기도하셨습니다. 당신도 그렇습니까? 예수님은 '털 깎는 자 앞에 선 어린양'처럼 말없이 조롱과 모욕을 견디셨습니다. 당신도 그렇습니까? 예수님은 '죄인들과 구별'되었습니다. 당신도 그렇습니까? 그리스도는 '거룩하고 온유하며 결백'하셨습니다. 당신도 그렇습니까? 예수님은 자신을 십자가에 못 박은 사람들까지도 사랑하셔서 그들을 위해 기도하셨습니다. '아버지, 저들을 용서하소서. 저들은 저희가 하는 일을 알지 못합니다.' 당신도 그렇게 기도합니까? '그리스도의 영이 없는 사람은 그리스도에게 속한 것이 아닙'니다."

오순절 성화는 이 장과 이전 장에서 말한 성경적인 시험들을 은혜로 통과할 수 있게 해준다. 이러한 시험에 처한 사람들은 오순절 성화라고 이름 붙인 많은 것에서 뭔가 부족함을 발견할 수도 있다. 회심이나 오순절 성화에 대한 재발견을 잘못 이해한 사람들은 모두 틀림없이 이 성경적인 기준을 자신의 경험의 수준으로 끌어내리고 싶을 것이다. 독자들이여, 부디 그렇게 하지 말길 바란다. 당신의 경험이 그 기준으로 올라가도록 하라. 이론적 고백뿐인 금이 간 펌프에 바짝 다가가는 사람들도 비슷한 유혹에 처하게 될 것이다. 즉시 그 펌프를 버리고 오순절 경험이라는 샘솟는 우물을 위해 하늘의 급수시설을 취하라.

오순절이라는 이름 아래 있는 오순절 체험의 내용들이 모두 오순절적인 것은 아니다. 오순절 체험을 방어하면서 싸우고 있는 사람들이 완전히 성화된 것이 아닐 수도 있다. 오순절 성화를 소유하는 것이 최고의 방어이다. 그 선포와 증언은 배움과 논리로 설득할 수 없는 곳에서 확신을 주고 승리할 것이다.

사탄은 진정한 오순절 체험이 진전되어서 사탄 자신의 영역이 파괴되는 것을 몹시 두려워 한다. 그래서 세상과 지옥 모두 오순절 체험을 하지 못하도록 움직인다. 이러한 사탄의 영향력 때문에 대부분의 오순절 체험은 기독교 설교단과 신문들에서 거부당하고 무시당하고 반대에 부딪힌다. 이렇게 오순절 체험은 빈번하게 제대로 전달되지 못하고 비웃음거리가 된다. 오순절 체험에 충실한 사람들은 영향력 있는 자리에서 초라한 자리로 내려오게 된다. 나는 최근에 이 일 때문에 사천 달러에서 삼백 달러를 받는 사람으로 전락한, 능력 있고 달변가이며 학식 있는 목사를 만난 적이 있다. 오순절 체험을 얻기 위한 노력도 좌절되었을 뿐 아니라 그 증언도 반대에 부딪혔다. 사탄이 즐겨 쓰는 또 다른 술책은 가짜 공언들을 참된 사역이라고 속이는 것이다. 그렇게 사탄은 최대한 전력을 다해 사람들을 속여서 중생이 성화를 가져다 준다고 하거나 혹은 "더 큰 능력"의 체험일 뿐 원죄를 없애지는 못한다고 생각하도록 어리석은 비성경적인 믿음에 빠지게 한다. 사탄은 영향력 있는 사람들이 이 거짓말을 퍼뜨리게 만듦으로써 수많은 사람들이 속아 넘어가게 하는 데 성공한다. 이들이 결함 있는 역사를 고백하는 자라는 사실을 드러내는 한 가지 표시가 있다. 그것이 진정한 역사인지에 대한 성경적인 시험을 당할 때, 어떤 지점에서 그들의 경험은 통과하지 못한다. 당신도 그들 중에 있는가? 지금은 엘리야의 결정적인 시간처럼, 하나님께서 불로 응답하시는 때이다. 이 불이 당신에게 내리고 있는가? 이 불이 당신의 마음을 불태우고 있는가?

> *"정결케 하는 불이여, 각 사람의 마음을 지나가*
> *그들의 영혼을 비추소서.*
> *당신의 빛을 모든 곳에 흩으시어*
> *모든 것을 거룩하게 하시나이다."*

오순절 성화는 자아의 십자가 죽음을 받아들인다. "우리가 알거니와 우리의 옛 사람이 예수와 함께 십자가에 못 박힌 것은 죄의 몸이 죽어 다시는 우리가 죄에게 종노릇 하지 아니하려 함이니"(롬 6:6). 내면에 있는 악을 감전사시키지 못하는 성화는 사탄의 기만이며, 그리스도의 진정한 사역을 가장 효과적으로 방해하는 방편이다.

> *"나의 벗들은 내가 죽으면 내가 없어질 것이라고 말합니다.*
> *그러나 내가 모든 것을 버리고 당신을 따른다면*
> *그때 나는 죽을 것입니다.*
>
> *그들이 주장하는 바는 결코 이길 수 없고,*
> *심판 날에 견디지 못할 것입니다.*
> *나로 그들을 모두 버리게 하시고*
> *나로 죽게 하소서.*
>
> *오, 나는 반드시 조롱과 야유 아래 죽어야 합니다.*
> *나를 죽게 하소서.*

나는 노예와 같은 두려움에서 자유해져야 합니다.

나를 죽게 하소서.

아무것도 바라지 않는 죽은 사람은 일어나리라.

착하거나 위대하거나 현명함도 지나가리니,

내 주님의 눈에는 어떠하든지,

나를 죽게 하소서."

오순절 성화는 믿음에 의한 것이다. "나를 믿어 거룩하게 된 무리 가운데서 기업을 얻게 하리라"(행 26:18). 성령 세례처럼 이것도 단지 믿음으로 받는다. 앞장을 보라. 성장이나 공로나 의식이나 시간이나 죽음이 아닌 예수님에 대한 단순한 믿음에 의해서이다. 믿음은 복이 들어올 수 있도록 하늘의 창문을 여는 황금열쇠이다. 이 믿음은 모든 일을 하나님께 절대적으로 의탁하도록 해준다. 그렇지 않다면 거짓이다.

순종과 믿음은 이 점에서 하나이다. "이로 보건대 그들이 믿지 아니하므로 능히 들어가지 못한 것이라"(히 3:19). 불신앙은 이스라엘 자손들이 약속의 땅에 들어가지 못하게 막아서 광야를 헤매도록 한 결정적인 열쇠였다. 그리고 똑같은 열쇠를 갖고 지금도 많은 사람들이 광야를 헤매고 있다. "너희 중의 누구라도 불신앙의 악한 마음이 있지 않도록 청종하라."

독자들이여, 여러분은 이 귀중한 진주를 소유하고 있는가? 광산에 숨겨져 있는 황금처럼 이 진주도 찾아야 발견할 수 있을 것이다. 예수님은 여러분이 오순절 성화를 살 수 있도록 하늘의 금고에 무한한 돈을 예금해

놓았다. 사탄은 여러분이 이것을 소유하지 못하도록 방해할 궁리만 하고 있다. 그것은 우리의 모든 상처에 치료제가 될 것이고 우리의 모든 슬픔에 위로가 될 것이며 우리의 모든 원수들에 대한 강력한 방어가 될 것이다. 아직도 당신이 오순절 성화를 소유하지 못했다면 바로 지금 하지 않겠는가? 하나님의 요구와 공급하심과 당신 자신의 필요를 볼 때, 심판과 영원에서 그 무시무시한 결과들을 생각한다면, 오순절 성화가 당신의 것이 될 때까지 구하라. 하나님이 "하늘의 창문"을 열고 이 귀중한 선물을 "부어주실" 때까지 금식하고 기도하고 포기하고 죽고 믿으라.

이 장의 주제를 보다 깊게 다룬 책으로 이 책의 저자가 쓴 "이중의 치료", "내면에서 왕관을 쓰신 예수님", "이집트 탈출"이 있다. 또 카라딘(Carradine), 킨(Keen), 갓비(Godbey), 피켓(Pickett), 힐즈(Hills) 등 이 주제에 대한 다른 전문가들의 글을 참조하라.

제 **4** 장

오순절 회심
Pentecostal Converts

오순절 회심자란 "성령으로 태어난 사람"을 말한다. 그들의 삶은 그들이 전기적인(electric) 성격으로 출생했음을 보여준다. 그들은 모든 면에서 풍성하여 표면만 그럴듯하게 꾸미는 거짓 고백자들과는 다른데, 이는 마치, 강인하고 고상한 신사가 대충 만든 박제 인형과는 전혀 다른 것과 같다. 오순절 교회와 오순절 목회는 자연스럽게 건장한 회심자라는 자손을 낳는다. 가짜 회심자들은 성서의 검증을 회피하지만, 건강한 회심자는 그 검증을 기꺼이 받아들이고 항상 다음의 특징들을 지닌다.

오순절 회심자들은 영적인 생명을 소유한다. 그들의 생명은 하나님 안에서 그리스도로 보호 받으며, 이 생명은 "어떤 사람도 빼앗을 자가 없는데" 이는 그 영혼 안에 하나님의 생명이 있기 때문이다.

오순절 회심자들은 영적인 활동으로 충만하다. 그 영혼 안에 있는 생명은 여러 가지 방법으로 나타난다. 회심자들은 자기 아버지의 일에 종사하고, 아버지의 포도원에서 가장 초라한 장소에 있을지라도 "일하러 가는" 것만으로도 기뻐한다. 영적인 무기력은 영적으로 질병에 걸렸거나 죽었다는 것을 분명하게 말해준다.

그들은 충성된 회심자들이다. 회심자들은 언제나 성직 중심의 교회 조직과 타락한 교회들과 같은 세상적인 방법들에 충성하지 않고, 오히려 그리스도에게 충성하고, 그를 사랑하고, 그의 계명들을 지키며, "그의 눈에 기뻐하시는" 일들을 행한다. 그들은 "하나님으로 난 자는 죄를 범하지 않는다."라고 선언된 거룩한 진리에 대한 살아있는 해설들(living comments)이다. 그들은 하나님의 아들, 하나님의 말씀, 하나님의 성령과 하나님의 교회에 변함없이 충성을 다한다.

그들은 변화된 회심자들이다. 그들에게 옛 것은 다 지나갔고, 모든 것이 새롭게 되었다. 옛 친구들, 옛 책들, 옛 사상들, 옛 습관들 그리고 옛 즐거움들이 모두 새 노래들, 새로운 사상들, 새로운 친구들 그리고 새로운 연대관계로 바뀌었다. 그런 변화가 일어나지 않는 자칭 회심자들은 끔찍한 망상에 시달리게 된다.

그들은 유죄선고를 받은 회심자들이다. 그들의 마음을 비추는 성령의 빛과 마음 안에 있는 예수의 생명은 곧 타고난 죄의 존재를 드러낼 것이다. 공포, 죄, 교만, 시기, 불신앙, 기질을 드러내므로 머지않아 성령이 성령으로 거룩케 하는 성령세례가 필요하다는 것을 계시하실 것이요, 성령세례가 이런 해로운 잡초를 완전히 뽑아내어 그 영혼을 꽃피게 하는 주의 동산으로 만들 것이다. 이를 위해, 그들은 그 일이 이루어질 때까지 굶주리고, 목말라 하고, 또 기도하고, 찾으며, 자신들의 필요를 간구하여 "화평의 복음의 축복이 가득하게 되어" 기뻐할 것이다.

그들은 영혼을 구하는 회심자들이다. 참으로 회심한 영혼의 포도나무에서 뻗어 나온 첫 번째 덩굴손 가운데 하나는 다른 사람들이 구원받기 원하는 열망(desire)이다. 이런 열망이, 또 다른 이들을 일깨워 사람들을 구주께 인도하려는 진지한 노력과 기도를 자극한다. 이 열망으로 우리는 금식하고 개인적으로 권고하여 초청하고, 구원을 경험하도록 예비된 서적들과 소책자 및 문서들을 배포하고 있다. 사람들을 둘러싸고 있는 위험을 방치하는 교수들은 구원하려는 노력을 전혀 하지 않음으로써, 자신들 스스로가 중생하지 못했음을 명확하게 증거하는 셈이다.

그들은 조명된 회심자들이다. 세상의 빛이 되신 예수는 회심자들의 마음과 길을 비추신다. 주님이 인도하시는 곳이라면 어디든지 그분을 따라가기로 결단한 가운데 이제 주님의 빛보다 작은 빛들은 사라진다. 주께서 빛 가운데 계심 같이 빛 가운데 나아가는 그들은 주님과 사귐으로 주어지는 축복을 맛보고 모든 죄를 정결케 하는 주님의 보혈을 사용함으로써 안식을 얻을 것이다.

그들은 부유한 회심자들이다. "만유를 상속" 받을 것이라고 하나님이 선언하신 자들 중에 그들의 이름이 들어 있다. 그들의 보물은 지상의 구멍 뚫린 창고가 아니라 하늘의 금고에 쌓여 있다. 거기에는 도둑들이 들어올 수 없고, 녹이 쓸지도 않는다. 땅이 녹아지고 태양과 천체가 사라질 때, 그들의 부(富)는 측량할 수 없을 정도의 가치로 계속 늘어나게 될 것이다.

그들은 하나님이 보호하시는 회심자들이다. 회심한 자들을 건드리는 자들은 하나님의 가장 귀한 '눈동자를 건드리는 것'이다. 연자 맷돌을 스스로 목에 매어 바다에 빠지는 것이 더 나을 것이다. 하나님은 회심자들을 자신의 손 안에 붙드셔서 누구도 저들을 빼앗아 갈 수 없게 한다. 때문에 악한 사람들과 악마들이 있는 데서도 그들은 승리의 노래를 부르고 외칠 수 있다. "우리에게 승리를 주시는 하나님께 감사하노라."

그들은 세속적이지 않은 회심자들이다. 회심자들이 세속적이 될 수 없는 까닭은 하나님이 "만일 누구든지 세상을 사랑하면 아버지의 사랑이 그 사람 안에 없다."라고 선언하셨기 때문이다. 그들은 세상의 자랑과 영광을 포기하고, 마찬가지로 탐욕스런 모든 욕망을 포기했기에 세상을 따르

하나님의 오순절 번갯불

거나 세상으로 이끌리지 않을 것이다. 교회 안팎의 세속적인 무도회나 사교클럽은 그들이 매력을 느끼게 할 수 없는데, 빛나는 계명성이 떠올라 그보다 희미한 모든 비전은 다 사라지기 때문이다. 세속적인 회심자는 늘 상 가짜 회심자이다. 세속성은 영적인 반역이고, 세속적인 교회들은 악마의 교회들이요, 세속적인 설교자들은 악마의 목회자들이며, 세속적인 공언자들은 악마의 회원들이다.

그들은 그리스도를 닮은 회심자들이다. 예수는 말구유에서 태어나셔서 험한 십자가에서 돌아가셨다. 주님은 섬김을 받으려고 온 것이 아니라 다른 사람들을 섬기려고 오셨다. 그분은 가장 수치스러운 자에게도 굴복하였고, 아버지의 관심사를 섬길 수 있다면 그 어떤 지위도 초라하게 생각하지 않았다. 자칭 주님의 제자라는 이들과 얼마나 다른가? 자칭 제자들은 십자가를 피하고, 하찮고 인기 없는 선교회와 모임들을 회피하며 신성함을 형식과 감상으로 대치한다.

그들은 교회에 출석하는 회심자들이다. "함께 모이기를 폐하는 어떤 사람들의 습관과 같이하지 말라"(히 10:25). 공적 예배에 전혀 마음에 없는 자칭 회심자들은 쉽게 현혹된다. 하나님의 참된 자녀들은 찬양, 기도와 신앙고백으로 어우러져 연합하는 것을 좋아한다. 이런 점에서 미적지근함이란 치명적인 질병의 증상임이 분명하다.

그들은 안식일을 지키는 회심자들이다. 회심한 사람들은 안식의 법이 무효화되지 않았음을 알기에 안식일을 거룩하게 지키는 것을 즐거워한다. 일요 신문은 이들 가정에서 환영받지 못한다. 그들은 이 날에 불필요한 모든 일을 없애고 평안이 가득하고 흠모하는 예배, 예컨대 하나님이 복 주시기를 기뻐하시는 예배로 보내려고 일정을 짠다. 거짓된 회심자는 이 거룩한 날에 하나님의 영광 대신 자신의 쾌락을 구한다. 참된 회심자는 안식의 날을 즐거이 지키는 일에서 가장 큰 기쁨을 얻는다.

그들은 살아 있는 교회의 생산물이다. 냉랭하고 죽어 있는 형식적인 교회는 회심자들을 동사(凍死)시킬 것이다. 잘 태어난 아이도 빙산에서는 이내 죽게 된다. 자녀를 사랑하지 않는 어머니는 어머니가 될 수 없다. 교회가 교인들을 채우는 데 있어서 하나님으로 거듭난 영혼들보다 사회적 영향력과 돈을 제공할 수 있는 세속적인 사람들로 더 채운다면, 결코 영적인 자녀들을 낳을 수 없다. 우리는 수많은 현대 교회 부흥 보고서들을 이렇게 읽어야 한다. "백 명의 회심자들" 대신에 "백 명의 사생아들을 낳았다." 부흥 통계에 대해 통곡해야 할지 기뻐해야 할지는 회심자들의 성격이 어떤지에 달려있다. 만일 교인들의 질이 나쁘면 수가 많을수록 더 망가질 것이다. 만일 교회의 회심자들이 하나님께로 나지 않고도 여전히 회심자라고 생각하고 공언한다면, 수많은 사례들에서 본 것처럼 부흥이란 참된 종교가 아니라 속임수와 위선에 불과하다. 그런 사람들은 오순절 목회자나 교회들의 회심자가 아니다. 그때처럼 지금도 참 회심자는 신성한 하늘로부터 태어난다는 특징을 지닌다. 이렇게 태어나지 않았다면 갖은 거짓된 방법을 포기하고 구원을 위해 하나님께 급히 나아가야 한다.

그들은 아버지 하나님 안에 거한다. "바울과 실루아노와 디모데는 하나님 아버지와 주 예수 그리스도 안에 있는 데살로니가인의 교회에 편지하노니 은혜와 평강이 너희에게 있을지어다"(살전 1:1). 성경적인 중생은 영혼을 세상에서 건져내서 참 포도나무에 붙어있는 살아있는 가지로 만든다. 하나님 안에 거하지 않는 사람은 세상에 거하는 것이다. 그런 사람들이 구원 받았다고 공언한다면 하나님을 거짓말쟁이로 만들고, 결과적으로 어느 누구보다도 자기 자신을 속이는 것이다. 각성과 회심이라는 타작기계는 영혼을 죄와 세상의 지푸라기에서 분리하여, 하나님의 의롭게 하시는 은총의 창고에 안전하게 저장한다. 온전한 성화는 겨와 잡초를 제거하여 그 영혼을 쓰임새와 매매에 적합하게 만든다.

그들은 참 목회자들에게 기쁨의 원천이다. "우리가 너희 무리를 인하여 항상 하나님께 감사하고 기도할 때에 너희를 말함은"(살전 1:2). 오순절 목사들의 가장 큰 부담은 회심하지 못한 교인들이다. 목사들이 그들을 기뻐할 수 없는 까닭은 그들이 하나님 나라의 진전을 가로막으려는 마귀의 가장 효과적인 장애물들이기 때문이다. 그래서 설교자가 갖는 유일한 희망의 한줄기 빛은 하나님의 은총이 그들을 변화시킬 수 있다는 사실이다. 참되게 회심한 영혼들은 위로와 힘과 감동의 원천이다. 회심자들의 믿음이 그들을 일하게 한다. 믿음은 하나님 안에서, 그리고 하나님을 위하여 부단히 활동하게 하는 원동력이다. 거짓 공언자들 가운데서 세속적인 일들을 믿음의 활동으로 위장하는 방식으로 믿음의 기반을 대치하는 것은 사탄의 가장 영리한 올무 중 하나다. 그래서 어리석은 사람들은 "교회 사역"이라는 명목 하에 세속적인 일들을 위장하려고 애쓰면서 세속적 활동을 끝없이 반복한다. 그러나 하나님은 조롱받지 않으시며, 하나님의 교회에는 위선적인 회심자가 거할 자리가 없다. 교회 안에서의 세상적인 즐거움을 위한 행사들, 축제들, 카드 모임이나 여타의 계획들은 하나님께 대한 침범이자 혐오스러운 악취로, 주님의 교회에서 용납될 수 없다. 그들은 외식적인 믿음이 낳은 병약한 자손들이고, 성령으로 감동된 활동의 자리를 빼앗은 죽은 "사역"에서 발생한 썩어가는 시체이다. 기도, 찬양, 자유, 개인적 청원과 간증은 참되게 회심한 모든 영혼들로부터 싹이 트고 꽃이 펴서 열매 맺는데, 이는 건강한 복숭아나무가 열매를 맺는 것처럼 자연스러운 것이다.

사랑은 수고의 원천이다. "너의 믿음의 역사와 사랑의 수고와 우리 주 예수 그리스도에 대한 소망의 인내를 우리 하나님 앞에서 끊임없이 기억함이니라"(살전 1:3). 하나님이 부여하신 사랑이 그러한 사랑의 수고를 촉진시킨다. 그들은 하나님을 사랑하므로 하나님을 기쁘게 하고자 열망한다. 또한 사람을 사랑하므로 사람을 축복하고자 노력한다. 자신의 원수들을 사랑하므로, 그들을 위하여 기도한다. 진정으로 구원받은 사람은 하나님과 사람에 대한 사랑이 촉진제가 되어 모든 수고를 감당할 수 있게 된다. 교회와 교회 내의 단체들과 몇몇 회원들에 대한 열심은 이러한 사랑이 아예 없는 곳에도 존재할 수 있을지 모른다. 그러나 참된 사랑은 하나님과 다른 사람들을 위하여 사는 것이다. 그리고 가짜 사랑은 자신을 위해 산다.

그들은 소망에 찬 회심자들이다. "소망의 인내"(살전 1:3). 그들은 현재 구원 받는 것을 기대하지 않는다. 하나님께서 자신들을 끝날까지 지키실 것이고, 또한 곧 구세주께서 재림하셔서 자신들이 영원히 주님과 함께 다스릴 것을 **알고 있기** 때문이다. 이런 소망은 참으로 회심한 각 사람들에게 건강한 기초가 되며, "확실하고 견고한" 영혼의 닻이 된다. 자아 또는 교회나 신조의 모래 위에 세워 곧 멸망하게 되는 거짓 종교주의자들의

"소망"과는 참으로 대조적이다!

그들은 "확실히 아는"(know-so) 회심자들이다. "하나님의 사랑하심을 받은 형제들아 너희를 택하심을 아노라"(살전 1:4). 이것은 그럴 것이라고 바라고 그럴 것이라고 생각하고 그럴 것이라고 추측하는 착각이 아니라, 오히려 생명책에 자신의 이름이 등록된 것을 확실히 아는 지식이다. 사람들이나 마귀들이 결코 그들에게서 빼앗을 수 없는 확신이다.

그들은 하나님과 평화를 유지한다. 그들은 하나님과 싸워왔지만, 이제는 완전히 항복하고, 하나님과 화해하였다. 달콤하고 평온한 평화는 예수께서 하나님을 예배하는 모든 자에게 주시는 것으로, 거짓된 죽음과 같은 평화와 대조되는데, 이러한 거짓 평화는 사탄이 구원받지 못한 사람들을 구원받았다고 믿게 하려고 안심시키는 것이다.

그들은 예수를 따르는 자들이다. 회심자들은 사역자들이 주님을 따를 때에만 그들을 따른다. "또 너희는 많은 환란 가운데서 성령의 기쁨으로 말씀을 받아 우리와 주를 본받는 자가 되었느니라"(살전 1:6). 회심자들은 구세주와 그의 사역자들을 칭송할 뿐 아니라 그들을 본받는다. 그들에게는 예수의 뜻과 웃음이 온 세상의 영예, 쾌락, 부유함보다 더 소중하다. 그들은 예수와 그의 참된 사역자들이 가지 않는 곳이면 어디라도 가지 않을 것이다. 이런 원칙은 서커스, 불경건한 여인숙, 교회의 무도회, 춤, 술집, 극장 그리고 이와 유사한 악한 장소들에 가는 것을 막아준다. 많은 사람들이 안내판처럼 바른 길을 가리키지만, 자신들은 결코 그 길로 가지 않는다. 그들은 진리를 공언하면서 동시에 거짓을 행한다. 모든 시대의 바리새인들이 이렇게 했는데, 그렇게 행한 대로 그들의 마지막 운명은 파멸하게 될 것이다. 오순절 회심자들은 그들의 본으로 경고를 삼아서 그들과 같은 운명을 피한다.

그들은 박해를 불러오고 박해를 견뎌낸다. 회심자들은 세상에 속하지 않는데, 세상이 그들을 미워하기 때문이다. 그들이 세상을 철저히 포기하므로 이번엔 세상이 회심자들을 포기하고 비난한다. 이와 같이 박해를 유발시키지 않는 중생은 하나님께로부터 나온 것이 아니다. 그리스도를 위한 박해를 견딜 수 없다면 회심을 다시 체험해야 할 필요가 있다. "많은 환란 가운데서 말씀을 받아들인" 데살로니가인들과 또한 그 말씀을 확실하게 받아들인 모든 사람들은 유사한 경험에 대비해야 한다. 그때와는 달리 지금은 억제되었지만 원수들은 여전히 하나님의 아들들을 향해 동일한 증오를 품고 있다. 이러한 도시에 사는 사람들은 사도 교회의 신자들처럼 주님을 위한 순교를 견딘다. 칭의는 박해를 견딜 수 있는 은혜를 주고, 성령세례는 핍박 가운데 즐거워하고 매우 기뻐하게 할 수 있다. 이것도 저것도 행할 수 없는 자들은 하나님의 자녀가 아니다. 초대 그리스도인들은 의절당하고, 배신당하고, 위협받고, 체포당하고, 고문당하고, 죽임을 당했다. 이들 중에서도 대부분 의절당하는 것이 오늘날의 오순절 유형의 회심자들 가운데 공통적으로 일어나는 일이다.

그들은 기쁨에 찬 회심자들이다. "많은 환란 가운데서 성령의 기쁨으로 말씀을 받았더라"(살전 1:6). 성령으로 태어남은 항상 성령의 기쁨을 가져온다. 기쁨 없는 종교는 그리스도 없는 종교요, 절망적인 종교다. 회심은 기쁨을 가져오고, 온전한 성화는 마음 밭에서 기쁨을 질식시키는 모든 잡초를 제거한다. 성장은 기쁨을 개발하고 성숙시킨다. "기쁨이 없으면 구원이 없다"는 것은 "2 곱하기 2는 4"와 같이 참된 것이다. 이는 구원의 조건이 아니라 구원의 필연적인 결과이다. 위대한 음악가가 구원으로 영혼의 건반을 터치할 때, 기쁨은 가장 아름다운 음계로서 영혼을 황홀하게 한다. 비록 괴로울지라도, 회심자들은 기쁨 안에서 즐거워한다. 첫 번째 역사인 중생은 기뻐하는 이삭을 마음에 낳고, 두 번째 역사인 성화는 조롱하는 이스마엘을 내쫓아서 기쁨의 찬송과 외침으로 감옥을 흔들 수 있게 한다. 잔인하게 박해하고 음모를 꾸미는 제사장들에게 이 얼마나 수수께끼 같았을까! 외식하는 공언자들이 음울하고 슬프고 성을 잘 내고 경건한 체하는 것과 이 얼마나 다른가! 세속성에 눈먼 헌신자들이 참된 기쁨 대신 갈구하는 피상적이고 세상적인 육체의 환락과 이 얼마나 대조되는가! 회심은 순수하고 마르지 않는 시내이며, 그 원천은 하나님이다. 그 나머지는 모두 죄의 수렁에서 새어나와서 곧 증발하여 영원히 사라지는 표층수이다. 독자여, 당신은 어떤 물을 갖고 있는가?

그들은 선교적인 회심자들이다. "주의 말씀이 너희에게로부터 마게도냐와 아가야에만 들릴 뿐 아니라 하나님을 향하는 너희 믿음의 소문이 각처에 퍼지므로 우리는 아무 말도 할 것이 없노라"(살전 1:8). 하나님의 말씀이 회심자들에게서 "퍼져 나갔다." 구원은 이기심에서 건져낸다. 구원받은 자들은 자신을 구원한 이 위대한 의사에게 다른 이들을 속히 데려간다. 치명적인 질병에서 값없이 치료받은 사람은 자신과 같이 괴로워하는 이들에게 그 의사를 추천할 것이고, 그러면 이웃사람들은 그 말을 들을 것이다. 살아있는 포도나무는 새 가지와 줄기를 내지만 죽은 나무는 그렇게 하지 못한다. 하나님의 모든 자녀들은 선교 정신을 타고난다. 교회 안에 죽은 가지들이 걱정스럽게 널리 퍼져있다는 분명한 증거들은 선교사들이 선교를 위해 요청하는 것이나 선교를 위한 헌금에 무관심하다는 것이다. 자칭 그리스도인들 대부분은 전혀 아무것도 내지 않는다. 진실로, 그런 사람들은 가지처럼 던져지고, 모아다가 불 태워질 것이다. 선교사역에 관심도 없고 투자하지도 않는 것은 천국에 들어갈 자격이 없다는 것을 잘 보여주는 증거이다. 경고를 거부하다가 너무 늦어서 영원히 괴로움 속에서 몸부림치는 것보다 지금 이 진리 아래에서 몸부림치고 자격을 얻는 것이 더 낫다.

오순절 회심자들은 온전하게 성화되지 않았다. 바울서신은 주로 모든 교회들이 온전히 성화되기를 권면하고 있다. 그들은 정말로 회심한 사람들이지만 성령으로 세례 받지 않았음을 증명하는 사실들 역시 가득하다. 그들은 "여전히 육체적"이고, 육성(carnality)이 결코 제거되지 않았음을 보여준다. 오순절 회심자들은 언제나 병립하는 경험을 갖는다. 중생에서 주어진 빛은 이내 그 타고난 죄를 드러내고 정결케 하는 세례의 필요성을 계시한다. 그때처럼 지금도 오순절 설교는 회심자들 앞에서 이 진리를 선포한다. 회심할 때 온전히 성결하게 되었다고 주장한다면 그 회심자들은 아직 깨닫지 못했거나 결코 중생하지 못한 것이다. 바울은 회심자들을 자신의 "영광과 기쁨"이라고 부르지만, 그들의 신앙 속에 결핍된 완전을 열망하게 하여 "하나님 앞에 성결함에 있어서 흠이 없도록" 그들의 마음을 세우고자 하였다. 무엇이든지 하나님보다 더 사랑하는 것은 우상인데, 그렇게 한다면 하나님의 나라에 들어가는 것을 포기해야만 한다. 회개는 모든 우상들을 포기하게 하고 중생은 참된 하나님께 영광 돌리게 한다. 반면 성화는 하나님과 조화를 이루지 못하는 내면의 모든 것을 제거하는 것이다.

오순절 회심자들은 우상이 없다. 우상은 자기 자신, 아내, 자식, 명성, 돈, 옷, 명예, 혹은 나무나 돌로 된 신상 등 무엇이냐가 중요한 것이 아니라, 그리스도께서 보좌에 앉기 전에 우상을 내보내야만 한다는 것이다. 이 교묘한 죄는 음주보다 은밀하게 유혹한다. 마음의 우상숭배라는 가장 큰 죄를 가진 남녀들은 참된 하나님의 예배자로서 태도를 바꾸어야 한다. 그들은 경건하지 못한 성가대를 고용하여 자신들을 즐겁게 하도록 하고, 또 인기 있는 설교자들이 자기들을 즐겁게 하도록 만들어, 감히 예배 받으시는 전능자 면전에서 그런 모욕을 과시한다. 그에 대한 응답으로 하나님은 당신의 의로운 분노로 천둥을 치신다. "내가 너희 절기를 미워하여 멸시하며 너희 성회들을 기뻐하지 아니하나니 너희가 내게 번제나 소제를 드릴지라도 내가 받지 아니할 것이요 너희 살진 희생의 화목제도 내가 돌아보지 아니하리라"(암 5:21,22).

그들은 성경을 읽는 회심자이다. "베뢰아 사람은 데살로니가에 있는 사람보다 더 신사적이어서 간절한 마음으로 말씀을 받고 이것이 그러한가 하여 날마다 성경을 상고하므로"(행 17:11). 회심자들은 성서를 연구하고 또한 그 말씀을 따른다. 말씀에 대한 어떤 인간적인 독단도 "주께서 이렇게 말씀하신다."라는 것을 대체하지는 못한다. 참된 그리스도인은 말씀에서 비추는 모든 빛을 환영하고, 그것이 어떻게 되든지 그 결과를 받아들인다. 말씀의 자리에 감정, 상상, 인간의 권고, 조력을 대치하는 것은 망상이다. 회심자들은 성서를 탐구한다. 어떤 이들은 성경을 읽고, 또 다른 사람들은 성경을 공부하고 변함없이 성경을 연구한다. 수많은 자칭 회심자들은 겉으로만 그럴듯하다. 그러나 말씀을 탐구하는 사랑이 결핍된 모습에서 그들의 실상이 여실히 드러난다. 실제적으로 비 성경적이고 성경 탐구에 대한 애정이 없는 사람들은 종교 전문가일지는 몰라도, 구원을 소유한 지혜로운 사람은 아니다. 오순절 회심자들은 이같이 명백한 신약성경의 검증을 받는다.

그들은 참회하는 회심자들이다. 회개는 중생의 성전으로 인도하는 오르막의 첫걸음이다. 누구도 회개의 단계를 거치지 않고는 들어갈 수 없고, 누구도 회개를 유지하지 않고는 중생에 머무를 수 없다. 회개를 경험하지 못한 자칭 그리스도인의 희망은 저주스러운 미혹인데, 진리로 미혹을 쫓아내지 않으면 영원한 절망의 수렁에 빠질 것이다. "죄를 짓는 자는 마귀에 속한다"(요일 3:8). "하나님께로서 난 자마다 죄를 짓지 않는다"(요일 3:9)라는 말씀은 귀머거리에게 자주 들리는 하나님의 선언이다. 그러나 회심자들은 진지하고 또한 대단히 진실하다. 그들은 명목상의 교회들에 가득한 마귀들의 무수한 속임수를 드러내지만, 그 속임수를 무효화하지는 못한다. "비록 모든 사람이 거짓말쟁이라 할지라도 하나님만은 진실되게 하라." 한 가지 죄를 지속적인 회개하는 것은 사기이고, 그러한 죄는 이 세상에서 포기되어야 하며, 그렇게 하지 않으면 심판대에서 드러나게 될 것이다. 오순절 회심자들은 자신들이 갖고 있던 나쁜 책들을 수천 불에 구입했다 해도 그 책들을 소각함으로써 그 회개의 진정성을 입증했다. 여러 통의 위스키를 길에 쏟아버리고, 담배를 소각하고, 그와 관련된 사탄의 소유물들을 소각하는 것은 오늘날에도 유사한 역사가 있음을

하나님의 오순절 번갯불

보여준다. 사람들이 진실하게 모든 죄를 회개할 때, 그들은 그런 희생들을 기꺼이 받아들인다. 그렇다. 하지만 이것은 술집에서 술 마시거나 담배의 노예가 된 공언자들에게는 가혹한 것이다. 그러나 회개하지 않으면 심판대에서는 더 힘들어질 것이다. 구원 얻기에 꼭 필요한 진실한 회개는 영원한 형벌을 공의로서 받아들이고 모든 죄를 버리는 것이다. 그것은 또한 배상하는 행위와 삶과 성품의 완전한 개혁을 포함한다. 거짓 회개는 마귀의 대용물인데, 마귀는 영혼을 속여서 멸망시키려고 한다. 거짓 회개는 알려진 죄들을 끊는다고 공언하지만 실상은 인간의 눈을 피해 죄를 감추는 것이다. 거짓 회개는 그 자체가 부끄러운 것이고, 위선적인 구실들로 정당화하려는 것이다. 거짓 회개는 거짓된 안전, 마음과 양심의 강퍅함, 자기 의, 거짓 평화, 거짓 희망, 위선과 지옥으로 인도한다.

그들은 죄를 자백한다. 회심자들은 스스로와 다른 사람에게, 그리고 무엇보다도 하나님께 대한 끔찍한 죄의 잘못을 보았을 때, "머리를 긁적거리는" 것이 아니라 "마음에 찔림 받은" 사람들로, 고뇌 가운데 부르짖으면서 자신의 타락한 상태를 고백하고, 또한 구세주가 필요하다고 고백한다. 참된 회심자들은 모두 다 아주 유사한 경험을 통과하였다. 거짓 고백은 때로 폭로되거나 그로 인한 두려움 때문에 이용당하기도 하는데, 그러나 도를 넘을까봐 두려워하며, 할 수 있는 대로 숨기려고 애쓰면서 멀쩡한 체하려 한다. 혹 어쩌다 눈물을 흘린다 해도, 그것은 폭로에 대한 부끄러움과 두려움 때문이지 거짓 고백 자체의 사악함 때문은 아니다. 진정한 고백은 모든 것을 토설하는 것이고, 그 자체를 철저하고 겸손하게 고백하고, 모든 구실 만들기와 자기 의를 단념하고, 공로가 필요 없는 하나님의 자비에 모든 것을 완전히 내려놓는 것이다. 오순절 회심자들에게는 오순절적 고백이 필요하다. "자기 죄를 숨기는 자는 번성하지 못할 것이지만 죄를 고백하고 버리는 자는 자비를 받을 것이다." 고백되지 않은 잘못들은 사단이 군중들을 속박하는 사슬이다.

그들은 정직한 회심자들이다. "정직하게 행하라"(롬 13:13). 만일 회심자들이 어떤 사람에게 잘못을 하면, 그들은 기꺼이 네 배로 손해 배상을 한다. 능력이 허락하는 범위 안에서 배상하는 것은 진정한 회개를 나타내는 특징들 중 하나다. 훔친 물건을 꽉 쥔 손에 떨어지는 눈물은 아무 소용이 없다. 많은 사람들이 갚지 않고 중단한 오래된 채무로 인해 저주받고 있다. 이런 범죄 아래에 있는 사람들은 믿음과 종교적 감동이 부족한 것으로 인해 훌쩍거리는데, 그들은 감옥에 있어야 마땅하다. 바로잡을 수 있는 잘못을 고치지 않는 사람은, 자기 영혼에 자비의 문을 잠그는 것이다. "그가 판단하는 그 판단으로 판단 받을 것이요, 그리고 그가 헤아린 그 헤아림으로 또 다시 헤아림을 받을 것이다." 사업에서의 부정직함은 도적질하는 것이다. 정직하지 못한 사람은 도적이다. 입으로만 공언하는 것은 강도짓에 거짓말을 덧붙이는 것이다. 회개는 사람을 정직하게 만든다. 이와 같이 중생이 부정직함을 혐오하게 만든다면, 온전한 성화는 모든 부정직한 편견을 마음에서 제거한다.

그들은 순종적인 회심자들이다. 예수께서 말씀하시기를 "사람이 나를 사랑하면 내 말을 지키리니 내 아버지께서 저를 사랑하실 것이요 우리가 저에게 와서 거처를 저와 함께하리라"(요 14:23). 수많은 기만적인 교수들은 "죄 없이 살 수 있는 사람은 한 사람도 없다."라고 말하는 데 담대하

하나님의 오순절 번갯불

다. 그들은 왜 그렇게 말할까? 분명히 그들이 죄가 있기 때문이다. 이런 식으로 그들은 새로운 탄생에 대해 전혀 아는 바가 없다는 것을 고백하고 있다. 사람은 믿음과 순종으로 하나님의 자녀가 된다. 그러나 불신앙과 불순종으로 인해 하나님의 자녀 되기를 멈추고, "죄와 사단의 권세"로 되돌아간다.

> 믿고 순종하여라.
> 다른 길은 없다네.
> 예수 안에서 행복하리라.
> 단지 믿고 순종하여라.

불순종하는 신자는 저주받은 신자이고, 또한 저주받은 신자가 용서받지 못하면 형벌에 처하게 될 것이다. 중생하지 못한 생명임을 드러내는 확실한 표지는 죄짓는 경험과 또한 그러한 경험의 필연성을 주장함으로써 그 죄의 실재를 변명하려는 기질이다. 그런 거짓 고백자들은 지금 오순절 설교를 통하여 각성하고, 회심해야 한다. 늦기 전에 회심하지 않으면 다음과 같은 엄중한 선언에 더 깜짝 놀라게 될 것이다. "나에게 주여 주여 하는 자마다 다 천국에 들어가는 것이 아니라 하늘에 계신 내 아버지 뜻을 행하는 자라야 들어가리라"(마 7:21). 독자들이여, 당신은 어느 편에 서겠는가? 선택하라. 실수를 죄로 잘못 생각하는 참된 신자들은 또 다른 부류에 속한다.

그들은 그리스도를 닮은 회심자들이다. 회심자들은 예수의 이름을 받은 사람들로 예수를 아주 많이 닮았다. 회심자들은 누구든지 "그리스도의 마음을 품지 않으면, 그리스도의 사람이 아니다". 그러면 다름아닌 그리스도의 마음을 이루지 못한다고 배웠다. 온전히 성화되기 전에는, 그때나 지금이나, 육적 본성의 씨앗이 남아있고 때때로 그 움직임이 드러난다. 그러나 그리스도의 영이 심겨졌으면, 비록 육적인 마음에 의해 방해를 받는다 할지라도, 그리스도의 영이 그 마음에 있기 때문에, 그 영을 가진 자에게 그리스도의 성품을 주셨다. 모든 세대에서 하나님께로 난 자는 모두 하나님의 아들, 즉 그들의 맏형(elder brother)과 닮았다. 회심이 그리스도의 마음을 심는 것이라면, 오순절은 그리스도의 마음에 반대되는 모든 것을 내쫓는 것이다. 하늘의 임금은 용서하는 자만이 용서 받을 수 있다는 것을 모든 사람들에게 단호히 경고했다. 오순절 회심자는 항상 이 표식으로 자신의 진정성을 나타낸다. 중생을 경험하지 못하고 중생에 대한 경험을 공언하는 것은 완전 성화를 이루는 데 있어서 기만적인 기초이므로, 중생할 필요가 있다. 피로 물든 샘에 당신의 원한을 묻으라. 그렇게 하지 않으면, 원한이 당신의 영혼을 지옥의 소용돌이 아래 묻을 것이다. 하나님 나라의 이러한 기본적인 원리를 무시하는 사람들은 모두 하나님의 경고에 반하는 행동으로 인해 영원토록 고통당할 수밖에 없는 비극적인 결론에 봉착할 것이다. 용서하지 않는 영을 가졌다는 것은 거짓 고백에 대한 확실한 증거이다. 하나님을 거스르는 무수한 죄를 용서 받은 사람이 어찌 잘못을 범한 동료를 용서하지 않을 수 있겠는가?

그들은 사랑하는 회심자들이다. 회심자들은 자신이 사망에서 생명으로 옮겨진 것을 알고, 그들이 형제들을 사랑하기 때문에 또한 "저들이 하나님을 사랑하여 그의 계명들을 지키기 때문에 하나님의 자녀들을 사랑한다"는 것을 안다. 회심자들은 "우리에게 주신 성령으로 말미암아 하나님의 사랑이 그들의 마음에 부은 바 된 것"을 인식하므로 그리스도인의 성품에 대한 모든 시험을 환영한다. 그 시험은 견딜 만한 것들이고, 또한 사랑은 모든 시험을 견디고 모든 시련에서 더 밝게 빛난다는 것을 알기 때문이다. 기만적인 교수들과 얼마나 대조적인가! 그들은 자신의 사회적 배경을 좋아하고, 하나님의 겸허한 자녀들을 자주 경멸한다. 그들은 가능한 대로, 자기 자신과 자기 친구들에게 선물을 주려고 엄청난 달러를 소비하지만, 그리스도의 고난 받는 가난한 자를 위해서는 동전을 던진다. 그들은 노래한다.

> "축복받은 끈이여,
>   그리스도인의 사랑으로 우리 마음을 묶는구나."

그리고 때로 마치 그것이 "서로 미워하는" 끈이었던 것처럼 행동한다. 그런 사람들이 성결을 추구하고 즐거워하는 참된 신자들을 향해 "잘못 인도한다", "변덕스럽다", "광신적이다", "어리석다"고 매도한다고 들었다. 그런 모든 사람들에게 오순절의 하나님이 다음과 같이 날카로운 질문을 던지신다. "누구든지 하나님을 사랑하노라 하고 그 형제를 미워하면 이는 거짓말하는 자니 보는 바 그 형제를 사랑하지 아니하는 자가 보지 못하는 하나님을 사랑할 수 없느니라"(요일 4:20). 회칠한 무덤이여, 당신의 답변은 무엇인가?

그들은 성령이 증거하는 회심자들이다. 하나님의 성령은 회심자들의 영과 더불어 그들이 하나님의 자녀라고 증거하신다. 회심자들은 자기의 회개, 믿음, 감정, 수고, 삶의 실상이나, 또는 다른 사람들이 그렇게 말하는 것에 대하여 아는 것에 의존하지 않는다. 변화를 일으키는 성령은 회심자들의 변화를 완성하실 것과 그 사실을 보증하신다. 하나님이 주신 이러한 확신을 소유하였을 때, 사악한 자들이나 마귀들이 회심자들에게서 하나님의 아들됨(sonship)이라는 의식을 빼앗을 수 없고, 회심자들은 세상의 쓰디쓴 폭풍우 한가운데서도 확신을 가지고 다음과 같이 찬양한다.

> *"축복된 확신이여, 예수는 나의 것.*
> *오, 하나님의 영광을 미리 맛봄이여!*
> *하나님이 값 주고 사신 구원의 상속자들이여,*
> *성령으로 태어나고, 주님의 보혈로 씻음 받았네."*

만일 이 증거를 받아들이지 않는다면, 그 역사가 완전하게 이루어질 수 없다. 하나님께서는 가능하면 즉시로 그 증거 주시는 것을 기뻐하시기 때문이다. 자기의 재산 목록이나 보물을 열쇠 없이 그대로 내버려 두는 사람은 방관자 같은 사람으로, 자기 영혼에 대해 열의 없는 사람, 즉 성령의 증거로 중생을 확신하지 못하는 사람과 비교된다. 대부분의 교인들은 이러한 오순절 축복의 결핍을 인정함으로써 자신들의 타락한 상태를 시인하고 있다.

그들은 열매 맺는 회심자들이다. 회심자들의 마음에는 갈라디아서 5장

하나님의 오순절 번갯불

22, 23절에 묘사된 성령의 열매들이 익어가고 있다. 두 번째 큰 변화가 일어날 때까지 육적인 마음은 이 천국 열매의 성장을 해롭게 한다. 그러나 성령의 열매는 변화에 대한 실제 간증으로 자라간다. 참 평화와 기쁨과 사랑과 그와 같은 은총의 열매들은 중생하지 못한 토양에서는 절대로 자라지 못한다. 중생하지 못한 자들의 가짜 대용물들은 마치 붓으로 그린 그림처럼, 구원 받지 못한 영혼의 벽에 걸릴 수 있을지는 몰라도, 진짜 열매로 검증될 수는 없다. 참된 회심자는 "성결에 대한 열매"(fruit unto holiness)가 있다. 중생이 성결을 심고, 오순절이 모든 잡초들을 뽑아내며, 천국의 소나기와 햇빛을 보낸다. 하나님의 영광! 성령의 열매 맺음이 없다는 것은 중생케 하시는 성령의 역사가 없다는 강력한 증거이다. 열매 없는 형식주의자들은 종종 법령에 따르고 의무에 헌신하지만, 이것이 성령의 역사를 대신할 수는 없다. 그러한 역사가 없으면 모든 가지가 꺾여 불에 태워질 것이다. 열매가 없으면 영원한 화롯불에 던져지고, 열매가 있으면 보좌와 영원한 나라에 들어간다. 어떤 편을 택할 것인가?

그들은 갈급한 회심자들이다. 영적 출생은 언제나 영적인 시야, 음성, 활동, 그리고 굶주림(hungry)을 일으킨다. 오순절 회심자는 항상 성결을 갈망한다. 그들은 "의에 주리고 목마르다." 중생에서 경험된 구원이 너무 감미로워서 같은 종류의 더 많은 경험을 갈망한다. 또한 약간 조급한 베드로, 실천적인 바울, 지혜로운 아굴라가 하나님의 가르침을 받은 대로 성령과 불로 세례 받는 특권을 회심자들에게 펼치는 즉시, 성령세례가 회심자들의 영혼을 온전히 성화시키고 또한 완전히 자유롭게 할 것이고, 그들은 고넬료와 에베소의 회심자들처럼 복을 주시는 분과 그 축복을 열렬히 받아들인다. 만약 신약성경 회심자가 성결과 투쟁했다면, 가나안의 불신앙적인 정탐꾼들처럼 그의 이름이 잊혀지고 당연히 망각 속으로 사라졌을 것이다. 온전한 성화를 비판하는 자들은 경고를 받는데, 이것이 다가 올 운명의 모습이기 때문이다. 오늘날의 모호한 자들과 겁쟁이들(the Mudges and the Bolands)은 덜 뻔뻔한 추종자들과 더불어 잠시 악명을 얻을 것이다. 그러나 "악한 자의 불똥"처럼 그들의 사역은 최후의 잊혀짐이라는 어두운 밤에 사라질 운명이다. 성결케 하시는 성령세례에 대한 갈망은 성령으로 난 모든 사람의 정상적인 식욕이다. 그런 까닭에 이런 욕구가 없는 것은 신생하지 않았다는 증거이고, 그 영혼이 구원 받지 못했음을 확실히 보여주는 것이며, 거짓된 희망에 의존하는 것이다. 그들은 성결에 대한 굶주림 대신에 성결을 거부하면서 자기 방어를 위해 변명하기에 급급한데, 그렇다면 회개해야만 한다. 그렇지 않으면 반드시 멸망한다. 오순절 회심자는 성결을 위해 기도하고, 구하고, 기다리며, 하나님께 감사하며, 성결을 받고, 그렇게 되면 그 다음에는 복음을 전한다. 할렐루야! 오순절의 성결을 전혀 갈망하지 않는 모든 사람들은 지옥으로 급히 내려가는 중이다. 그들은 비단과 공단 천으로 옷 입고, 자주색의 고급 실크 모자를 쓰고, 교회나 국가에서 직함을 얻어 높은 위치에 있을 것이다. 그러나 이러한 영적인 법은 변하지 않는다. 영적인 욕구가 결핍된 사람은 영적인 삶이 결핍된다. 시체는 결코 배고프지 않다.

그들은 대망하는 회심자들이다. 회심자들은 "우상을 버리고 하나님께로 돌아와서 살아계시고 참되신 하나님을 섬기며, 또 하늘로부터 오시는 그의 아들을 기다린다"(살전 1:9,10). 그들은 예수께서 떠나셨을 때, 주님이 언제든지 다시 돌아와서 회심자들을 영접하도록 주님의 재림을 항상 기다려야 한다고 하나님의 가르침을 받았다. 따라서 주님은 그들의 삶에서 영웅이었다. 주님은 그들의 마음에서 그들을 다스리셨다. 만일 죽음이 오면, 그들은 즉시 주님께 나아가고, 그때마다 주님이 나타나셔서 그들을 영화롭게 하신다. 이런 "주님의 나타나심에 대한 영광스러운 소망"은 사도들이 괴로움 당하는 자를 위로했던 진리 중 하나였다. 오늘날 일부 사람들이 가르치는 것처럼 재림은 성결에 방해되는 것이 아니라 성결을 돕는 것들 중 하나로서 주장되었다. 하늘에서 안개가 걷히면 이 오순절의 별이 다시 나타나서 위로하고 기뻐하게 할 것이다.

그들은 충성스런 회심자들이다. 회심자들은 상류사회(high circle)로 이동한다. 그들의 이름은 우주에서 가장 영예로운 자들로 등록된다. 성도들과 하나님의 권속에 속한 동료 시민들은 하나님 앞에서 왕들과 제사장들이 되어 피조물 중에 가장 높은 귀족에 속한다. 이것이 사실이라면, 그들 가운데서 살고 움직이며, 노래하고 섬기며, 외치고 영원히 찬양하는 것이 그들의 기업이다. 독자들이여! 이것들은 성령으로 거듭난 모든 사람들이 지니는 신약성경의 특징들 중에서 약간만 표현된 것이다. 사단은 군중들을 지옥으로 이끌고 있는데, 그들은 이렇게 분명하게 표현된 신약성경의 요구들이 부족함에도 자신들이 구원 받았다고 착각하는 사람들이다. 신약성서의 열매들 중에서 무엇인가 결여되어 있다면, 교회의 정회원, 세례, 공식적 직분, 과거의 경험, 기만적인 행복과 안전, 또는 현재의 추정들은 다 쓸모없을 것이다. 만일 당신이 이런 것들에 부합한다면, 당신은 축복받았다. 만일 그렇지 않다면, 당신은 생각 여하에 관계없이 끝없는 위험에 처해 있는 것이다. 만일 당신이 깨어있지 않고 거짓된 안정감속에서 잠자고 있다면 위험이 배가된다. 나는 당신의 영혼을 사랑한다. 나는 두렵고 영원한 악몽으로 곧 끝나게 될 무시무시한 꿈에서 당신이 구출되기를 바란다. 그리스도게 속히 나아가라. 속히! 기도하라! 회개하라! 자백하라! 회복하라! 굴복하라! 믿어라! 이 순간을 활용하라! 또 다른 시간은 영원히 너무 늦어질지 모른다! 시내 산의 천둥! 갈보리의 간구! 심판의 위협! 지옥의 경고! 천국의 손짓! 영원이 가깝다! 이미 알듯이, 한때 진지하게 경고 받은 적이 있는 속임수에 빠진 수많은 영혼들의 울부짖음이 저주받은 자의 동굴로부터 메아리쳐서 당신을 두렵게 하고 있다. "깨어 의를 행하고 죄를 짓지 말라 하나님을 알지 못하는 자가 있기로 내가 너희를 부끄럽게 하기 위하여 말하노라"(고전 15:34).

> "나는 지금 이 순간
> 죄로부터 깨어나기 시작해야만 하네.
> 또한 하나님께 돌이켜
> 모든 죄를 계속 버려야 하네."

> "나는 믿음을 위해 끝없이 부르짖고
> 또한 주님과 씨름해야 하네.
> 영원토록 나는 다시 태어나거나,
> 그렇지 않으면 죽으리."

제5장

오순절 부흥
Pentecostal Revivals

제대로 된 오순절 부흥은 구원의 폭우를 내리게 하는데, 이 폭우 속에서 성령에 감전된 신자들은 온전히 성화되고, 죄인들은 회심하며, 반대가 좌절되고, 악마를 격퇴하는 영적인 분위기가 조성되었다.

오순절이란 바로 그런 부흥이었다. 오순절과 신약성경에 있는 또 다른 부흥을 연구함으로써, 우리는 이런 강력한 운동들을 지배하는 원리가 무엇인지 배울 수 있다. 그러한 운동들은 강력한 군대와 같은 오순절 교회로서 결심하고 침범한 적에 대항하여 움직인다.

다음의 사실들은 참된 부흥과 회원들을 세속화시키려고 기계적으로 노력하는 그리스도 없는 사교단체들의 차이점을 보여준다.

오순절 부흥은 조건적인 부흥이다. 오순절 부흥은 성령이 일으키시는 구원의 폭우이지만, 강수량은 인간이 특정한 영적인 법칙들을 준수하는 데에 달려있다. 성경에는 개인적인 오순절뿐 아니라 무리들의 오순절도 약속되고, 선포되었다. 최초 오순절 교회의 열두 사도들처럼 죄와 세상에 대해 죽고, 그리스도로 흠뻑 젖으며, 그의 가르침에 충성하고, 연합되어 기도하고 순종하며 진지하게 기대할 때, 초대교회와 같은 오순절 부흥은 예외가 아닌 순리적 사건이 될 것이다. 환경에 따라 회심자의 수가 다소 차이가 있을 수 있지만 늘 부흥할 것이다. 오순절 부흥은 오순절의 요소가 없이는 불가능하다. 바닷물에 젖은 나무로는 불을 태울 수 없다. 세상에 젖은 설교자와 교회들은 불가마에서 건조되어야만 부흥의 불쏘시개가 될 수 있다. 설교할 수 있는 길거리 모퉁이 작은 장소가 영적인 미이라로 가득한 멋진 대성당보다 오순절 부흥에 더 좋은 장소이다. 기도, 금식, 교회에 부어지는 성령의 세례, 성령이 이끄는 설교, 간증 및 개인 사역은 모두 오순절 부흥의 조건들이다. 거짓 부흥에서는 이런 조건들이 모방되거나 무시되고, 그 결과 오순절 홍수가 일어나는 대신 흐지부지 끝난다. 설교자나 사람들이나 혹은 양자 모두가 오순절의 조건들에 부응하지 않음으로 인해 많은 부흥들에서 영혼들을 낙태하는 범죄가 행해진다. 그 범죄의 가해자들은 영혼 살해자(soul-murder)라는 죄를 범하는 것이다. 그러나 그 조건들을 만족시킬 때 비로소 오순절이 촉진된다. 그 조건들은 아주 단순하고 합리적이고 명백하게 드러났기 때문에, 모든 교회들이 그 조건들을 적용하기만 하면 그에 따르는 풍성한 결실을 나누어 받게 될 것이다.

오순절 부흥은 성령의 부흥이다. 오순절 날에 성령은 영광을 받으셨다. 그리스도가 지정하신 자리에 성령이 오셨다. 교회는 성령을 환영하였고 성령의 인도하심에 따랐다. 말씀을 통해, 그리고 불세례를 받은 사역자들을 통해 사람들은 "죄와 의와 다가오는 심판"에 대해 선고 받았다. 참회자들은 거듭나고 신자들은 온전히 성화되었다. "당신은 믿을 때에 성령을 받았는가?" 하는 것이 바울이 위대한 에베소 부흥에서 던진 첫 번째 질문이었다. 태양 없이는 햇빛이 존재할 수 없는 것처럼 부흥을 추진하는 사람들 가운데에 성령의 주도권이 없다면 진정한 부흥은 불가능하다. 사람이 만드는 부흥은 태양빛을 인광으로 대신하고, 성령의 인도하심을 인간의 조작으로 대치하는 것이며, 회심과 성화의 중요성을 더럽히는 것이다. 성령의 은혜와 은사들을 소유하는 것은 가장 고귀한 형태의 오순절 부흥에 있어서 절대적으로 필요한 것들이다. 성령과 그의 직임이 무시되는 곳에서 성령은 슬퍼한다. 또 성령의 사역이 중단되거나 크게 손상된다. 수

많은 부흥회와 부흥 보고서에서 신자들 가운데 성령과 그의 거룩하게 하는 사역에 대한 언급이 모두 생략되는 것은 성령께 엄청나게 잘못하는 것이다. 성령께 영광을 돌리는 사람들을 100명 중 5명 정도도 찾기가 힘들다. 많은 이들은 자신들이 어려움에서 벗어날 수 있도록 성령께서 도와주시기 원하지만, 그들은 성령을 신적인 통솔자로 기꺼이 받아들이지 않는다. 사람들은 성령께 무엇을 어떻게 해야 하는지를 가르치려고나 하지, 성령께 모든 것을 온전히 맡기거나 그를 지도자로 인정하려 하지 않는다.

오순절 부흥은 열매 맺는 부흥이다. 수많은 사람들이 부흥회를 통하여 구원 받고 성화되었다. 그래서 수많은 사람들이 교회에 들어왔다. 사람들의 죄가 드러났고, 포기되었으며, 죄를 자백하고, 정결케 되었다. 잘못을 바로잡고, 그리스도가 없는 사업은 포기되었다. 이러한 열매들이 없어서 멈추어진 부흥을 되살릴 필요가 있다. 하나님은 눈물, 노래, 감정의 부흥을 의롭다고 인정하지 않으실 것이다. 하나님과 사람의 관계를 바르게 세우지 못하는 부흥은 수분 없는 구름과 같다. 죽음으로 인도하는 함정은 사람을 구원하는 일 대신에 교회에 입회하게 하는 것을 목적으로 삼는 일이다. 기도의 제단을 카드에 서명하는 것으로 대치하는 것은 교회를 배반하는 표시이며, 고용된 목회라는 것을 보여준다. 하나님이 사람들을 그분의 교회에 연합시키면, 그 사람들은 머지않아 자신들이 살고 있는 지역의 담당자에게 이름을 밝히고 등록할 것이다. 사람들은 교회의 통계를 채우려는 모임과 죄로부터 구원받기 위한 모임을 구별할 수 있다. 성화에 대한 성서적 설교를 변질시키는 부흥은 하늘로부터 온 것이 아니다. 성서의 진리를 밝혀주는 일은 순수한 성서적 부흥을 죽이는 것이 절대로 아니다. 오히려 더욱 강렬하게 성령이 부어지도록 하는 것이다. 오순절 부흥의 특징은 성령의 증거들과 열매들에 있다. 부흥에 대한 보고서를 개선할 필요가 있다. 통상적인 교회 회원에 대한 진단에 따르면, 회심의 증거를 가진 사람이 1/4도 안될 것이다. 어떤 사람은 1/10이라고 말한다. 사람들이 마음을 찌르는 죄를 선고받아 눈물을 흘리고, 잘못을 바로잡고, 죄를 버리고, 진심으로 마음에서 회개하여 확신을 받고, 기쁨을 나누는 중생이라는 성경적 경험을 통과하지 않고, 단순히 손을 붙잡거나, 기도하려고 일어나거나, 교회에 가입하는 그런 곳에서는 "백 명의 영혼이 회심했다"라기보다 "백 명의 얼간이가 속았다"라고 보고서를 읽는 것이 진실에 가까울 것이다. 기만적인 부흥의 유형에서 나타나는 거짓말은 "가장 사악한 거짓말"일 것이다.

오순절 부흥은 기적적인 부흥이다. 예수께서 제자들이 자신보다 더 큰 일을 행할 것이라고 분명하게 선포했던 "더 큰 일들"(greater works)이 오순절 부흥에 포함된다. 오순절 부흥에는 처음부터 몸의 치유와 다른 기적적인 증거들이 자주 뒤따랐다. "무리가 빌립의 말도 듣고 행하는 표적도 보고 일심으로 그의 말하는 것을 좇더라 많은 사람에게 붙었던 더러운 귀신들이 크게 소리를 지르며 나가고 또 많은 중풍병자와 앉은뱅이가 나으니라"(롬 8:6-7). "하나님이 바울의 손으로 희한한 능력을 행하게 하시니 심지어 사람들이 바울의 몸에서 손수건이나 앞치마를 가져다가 병든 사람에게 얹으면 그 병이 떠나고 악귀도 나가더라"(행 19:11-12). 성령으로 감동된 사람들은 기적의 능력을 받았고, 그것을 하나님의 영광을 위하여 사용하였다. 이와 같이 이 기간에 나타난 신유와 관련해서, 초대

교회에서는 현 시대를 특징지우는 열광주의나 회의주의가 신유의 선한 영향력을 축소시키지는 않았다. 하나님의 인도하심을 받은 사도들은 신유를 성결운동의 시초에 있어서 도움이 되는 보조수단으로 인정했다. 의심할 바 없이 성결운동이 오순절의 정결과 능력을 다시 회복한다면, 신유가 실행되고 다른 종류의 은사들도 그때처럼 빛을 발할 것이다. 그러나 은사는 은혜를 넘어설 수 없다. 초대교회의 부흥 운동에 수반된 오순절의 치유와 기적의 징후들은 중생과 완전 성화라는 더 큰 위대한 역사와 비교된다. 성화가 쏟아지는 폭우와 같은 영광이라면, 은사는 폭우가 없는 여름 소나기의 번개와 같은 것이다. 오순절 부흥은 번갯불과 같이 하나님이 주신 역사가 뒤따르고, 또한 번갯불처럼 때때로 소나기보다 더한 비판의 원인이 된다. 그러나 영적 가뭄의 시기에 오순절 부흥을 대체할 수 있는 것은 아무것도 없다. 또한 현대와 고대의 많은 오순절들에서처럼 그런 번개가 전혀 없어도 강력한 영적 폭우들이 내릴지 모른다. 최초의 오순절에서 기적에 대한 기록이 없는 까닭은 그것이 발생하지 않았거나 또는 오순절 자체가 기적을 능가하는 초자연적인 것이어서 언급하지 않았다고 볼 수 있다.

오순절 부흥은 시간을 필요로 한다. 반대가 즉시 누그러지지 않았음에도 "두 사도가 오래 있어 주를 힘입어 담대히 말하니 주께서 저희 손으로 표적과 기사를 행하게 하여 주사 자기 은혜의 말씀을 증거하였다"(행 14:3). 수많은 유망한 부흥이 꽃도 피우지 못한 채 꺾이는데, 그 이유는 싹이 나서 성장하고 봉오리가 맺히고 꽃이 피고 열매가 익는 과정이 "10일 만에" 속성으로 될 수 없기 때문이다. 사도시대의 전도자들은 하나님의 섭리가 상황을 주도하는 데에 따라서 그들의 전도계획을 맞추는 시간적인 여유를 가졌다.

오순절 부흥은 반대 받은 부흥이다. 오순절 부흥은 사탄과 그의 졸개들이 동원할 수 있는 모든 방식으로 조롱 받고, 비웃음 당하고, 방해 받는다. "그러나 순종치 아니하는 유대인들이 이방인들의 마음을 선동하여 형제들에게 악감을 품게 하거늘"(행 14:2). 세상과 위선자들이 반대하지 않는 부흥이라면 근본적인 결함이 존재한다는 것이다. 사탄은 전쟁이 없으면 자신의 나라가 침략된 것과 사로잡힌 영혼들을 보지 못할 것이다. 가짜 교수들은 참 부흥과 싸우려는 가장 비참한 군인들이다. 그들은 "부흥을 믿지 않는다"라거나 "너무 많이 흥분한다", "회심자들이 나오지 않는다", "방종", "최면술" 등등이라고 말한다. 그들은 여러 가지 방법으로 자주 반대하고, 춤, 비밀 파티, 강의, 오락, 사회적 방문, 박람회와 축제들로 관심을 돌리게 만든다. 할 수만 있으면 그들은 진짜 부흥을 천박한 가짜 부흥으로 대체하려고 할 것이다. 우리는 신약에 기록된 많은 오순절적 부흥에서 명확히 볼 수 있는 다음과 같은 부흥의 진리들에 주목한다.

1. 예루살렘의 부흥은 성령과 불 세례가 모든 참 부흥의 원동력임을 보여준다. 부흥 지도자들은 성령세례가 임할 때까지 머물러야 했다. 오순절 부흥은 성결 부흥(holiness revival)이다. 진짜 부흥은 신자들의 일치와 자선을 가져온다. 그들은 말씀을 확장시키고 하나님께 영광을 돌린다.
2. 이고니온의 부흥(행 14장). 이것은 안디옥의 큰 집회 이후에 곧바

로 뒤따른 부흥이다. 바울과 바나바가 그 부흥을 인도하였다. 이고니온의 부흥에서 배울 점은 다음과 같다.

- 성령 충만한 사람들이 말하였기 때문에 많은 무리들이 구원받았을 것이다(1절).
- 회심하지 못한 교인들은 위대한 부흥의 장애물이 된다(2절).
- 부흥에 대한 반대로 인해 담대하고도 인내심 있게 부흥의 수고를 하게 되었다(3절).
- 성령의 부흥은 주인을 따르는 양과 다른 사람을 따르는 염소를 구분하게 한다(4절).
- 유대인과 이방인, 다시 말하면 교회 안과 밖의 회심하지 못한 사람들은 진짜 성령의 부흥을 막으려고 종종 연합한다(5절).
- 하나님은 당신의 놀라운 능력을 보여주셔서 당신의 참 사역자들의 사역을 인정하신다(3절).
- 가끔 반대가 일시적으로 성공하기도 하기에 사역자들은 지혜롭게 다른 곳으로 철수한다(6절).
- 만일 능력 있는 바울, 능변의 바나바가 성령이 충만하여 "표적과 기사"를 행하면서도 보기에는 그곳에서 패배하여 쫓겨나서 다른 곳으로 순회하도록 명령 받았다고 하더라도(6절) 그들을 모범으로 삼는 것이 오늘의 사역자들을 낙심시키지는 않을 것이다.
- 장소를 이동하면 새로운 곳에서 더 큰 열심을 갖도록 자극할 수 있다(6, 7절).

3. 루스드라의 부흥(행 14:8-21). 이고니온 부흥의 핍박으로부터 도

망한 바울과 바나바는 루스드라와 주변 지역에서 은신처를 찾았다. 이곳에서 그들은 복음을 전파했다. 이곳에 그들이 체류한 사실에서 다음의 것들을 배울 수 있다.

- 성공은 인간숭배의 위험을 수반한다. 소수의 사람들만 성공을 견뎌낼 수 있다(11,12절).
- 인간의 아첨과 칭찬의 기회는 회개를 선포하여 하나님께 모든 영광을 돌리는 기회로 전환해야 한다(13-18절).
- 성공적인 성령의 부흥은 바리새적인 교수들의 적의와 핍박을 불러온다.
- 적이 어떤 장소에서 성령 충만한 사람들을 죽이려고 돌로 칠 때 하나님은 그를 살아나도록 하시고 다른 곳에서 더 큰 부흥을 일으키신다(19-21절).
- 반대자가 지나친 찬사를 보내는 방식으로 성령운동을 죽게 할 수 없다면, 그는 사자 같은 맹렬한 핍박으로 성령운동을 산산조각 내려고 할 것이다.
- 성령 충만한 사역자들은 불필요한 논쟁을 피하는데, 너무 바빠서 되돌아가서 말하거나 다툴 수 없기 때문이다.

4. 에베소의 부흥(행 19장). 이 부흥에서 우리는 다음과 같은 것을 배울 수 있다.

- 하나님의 자녀는 서로가 친밀함을 갖는다. 에베소에서 바울은 자석이 철을 모으는 것처럼 자기 주변에 있는 신자들을 모았다.
- 오순절 부흥사는 성령의 은사를 드러내어 신자들이 은사를 받도

록 인도한다.

- 그러면 그들은 강력한 부흥의 태풍이라는 폭풍 센터들(the storm-centers)이 된다.
- 성령의 증거는 부흥에 있어서 강력한 요소이다.
- 그런 부흥은 사단과 그의 앞잡이들로부터 오는 큰 반대를 일으킨다.
- 비록 2년이 걸렸지만, 바울은 인내하였고 승리를 위해 싸움을 밀어붙였다.
- 바울에 대해 가장 격렬하게 반대한 자는 회심하지 못한 교인들이었다.
- 그러한 반대는 압도적으로 패배하였다.
- 회개는 진실되었고, 사람들은 수천 달러를 들여 산 거짓된 서적들을 공개적으로 불태웠다.
- 하나님이 모든 영광을 받으셨다. "주 예수의 이름이 널리 퍼졌다."
- 설교자와 사람들 안에 있는 성령의 은사가 부흥의 원동력이었다.
- 성령의 부흥은 성령의 교회를 만든다. 에베소 교회는 사도 시대에서 가장 강력한 교회 중 하나였다.

5. 사마리아의 부흥(행 8:5-13). 사마리아 부흥은 일대를 **휩쓰는 역사**였고, "허다한 무리들이…하나가 되어" 말씀을 받아들인 사건이었다.

- 사마리아 부흥은 **진정한 역사**였기에 "그 도시에 큰 기쁨이" 있었다. 거짓 부흥회들과 단순히 교회에 참석하는 모임들은 숫자에 대

한 칭찬에 열심이지만 결코 깊은 영적인 기쁨을 낳지는 못한다.

- 사마리아 부흥은 **그리스도를 높이는 부흥회**였다. 전도자는 자신이나 인간의 신조를 설교하는 것이 아니라 "사람들에게 그리스도를 선포했다."

- 치유는 사역을 해치는 것이 아니라 돕는 것이다(6, 7절). 우리가 이 사마리아 부흥에서 배우는 것은 진정한 은사는 주변적인 주제가 아니라 사용되어야 할 능력이고, 그래서 은사를 소유하였을 때 적절히 사용하는 것은 방해가 아니라 도움이 된다는 것이다. 빌립은 분명 은사를 활용해야 할 능력으로 생각했는데, 걱정하게 만드는 광신주의자로서가 아니라 부흥의 성공이라는 수레바퀴의 바퀴살 중 하나로서 활용했다. 하지만 사역자들이 빌립처럼 성공을 얻으려면 먼저 빌립이 소유했던 은사를 가져야 한다는 사실을 기억해야 한다.

6. 사마리아의 성결 부흥(행 8:14-17). 사마리아 부흥회에서 다음과 같은 사실을 더 배우게 된다.

- 초대 교회에서는 성결을 촉진하기 위해 특별 집회들을 여는 것이 일상적이었다.

- 성령의 은사를 받는 것은 회심에 뒤따르는 일이다. 이 사람들은 빌립의 부흥에서 처음으로 회심하였다.

- 성화는 성장해야 하는 상태가 아니라 받아야 하는 선물이다.

- 하나님은 당신의 자녀들이 이 은사를 받도록 이끄는 인간을 도구로 사용하신다.

－처음부터 설교자들은 이런 오순절 체험을 압박하여 사람들을 무섭게 하는 두려움이나 불쾌함이나 광신주의를 용납하지 않았다.

－어린 회심자들은 세상의 즐거움과 타락에 대한 하나님의 해결책인 성령세례를 즉시 받을 수 있도록 지도받아야 한다.

－성령을 말로만 추구하는 사람들 가운데서 종교적인 척하는 사람들을 볼 수 있다.

－잘못된 동기들이 진지한 추구를 좌절하게 만든다.

－이것은 최소한 어떤 한 사역자를 성령의 은사에 관계하지 못하도록 했다. 시몬은 분명히 자만하는 교권적인 설교자였다. 그래서 시몬은 "스스로가 꽤 위대한 사람이었고," 또한 인기 있는 설교자로서 사람들을 매료시켜 "작은 자로부터 큰 자에 이르기까지 그들 모두가 귀를 기울였으며, 말하기를 '이 사람은 위대한 자로 불리는 하나님의 능력이다'라고 하였다." 시몬은 빌립의 부흥에서 각성한 척하였고, 이제는 사도들처럼 하고 싶어서 그 능력을 몹시 탐냈다. 시몬은 올바른 조건을 기꺼이 갖추려 하지 않았다. "그는 사도들에게 돈을 제공하였다." 모든 시대의 시몬 마구누스들은 이런 비슷한 방식으로 은사를 추구한다. 그들은 은사를 하나의 능력의 선물로서, 혹은 "고상한 생활"(higher life)로, 또는 "섬김을 위한 재능"으로, 약간은 이기적인 동기를 위해 자신들의 방식에 따라 성령의 은사를 원한다. 그들은 성령의 은사를 바라지만, 성령의 불이 소멸해야 하는 남아 있는 육욕을 진지하게 자백하거나, 시간, 친구들, 지위, 월급, 명성, 자아를 포기하고 예수님을 위해

하나님의 오순절 번갯불

무조건적으로 영원히 모든 것을 포기할 만큼 강렬하지는 않다. 그들은 성령의 은사를 바라고, 찾고, 울며 제단에 나아간다. 그러나 그들은 예수 안에서 완전한 포기와 믿음 대신 대용물을 사용하고, 그 영광스런 경험에로 몰아가는 대신 "극심한 고통과 불법의 속박"에 더 깊이 빠져들었다. 그런 설교자들은 책망 받고, 그 위험성을 경고 받아야 한다(20-23절). 오순절 부흥은 사람들을 앞으로 나와 결단하게 하는 것이다. 이때 신실한 베드로와 같은 사람들이 시몬과 같은 어리석은 사람들을 다뤄줘야 한다.

오순절 부흥은 계속되는 부흥이다. 오순절 부흥은 성냥을 긋는 것이 아니라 전깃불이 번쩍이도록 하는 것이다. 하나님은 전쟁이 끝날 때까지 당신의 군대가 절대로 싸움을 끝내지 않도록 계획하셨다. 며칠 정도 부흥이 불붙고서, 그 다음엔 여흥을 제공하는 식당으로 되돌아가는 것은 오순절에 생겨난 것이 아니었다. 또한 이런 것은 참된 그리스도의 교회를 우습게 만드는 일이다. 이런 점에서 하나님의 백성을 크게 일깨우고 흔드는 것이 필요하다. '모든 것이 오순절에, 그리고 언제나 오순절에'(all at it, and always at it)가 오순절의 모토이다.

오순절 부흥은 전염성이 있는 부흥이다. 오순절 부흥의 촉진자들은 부흥의 능력을 끌어내는 센터들이다. 하나님과 그분의 은사가 충만한 오순절 부흥에서 승리하는 지도자가 인도하는 곳마다 죄의 요새들이 습격당했다. 부흥에 저항하는 죄와 미신과 육욕의 요새들이 하나님의 능력의 다이너마이트로 산산이 부서졌다. 마귀의 일들이 부흥의 진리로 타오르는 불길 아래에서 태워졌다. 마귀와 그 졸개들이 그 불길을 진화하려고 물이 넘치도록 했음에도 불구하고 오순절의 불길은 온 세계에 퍼져 모든 시대로 거슬러 내려가며 확산되었다.

오순절 부흥은 참된 부흥이다. 오순절 부흥은 오순절의 조건들을 갖춘 모임에 의해서 오는 것이고, 처음이나 지금이나 사람들을 구원으로 인도하는 결과를 가져온다. 소위 부흥이란 이런 것들이 아니라면 부흥이라 부를 가치도 없다. 진짜 부흥은 선택받은 아름다운 나무들로, 그 열매가 익어 간다. 반면에 가짜 부흥은 죽은 잎들을 가진 나무들로, 속임으로 가득하여 가지들에 가짜 열매를 묶어 놓는다. 진짜 부흥회는 사악한 자들을 경각시키고 그들의 상태를 각성시키지만, 가짜 부흥회는 그들에게 재미를 주거나, 거짓 위로를 주거나, 싫증나게 한다. 진짜 부흥은 건강한 영적 자녀들을 낳지만, 가짜 부흥은 교회를 메마르게 하거나 사생아들로 가득차게 한다.

진정한 부흥은 성령과 그의 모든 사역에 영광을 돌린다. 가짜 부흥회는 성령을 무시하고 성령의 열매들을 얕본다. 또 진짜 부흥회는 참회자의 눈물과 구원받은 자의 외침과 온전히 성화된 사람들의 증거를 환영하지만, 가짜 부흥회는 그런 모든 증거들에 대해 낯설다. 진짜 부흥회는 제단, 구도자를 위한 공간, 기도하려고 일어서는 것, 그리고 각성케 하여 구원에로 인도하려는 여러 가지 모든 방편들을 활용한다. 하지만 진짜 부흥은 이들 중 어떤 것에도 의지하지 않으며, 단지 분명한 경험들로만 만족한다. 반면에 가짜 부흥회는 수단에 의존하고 메마른 공언의 모래 위에 그들의 희생자들을 남겨둔다. 교권적인 어두움의 안개와 먹구름이 사라지

하나님의 오순절 번갯불

고 신자들이 초기 오순절의 단순성과 능력을 다시 받을 때, 참 부흥은 지금까지 알려지지 않은 능력의 최고봉에 오를 것이다.

제6장

오순절 은사
Pentecostal Gifts

"그가 위로 올라가실 때에 사로잡혔던 자들을 사로잡으시고 사람들에게 선물을 주셨다 하였도다"(엡 4:8). "너희는 더욱 큰 은사를 사모하라. 내가 또한 가장 좋은 길을 너희에게 보이리라"(고전 12:31). 하나님은 세상을 구원하시려고 당신의 아들을 주셨고 성령을 보내셔서 교회를 거룩하게 하시고 이곳에서 일어나는 전쟁과 앞으로 받을 상급을 준비하게 하신다. 성령의 선물은 하나님의 백성들이 "진실하게 갈망하라"고 명령받은 성령의 은사들을 사용할 수 있게 한다. 이는 마치 대가족을 거느린 아버지가 자녀들에게 아름답고 값비싼 상자를 선물로 보낸 것과 같다. 숨겨진 용수철을 건드리면 뚜껑이 활짝 열리는데 그 안에는 가족들 각각을 위한 작은 선물들이 잔뜩 들어있다. 크고 좋은 이 상자는 순종하고 충성스럽고 사랑스러운 자녀들만을 위한 것으로, 그들은 믿음으로 그 선물을 차지할 것이다. 상자에 달린 숨겨진 용수철을 건드리면 상자가 열리고 순종하는 자녀들을 위한 각기 다른 선물들이 보일 텐데, 자녀들은 믿음으로 그 선물을 받아서 아버지의 유익을 위해 사용할 것이다. 이것은 우리에게 주신 하나님의 선물을 알아듣기 쉽게 설명한 것이다. 하나님은 당신의 아들, 즉 값을 매길 수 없는 상자를 온 세상을 위해 주셨다. 이 상자 안에는 용서와 평안과 양자 삼음, 영생이 들어있는데, 모든 사람이 이것을 받을 수 있다. 이 선물을 받은 사람들은 두 번째 상자, 즉 성령이 교회에 주시는 선물을 받을 자격이 생기고, 성령과 그의 성결케 하는 역사를 받은 모든 사람들은 세 번째 상자를 받을 수 있다. 세 번째 상자 안에는 성령의 선물들이 담겨있다. 첫 번째 상자는 구원을 가져다주고, 그리스도의 왕국 시민의 자격을 부여한다. 두 번째 상자는 하나님에 대한 완전한 사랑과 충성에 거스르는 모든 충동을 마음으로부터 제거하고, 완전한 사랑과 빛, 그리고 승리라는 하늘의 통치를 세운다. 그리고 앞으로 받을 깨달음과 세움, 재능, 무기와 군수품들을 받을 수 있도록 마음을 준비시킨다. 이로써 모든 전투에서 승리자가 될 것이다. 두 가지 위대한 역사이며 많은 은사와 축복이 있다.

오순절 은혜는 수없이 기록되었고, 아무리 높여도 부족함이 없으며, 교회를 녹여서 하나님께 기쁘게 충성하고 헌신하도록 만든다.

은사는 무기이다. 은사가 없는 교회는 전쟁터에 나갈 수 없다. 아무리 군인이 조국을 완전하게 사랑한다고 해도 제대로 훈련받지 않고 무장하지 않으면 패배하고 말 것이다.

그러므로 그리스도는 당신의 군대를 다음과 같이 강하게 하신다.

1. **하나님께로부터 임명받은 다양한 직분자들에 의해서.** "그가 어떤 사람은 사도로, 어떤 사람은 선지자로, 어떤 사람은 복음 전하는 자로, 어떤 사람은 교사로 삼으셨으니"(엡 4:11). 이 직분자들은 함께 조화를 이루어 일하도록 설계되었다. (1) 성도들을 온전케 하기 위해서 (2) 사역을 위하여 (3) 그리스도의 몸을 세우기 위하여(엡 4:12). 그 중에서도 교회가 (1) 이리저리 요동하지 않도록 (2) 온갖 교리의 바람에 치우치지 않도록 (3) 교활한 사람들로부터 보호 받도록 하는 목적을 갖고 있다. 이러한 부르심의 거룩함은 고린도전서 12장 28절에서 강조되고, 그 목록 대부분이 반복되고 있다. 교회

안에 이러한 직분들이 있는 것은 교회의 성공을 위해 필수적이다. 사도가 없는 교회는 기초 없는 건물과 같다. 선지자, 즉 설교자가 없는 교회는 입이 없는 몸과 같다. 전도자가 없는 교회는 행상인이 없는 도매상과 같고, 교사가 없는 교회는 가르칠 사람이 없는 학교와 같으며, 목회자가 없는 교회는 목자 없는 양떼와 같다. 돕는 사람이 없으면 손발이 없는 몸과 같고, 다스리는 자가 없는 교회는 법이나 관공서가 없는 나라와 같다. 그들 모두가 하나님이 계획하신 대로 서로 조화롭게 일할 때 모든 것을 통치하시는 머리 아래에서 교회가 앞으로 나아갈 수 있다. 그분은 태양처럼 밝고 달처럼 아름다우며 위대한 군대처럼 두려운 분이시다.

2. **하나님이 주신 은사의 다양함** 고린도전서 제12장을 읽으라. 이 놀라운 장 안에서 우리는 하나님이 계획한 대로 옮겨지는 그 날까지 잘 통솔되고 무기와 군장으로 무장한 오순절 교회의 사진을 보게 된다. 여기에 교회가 전쟁에서 승리하기 위해 소유해야 할 아홉 가지 선물들이 약속되어 있다. 많은 사람들이 온전히 성결하게 되지만 완전한 사랑을 성취할 수 있는 더 좋은 길을 찾으려는 열심 때문에 사랑보다는 작지만 없어서는 안 될 이 아홉 가지 놀라운 무기들을 간과해왔다. 성령 충만한 신자들의 손에 들린 이 무기들은 "하나님을 통해 강력하게" 마귀를 물리친다.

   (1) **지혜의 말씀.** 하나님은 옳은 일을 행할 수 있도록 지혜를 주시고 적당한 시간에 알맞은 방법으로 그에 합당한 말을 할 수 있도록

해주신다. 이것은 자연적인 감각이 아니라 하나님이 주시는 기술(skill)이다. 이것 없이는 그 누구도 마귀를 간파할 수 없다. 온전한 사랑은 언제나 이 지혜에 대한 목마름을 준다. 하나님의 약속을 온전히 믿는다면 이 지혜를 소유하게 될 것이다. 신약성서에서는 직분자 명단에 들어갈 수 있는 첫 번째 자격조건이 바로 성령이 주시는 은사들을 소유하는 것이었다(행 6:3).

(2) **지식의 말씀.** 하나님이 주시는 지식은 공부로 얻어지는 것이 아니라, 기도로 주어지는 것이다. 이 지식으로 인해 읽지도 쓰지도 못하는 많은 사람들이 학식 있는 학자들보다 하나님의 일에 대해 더 잘 알 수 있게 되었다.

(3) **믿음.** 영혼을 거듭나게 하고 온전히 성결케 하여 구원하는 믿음이 아니라, 승리를 보장하고 성이 무너지기 전에 노래하고 외치는 "믿음의 은사"를 말한다. "불가능을 비웃고 이루어지리라고 외치는" 이 "믿음" 없이는 전쟁터에서 승리할 수 없다. 부흥이 일어날 때 영혼들의 모든 승리와 뒤따라 일어나는 보다 진전된 성령의 역사는 그것이 눈에 보이기 전에 먼저 믿음으로 받아들여져야 한다. 하나님은 역경의 벽이 무너지기 전 여러 해 동안 〈부흥자〉 *"The Revivalist"*을 비롯한 오순절 출판 사역을 위한 믿음의 은사를 주셨다.

(4) **치유의 은사.** 오랫동안 무시당하고 조롱당하고 종종 남용되기도 했던 이 은사는 다른 아홉 가지 은사와 함께 오순절 교회의 항구적인 표식으로 거명되었다. 하나님이 묶어주신 것을 사람이

나눌 수 없다. 이 은사를 소유하지 않은 사람은 하나님의 교회를 자기의 경험에 맞춰 재단하려 하지 말라. 이 은사는 하나님이 당신의 뜻을 나타내실 때 당신을 위해서 혹은 다른 이들을 위해서 육체적인 치유가 일어나도록 하는 능력을 포함한다. 이것은 사도들에 의해서도 행해졌고, 루터와 존 웨슬리에 의해서도 행해졌고, 의심할 바 없이 오늘날의 교회 안에 있는 상당수의 사람들에 의해서도 계속되고 있다. 이 은사를 더욱 "진심으로 열망하면" 비판하지 않게 될 것이며, 또한 의심하지 않는 수천의 사람들은 이 은사로 복을 받게 되어, 기독교의 영향력이 태양과 같이 한 번도 빛이 닿은 적이 없는 어두운 구석구석까지 빛을 발하게 될 것이다.

(5) **기적 행함.** 기적 행함은 "능력의 간구"(Whedon)이며, "다이너마이트를 다루는 것"(Godbey)이다. 기적을 행하는 능력이 필요할 때 그것이 병든 자를 낫게 하는 것이나, 영적으로 죽은 자를 다시 일으키는 위대한 일이나, 영적인 문둥병자를 고치는 일이건 간에 하나님이 주신 일을 할 수 있는 기적의 능력을 소유하는 것을 말한다. 이 선물에 대한 회의주의가 오늘날 그 능력을 마비시키고 있다. 그러나 성령이 그의 사역을 위하여 사용 가능한 무기 목록 안에 기적 행함을 보유하고 있다는 사실은 기적의 시대가 사도들과 함께 사라진 것이 아니라는 것을 증명하는데, 나이아가라 폭포처럼 엄청나게 큰 목소리로 말할 수 있다. 수많은 악한 것들이 어찌나 강하게 서로 꽁꽁 연결되어 있는지 "다이

너마이트를 발포"하여 폭발시켜야만 이것들을 끊을 수 있다.

(6) **예언.** "영감 받은 설교"(Whedon)이다. 단지 미래에 일어날 일에 대해 예언하는 것이 아니라 하나님이 보낸 메시지를 성령 충만한 마음으로 말하는 것이다. "그러나 다 예언을 하면 믿지 아니하는 자들이나 알지 못하는 자들이 와서 모든 사람에게 책망을 들으며 판단을 받고 그 마음의 숨긴 일들이 드러나게 되므로 엎드리어 하나님께 경배하며 하나님이 참으로 너희 가운데 계신다 전파하리라"(고전 14:24,25).

(7) **영의 분별.** "위선자를 탐지하고, 가짜 은사로부터 진짜를 구별해내고, 진정한 영감을 인식할 수 있는 능력"(Whedon)이다. 하나님은 교회를 가짜 교리와 가짜 형제들, 가짜 설교자와 가짜 그리스도들에게 속수무책으로 속아 넘어 가게 놔두시지 않고, 모든 가짜를 판별하고 진리를 분별할 수 있는 은사를 공급해 주신다.

(8) **당사자에게 직접 전달되는 종류의 방언.** 하나님이 주신 어떤 메시지라도 하나님이 보내는 사람에게 그들이 이해할 수 있는 언어로 말하는 능력이다.

(9) **방언 통역.** 하나님이 보낸 메시지를 통역하여 그 의도된 의미를 사람들에게 전하는 능력이다.

이 아홉 가지 은사들은 성령의 은혜가 그러하듯이 진실로 교회의 합당한 믿음을 기다리고 있다. 하나님은 당신의 교회 안에서 그 은사들이 모두 빛을 발하게 하여 천국이 기뻐하고 지옥이 당황하도록 하신다.

어떤 젊은 여성이 최근에 내 사무실에 찾아왔다. 그녀는 성령으로 세례 받고 쓰임받기를 간절히 원하고 있었다. 당연히 "영혼을 얻을 수 있는 지혜"의 은사를 구했고 또한 받았다. 그 여성은 그 은사가 자기 것이 되었다는 확신을 가지고 떠나갔다. 6주가 채 지나지 않아 그녀는 다섯 명을 그리스도께 인도했다. 그 은사들은 각각 현장에서 매우 유용했다.

가짜 교회는 이런 은사들에 대해 전혀 무지하다. 어떤 교회이든지 이 은사들과 함께 사람의 유익과 하나님의 영광을 위해 겸손히 그 은사들을 소유하고 사용하게 할 수 있는 더 큰 은혜를 취하는 그 정도만큼 효과적으로 사역한다.

독자들이여, 은사는 여러분의 특권으로서, "사랑에 뒤따르는" 것만이 아니라, "영적인 은사들"을 "구하고" 소유할 수 있다. 적들이 속임수를 써서 당신이 그 은사들을 무서워하게 만들지 못하게 하라. 어떤 이들은 헛되이 가르치기를, 사랑 외에 모든 것들은 광신주의라고 한다. 그렇다면 바울이야말로 광신자여야 한다. 왜냐하면 그가 이 영광스러운 은사들을 모두 설명했고 그것들을 구하라고 명령했기 때문이다. 군인이 충성심을 칼과 총으로 바꾸지 않으면서도 무기를 소유하는 것처럼 그 은사들은 완전한 사랑을 대치할 수도, 또한 대치해서도 안 된다.

이 주제에 대해 잘 정리된 책으로 갓비의 "영적인 은사들과 은혜들"이 있다.

하나님의 오순절 번갯불

제7장

오순절 헌물
Pentecostal Giving

"너 희는 너희 자신의 것이 아니라, 값으로 산 것이 되었으니"(고
전 4:20).

이 은혜는 오순절 교회의 하늘을 빛내는 일등별들 중 하나이다. 하지만
이 별은 다른 별빛처럼 하늘의 구름에 가려져 있다. 그 아름다움을 보려
면 아래 사실들을 명심해야 한다.

1. 오순절 헌물은 돌발적인 헌물, 즉 간청이나 극도로 빈곤한 경우들
   로 인해 촉발되는 것이 아니다.

2. 오순절 헌물은 사람에게 보이고자 하는 겉치레 헌물이 아니고, 신
   문에 과시하거나 성전이나 값비싼 창문들에 새기는 것도 아니다.

3. 오순절 헌물은 사업이나 종교 모임에서 경쟁자를 이기려는 경쟁적
   인 헌물이 아니다.

4. 오순절 헌물은 다시 되돌려 받는 것을 기대하는 이기적인 헌물이 아
   니다.

5. 오순절 헌물은 분별없는 헌물, 즉 언제든지 어디서든지 변덕이나 압
   력으로 인해 무모한 손으로 내던지 듯하는 것이 아니다.

6. 오순절 헌물은 유대인의 헌물처럼 수입의 십분의 일을 드리는 것이
   아니다. 그것은 의무와 같다. 누군가가 이 말로 인해 헌물을 줄이려
   는 용기를 내지 않도록 하나님의 사역을 위한 십일조는 최소한의 헌
   물이라는 사실을 명심하라.

유대인들은 십일조를 세금으로 드렸다. 그리고 헌금으로 또 다른 십일
조를 드렸다. 그래서 그들은 실제로 십의 이조를 드린다. 그러므로 십일
조만 드리는 사람은 유대인의 절반만 드리는 것이며, 그는 유죄를 선고

하나님의 오순절 번갯불

받거나 감옥에 갇힌 자와 마찬가지로 실제 도둑과 같다. 심지어 그는 전능하신 하나님과 그의 아들 그리스도 예수의 것을 빼앗았기 때문에 더 많은 죄를 지은 것이다. 사탄은 사람들을 미혹시켜서 이런 범죄를 행하도록 쉬지 않고 활동한다. 이렇게 하여 하나님 나라의 자원을 감소시켰다. 사람들은 너무 많이 드릴 수 없다는 이유로 오랫동안 이런 죄 속에 있는 자신을 보호하고자 애써왔다. 만일 그것이 맞는 말이라면, 하나님은 공의롭지 않다. 하나님은 분명히 유대인들에게 헌물을 요구하셨다. 그리고 그들이 순종했을 때 그들은 다른 국가에는 없는 번영을 누렸고, 불순종했을 때 궁핍해졌다(소우Shaw의 "하나님의 재정 계획"을 참고하라).

위에서 말한 것이 진실이지만, 또한 다음과 같은 이유로 십일조가 오순절 헌물의 한계가 아니라는 것이 분명하다.

1. 오순절 헌물은 구약에 있는 것이 아니었다. 또 다른 십일조는 헌금으로 요구되었다. 게다가 가난한 자들을 도우려는 사람들에게 주시는 약속과 교훈들이 꾸준히 확대되었다. 즉 "구제를 좋아하는 자는 풍족하여질 것이요", "가난한 자를 구제하는 자는 궁핍하지 아니하려니와", 그리고 이와 유사한 가르침들이 가난한 자들을 위한 헌금 이상의 의미를 부여한 모든 자들을 매혹시켰다.

2. 사람들은 세상에서 자신을 위해 보물을 쌓아두지 말라고 분명히 명령받았다. 만일 오직 십분의 일만 드렸다면, 많은 사람들이 이 명령을 어긴 것이다.

3. 십분의 일 이상의 헌물을 드리지 않으면 하나님 나라에 들어가는 것조차도 불가능하기 때문이다. "너희 중에 누구든지 자기의 모든 소

유를 버리지 아니하면 능히 내 제자가 되지 못하리라.”

4. 그리스도나 그의 사도들은 십일조가 복음의 섭리 하에 있는 규정이라고 암시하지 않았다. 오히려 모든 사람들이 하나님께 헌신하는 존재가 되도록, 그리고 모든 사람들이 “능력에 따라서” 드려야 한다고 가르쳤다.

5. 한 부자 청년이 예수님께 자신이 가진 모든 것을 팔라는 명령을 받았다. 그래서 그 부자는 “나누어 주는 것을 준비”하도록 배웠다. 오순절의 영향으로, 사람들은 자신들의 소유를 팔아 모든 사람들의 필요를 따라 나누었다.

새로운 은혜(dispensation)의 시대라는 빛 아래서, 그리스도인의 의무와 특권은 십일조를 드리는 것으로 한정되는데, 말씀에서 입증된 것은 없다. 십일조를 드렸다는 바리새인들의 주장에 대해 예수님은 이렇게 말씀하셨다. “이것도 행하고 저것도 버리지 말아야 할지니라.” 그러나 주님이 그리스도인에게가 아니라, 옛 섭리 하에 있는 유대인들에게 말씀하셨다는 것을 명심해야 한다. 그리고 주님이 그들에게 그렇게 말했을지라도, 더 큰 것이 언제나 그보다 못한 것을 포함하는 것과 마찬가지로, 더 큰 특권과 요구가 포함되지 않는다고 입증할 수는 없을 것이다.

그러므로 헌물의 주제에 관한 신약성서의 가르침은 복음이 율법을 대치하고 넘어서는 것과 같고, 활짝 핀 장미가 꽃봉오리를 넘어 피어나는 것과 같다. 이 장에서 우리는 정당성을 주제로 다루지 않고, 다음과 같은 사실들에 대해 주목할 것이다.

신약의 헌물은 소유권(ownership)이 아닌 청지기직(stewardship)

에 근거하고 있다. 달란트 비유(마 25:14-30)는 구원을 수용하거나 거절한 결과에 대한 교훈이 아니라 두 부류의 사람들, 즉 오순절의 청지기 직무의 근본 원리를 실천한 신앙인과 그것을 거절한 사람들에 대한 생생한 모습이다. 즉 우리는 주인이 아니라 하인이라는 것이다. 왕은 하인들의 소유에 따라서 의무를 부과하지 않는다. 오히려 "주인의 재산"을 그들에게 위임한다. 그들은 왕의 이름으로 또한 왕의 영광을 위해, 하늘에 있는 은행에서, 왕이 계셨다면 하실 것이라고 믿은 대로 투자해야 했다. 왕을 위한 십일조도 아니고, 자신들을 위한 잔고도 아니라 오히려 모든 것이 왕을 위한 것이다. 신실한 사람들이 받는 이자와 형용할 수 없는 영광스런 상급은 그들이 이 원리에 대해 충성했기 때문이었다. 그렇지 않은 이들의 파면과 최후는 이러한 투자에 실패했기 때문이었다.

실패한 사람과 똑같이 행동하는 사람들은 모두 하나님의 달란트를 땅속에 숨긴 죄가 있다. 실패한 사람은 그 재산이 자신의 것이 아니라 하나님의 것임을 고백했다. 그러나 놀라운 장면은 하나님의 소유권을 인정받은 그 주인은 자기 재산을 돌려받기를 오히려 거절한다. 또한 곧바로 그 사람에게 경고하였다. "그러면 네가 마땅히 내 돈을 취리하는 자들에게나 맡겼다가 내가 돌아와서 내 원금과 이자를 받게 하였을 것이니라 하고… 이 무익한 종을 바깥 어두운 데로 내쫓으라 거기서 슬퍼 울며 이를 갈리라 하니라"(마 25:27-30).

신약성서의 청지기직은 농장이나 상점을 임대하는 것이나 주인에게 임대료를 내는 것이나 또는 우리 자신의 방법과 우리 자신의 이름으로 일하는 것과 우리 자신을 위해 이윤을 확대하는 것과 다르다. 오히려 정확히 정반대다. 그것은 예수 그리스도의 소유권을 인정하는 것이다. 오로지 주님의 지시에 따라 일하고, 그리고 모든 것이 그분의 소유가 되도록 하는 것이다. 그것은 음식, 의복, 주거지, 필요한 재고 등 실제적인 경제 비용을 넘어선 모든 수익들이 "주의 이름으로" 주어질 것임을 명확히 아는 것을 전제로 한다. 추정해 본다면, 소유자이신 그리스도께서 당신의 것을 주실 것이다. 주님의 소유를 분배받음으로 하늘의 왕과 연합됨이 얼마나 영광스러운가! 우리 자신이나 친구들에게 재물을 소비하거나, 이기적인 목적을 위해 은행, 주식, 토지에 "재산을 묶어 두는 것"은 얼마나 거룩한 신뢰를 저버리는 배신인가? 이런 부유함은 강도짓이며, 이렇게 봉헌된 모든 돈이 제대로 되돌려지지 않는다면, 영혼들을 지옥에 빠뜨리는 무게가 될 것이다. 이런 범죄는 복음적인 활동을 무력화하고 천년왕국을 연기시킨다. 다른 모든 것들을 대치하는 청지기직에 대한 신약성서의 기준은 이러한 잘못을 치료하여 열렬하게 환영받을 것이다.

청지기직은 위대한 개인적 책임감을 포함한다. 하나님은 우리를 신뢰하시고 우리에게 정직과 순결을 요구하신다. 우리는 종들이 우리에게 대우하도록 바라는 방식으로, 양심적으로 주님을 대하고 있는가? 우리가 한편으론 하나님의 것을 강탈하면서, 우리의 하인들이 신뢰를 저버리고 시간이나 돈을 오용했다는 이유로 그들을 일관되게 꾸짖을 수 있는가? 만일 하인들이 지시한 내용과 반대로 주식을 투자한 것에 책임을 져야 한다면, 우리에게 위임하신 수단들을 하나님의 말씀과 상반되게 사용한 일에는 얼마나 더 책임을 져야할까? 우리가 하나님을 기쁘시게 못한다는 사실을 알고 있는가? 누가 하나님의 이름으로, 그의 영광을 위해, 아니면 육적인 마음의 교만을 충족시키는 세속적인 명령이나 허울 좋은 명분으로 술이나 담배에 돈을 투자할 수 있는가? 가난한 자들에게 나눠주고 모든 민족을 제자 삼으라는 주님의 명령과 그리고 의심스럽거나 영혼과 마음과 몸에 해가 되는 모든 것을 삼가라는 명백한 가르침에 직면한다면, 그런 투자를 하는 것은 거룩한 신뢰를 배신하는 범죄로서, 땅에 달란트를 숨긴 소극적인 범죄보다 더욱 영혼을 뜨거운 지옥에 빠뜨릴 것이다. 극장과 경마, 세속적인 사교클럽이나 혹은 부적절한 대화나 고용에 시간과 돈을 낭비하는 것보다 더 나쁜 것은 바로 해로운 투자와 같은 종류의 죄와 형벌을 초래하는 것이다. 사람은 적절한 교화를 동반한 성경적 회심을 통해 이러한 청지기직을 인정하게 된다. 따라서 온전한 성화는 청지기직의 특권을 드러내고, 청지기직을 기뻐하도록 영혼에 은혜를 부여한다.

그러한 청지기직은 그 투자에서 신적인 지혜라는 특전을 보장한다. 하나님은 소유주이시다. 하나님의 말씀에 드러난 그분의 뜻이 깨달아지고 만물 가운데 이루어질 것이다. 그분의 무한한 지혜는 인간의 계획이 있는 어디서든지 유용하다. 모든 것에 지혜로운 아버지는 자녀가 온 마음을 다해 아버지를 신뢰하기 원하며 자신의 지혜를 의지하지 않는 유한한 어린 자녀들보다 훨씬 더 유익한 투자를 잘 알고 있다. 전능하신 하나님만이 영광스러운 특권을 가진 확실한 멤버로 만드시는 관리자이다.

청지기직은 하나님의 축복과 협력을 보장한다. 우리는 하나님의 협력자(co-worker)가 된다. 예수님처럼 우리는 아버지의 사업을 수행한다. 어떤 말과 행위를 하든지 우리는 모든 것을 그분의 이름으로 행한다. 하나님의 사역을 발전시키는 것이 그분의 관심이다. 그래서 하나님이 인도하시는 것은 무엇이든지, 즉 감자를 재배하든지, 비누를 만들든지, 아이들을 양육하든지, 복음을 전하든지 간에 하나님이 "선한 결과"를 주실 것이다. 때로 가시적인 성공이 지체된다면, 더 큰 영적인 유익이 주어질 것이다. 이렇게 예수의 이름으로 하나님의 종으로서 "다른 사람에게 물을 대접하는" 사람들은 그들 자신도 "물을 대접받게" 될 것이다.

자신을 위해 재산을 축적하는 것은 절대로 금지된다. "너희를 위하여 보물을 땅에 쌓아 두지 말라 거기는 좀과 동록이 해하며 도둑이 구멍을 뚫고 도둑질 하느니라"(마 6:19). 하나님께 봉헌되지 않고 또한 하나님의 영광을 위해 사용되지 않은 막대한 재산은 모두 재산 소유자의 죄를 기념하는 표지를 세우는 것이다. 위대한 사업은 자본을 요구하는 한편, 그 사업들이 합당하면, 하나님께 헌신하며, 그의 영광을 위해 달려갈 것이다. 만일에 그럴 수 없다면 즉시 포기해야 할 것이다. 이기적인 이익은 모두 탐욕의 증거로서, 하나님의 법을 위반하는 것이며, 교인들을 빠르게 지옥에 빠뜨릴 것이다. 죽어가는 빈민 친구를 비난하는 엄청난 죄도 마찬가지이다. 이기적인 부의 축적을 반대하는 하나님의 법의 지혜는 그 법칙을 위반할 때 뒤따르는 결과에서 드러난다.

(1) 도둑들이 강탈하고, 불이 태우고, 홍수가 파멸시킨다.

(2) 재산이 자녀들에게 남겨졌을 때, 대부분의 자녀들은 무기력하게 재산을 낭비하게 된다. 그리고 다툼을 일으키고 종종 법적인 싸움으로 소진된다.

(3) 축적된 재산을 돌보고 사랑하는 자는 그리스도가 아니라 세상에 마음을 빼앗긴다.

(4) 재물을 구하는 데 몰두하는 인생은 파멸로 끝나기 마련이다. "부유
하게 되고자 하는 자들은 유혹과 올무와 여러 가지 어리석고 해로
운 정욕에 빠지리니"(딤전 6:9). 만일 이것이 부자가 되기를 갈망
하는 자들에게 사실이라면, 하나님을 위해 재산을 사용하는 대신에
자신들을 위해 부를 쥐고 있는 자들에게는 더욱 맞는 말일 것이다.
이를 무시하면, 심판의 때에 부한 자들은 반드시 책망을 받을 것이
다. "들으라. 부한 자들아, 너희에게 임할 고생으로 말미암아 울고
통곡하라. 너희 재물은 썩었고 너희 옷은 좀먹었으며 너희 금과 은
은 녹이 슬었으니 이 녹이 너희에게 증거가 되며 불 같이 너희 살을
먹으리라. 너희가 말세에 재물을 쌓았도다"(약 5:1-3).

인간을 구할 수 있는 용도로 쓰일 수 있는 금을 내가 내 자신만을 위
해 축적한다면, 그들에게 무관심했던 것으로 인해, 그들을 살해한
죄를 짓게 되고, 순식간에 그 금에 녹이 생겨서 나에 대해 확실하게
증언할 것이라고 말씀하신다.

(5) 이기적인 부의 축적은 구원에 있어 엄청난 장애물이다. "지극히 작
은 것에 충성된 자는 큰 것에도 충성되고 지극히 작은 것에 불의한
자는 큰 것에도 불의하니라. 너희가 만일 불의한 재물에 충성치 아
니하면 누가 참된 것으로 너희에게 맡기겠느냐. 너희가 만일 남의
것에 충성치 아니하면 누가 너희의 것을 너희에게 주겠느냐. 집 하
인이 두 주인을 섬길 수 없나니 혹 이를 미워하고 저를 사랑하거나
혹 이를 중히 여기고 저를 경히 여길 것임이니라. 너희가 하나님과
재물을 겸하여 섬길 수 없느니라"(눅 16:10-13). 성서적 구원의

증거를 갖는 부자들이 많지 않다. 그들은 종종 단순한 신앙고백에 매달리지만, 그들을 기쁘고 자유롭게 하는 그런 구원을 경험하기가 좀처럼 힘들다. "부자는 빈손으로 보내셨도다"(눅 1:53).

(6) 부자들은 만족하지 못한다. 약간의 술처럼 약간의 재산은 더 갈증만 나게 할 뿐이다. 재산 많은 주정뱅이가 다른 어떤 종류의 사람들보다 훨씬 더 많다. 자기 자신만을 위해 재산을 모으는 사람은 육욕과 술과 더불어 다른 악덕의 노예처럼 실제로 탐욕스럽게 술을 마신다. 영혼은 하나님으로 만족하도록 창조되었기 때문에, 하나님 외에는 그 어떤 것도 영혼의 절규를 잠재우지 못할 것이다.

(7) 이기적인 부는 속임과 압제로 이끈다. "보라 너희 밭에서 추수한 품꾼에게 주지 아니한 삯이 소리 지르며 그 추수한 자의 우는 소리가 만군의 주의 귀에 들렸느니라"(약 5:4). 이기적인 부자는 빈곤에 시달리는 가난한 사람을 싫어하는 표정을 짓고, 빈틈없는 거래조건이라는 구실 하에 빈번히 사기를 치고, 가난한 사람들을 감옥에 보내기도 한다.

하나님과 그분의 명분을 위해 재물 쓰는 것을 소홀히 여기면 심판대에서 유죄 선고를 받게 될 것이다. "또 왼편에 있는 자들에게 이르시되 저주를 받은 자들아, 나를 떠나 마귀와 그 사자들을 위하여 예비된 영원한 불에 들어가라. 내가 주릴 때에 너희가 먹을 것을 주지 아니하였고 목마를 때에 마시게 하지 아니하였고 나그네 되었을 때에 영접하지 아니하였고 헐벗었을 때에 옷 입히지 아니하였고 병들었을 때와 옥에 갇혔을 때에 돌보지 아니하였느니라 하시니, 그

하나님의 오순절 번갯불

들도 대답하여 이르되 주여 우리가 어느 때에 주께서 주리신 것이나 목마르신 것이나 나그네 되신 것이나 헐벗으신 것이나 병드신 것이나 옥에 갇히신 것을 보고 공영하지 아니하더이까"(마 25:41-44).

(8) 하나님께 드리지 않고 보류하는 것이 세상적이고 일시적인 가난의 근원이다. 그에 대해 학개는 외쳤다. "너희가 많이 뿌릴지라도 수확이 적으며 먹을지라도 배부르지 못하며 마실지라도 흡족하지 못하며 입어도 따뜻하지 못하며 일꾼이 삯을 받아도 그것을 구멍 뚫어진 전대에 넣음이 되느니라…… 너희가 많은 것을 바랐으나 도리어 적었고 너희가 그것을 집에 가져갔으나 내가 불어 버렸느니라. 나 만군의 여호와가 말하노라. 그것이 무슨 까닭이냐. 내 집은 황폐하였으되 너희는 각각 자기의 집을 짓기 위하여 빨랐음이라"(학 1:6-9). 이런 것이 틀림없이 땅을 망치는 "불경기"의 원인이다.

축적된 부는 결국 영혼을 파멸시킨다. "저희에게 이르시되 삼가 모든 탐심을 물리치라. 사람의 생명이 그 소유의 넉넉한 데 있지 아니하니라 하시고, 또 비유로 저희에게 일러 가라사대 한 부자가 그 밭에 소출이 풍성하매 심중에 생각하여 가로되 내가 곡식 쌓아 둘 곳이 없으니 어찌 할꼬 하고, 또 가로되 내가 이렇게 하리라. 내 곡간을 헐고 더 크게 짓고 내 모든 곡식과 물건을 거기 쌓아 두리라. 또 내가 내 영혼에게 이르되 영혼아 여러 해 쓸 물건을 많이 쌓아 두었으니 평안히 쉬고 먹고 마시고 즐거워하자 하리라 하되, 하나님은 이르시되 어리석은 자여 오늘 밤에 네 영혼을 도로 찾으리니 그러면 네 예비한 것이 뉘 것이 되겠느냐 하셨으니, 자기를 위하여 재물을 쌓아 두고 하나님께 대하여 부요치 못한 자가 이와 같으니라"(눅 12:15-21). 이 사람의 죄는 자기 재산으로 하나님을 존중하는 데 소홀하고, 자신을 위해 재물을 쌓아둔 것이다. 이 말씀이 돈을 추구한 사람에 대한 그리스도의 대답임을 명심하라. 그리스도께서는 분명히 그 사람과, 그 사람의 뒤를 따르는 모든 사람들이 어리석은 자들임을 보이셨다. 분주한 어리석은 자들! 부유한 어리석은 자들! 걱정하는 어리석은 자들! 근시안적으로 어리석은 자들! 당황한 어리석은 자들! 소환된 어리석은 자들! 놀란 어리석은 자들! 기만된 어리석은 자들! 그리고 마지막으로 영원히 파멸될 어리석은 자들이다. 부자의 이야기를 보라. 누가복음 16장 19-31절의 내용은 그리스도의 청지기직의 요구를 비웃는 부유한 교인에 대하여 그리스도께서 답하신 내용의 한 부분이다. "자기를 위하여 재물을 쌓아 두고 하나님께 대하여 부요하지 못한 자가 이와 같으니라".

그리스도의 헌물 법은 부자에게 비웃음거리가 된다. "바리새인들은 돈을 좋아하는 자라 이 모든 것을 듣고 비웃거늘, 예수께서 이르시되 너희는 사람 앞에서 스스로 옳다 하는 자이나 너희 마음을 하나님께서 아시나니 사람 중에 높임을 받는 그것은 하나님 앞에 미움을 받는 것이니라"(눅 16:14-15). 사탄은 청지기직의 이러한 배신으로 "그들 자신을 정당화 하도록" 부자들을 설득하는 데 능하고 변명을 잘 늘어 놓는다. 그러나 세속적인 부자의 기준과 하나님의 기준은 두 개의 극처럼 다르다. 그리고 세속적인 부자의 기준은 다음과 같은 이유로 하나님께 혐오스런 것이다. 즉 그러한 기준은 틀렸다. 그 기준은 이기적이다. 그 기준은 성서적이지 않다. 그 기준은 영혼을 파괴한다. 그 기준은 이곳과 하나님 나라에서의 진정한 기쁨을 모르는 희생자들을 속여서, 결국 그들의 영혼을 영원히 파멸시킨다.

오순절 헌물(Pentecostal Giving)

오순절 헌물은 즐거이 드리는 헌물이다. "하나님은 즐거이 드리는 자를 사랑하신다." 이같은 헌물은 하나님이 매우 기뻐하시는 하나님의 아들 됨의 특별한 표지이다. 하나님은 많이 드리는 자를 사랑한다고 하지 않는데, 이는 언제나 많은 헌물을 기뻐하시는 것이 아니라, 즐겁게 또는 "유쾌하게" 드리는 자들을 기뻐하시기 때문이다. "다락방"의 경험은 "나는 해야 한다"(I must)라는 율법주의를, 기쁨을 "좋아하는"(I love) 것으로 바꾸었다. 그래서 드림은 마치 햇빛과 같이 자연 발생적으로 일어나게 된다. 의무를 탄식하는 것에서 돌이켜 특권을 기뻐 외치는 것으로 변화된다. 이러한 표지에 따라 오순절 성화는 스스로를 살펴보아 치료받고 복원되어야 한다.

오순절 헌물은 명령된 헌물이다. "네게 구하는 자에게 주며"(마 5:42). "너희가 거저 받았으니 거저 주라"(마 10:8). "주간 첫날에 너희 각 사람이 이를 얻은 대로 저축하여 두어서 내가 갈 때에 연보를 하지 않게 하라." 신약성서에서 헌물의 본질이 무엇이든간에 이 선언으로 헌물은 하나님이 요구하시는 것임을 알 수 있다. 그렇게 명령된 것이기에 다른 의무보다 소홀히 여겨서는 안 된다.

오순절 헌물은 체계적인 헌물이다. "한 주의 첫 날에." 시간을 멈추고, 그 일을 생각하여, 회사의 월급처럼 틀림없이 거룩하게 정한 구체적인 목적을 위해 구분된 총합을 결정한다. 만일 한 상인이 어떤 사람에게 확실한 날에 수익금을 송금할 것을 약속받고 자신의 상품을 맡겼는데, 그 사람이 그 계약을 이행하지 않고 소홀히 한다는 사실을 알았다면, 그 상인이 속히 그 사람을 해고하지 않겠는가. 그가 자신이 하인에게 요구했던 것보다도 하나님께 더 정직하지 못하다면 부끄러워하고, 뉘우치고, 회복하고, 수정해야 한다.

오순절 헌물은 보편적인 헌물이 되어야 한다. "너희 중 각자가." 열 명 가운데 한 사람이 아니다. 다른 사람을 대신하는 것도 아니다. 당신이 먹거나 기도한다고 해서 당신의 아내나 자녀들이 먹거나 기도하는 것이 아닌 것처럼 마땅히 당신의 헌물은 그들의 헌물이 될 수 없다. 이것을 자녀가 어릴 때 그들에게 가르쳐야 하고, 그래서 모든 신자들이 오순절 헌물을 실천해야 한다. 가족을 위해 모든 것을 다 드려서, 다른 이들에게 이 고급스런 영적인 실천을 행하지 않는 사람은 강도짓으로 인해 곤란을 겪게 될 것이다. 비록 한끼 식사에 해당하는 부분이라도 우리는 모두 무엇이라도 줄 수 있다.

그것은 보상받는 헌물이다. "주라 그리하면 너희에게 줄 것이니"(눅 6:38). 이와 같이 그리스도께서 친히 그처럼 주는 사람들 모두 상을 받으리라고 선언하신다.

상급은 헌물에 비례하는 것이다. "후히 되어 누르고 흔들어 넘치도록 하여 너희에게 안겨 주리라. 너희의 헤아리는 그 헤아림으로 너희도 헤아림을 도로 받을 것이니라."(눅 6:38) 당신이 풍성하게 아낌없이 받았다면, 그런 다음에는 도로 주는 정신으로 주어라. 하나님이 당신의 영혼에 금보다 더욱 값진 영적인 축복을 흘러넘치게 하실 것이다. 그리고 이 약속은 사람들 또한 당신에게 동일한 정신으로 줄 것이라고 선언한다. 필자

하나님의 오순절 번갯불

는 이 약속이 사실임을 자주 확인할 수 있었다. 하나님은 저자에게 '부흥자'(The Revivalist: 저자가 창간한 잡지, 역자 주)를 신청한 가난한 사람들 모두에게 값없이 주겠다는 사실을 공표하라는 마음을 주셨다. 저자는 그렇게 알렸고, 그때 다음의 약속이 저자의 영혼에 아름답게 적용되었다. "가난한 자를 구제하는 자는 궁핍하지 아니하려니와"(잠 28:27). 그 이후 '부흥자'가 전례 없이 부흥했으며 어떤 애매한 광고 없이도 재정적인 필요들이 풍족하게 충족되었다. 모든 찬양을 하나님께 드리자! 고린도후서 8장 9절에서 바울은 오순절의 관대함에 대한 아름다운 장면을 묘사했다. 개정판 신약성서를 읽어보라. 변화무쌍한 만화경처럼, 모든 장면에서 보이는 새로운 아름다움에 놀라게 된다. 바울은 다른 모든 아름다움 중에서 다음의 것들을 강조한다:

그것은 하나님의 은혜에 속한다. "형제들아 하나님께서 마게도냐 교회들에게 주신 은혜를 우리가 너희에게 알리노니"(고후 8:1). 이런 종류의 헌물은 이방인 지역이나 세속적인 마음의 특징이 아니라, 하나님의 본성을 부여받음으로 인한 결과이다. 오직 하늘의 불로 이기심의 잔재가 소멸되었을 때에만 오순절 헌물은 밝게 빛난다.

그 훈련은 가난한 자와 고통당하는 자들에게 귀히 여겨진다. "환난의 많은 시련 가운데서 그들의 넘치는 기쁨과 극심한 가난이 그들의 풍성한 연보를 넘치도록 하게 하였느니라"(고후 8:2). 종종 고통과 가난의 깊고 어두운 광산 속으로 떨어졌을 때, 이 아름다운 꽃은 지상에서보다 더 향기롭게 피어난다.

그것은 자발적이다. "내가 증거하노니 저희가 힘대로 할 뿐 아니라 힘에 지나도록 자원하여"(고후 8:3). 그들은 이와 같은 헌물이 끝없는 보상을 생산하는 금광에 단지 투자한 것임을 알게 되자 그런 기업의 주식을 사려고 기꺼이 파산하였다. 이 시대의 영혼들에 대한 맹렬한 비난은 그들이 그리스도의 왕국의 이익에 돈을 투자하지 않고 은행에 엄청난 돈을 예금한다는 것이다. 하나님께서 이 세상에서 엄청난 이자를 주시고 또한 이후의 세상에서 영원한 배당금을 주실 때, 형편없는 이자를 받으려고 세속적인 기획들에 돈을 묶어두는 것은 얼마나 어리석은 짓이란 말인가!

그것은 기쁜 헌물이다. "이 은혜와 성도 섬기는 일에 참여함에 대하여 우리에게 간절히 구하니"(고후 8:4). 오순절 헌물은 부추김 받는 것이 아니라 주려고 안달한다. 고린도 성도들은 현대의 군중들처럼 기부금을 갖고 도망가지 못하게 하려고 가둬두는 것이 아니라, 바울이 헌물을 갖고 떠나도록 간청한다. "기부금" 때문에 신경 쓰는 우아한 신앙인들과 얼마나 대조적인가. 또 자신들의 이름이 기록된 교회를 부끄럽게 하는 영적 배신자들과 얼마나 대조적인가. 그들은 너무 인색해서 헌물을 드리지 않고, 더구나 자존심 때문에 드러나게 거절할 수도 없어서 공예배에 결석한다.

그것은 협동적인 헌물이다. "성도 섬기는 일에 참여함에"(고후 8:4). 오순절 헌물은 사탄이 지속적으로 대치하고자 하는 세속적인 친교보다 공동체의 영광스런 교제가 더 가치 있음을 볼 수 있도록 눈에 기름을 바른다. 그들은 이처럼 선택된 동료들 속에 참여하기를 간청하고 인간적인 표현 이상으로 오순절 헌물을 귀중히 여긴다. 오순절 헌물은 기독교를 논리성으로 대치하여, 그리스도로 인해 고난 받는 것을 시간과 돈을 낭비하는 것으로 여기는 범죄를 혐오하는데, 이러한 범죄는 자주 저질러진다.

그것은 헌신된 헌물이다. "저희가 먼저 자신을 주께 드리고 또 하나님 뜻을 좇아 우리에게 주었도다"(고후 8:5). 오순절 헌물은 하나님께 완전히 헌신된 자들에 의해 드려진다. 헌신되지 않은 사람은 그 누구도 완전한 축복을 즐길 수 없으며, 또한 온전한 상급을 받을 수도 없다. 헌신된 자들은 하나님 다음으로 목회자들 역시 존경하는데, 그들은 하나님이 헌금을 받도록 보내신 자들이다.

목사는 그것을 가르치고 설교해야 한다. "이러므로 우리가 디도를 권하여 너희 가운데서 시작하였은즉 이 은혜를 그대로 성취케 하라 하였노라"(고후 8:6). 아마도 디도는 한때 이 주제를 설교했을 것이다. 그리고 그는 불순한 동기로 설교를 했다는 비판을 받고 중단했을 것이다. 그러므로 바울은 이 은혜 안에서 성도들이 완전해질 때까지 계속하라고 권고했다.

그것은 풍성한 헌물이다. "오직 너희는 믿음과 말과 지식과 모든 간절함과 우리를 사랑하는 이 모든 일에 풍성한 것같이 이 은혜에도 풍성하게 할지니라"(고후 8:7). 오순절 헌물은 믿음과 말과 지식과 성실과 형제애와 은혜와 같은 위치를 갖는다. 강력히 흘러넘치는 은혜의 강물은 땅을 적시고 영적 풍요로움으로 땅을 채운다. 오순절 헌물이라는 강물은 풍성하게 흘러넘치는 관대함이라는 마르지 않는 샘에서 흘러나온다. 이런 것이 결여된 오순절 경험이라면, 그리스도를 위해, 오순절 경험의 이름이나 성격이 바뀌어야 한다.

그것은 사랑의 증거다. "그러므로 너희는 여러 교회 앞에서 너희의 사랑과 너희를 대한 우리 자랑의 증거를 그들에게 보이라"(고후 8:24). 오순절 헌물이 진정한 사랑의 유일한 증거는 아니지만(5-8절을 보라), 사랑이 존재한다는 것에 대한 증거이다. 오순절 헌물은 사랑의 큰아들이다. 큰아들이 없다면 어머니도 없음이 분명하다. 인색함은 완전한 사랑이 없다는 명백한 증거이다. 모금 중에 잔돈을 내는 것은 때로 정신이 탐욕스럽고, 간증이 거짓됨을 알려주는 표시이다.

그것은 진실함의 증거이다. "내가 명령으로 하는 말이 아니요. 오직 다른 이들의 간절함을 가지고 너희의 사랑의 진실함을 증명코자 함이로다"(고후 8:8). 말은 비용이 들지 않는다. 말만 하고 행치 않으면 비난받는다. 사람들은 자신들이 믿는 것에 투자한다. 하나님의 목적에 대한 피상적인 투자들은 믿음과 신실함이 피상적이라는 확실한 증거이다. 만약 당신이 1달러를 줄 수 있는 곳에 1센트를 준다면, 그 동전이 하나님의 계산대에 부딪힐 때, 당신의 믿음의 크기 정도로만 울릴 것이다.

그것은 유용한 헌물이다. "예수께서 눈을 들어 부자들이 연보 궤에 현금 넣는 것을 보시고, 또 어떤 가난한 과부의 두 렙돈 넣는 것을 보시고, 가라사대 내가 참으로 너희에게 말하노니 이 가난한 과부가 모든 사람보다 많이 넣었도다. 저들은 그 풍족한 중에서 헌금을 넣었거니와 이 과부는 그 구차한 중에서 자기의 있는 바 생활비 전부를 넣었느니라 하시니라"(눅 21:1-4). 이 말씀으로부터 하나님이 보시기에는 가난한 과부가 부자들의 유산보다 더 많이 드렸다는 것을 배울 수 있다. 과부의 작은 동전이 부자들의 백만 달러보다 더 많을 수 있다.

그것은 녹이 쓸 염려로부터 자유를 보장한다. "먼저 그의 나라와 그의 의를 구하라. 그리하면 이 모든 것을 너희에게 더하시리라"(마 6:33). 이 말씀은 게으름이나 태만, 또는 마음 내키지 않는 봉사 또는 심지어 십일조에 대해 필요할 때마다 항상 공급한다는 약속이 아니다. 오히려 "먼저 그의 나라를 구하는" 것에 대한 내용이다. 이러한 뜻을 행하는 사람은 왕을 섬김에 있어 끝없이 연결된 임무의 고리를 보게 될 것이다. 영혼이 그 직무들과 하나님의 완전한 의지에 맞춰지면, 마치 지상의 백합화와 공중의 새들처럼, 음식과 의복이 "근심" 없이 제공될 것이다. 세속적인 관점에서 보면, 특별히 긴요한 상황 속에서 저자가 이미 증명했고, 또 증명하고 있는 이 약속의 진리가 여기에서 증거 되기를 바란다.

그것은 하나님에 의해 예증된다. 하나님은 우리에게 빛, 생명, 공기, 음식, 의복, 친구들, 보호, 그분의 아들, 말씀, 그분의 성령, 자비, 용서, 자녀 됨, 성화, 영의 선물, 적들을 물리칠 힘, 왕의 신분, 하늘의 영원한 안식처를 주신다. 정말로 그분은 모든 선하고 완전한 선물을 주시는 분이다. 그의 무한하신 사랑은 끝없이 흘러넘친다. 그가 주신 것의 십일조는 인간의 모든 공로를 뛰어넘어 한이 없을 것이다. 여전히 하나님의 사랑은 한계 지을 수 없다. 우리는 "하나님을 따르는 자들"(followers of God)이 될 것이다. 그렇다면 우리 아버지처럼 되어야 하고, 빛처럼 관대해져야 한다.

그것은 그리스도 예수에 의해 모범이 된다. "우리 주 예수 그리스도의 은혜를 너희가 알거니와 부요하신 이로서 너희를 위하여 가난하게 되심은 그의 가난함으로 말미암아 너희를 부요하게 하려 하심이라"(고후 8:9). "그가 그러함 같이 우리도 이 세상에서 그러하니라.", "누구든지 그리스도의 영이 없으면 그리스도의 사람이 아니라." 바울은 하나님의 영감으로 헌물이라는 주제를 기록하면서, 우리의 모범되신 예수께 초점을 맞췄다. 예수는 당신 자신을 위해 돈을 비축하지 않았다. 주님은 다른 사람들을 위해 왕관과 왕국을 포기했다. 아버지가 그리스도를 세상에 보냄과 같이, 주님은 우리를 보냈다. 주님은 단순히 십일조나 십의 이조를 내지 않았으나, 다른 사람들을 위해 모든 것을 주었다. 주님은 고통스러울 정도로 주었고, 고난 받으며 죽었다. 만일 우리가 "그와 함께 고난 받았다면, 그와 함께 다스릴 것이다." 비록 "만유의 주"이지만, 머리 둘 곳이 없었고 누울 곳은 고통스러운 십자가였던 그분의 발 아래 앉았을 때, 얼마 안 되는 금액을 억지로 드린 하찮은 헌금과 타협하여 드린 십일조가 드러날 것이다. "자신 앞에 있는 기쁨" 때문에 그리스도는 십자가를 졌다. 그리고 그분의 발걸음을 좇기로 선택한 모든 사람들에게 홀과 왕관과 왕국을 주신다.

그것은 하나님을 영화롭게 한다. "여러 교회의 택함을 받아 우리가 맡은 은혜의 일로 우리와 동행하는 자라"(고후 8:19). 오순절 헌물은 기도하는 것과 간증하는 것과 외치는 것과 마찬가지로 실제로 하나님을 영화롭게 한다. 사실, 그것들은 모두 함께하게 된다. "하나님의 영광"을 위해 모금하는 것을 배우지 않은 사역자들은 바울의 발 앞에 더 오래 머물며 배워야 할 것이다.

그것은 힘을 쓰는 압력펌프가 아니라, 솟아오르는 우물이다. "성도를 섬기는 일에 대하여 내가 너희에게 쓸 필요가 없나니 이는 내가 너희의 원함을 앎이라"(고후 9:1-2). 바울은 사역자들이 오순절 계통에 있는 회중들에게 자주 하듯이 펌프의 손잡이를 세게 잡아당기는 것 대신에, 오히려 지금 흐르는 물 밑에 그릇을 놓았다. 그릇은 빠르게 흘러넘쳤다. 오순절 헌물은 매우 자유롭지만, 반면에 모든 통행인들에 손짓하는 무차별적인 헌물이 아니다. 오히려 신용기금의 집행자처럼, 헌물을 드리는 자는 하나님을 위해 엄청난 이익이 생길 것이라고 생각한 때마다 어디서든 선행을 베푼다.

그것은 조정 가능한 헌물이다. "할 마음만 있으면 있는 대로 받으실 터이요 없는 것은 받지 아니하시리라"(고후 8:12). 하나님은 속임 당하지 아니하신다. 하나님은 마음을 읽으시는데, 하나님의 눈 앞에서 그 사람의 심장 박동이 그 선물의 성격과 가치를 기록한다. 그래서 신문팔이 소년의 동전이 귀족의 재산보다 더 크게 받아들여질 수 있다.

그것은 전염성이 있다. "과연 너희 열심히 퍽 많은 사람들을 격동시켰느니라"(고후 9:2). 오순절과 현대의 오순절 모임에서의 거대하고 열정적인 기부금들은, 불가항력적으로 떨어지는 강물처럼 사람들을 결속시키며, 전염성을 보여주는 실례이다. 동일한 동기와 갈망과 더불어 동일한 성령으로 고무된 오순절 사람들은 한마음이며, 이러한 천상의 은혜 안에서 하나이다.

초라한 헌물은 초라한 추수를 보증한다. "그것이 곧 적게 심는 자는 적게 거두고 많이 심는 자는 많이 거둔다 하는 말이로다"(고후 9:6). 필자가 농장에서 일하는 아이였을 때, 풍성한 수확을 기대하면서 대량으로 씨 뿌리는 것을 기뻐했다. 이처럼 하나님을 위해 기꺼이 씨를 뿌리는 모든 이들은 풍성한 축복이라는 영적 추수를 보장받는다. 세속적인 이익이라는 바위 위에, 자기 탐닉이라는 뜨거운 모래 위에, 혹은 세속적 쾌락이라는 검은 늪에 자신의 재력을 뿌리는 사람은 이곳과 지옥, 두 곳 모두에서 사망을 추수할 것이다. 탐욕의 곡물 창고에 재력을 저장한 사람은 축복의 수확물을 거두지 못할 것이며, 또한 그의 범죄로 인해 영원히 벌을 받게 될 것이다. 대부분의 성화되지 못한 신앙인들과 단순히 입으로만 성화되었다고 고백하는 사람들처럼 인색하게 씨를 뿌린 사람은 빈약한 결실을 거둘 것이다. 그러나 인색함을 감전사시키고, 단지 십일조만이라는 옛날 유대인의 물받이용 둑을 뛰어넘어 오순절 세례를 소유한 모든 사람들은 풍성하게 씨를 뿌리고 풍성하게 수확할 것이다. 그들 안에서 전능하신 하나님은 "내가 어떻게 드릴 여유가 있을까?"라는 옛 자아의 말을 "내가 어떻게 드리지 않고 참을 수 있을까?"로 바꾸는 작업을 하신다. 잃어버린 세상과 십자가에 못 박힌 구원자, 약속된 추수, 무엇보다도 그들의 마음 가운데 있는 하나님에 대한 불타는 순전한 사랑이 기쁨으로 자신의 모든 것들을 투자하라고 촉구한다.

오순절 헌물은 마음으로부터 비롯된다. "각각 그 마음에 정한 대로 할 것이요 인색함으로나 억지로 하지 말지니"(고후 9:7). 그에게 시키지 말고 "하게 내버려둬라." 선택된 소수가 아니라 "각 사람"이 하는 것이다. "마음에서 정한 대로" 하며, 누군가 강요해서 하는 것이 아니다. "울며 겨자 먹기"로, 회피하거나 되돌리기를 바라는 것이 아니다. 또는 "필수적인" 십일조 법 때문에 혹은 다른 부담 때문에 하는 것이 아니라, 오히려 사랑의 법으로 인해 헌물을 드리는 것이다.

하나님은 오순절 헌물을 드리는 자에게 공급하신다. "하나님이 능히 모든 은혜를 너희에게 넘치게 하시나니 이는 너희로 모든 일에 항상 모든 것이 넉넉하여 모든 착한 일을 넘치게 하게 하려 하심이라"(고후 9:8). 여기 다른 산봉우리들 위에 솟은 하나님의 공급이라는 가장 높은 봉우리가 세워져 있는데, 그 꼭대기가 너무 높아서 보이지 않을 것이다. "하나님이 능히 모든 일에 모든 은혜를 넘치게 하시나니 모든 착한 일을 넘치게 하려 하심이라." 이것은 오순절 헌물과 오직 오순절 헌물을 드리는 자들에게만 해당되는 특별한 본문이라는 것을 명심해야 한다. 사람들이 그 본문 그대로 얻는 것에 실패하는 이유는 그 조건들을 충족시키지 못하기 때문이다. 이 약속은 하나님이 친히 부르신 사람들에 대해 모든 일들을 지원하시려는 하나님의 보증이다.

하나님은 헌물을 드리는 능력을 배가시키신다. "심는 자에게 씨와 먹을 양식을 주시는 이가 너희 심을 것을 주사 풍성하게 하시고 너희 의의 열매를 더하게 하시리니"(고후 9:10). 이렇게 하나님은 자신을 위해 모든 것을 포기하는 자들에게 보장하신다. 그 내용은 때마다 필요한 것들과 영적인 필요들 모두 "그의 영광의 풍성함을 따라" 공급될 것이며, 또한 그분은 헌물을 위한 수입을 공급하실 뿐만 아니라 수입을 "증대"시키며, 영성과 열매를 강력하게 만든다는 것이다. 그러니 "의의 열매를 증가시켜라."

오순절 헌물은 드리는 자를 부유케 한다. "너희가 모든 일에 넉넉하여 너그럽게 연보를 함은 그들이 우리로 말미암아 하나님께 감사하게 하는 것이라"(고후 9:11). 영국의 은행이나 클론다이크*의 금광이라 할지라도 여기 오순절 헌물자들에게 증여된 부와 비교하면 지푸라기이다. 그것들은 단지 금속이며 그것으로 살 수 있는 것으로만 부유해 질 수 있다. 그러

---

* 19세기 캐나다 북서부 지역의 금광(편집자 주)

나 영혼을 구할 수 없고, 단 하나의 영적인 안락함도 줄 수 없다. 그리고 대체로 은총이 아니라 파멸을 줄 뿐이다. 반면에 하나님을 위해 모든 것을 버린 이들만이 이용할 수 있는 이 유산은 영적으로, 때마다, 또한 영원히 "모든 것에 부유"할 것이다. "전적인 관대함"은 획기적인 은혜이다. 이러한 은혜를 받은 사람은 무한한 재산을 쓴다.

오순절 헌물은 하나님께 대한 감사를 일깨운다. "이 봉사의 직무가 성도들의 부족한 것을 보충할 뿐 아니라 사람들이 하나님께 드리는 많은 감사로 말미암아 넘쳤느니라. 이 직무로 증거를 삼아 너희가 그리스도의 복음을 진실히 믿고 복종하는 것과 그들과 모든 사람을 섬기는 너희의 후한 연보로 말미암아 하나님께 영광을 돌리고"(고후 9:12-13). 사람들이 복음의 정신에 이같이 진실하게 되면 신자들 가운데 기쁨을 일으킨다. 그리고 많은 사람들의 마음을 일깨워 찬양의 콘서트로 하나님께 감사드리게 한다. 우리가 오순절 헌물의 기준 이하로 내려가는 정도만큼, 정확히 그만큼 하나님께 감사드리지 않는 것이다.

오순절 헌물은 기도하는 사람들을 보호하고, 헌물로 축복받은 자들을 사랑한다. "또 그들이 너희를 위하여 간구하며 하나님이 너희에게 주신 지극한 은혜로 말미암아 너희를 사모하느니라"(고후 9:14). 그런 투자에서 큰 이익을 보장하는 것은 기도와 사랑이 아닌가?

그것은 "지극한 은혜"이다(14절). 이러한 거룩한 이름이 붙여진 것은 아마도 오순절 헌물이 엄청난 축복을 가져오기 때문일 것이다. 또는 그 헌물의 과도한 비용 때문에, 오순절 헌물이 십일조의 한계와 장애를 무너뜨리고, 십일조 자체의 강력한 통로를 중단하기 때문이거나, 또는 오순절 헌물

하나님의 오순절 번갯불

이 완전한 사랑이라는 영광스런 강물로서, 이 강물이 강둑을 흘러넘쳐 한계를 초월하여 세상을 적시며 새롭게 만들기 때문일 것이다.

하나님은 그분의 자녀들에게 하늘의 은행에 자본을 두라고 조언하신다. 하나님은 자기를 위한 자본축적을 금하시고, 오히려 하나님의 나라의 유익을 위해서 투자하라고 권하신다. 하나님의 권고만으로도 실행해야 하는 충분한 이유가 되지만, 다음과 같은 부가적인 이유도 있다.

천국은행은 안전하다. 아무도 자본을 훔쳐갈 수 없고, 절대 파산하지 않을 것이다.

천국은행은 커다란 이익을 가져온다. 하나님은 어떤 은행이나 보험회사보다도 영혼을 위한 투자로 더 많은 이익을 얻으실 수 있다. 천 달러를 투자하면 아마도 6퍼센트의 이자를 얻을 것이다. 하나님 나라에 입금하라. 영원한 영광 속에서 외치면서 빛나게 될 수많은 영혼을 구원할 것이다. 한 그리스도인 여성은 자신의 선행을 통해 구원받은 사람의 뺨에 흐르는 감사의 눈물을 보았을 때, "나의 다이아몬드를 되돌려 받았다!"라고 외쳤다.

천국은행은 모든 필요에 대한 하나님의 공급을 보장한다. 바울은 빌립보 교인들의 너그러운 선행에 감사하면서 다음과 같이 선포하였다. "그리고 나의 하나님이 그리스도 예수 안에서 영광 가운데 그 풍성한 대로 너희 모든 쓸 것을 채우시리라"(빌 4:19). 이 말씀은 전 존재의 가능한 위급 상황을 모두 포함한다. 하나님의 뜻에 자기 자신과 소유를 전적으로 포기한 사람들은 전부 천국 은행에서 이러한 은행 환어음을 받는다. 헌물이 매우 풍성할 때 무엇인가를 억제하는 것은 얼마나 어리석은가!

천국은행은 하늘로 향하게 한다. 우리의 이익이 하늘의 주식에 투자된다면, 우리 마음과 생각도 그 방향으로 이끌릴 것이다. 천국에 이끌림 받아 마음을 다해 투자했다면 그 결실을 갈망하게 된다. 보물이 있는 곳에 마음이 있다. 만일 보험에 투자한다면, 무엇보다 보험에 대해 자주 말할 것이다. 만일 밀에 투자했다면, 밀에 대해 이야기할 것이다. 철도주식이라면 그것을 말할 것이다. 사람들은 주로 투자한 것에 대해 생각하고 말한다. 따라서 만일 투자한 것이 세상 속에 있고, 세상을 위한 것이라면, 세상에 애정을 둘 것이다. 하지만 만일 하나님 나라의 이익에 있다면, 거기에 열중할 것이다. 천상의 투자는 물질적인 기증품을 영적인 실체로 바꾼다. 예를 들면, 이 도시의 성결운동에 투자된 돈은 기도와 수고가 올려지고, 하나님의 축복의 만지심으로 불세례를 받은 영혼으로 변환된다. 그러한 일들은 구원으로 지구를 에워싸도록 돕는 것이며, 또한 그 영혼들은 예수의 왕관에 박힌 보석처럼 빛날 것이다.

오순절 헌물은 공개적으로 인정받고 보상될 것이다. "그때에 임금이 그 오른편에 있는 자들에게 이르시되 내 아버지께 복 받을 자들이여, 나아와 창세로부터 너희를 위하여 예비된 나라를 상속받으라. 내가 주릴 때에 너희가 먹을 것을 주었고, 목마를 때에 마시게 하였고, 나그네 되었을 때에 영접하였고, 헐벗을 때에 옷을 입혔고, 병들었을 때에 돌보았고, 옥에 갇혔을 때에 와서 보았느니라. 이에 의인들이 대답하여 이르되 주여, 우리가 어느 때에 주께서 주리신 것을 마시게 하였나이까. 어느 때에 나그네 되신 것을 보고 영접하였으며, 헐벗으신 것을 보고 옷 입혔나이까. 어느 때에 병드신 것이나 옥에 갇히신 것을 보고 가서 뵈었나이까 하리니, 임금이 대답하여 이르시되 내가 진실로 너희에게 이르노니 너희가 여기 내 형제 중에 지극히 작은 자 하나에게 한 것이 곧 내게 한 것이니라 하시고, 또 왼편에 있는 자들에게 이르시되 저주를 받은 자들아. 나를 떠나 마귀와 그 사자들을 위하여 예비된 영원한 불에 들어가라"(마 25:34-41). 이 말씀은 장차 예비된 오순절 헌물의 상급을 선포하는데, 그 상급은 이미 받은 자들과 마찬가지로, 대단히 영광스러운 것이다. (1) 주님의 이름과 은혜로 이루어진 것임을 주님이 공개적으로 인정하심. 책임을 기쁨으로 하도록 만들고 게다가 그 행한 것에 상 주시는 놀라운 은총이다! (2) 우리는 빵 한 덩어리를 주고 영원한 하나님 나라를 얻는다. 다시 말해 아주 작은 것을 기부하고서 왕과 왕의 모든 소유들을 얻는다. (3) 그리스도를 위하여, 주님의 이름으로, 주님의 영광을 위한 헌물은 주님께 직접 드리는 개인적인 선물이며, 주님이 받으시고 상 주신다. (4) 오직 이렇게 드린 자들만이 위와 같은 상급을 약속받았다. 나머지 사람들이 아마도 불로써 구원받겠지만 이런 공개적인 영접과 선물을 받지는 못할 것이다. 그때서야 사람들은 근시안적인 어리석음을 깨닫고 슬퍼할 것인데, 지갑을 닫아서 영원한 행운에 들어갈 수 없게 된 것이다. "능력에 따라 드리는 것"이 아니라, 푼돈과 십일조를 나누어 주었던 연약한 사람들은 자신의 천함을 애통해 할 것이다. 하나님께 속한 "그 값에서 얼마를 감춘" 아나니아는 슬퍼하며 비통하게 울부짖을 것이다. 주님의 유익을 무시하고 돈을 위해 선생을 배신하는 유다들도 영원한 절망에 빠질 것이다. 최후 심판에서 비추어 보건대, 오순절 헌물에 대한 신약성서의 기준에 미치지 못하는 것은 무서운 재난이다. 그리고 하나님의 재단 위에 드려져야 하는 기증품들을 강탈하는 고도의 배신이다.

남북전쟁 동안에 정부는 탈퇴한 주들을 진압하는 데 도움이 되는 국채를 발행하였다. 일부의 사람들은 채권이 쓸모없는 증서가 될 것이라고 말하면서 비웃었다. 하지만 다른 이들은 그 채권에 금을 선불로 주었고, 그렇게 해서 정부를 유지할 수 있도록 도왔다. 결국 동맹은 보존되었고, 그 채권은 품귀현상을 빚었다. 연합주의 적들은 분해되었고, 지지자들은 보상받았다. 하나님은 이 세상의 죄를 진압하려고 유사한 채권을 발행하셨다. 그것은 우주를 깜짝 놀라게 한 적 있는 가장 세속적인 시민전쟁이다. 오순절 헌물은 이런 채권에 투자하는 것이다. 곧 전쟁이 끝날 것이며, 최후의 적은 정복될 것이다. 땅이 회복되어 거룩하게 될 것이며, 임마누엘 왕자의 깃발이 승리롭게 펄럭일 것이다. 그 다음엔 이 채권들에 프리미엄이 붙게 되고, 너무 늦어 투자에 실패한 사람들은 어리석음과 죄를 애통해 할 것이다.

아마도 이번 장을 읽은 사람들은 하나님의 금은보화를 숨긴 아나니아, 혹은 "그 값에서 얼마를 감춘" 아간은 아닐 것이다. 그러나 "하나님의 각양 은혜의 신실한 청지기"는 다음과 같이 선언된 귀중한 약속을 증명하는 자가 될 것이다. "그는 시냇가에 심은 나무가 철을 따라 열매를 맺으며 그 잎사귀가 마르지 아니함 같으니 그가 하는 모든 일이 다 형통하리로다"(시 1:3).

· · 하나님의 오순절 번갯불

제**8**장

오순절 가정들
Pentecostal Homes

오순절 삶의 가장 행복한 풍경 중 하나는 오순절의 영향력으로 조성된 가정들이다. 이러한 가정이 신약성서에 언급된 가정들이었고, 또한 오순절의 영향으로 조성된 모든 가정들이 그러하다.

그 가정들은 결혼관계에 충실하였다. 오순절 시대에는 자유연애주의가 설 자리가 없었다. 창조 시에 에덴에서 모본으로 보인 것처럼, 또한 예수와 제자들에 의해 강력히 주장된 것 같이 두 사람의 마음과 삶의 연합이 오순절 가정의 신성한 기초이다. 이러한 기초를 약하게 하거나 파괴하는 영향력은 무엇이든지 하나님께 속한 것이 아니다. "그러므로 남자가 자기 부모를 떠나서 그 아내와 합하여서, 그들이 한 몸이 될 것이다"(창 2:24). 가정생활의 부담을 회피하는 것, 즉 가족 생활로 들어서는 데 대해 무능력하고 그저 폼 나게 살려는 것, 가족의 속박을 피하고자 하는 욕망과 또한 그와 유사한 더러운 동기들이 수많은 결혼을 방해하고, 그리하여 인간의 향상과 행복을 위한 하나님의 예비하심을 무시하게 됨으로써 수많은 병폐들을 초래한다. 결혼에 대한 하나님의 계획은 사중적(fourfold)이다. (1) 동반자 관계: "사람이 혼자 있음은 좋지 않다"(창 2:18) (2) 도움: "내가 그를 위하여 돕는 자를 만들 것이다"(창 2:18) (3) 순결함: 고린도전서 7장 2절을 보라. (4) 자녀: "생육하고 번성하라. 그리고 땅에 충만하라. 땅을 정복하라"(창 1:28). 이 말씀은 만물에게 합법적인 하나님의 선언이었다. "모든 사람은 결혼을 귀히 여기고, 침소를 더럽히지 않게 하라. 음행하는 자들과 간음하는 자들은 하나님이 심판하시리라"(히 13:4). 죄는 결혼을 어지럽히고, 에덴을 지옥으로 변하게 한다. 구원은 결혼을 회복시켜서 지옥을 에덴으로 변화시킨다. 결혼에 대한 에덴의 계획이 육욕이나 돈, 사회적 지위나 다른 이기적인 동기들과 모두 뒤섞여 오염되었다. 오순절 결혼은 하나님의 뜻이 추구되고 실현되는 것이며, 하나님을 공경하는 가정들의 기초를 놓는다.

그들은 사랑하는 가정들이다. "남편들이여, 아내 사랑하기를 그리스도께서 교회를 사랑하시고 그 교회를 위하여 자신을 주심같이 하라"(엡 5:25). 그리스도는 교회를 위해 자신의 생명을 내어주심으로써 자신의 사랑을 증명하셨다. 즉, 교회의 잘못을 인내하시고, 필요를 공급하시며, 친절하고 변치 않는 동반자가 되시고, 교회에 계셔야 할 성령을 구현하심으로써, 또한 교회의 유익을 위하여 모든 필요한 희생과 자기 부인 즉, 교회의 구원과 장래의 영광을 위해 가장 끔찍하고도 부끄러운 죽음을 견디심으로써 증명하셨다. 이는 오순절적인 남편의 성경적인 그림이다. 가정에서 하나님의 은혜로 지배 받는 남편의 아내는 킨(S. A. Keen)의 아내처럼 말할 수 있다. 그녀는 "오순절 문고"(The Pentecostal Library)의 저자인 남편에 대해 "우리는 그를 가장 잘 아는데, 그는 공개석상에서 가르친 것과 같이 그대로 집에서 살았다."라고 기록했다. 성경은 "가정의 머리"의 역할을 담당하는 자에게 확실하게 이러한 사랑을 명령한다. "자기의 아내를 사랑하는 것은 자기의 몸을 사랑하는 것이다"(엡 5:28). "그러나 너희는 각각 자기 아내 사랑하기를 자신과 같이 하라"(엡 5:33). 이 명령은 아주 중요하기 때문에 하나님은 거듭 반복하심으로 강조하고 계신다. 그럼에도 얼마나 무시되고 있는가! 남편들이여, 당신들은 다른 어떤 계명들보다도 더 이 계명을 깨뜨림으로 하나님의 은혜를 유지할 수 없는 것이다. 당신들은 자신의 아내를 무시하거나, 아내에게 주어야할 관심을 다른 여성에게 기울이거나, 아내를 비난하고 꾸짖으면 안 된다. 그렇게 하지 않아야 죄 없을 것이다. 당신은 단지 자신의 쾌락을 위해 아내를 괴롭게 하는 어떤 방종도 주장할 수 없다. 그렇게 하면 하나님을 기쁘시게 할 것이다. 남편에게 이러한 사랑을 주지 못하는 오순절의 축복은 부족한 것이다. 이 축복이 존재하지 않는 가정은 오순절 가정이 아니다. 이런 축복이 없으면 사람은 결혼에 대한 신성한 권리를 갖지 못하고, 그래서 분열과 이혼, 가정 지옥이 되는 것을 매우 자주 볼 수 있다. 최근 우리의 거룩한 모임에서 한 남자가 간증하기를, 구원받음으로써 이혼하지 않을 수 있었고, 그의 아내도 회심하게 되었고, 여섯 명의 자녀들과 함께 행복한 가정을 만들게 되었다고 하였다. 자신의 아내에 대한 이러한 사랑이 없는 남편은 불 없는 난로와 같으며, 기름 없는 램프와 같다. 그런 남편은 만일 하나님이 그에게 명령하신 대로 했다면, 자연스럽게 흘러갈 그런 사랑과 섬김으로 아내가 반응하지 않는다고 불평해서는 안 된다. 따라서 남편과 아내가 하나님과 바른 관계에 있다면, 아무리 초라한 가정이라도 천상의 낙원이다. 그러나 올바르지 않다면, 가시와 엉겅퀴가 장미를 질식시킬 것이다. 남자들이 종교적으로 올바르게 행동하지 못하는 이유는 그들이 이 원리를 이러한 관계에 적용하는 것을 거부하기 때문이다. 성령은 권력을 휘두르는 남편들의 마음에 거하지 않으실 것이다. 육욕이 사랑을 대신할 수 없으며, 우두머리로 행세하는 것이 축복을 대신할 수 없다. 만일 남편들이 "아내들아, 남편에게 순종하라"를 끊임없이 인용하는 대신에, "남편들이여, 아내를 사랑하라"를 실제적이고 지속적으로 실천한다면, 수많은 불행한 가정들이 빠르게 변화될 수 있을 것이다.

그들은 조화로운 가정들이다. "그러므로 교회가 그리스도에게 하듯 아내들도 범사에 자기 남편에게 복종할지니라"(엡 5:24). 가정 안에서 남편들의 머리됨이 아내들에게 인정받아야 한다. 남편은 아내를 사랑함으로 복종하고, 아내는 겸손하게 그리고 성경적으로 "남편에게 복종한다". 그런데 이는 사랑과 신뢰의 복종이지, 두려움의 복종이 아니다. 아내들은 복종이 자신의 신성한 의무이며, 마찬가지로 사랑하고 공급하는 남편의 의무이기도 하다는 것을 깨닫는다. 이러한 의무 안에서 그녀는 행복함과 강렬한 기쁨을 느끼고, 이는 하나님의 신부인 교회가 하나님의 뜻을 배우고 행하는 것과 동일한 기쁨을 묘사하려고 하나님이 사용하시는 표상이다. 수많은 자칭 그리스도인들은 이렇게 분명하게 계시된 아내에 대한 복종을 비웃지만, 이것은 다른 성경의 진리들과 같은 하나님의 말씀으로서 정당한 것이며, 그 말씀에 대한 불순종은 행복한 가정을 파멸하는 원인이 된다. 하나님의 법을 묵상하는 사람들은 하나님의 빛을 바라본다. 나무는 윗부분이 아니라 뿌리가 땅속에 심겨야 한다. 그렇지 않으면 죽는다. 진정한 아내에 대한 신뢰 가득한 복종이 그리스도와 같은 남편의 사랑으로 심겨질 때, 오순절 가정이라는 나무가 활짝 필 것이다. 어떤 남편도 고의적으로 자신의 아내에게 터무니없는 것이나 잘못된 것을 요구하지 않을 것이며, 어떤 아내도 자신에 대한 남편의 사랑을 이용하여 남편이 부당한 일을 하게 하지 않을 것이다. 각각 서로의 권리와 좋고 싫음이 신성하게 지켜지고, 서로가 일치할 수 없는 것에서는, 최대한의 양심의 자유가 자유롭게 주어질 것이다. 그들은 이런 식으로 "평화의 끈으로 성령의 연합"을 유지해나갈 것이다. 소위 그리스도인 가정이라 불리는 많은 이들의 다툼과 불화와 얼마나 대조적인가.

그들은 믿음을 가진 가정들이다. "너희는 믿지 않는 자들과 멍에를 함께 메지 말라"(고후 6:14). 하나님은 남편과 아내 두 사람 안에 있는 오순절 경험 외에 다른 어떤 재료들로 오순절 가정을 세우시지 않는다. 이것을 무시하는 모든 사람들은 그러한 가정을 거절하는 것이다. 다음의 이유들로 인해 하나님의 자녀들이 불신자와 결혼할 수 없는데, 아주 명확하다. 우선 하나님이 그것을 금하셨다. 따라서 그렇게 하는 것은 다른 죄와 마찬가지로 실제로 하나님의 계명을 범하는 것이다. 하나님의 자녀와 그분의 반역자 사이에는 어떤 영적인 교제가 없으며, 이는 회심하지 않은 모든 사람들도 마찬가지이다. 정신적이고 육체적인 친근감은 영적인 친교를 만족시킬 수 없다. 하나님의 축복은 그분이 금지하신 결혼에는 결코 임하지 않는다. 따라서 회심하지 않은 사람과 결혼하는 사람은 하나님의 축복을 상실하게 된다. 서로의 삶의 목적이 달라서, 한 사람은 그리스도를 위해서 사는데, 다른 한 사람은 그렇지 않다. 회심하지 않은 동반자는 자신보다 하나님을 더 사랑한다는 것 때문에 종종 질투하게 된다. 양과 염소는 결코 좋은 팀이 될 수 없다. 그들이 즐거워하는 근원은 반대이다. 하나님께 진실로 약속하지 않을 사람을 동반자로서 진실하게 신뢰할 수는 없다. 그러한 결혼은 대체로 불행하다. 이 같은 함정에 빠진 그리스도인들이 회개할 때는 대부분 너무 늦었다. 필자는 한 친구가 믿지 않는 사람과 결혼하는 것을 반대했다. 그들은 고통스럽게 함께 살며 두 명의 자녀가 태어난 후에 헤어졌다. 불신자는 흔히 결혼의 자기 통제와 순결의 계명 준수를 무시하는데 그렇게 되면 결혼은 타락하고, 둘 다 마음과 영

하나님의 오순절 번갯불

혼과 몸이 괴로워진다. 그러한 결혼에서 태어난 자녀들은 태아기의 거룩한 영향력을 박탈당하는데, 이는 그 자녀들의 권리이며, 또한 자녀들의 운명에 엄청난 영향을 미치는 것이다. 불신자는 종종 파괴적인 성적 방종과 낙태를 고집하여, 신성한 결혼의 연대를 육욕을 위한 허가증으로 타락시킨다. 당신은 자신의 자녀들의 아버지나 어머니가 될 사람으로 사악한 사람을 선택할 권리가 없다. 남편과 아내는 둘 다 결혼이 요구하는 인내와 자기 부인을 실천하기 위하여 하나님의 은혜가 필요하다. 결혼에는 분열될 수 있는 문제들이 언제나 발생하기 때문이다. 한쪽은 교회에 가고 싶은데, 다른 쪽은 산책하거나 어딘가 방문하고 싶어 한다. 한쪽은 복음을 위해 헌금하고 싶은데, 다른 쪽은 그와 반대다. 한쪽은 하나님의 사역자들을 환대하는데, 다른 쪽은 두려워한다. 한쪽은 자녀를 하나님과 교회를 위해 양육하기 원하는데, 다른 쪽은 세상을 위해 키우기 원한다. 얼마나 많은 어머니들이 자녀를 춤, 극장, 경마와 서커스로 데리고 가는 아버지 때문에 가슴 아파하는지 모른다.

하나님이 때로 불신 배우자가 회심하도록 다스린다는 사실로 인해 그러한 결혼을 찬성할 수는 없다. 신자들이 타락하는 경우가 훨씬 더 많다. 친절한 기질, 인격적인 아름다움, 종교에 대해 단지 고백하는 것, 또는 교회 멤버십과 개선의 약속 등이 결코 생생하고도 실제적인 경건을 대용하는 것으로 받아들여져서는 안 된다. 그러한 것을 갖지 못한 모든 이들은 실제적인 "불신자들"이다. 만일 사랑의 열병이나 인격적인 매력이나 자연스런 애정으로 인해서 불신자와 약혼하게 되었다면, 하나님과 그 사람과 당신 자신에 대한 첫 번째 의무는 현명하고 확고하고 부드럽게, 그리고 가능한 빨리 다른 모든 죄와 마찬가지로 그 약혼을 깨는 것이다. 그러지 않으면 조만간 통렬하게 후회하게 될 것이다. 불신자들이 세속적인 계획으로 때로 행복하게 함께 살지라도, 그러나 그러한 경우는 드물며, 그리스도인의 행동을 다스리는 법이 결코 효과적으로 작용하지 않는다. 세속적인 것의 목적은 한가지이다. 그리스도인들과 세상적인 것의 목적은 서로 반대된다.

결코 그를 변화시키기 위해 결혼하지 말라. 왜 그런가? 이유는 당신은 그런 방식으로 그를 변화시킬 수 없기 때문이다. 결혼이 아니라, 구원이 그러한 사람을 위한 하나님의 처방이다. 많은 사람들이 이러한 간계에 속고 있으며, 실수를 알았을 땐 이미 너무 늦는다. 그러한 위험을 반복적으로 경고했음에도, 내 친구는 이러한 구실로 젊은 남자와 결혼했다. 육 개월이 못되어, 그 남자가 그녀를 죽이겠다고 위협해서 그들은 곧 헤어졌는데, 그 남자는 계속 죄를 지었으며, 그녀는 밝은 삶으로 나아가고, 초기에 파멸의 무덤을 덮었다. 만약 당신의 사랑과 영향력이 결혼 전에 당신의 친구를 얻는 데 힘이 없었다면, 그 이후에는 훨씬 더할 것인데, 그때는 당신이 하나님의 뜻을 거스르고 결혼함으로써 종교의 능력을 잃었기 때문이다.

불법적으로 이혼한 사람과 결코 결혼하지 말라. 수많은 생명들이 이러한 암초에서 파멸되었다. 마태복음 5장 32절과 19장 9절에 정당하게 이혼할 수 있다고 언급된 한 가지 이유 외의 다른 이유 때문에 이혼한 모든 사람들과 결혼하는 것은 간음이다. 어떤 간음자도 하늘나라에 들어갈 수 없으며 거룩하지 못한 연합을 깨뜨리지 않으면, 그런 사람들은 모두 파멸한다. 시간이나 사랑이나 자녀나 공적인 허가들이 하나님의 계명에 대한 이런 명백한 위반을 속죄할 수 없다.

다른 사람을 만족시키기 위해 결혼하지 말라. 돈이나 가정, 사회적 지위나 다른 어떤 이유보다도 하나님을 기쁘시게 하고 그분을 더 잘 섬기기 위한 것이 더 중요하다. 수많은 사람들이 사회적 동기로 결혼하여 실망이라는 수확물을 거둬들인다. 하나님의 축복을 받아들이려면, 그분의 뜻을 배워야 하고 행해야 한다. 하나님의 은혜가 함께하는 단 하나의 국가는 파라다이스이며 은혜 없는 결혼생활과 대조된다. 진정한 사랑이 없는 결혼은 불 없는 아궁이와 같다.

어떤 사람에게 빠져들었다는 것이 결혼해야 하는 이유가 되지 않는다. 두 사람은 그러한 기질일 수도 있고, 정신적으로 육체적으로 너무 잘 맞아서 거의 첫눈에 빠져들 수도 있다. 많은 사람들이 이러한 감정을 진정한 사랑이고 결혼의 근거라고 오해하는데, 이 산들바람이 결혼 생활의 항구로 불어오고, 황홀한 마법이 끝나면, 그들은 짝을 잘못 지었고 실수했음을 발견한다. 강렬한 매력이라는 빛나는 아침 이슬은 결혼의 인내라는 긴 하루의 뜨거운 태양으로 인해 곧 사라진다. (이러한 입장을 충분히 다루려면 위해 나의 책 "인상"(Impressions) 27-40쪽을 보라).

결혼할 사람과 때에 관한 하나님의 뜻을 확신하고 배우라. 당신은 이 점에 있어서 실수하지 않고 모든 다른 것에서도 승리하는 것처럼 승리하기 위해 노력할 수 있다. 하나님은 당신에게 필요한 사람과 당신을 필요로 하는 사람을 정확하게 아신다. 그리고 함께하면 가장 유익하고 행복할 사람을 아신다. 또한 당신이 하나님의 조언을 요청한다면, 하나님은 당신에게 확신을 주실 것이다("인상" 52-69쪽을 보라). 이 점이 의문스럽다면 결혼하지 말라. 그리고 이 문제에 있어서 당신 자신이나 다른 사람이나 하나님의 뜻이 실수하지 않을 것임을 확신하라. 그러면 모든 것이 잘될 것이다. 만일 당신이 이러한 원칙들에 거스르면서 결혼한다면, 회심하지 않은 사람과 결혼한 배우자가 될 것이고, 그때 참회와 기도로 하나님의 자비의 풍성하심을 구하며, 방황하는 사람을 하나님께로 향하도록 애쓰게 될 것이다.

하나님과 함께 바르게 행하라. 당신은 회심하였고, 또한 당신의 마음이 충분히 모든 죄와 이기심에서 깨끗해졌으며, 성령으로 충만함을 확신하라. 결혼이 동반하는 거룩한 임무에 적합할 때까지 "너희는 스스로 삼가라 두렵건대 마음에 미혹하여 돌이켜 다른 신들을 섬기며…그러므로 너희는 나의 이 말을 너희의 마음과 뜻에 두고…또 그것을 너희 자녀에게 가르치며…하늘이 땅을 덮는 날까지…"(신 11:16-21).

그들은 열매 맺는 가정들이다. "그러므로 젊은 과부는 결혼하여 아이를 낳고 집을 다스리고 대적에게 비방할 기회를 조금도 주지 말기를 원하노라"(딤전 5:14). 건강, 섭리, 어떤 특별한 사역에 대한 헌신의 이유를 제외한다면, 가정은 자녀의 축복을 받는다. 자녀 양육은 성경에 강조되어 있다. 결혼의 설립의 위대한 목적 중 하나인 자녀 양육을 무시하는 것은 그 존재에 대한 타격이며, 그것을 신성하게 설립한 분에 대한 모독이다. 이러한 의무를 기꺼이 받아들이지 않는 사람들은 혼자 살아야 한다. 하나님은 의로운 남자에게 그의 아내가 "네 집 안방에 있는 결실한 포도나무 같고, 네 식탁에 둘러앉은 자식들은 어린 감람나무 같으리로다. 보라, 여호와를 경외하는 자들은 이같이 복을 얻으리로다"(시 128:3,4)고 약속하셨다. 이러한 책임을 이기적으로 회피하는 가족들은 대적에게 다음과 같은 이유들로 비방할 기회를 준다. 성경의 의무와 특권을 어김으로 인해, 자녀가 바르게 양육됨으로 이루어질 모든 선한 것들을 좌절시킨 책임으로 인해, 축복으로 땅을 채우고, 영원한 기쁨의 소리로 하늘을 채우는 불멸의 영혼의 존재를 방해함으로 인해, 오순절 가정이 될 수 있는 축복되고 모범된 이 땅의 존재를 빼앗음으로 인해, 하나님이 노후를 위로하고 부양하고자 계획된 자들이 그러한 의무를 벗어남으로 인해, 다른 사람들에게 세상의 치명적인 약물이 하나님의 목적을 좌절시키는 데 도움이 되도록 사용될 수 있다는 생각을 제공함으로 인해, 하나님이 가정 안에 계획하신 가장 위대한 축복들인 사랑스럽고 밝은 어린 얼굴들을 가정에서 사라지게 함으로 인해, 그리스도의 교회에서 타락하는 자들의 자리에 앉는 사람들을 처벌하지 않음으로 인해, 가족들에게 비방할 거리를 제공한다. 이것들은 부모들이 의도적으로 이러한 자연스런 결혼관계의 열매를 파괴했다면 책임져야 하는 무서운 책임들 중 몇 가지이다. 수많은 사람들의 손이 수백만의 무고한 태아 살인으로 인하여 붉게 물들었다. 태아 살인은 땅을 저주하는 가장 끔찍한 범죄 중 한 가지다. 이 희생자들은 전적으로 무방비 상태이고, 가해자들은 자연의 법칙과 은총의 법을 다 범하는 것이다. 오순절 가정들은 그러한 모든 범죄자들을 혐오하지만, 반면 가짜 그리스도인 가정은 이러한 부부의 범죄를 저질러서 스스로 위조된 가정임을 드러낸다. "자연스런 애정 없이" 그리고 "하나님을 사랑하는 자보다 더욱 쾌락을 사랑하는 자"들은 이러한 무서운 범죄의 수렁 속으로 파멸한다.

그들은 순종하는 가정들이다. "자녀들아, 너희 부모를 주 안에서 순종하라. 이것이 옳으니라. 너희 아버지와 어머니를 공경하라. (이것이 약속이 있는 첫 계명이니) 이로써 네가 잘되고 땅에서 장수하리라"(엡 6:1-3). 부모에 대한 불순종과 불신은 가정 무정부 상태이다. 가정의 통치자에 대한 순종은 그리스도인의 성품의 주춧돌이다. 의로움과 번영과 장수는 그것을 마음에 두는 자들에게 약속되었다. 반대로 그것을 거절하는 모든 자들에게는 위협이 된다. 종들, 이웃들이나 친족들, 즉 신성한 가족의 구성원으로 초대된 자들이 말이나 행동, 또는 안색으로써 자녀가 부모를 무시하거나 불순종하도록 부추기는 것은 지옥의 메신저로서 쫓겨나야 한다. 불순종하는 자녀들은 가정을 반역하는 죄에 해당하며, 그 안에서 그들을 돕거나 품는 사람은 죄인과 한편이다. 오순절 가정들은 순종적인 가정들이다. 자녀가 순종하지 않는 것은 일반적으로 부모 중 하나 혹은 둘 모두에게 어느 정도 오순절의 부족으로 인한 것이다.

그들은 친절한 가정이다. "너희는 서로 친절하라. 인자하게 하며 서로 용서하라. 하나님이 그리스도 안에서 너희를 용서하신 것 같이" 모든 불친절한 말과 행동은 오순절 가정에서 영원한 유배지인 시베리아로 추방되어야 한다. 중생은 친절을 존경한다. 성령으로 세례 받음은 모든 불친절한 충동을 몰아낸다. 가정에서 친절함을 경험하지 못한다는 것은 엄청난 사기이다. "최근에" 구원받았다고 혹은 성화되었다고 고백하는 사람이 단지 교회에서만 친절하고 사업이나 가정 관계들에서 친절하지 않다면, 그는 거짓말에 대해 참회해야 한다. 고백하지 않은 사람이라도 유죄이며, 독사를 피하기 위해 참회해야 한다. 종교인이라고 표시된 많은 사람들이 이 점을 위반함으로써 그 종교의 위선적인 성격을 광고하고 있다.

그들은 환대하는 가정들이다. "환대 중독". 그 시절의 크고 작은 집회에서 크든 작든 접대를 별도로 요청하거나 공공숙박시설(boarding-house)에 의지하고자 했다는 기록이 없다. 환대를 위해 죽은 가정의 문을 두드리는 것은 헛일이었을 것이다. 자칭 그리스도인의 많은 가정들이 이러한 죽음의 증상을 갖는다. 진정한 그리스도인 가정들은 언제나 주님의 이름으로 그들의 문을 두드리는 자들을 위해 최선의 것을 준비해 두고 싶어 한다. "손님 대접하기를 잊지 말라. 이로써 부지중 천사를 대접한 이들도 있었느니라"(히 13:2). 오순절 회심의 부흥은 항상 이러한 은혜를 존중하며, 교회들에서 이러한 은혜가 부족하다면 그 교회는 영적으로 결핍된 것이다. "우리는 단지 사도행전의 이야기들을 숙고해야 할 필요가 있다."라고 케임브리지의 럼비(Lumby) 교수가 말했는데, 이는 초대 교회에서 설교자들이 그들의 사역을 예루살렘을 넘어서 확장하자마자 얼마나 많은 환대가 실행되어져야 했는지를 깨닫기 위해서이다. 무두장이 시몬의 집에서 베드로는 여러 날 접대 받았다(행 9:43). 안디옥에서 바울과 바나바를 영접한 친구들은 일 년 동안이나 지속했다(행 11:26). 루디아는 "내 집에 와서 유하라"고 청하였다(행 16:43). 데살로니가에서 바울과 실라를 영접한 야손(행 17:7)은 관습이었다는 것만으로는 설명되지 않는다. 또 말하기를, "환대의 은혜가 그리스도의 교회에서 언젠가 사라져야 한다는 것은 하나님의 목적이 아니다. 우리는 성경에서 '서로 접대하기를 원망 없이 하고'(벧전 4:9)를 실행하도록 권고해야 한다. '대접하는'(롬 12:13) 것은 그리스도인이 이제 '많은 사람들이 그리스도 안에서

한 몸임'을 보여주는 하나의 표시이다. 예수님은 그의 제자들에게 행해진 섬김을 자신을 섬긴 것으로 여기셨다. – '나는 이방인이었다. 그리고 당신이 나를 영접하였다' – 또한 주님은 그것을 초대받은 자의 영광스런 기쁨을 즐거워하는 증거로 헤아리실 것이다. '오라, 내 아버지의 복 받을 자들이여' 등 (마 25:34) 대부분의 경우에 오늘날의 그리스도인 가운데는 이러한 은혜가 대단히 부족하다. 우리가 건물이나 거주하는 집을 사거나 빌릴 때, 얼마나 자주 '선지자의 방'을 잊어 버리는가! 얼마나 자주 우리는 주님이 사랑하는 제자들을 영접하는 데 방해되는 하찮은 불편함을 감수하는가? 그들이 가정에 나타난다면 그들을 대접할 때 발생하는 문제와 비용보다도 더 큰 측량할 수 없는 축복을 가져올 것이다. 너무도 자주 우리의 교회들에서 환대 부족으로 인해 우리 가운데 하나님의 사역을 빠르게 수행하고 세우려는 부흥사역자들과 종교모임들을 초대하지 못하고, 그렇게 하여 사역들이 쇠퇴한다. 이것은 대부분 우리의 이기심 때문이다. 내 형제여, 이러한 일들이 일어나서는 안 된다. 우리가 과거에 이러한 면에서 잘못해 왔다면, 미래에는 개혁된 모습을 보여주자. 이제부터는 진정한 복음이라는 면에서, '원망 없이 서로에게 접대하기'를 활용하자." 그들은 '비환대'라는 땅 위에서 거대한 사하라 사막에 있는 하늘의 오아시스이다. 소위 많은 그리스도인 가정이 이런 오순절 은혜에 대해 무감각하다는 것은 진정한 그리스도인 가정이 아니라 가짜임을 드러내준다. 오순절적인 환대에 낯선 가정은 오순절 경험의 현관으로 발을 내딛지 않는다.

하나님이 지상에 채우시기 원하시는 가정에 대한 간단한 개요는 이런 것이다. 오순절 가정들은 오순절부터 현재에 이르기까지 존재해 왔고, 계속 증가하고 있다. 그들은 인류라는 큰 바다에서 푸른 잎이 무성한 섬들로, 안전하고 편안한 즐거운 항구가 가득하고, 그들의 향기는 저 멀리 하늘의 산들바람에서 나온다. 하나님이 친히 그들을 보호하시고, 그들 안에서 기뻐하시며 거하신다. 그들은 인간의 비통이라는 어두운 밤에 그분의 가장 빛나는 별들 가운데 존재한다.

축복받은 가정과 행복한 사람들,
그곳에 주님 거하기 원하시네;
그곳에는 그분의 찬송 안에서 하나 되고,
구속의 모든 이야기가 들려지는구나.

그곳에서 오순절 불이
뛰고 빛나며 태우고 타올라,
모든 이기적인 목적을 녹여서,
서로의 마음이 사랑으로 흘러넘치게 하네.

축복받은 가정과 행복한 사람들
축복하고 격려하려고 세상을 사는구나.
예수의 능력의 증인들
천국이 아주 가까이 임하네.

이러한 가정들은 하나님의 보호하는 섭리의 단단한 벽으로 둘러싸여 있다. 그들은 그분의 자비에 뿌리박고, 자신들의 아름다운 믿음의 창으로 주님의 아름다움 안에서 왕과 멀리 있는 땅을 항상 볼 수 있다. 그들은 사랑으로 따뜻해지고, 하나님의 진리라는 전기 발산으로 빛나고, 또한 그 안에서 지속적으로 샘솟는 천상의 우물로 적셔진다. 그들 세상에 있는 하나님 나라의 일부이다. 그들에게 속한 사람들 모두는 이미 "하늘나라 안에 있다." 죽는 것이나 그리스도의 오심을 환영하는 것은 단지 하늘의 고향에 더욱 가까이 가는 것이다. 여기에 한 왕의 목적에 대한 한 가지 힌트가 있다. 그것은 영광의 한 단계로부터 다른 단계로 움직이는 그러한 이동이 빈번하게 되는 것이다. 영원 무궁히!

이기심과 죄가 하나 되어 지배되는 차가운 가정과 얼마나 대조되는가. 이러한 가정은 기도도 없고, 찬송도 없고, 하늘의 그리스도인의 사랑도 없고, 장래의 소망도 없으며, 삶의 기쁨 또는 슬픔을 나눌 그리스도도 없다. 이러한 장소는 하나님의 진노와 심판의 대상이다. 이들은 하나님을 거절하고 거기에 반역까지 더하여 이 세상의 신에 충성하는 가정들이다. 가정이라고 공언하지만, 그 가정들은 동거인들을 파멸로 가라앉게 하는 모래구덩이다. 이러한 장소는 반역으로 지붕을 덮는다. 불신의 창문을 내고, 의심으로 바닥을 깐다. 그 안에는 두려움과 오류가 잠복한다. 하나님의 번개가 무한한 자비하심으로 억제되지만, 곧 그들에게 튀어 올라 그들을 멸하실 것이다. 자칭 그리스도인 가정은 아마 실제로 영원한 불꽃의 먹이가 될 것이다.

제9장

오순절 치유
Pentecostal Healing

"**믿**음의 기도는 병든 자를 구원하리니 주께서 그를 일으키시리라"(약 5:15).

구원은 타락한 인간을 위하여 세 가지의 위대하고 결정적인 역사를 포함하고 있다. 첫 번째는 용서받고 하나님의 자녀가 되는 칭의, 두 번째는 타고난 죄인 "옛사람"을 파괴하고 "위로부터 오는 능력"을 부여하여 온전하게 성화시키는 성령 세례, 세 번째는 최후의 영화로서 질병과 연약함, 그리고 죄가 우리의 몸과 마음에 미치는 모든 영향을 완전히 제거하여 우리를 영화로운 주의 형상으로 만들어주는 것이다. 지금 하나님 자녀들이 성령의 "성전"이 된다 하더라도, 여기에서 치유의 유용성은 신자들의 상태에 따라 크게 달라지므로, 신자들이 현재의 상황에서 구원과 어떤 관계를 갖고 있는지 아는 것이 중요하다. 그들이 자연과 은혜의 모든 법에 잘 따르고 하나님의 성전이 되어 하늘과 땅의 모든 권세를 갖고 계신 그분 안에 거한다면, 분명히 이러한 변화가 유익할 것이라고 기대하게 될 것이다.

1. **구속을 받은 자는 외적으로 구별된다.** 성경은 성전된 자들을 자주 언급하고 있으며, 그들의 건강함(well-being)에 대해 명확하게 가르친다. 오순절의 헌신은 그들을 거룩하고 받으실 만한 산 제사로 드리고, "온전히 거룩하게 하시는" 평강의 하나님이 몸과 혼과 영을 보전하실 수 있다.(살전 5:23)

2. **치유는 건강하게 한다.** 치유는 적정한 기능들을 넘어서는 탐닉을 금함으로써 사람들을 건강하게 만든다. 과식과 지나친 성욕은 건강을

해치고 많은 이들의 생명을 단축시킨다. 오순절의 체험은 그러한 것들과 모든 과욕으로부터 구원하여 수천 명의 목숨이 홍수로 휩쓸려 가는 치명적인 급류를 멈추게 한다.

3. **치유는 정결함을 요구한다.** "육체의 더러움"이 사라지고 "몸이 깨끗한 물로 씻겨진" 상태는 하나님과의 친밀한 교제를 위한 중요한 조건이다. 성령은 더러운 성전에 영원히 거하지 않으실 것이다. 영혼과 마찬가지로 몸도 더러움에서 씻겨야 한다. 몸의 더러움은 종종 내면의 더러움이 더하다는 것을 보여준다. 온 몸을 자주 씻는 목욕은 가장 고상한 방식으로 기독교적 활력을 주는 데 필수적이고 많은 질병을 예방한다. 깨끗한 마음, 깨끗한 영, 깨끗한 습관, 깨끗한 몸, 깨끗한 옷, 깨끗한 음식과 깨끗한 집은 오순절을 경험하는 데 필수적인 조건들이다. 그러나 아직도 사람들은 완전히 씻지 않고 깨끗하다고 주장하고 있으며 더러움이 질병을 일으키면 두려워하는 아이들처럼 놀라고 기적을 구한다. 그와 같은 사람들이 보다 자주 비누와 물과 식이요법이라는 "장로들"을 요청한다면, 오순절적인 치유를 위해 기도하는 다른 "장로들"을 요청하는 일이 줄어들게 될 것이다.

오순절의 치유는 모든 해로운 습관으로부터 우리를 구한다. 담배, 아편, 사탕, 돼지고기, 차와 커피는 믿을 만한 권위에 따르면 모두 건강에 해로운 것들이다. 그러므로 오순절 사람들은 이를 확신하면서, 다른 사람들이 자신의 건강을 위험에 빠뜨릴 때 해로운 습관을 버리고 건강을 지킨다. 거듭남을 지키려면 이 관문을 통과해야 하는데 오순절은 여기에 강력한 빛을 비추어준다.

오순절의 치유는 행복한 가정을 만든다. 이 원리를 지키는 모든 가정을 에덴동산으로 만든다. 그 식탁에는 해골 같은 모습이 아니라 기뻐하는 신자들이 둘러 앉아서 그들이 있음으로 염려가 사라지고 마음을 빛나게 한다. 행복한 오순절 가정을 가진 사람은 다른 어떤 약들보다 더 가치 있는 영원한 묘약을 소유한 것이나 다름없다. 오순절 경험은 걱정을 묻어버리고 근심을 사라지게 하고 대신 만족과 완전한 평화라는 관을 씌운다. 그리고 근심으로 찡그린 미간에 잡힌 주름이 펴지게 하고 죽은 것처럼 창백한 뺨을 장밋빛으로 물들인다. 위험으로부터 이끌어 내어 수명을 연장시킨다. 그 복된 통치 아래서 성령은 직접적으로 혹은 간접적으로 임박한 폭로, 과식, 해로운 음식, 사고, 위험한 친구들과 장소에 대해 경고해 주시고 그 위험들 속에서 피할 길을 내주신다. 이러한 안전장치들을 사용하려면 우리는 아주 고요한 가운데 주의를 기울여야 한다. (나의 책 "인상들 Impressions"을 보라). 이런 방법으로 오순절의 체험을 소유하는 것과 오순절적인 생활을 다스리는 법에 순종하는 것은 건강을 유지시키고 질병을 회복시킨다. 오직 이것만이 온갖 보험과 특허를 받은 약들보다 더 가치가 있다. 오순절의 건강 법칙에 더 주의를 기울인다면 거기에 약이나 신적인 치료가 개입할 여지가 더 좁아질 것이다. 옛 계약 아래에서 하나님의 백성들에게 약속된 이 치유는 매우 엄격한 위생법을 지킬 때에 주어졌다. 분명히 새로운 계약이 옛 계약의 기준을 낮추지는 않았다. 고의적으로 자연에 있는 하나님의 법을 어기고 그분에게 고쳐달라고 기적의 은혜

하나님의 오순절 번갯불

를 베풀어 주시도록 구하는 것은 뻔뻔한 일이다.

그러나 구원에 따라오는 이 모든 혜택들과는 별개로 특별한 몸의 치유가 존재한다. 오순절 치유는 신약 시대에 경험되었고 교회에 유산으로 남겨진 것이다. 다음의 사실들에서 치유가 피해야 할 위험한 미신이거나 두려워해야 할 치명적인 오류가 아니라는 것을 알 수 있다.

그것은 성경적인 치유이다. 그것은 그리스도와 제자들이 실행하였고, "믿는 자에게 따르는 표적" 중 하나로 선포되었으며 오순절 교회의 성령의 "9가지 선물"의 영광스러운 목록에 들어갔다(고전 12:7-11). 그리고 아픈 이들은 치유를 사용하도록 교회에 요청하라고 했다(약 4:14-15).

이 신유가 무엇인지 그리고 그 유익한 결과에 대해서는 성전에서 베드로와 요한에게 고침받은 앉은뱅이의 치유 이야기에 잘 나타나 있다. 다른 경우에도 마찬가지지만 이 기적은 예수님에게 국한된 것이 아님을 보여준다. 그리고 빌립에 의해서도 행해졌다는 점, 바울이 오순절 교회의 은사 중 하나로 거명했다는 점, 베드로가 선포한 점들로 미루어볼 때 사도교회에 국한된 계획이 아님을 증명한다.

그것은 실제로 일어난 치유였다. 걷지 못하는 사람은 그가 일어날 것이라고 생각지도 추측하지도 심지어 믿지도 않았다. "그리고 그는 뛰어 서서 걸으며 그들과 함께 성전으로 들어가면서 걷기도 하고 뛰기도 하며 하나님을 찬송했다." 이것은 믿음으로 고침 받았다고 주장하는 것뿐 아니라 실제로 치유를 받은 것이다. 계속적으로 해골처럼 시들어져 가면서 믿음치료를 받았다고 공언하는 초췌한 부류들에게는 슬픈 일이다. 필자는 그들이 치료되었다고 선포했으나 무덤으로 가버린 사람들을 개인적으로 알고 있고, 불면 날아가 버릴 것처럼 보이면서 다 치료 받았다고 고백하는 많은 사람들을 보아 왔다. 믿음 치유가 오순절의 치유에 반대되는 것은 아니지만 구원받았다고 고백하면서 능력을 누리지 못하고 사는 많은 이들처럼 이 사람들도 분명 치유를 제대로 이해하는 데 실패한 것이다. 몸의 치유가 영혼의 치유와 같다고 생각하는 실수는 모두에게 일어날 수 있기는 하지만, 이 경우 틀림없이 많은 신실한 신자들이 하나님의 특별한 선물을 잘못 이해하도록 만든다. 이미 위조지폐에 속은 사람들이 분별 있는 사람이 진짜 돈을 갖게 된다 해서 막을 수 없다. 오순절의 치유를 받은 사람들은 상상이나 믿음으로 건강해졌다고 믿는 환상에 빠져 곧 무덤에 들어갈 것처럼 말라빠져가는 그림자의 행렬에 서 있는 것이 아니다. "그들은 모든 점에서 온전케 되어 분명히 보게 된다." 비록 그렇게 하기 위해서 두 번째 손길이 필요하지만 말이다. 질병의 증상이 나타나는 것은 질병이 존재한다는 증거이다. 그런 증상들은 예수님이 고치실 때 사라진다.

이것은 하나님의 치유이다. "그러나 베드로가 말하기를…나사렛 예수의 이름으로 걸으라" (행 3:6). 이 일은 수많은 군중이 있을 때나 산헤드린에서 재판을 받을 때나 베드로가 반복해서 행했다. 이것은 하나님의 참된 자녀들이 하나님께 구할 때 예수의 이름으로 응답하는 치유이다. 치유는 심리치료나 거짓 선생들, 즉 모세와 바울과 같이 있었던 마술사들처럼 "놀라운 많은 기적을 행한" 사람들에 의해 효과를 나타내왔다. 그러나 이 모든 것들은 한 가지가 부족했다. 또한 전혀 오순절의 치유도 아니었고 단지 잘못 이해한 사람들이 성경적인 은사에 반대하는 논거로 그 존재를 주장하는 것이다.

하나님의 오순절 번갯불

베드로의 환자는 그 치유를 경험하고 그 능력을 증거한 수많은 사람 중 하나이다. 성경은 그러한 예들을 많이 가지고 있으며 오늘날 세상에는 그 일을 증거하는 놀라운 증인들이 많이 있다. 필자도 이것을 경험했고 아무 치료법 없이 하나님의 영에 이끌리어 하나님이 치유해 주시리라는 확신을 가지고 그분께 의탁하고 결코 실망하지 않은 많은 예들을 알고 있다. 이렇게 치유 받은 많은 사람들이 단지 속아 넘어간 것이나 어쩌다 회복된 것이라고 확신하는 것은 사실들을 뒤집어서 오순절 치유에 반대하려는 사람들의 어리석은 방법이다.

이것은 즉각적인 치유이다. "그의 다리와 무릎이 즉시 힘을 얻고"(행 3:7) 어디에서도 "그의 기분이 나아졌든지 아니든지 고침 받았다고 믿으라"고 요구한 사도적 치유의 기록은 한군데도 찾을 수 없다. 그러나 모두가 실제로 고침 받았고, 그들의 믿음이 배터리에 닿자마자 즉시 고침 받았다. 하나님은 수단을 사용하기도 하시고 아무 수단 없이 즉시 고치기도 하시듯이 점차적으로 고치시기도 한다. 그러나 예수님이 행하셨던 것이나 사도들이 베풀었던 치유는 그런 종류의 것이 아니었다. 그리고 우리가 오순절의 치유라는 제목으로 여기서 살펴보려는 것도 그런 게 아니다. 그런 종류가 빛과 같다면 오순절의 치유는 번개와 같다. 알려진 자연법을 통해서 효과가 나타나는 것이 있지만, 오순절의 치유는 초인간적인 행위에 의해서 일어난다.

이것은 제한된 치유이다. 기록들이 보여주는 것처럼 사도행전 3장의 다리를 못 쓰는 사람은 오순절이나 다른 사건에 있었던 군중들 가운데 치유가 일어난 유일한 사건이었다. 이렇게 짧게 다루어진 까닭은 영적인 치유와 구원이 성령과 그의 오순절 사역자들 의식 안에 있었다는 전례를 강하게 시사하고 있지만, 강조된 점은 하나님의 승인을 보여주고 그것이 오순절 시대의 사역의 일부라는 것을 말하고 있다. 이 사역은 그리스도와 그 사도들 가운데서도 제한되었다. 어떤 곳에서는 불신앙 때문에 "예수님은 많은 일을 행하지 않으시고" 단지 "몇 명만" 고치시는가 하면 사도들은 "오직 기도와 금식으로" 내쫓을 수 있는 더러운 영을 쫓아내지 못했다. 그러므로 초기의 능력이 나타나던 시절에도 아무리 하나님의 감동을 받은 사람이라 할지라도 적어도 두 가지 한계를 갖고 있었다는 것을 알 수 있다. 그것은 불신앙과 기도의 부족이다. 이 두 가지 한계에 있어 현대 교회들이 영도 이하로 차갑다는 사실이 이 성경적 진리에 관하여 얼어붙은 상황에 대한 이유이다. 어느 누가 오순절 금식이나 기도방 또는 부흥의 승리를 이제 막 경험하고 나와서 치유를 반대하는 글을 쓴 사람을 본 적이 있는가? 오직 믿음의 기도만이 승리하리라고 약속받았으며, 치유를 위한 믿음의 은사를 소유하지 않았다면 이 믿음의 기도 외에는 없으며, 치유는 다른 수단을 통해 이루어져야 하거나 섭리적인 훈련에 순응하는 쪽으로 길을 내어주어야 할 것이다. 예수님이 "우리의 죄악을 지고 우리의 질병을 옮기셨다"는 것의 의미를—지금도 위에 말한 한계들에도 불구하고 여전히 그 빛을 비추고 있지만—예수님이 부활의 옷을 입고 나타나실 때에야 비로소 완전히 알게 될 것이다. "그는 오늘도 동일하시다"는 말은 예수님이 이 땅에서 병을 고치셨을 때처럼 그분을 묶고 있던 한계가 아직 깨지지 않았다는 것을 증명하고 그 한계 때문에 이 은혜로운 은사의 승리가 크게 경감되리라는 것을 의미한다. 그리고 하나님께 반역하기 위해 건강을 사용하는 사람이나 자연의 법칙을 어기면서 살아가는 사람을 고치실 것이라는 주장은 말씀으로나 상식으로나 아무 근거가 없다. 오순절 치유를 받을 수 있는 사람은 하나님께 순복하고 돌이키는 사람이다. "믿음의 기도는 병든 자를 구원하리니 주께서 그를 일으키리라"(약 5:1). 신체의 치유라는 기차는 선로를 달려 예정된 시간에 부활이라는 역에 들어설 것이다. 그러나 승객을 태우기 위해 어느 정거장에 설 것인가는 오직 차장의 기쁨과 정해진 조건에 맞는가에 달려있다. 이 목적에 대한 믿음은 특별한 은사로 이 조건들이 충족될 때 부여되며 치유는 하나님의 뜻과 조화를 이룬다. 그러나 다른 경우에는 하나님이 보류하신다. 이 사실에 대한 무지는 패배와 실망, 부끄러움과 곤혹스러움을 낳는다. 치유를 위한 기도 모임은 보통 초대교회에서 있었던 관습이었으며, 성경적이며, 합리적이며, 오순절 성결에 도움이 되는데, 이는 악마에게는 결코 허락되지 않았고, 하나님의 자녀들이 무력화 시켜서는 안 되는 무기이다.

이는 약이 필요 없는 치유이다. 베드로는 특효약 하나 처방하지 않았다. 결코 약을 사용하지 말아야 한다는 뜻이나, 하나님이 그렇게 결코 인도하시지 않는다는 의미는 아니다. 어떤 이는 "약 없이 치료하는 은사를 받지 못한 사람에 대한 하나님의 치료법은 약이다."라고 말한다. 그런 치유는 기도에 대한 응답이다. 그러나 초대 교회에서 행해지던, "치유의 은사"에 의한 오순절의 치유는 아니다. 현대의 베드로들이 하나님은 약을 사용하지 않고는 결코 치료하지 않으신다고 용감하게 주장하는 것은 대놓고 자기 자신이 "하늘로부터 내려온 흰옷", 즉 졸업 이후의 과정인 성결이 필요하다는 것을 광고하는 것이다. 이는 또한 바울같은 인물이 그런 오류를 함께 참아야 할 시간이 왔음을 알려주는 것이다. 하나님은 수단을 통해 치유하시지만 종종 수단 없이 고치신다.

이는 하나님을 영화롭게 하는 치유이다. "관리들이 백성들 때문에 그들을 어떻게 처벌할지 방법을 찾지 못하고 다시 위협하여 놓아 주었으니 이는 모든 사람이 그 된 일을 보고 하나님께 영광을 돌림이라"(행 4:21). 누구든지 하나님의 능력이 나타나도록 하면 하나님을 영화롭게 하는 것이다. 이와 같이 오순절의 치유는 하나님을 영화롭게 한다. 예전과 같이 오순절 치유는 사람들로 하여금 예수님이 전능하신 하나님이라는 사실을 알게 하며, 죄로 병든 영혼에 대한 더 높고 위대한 치유로서 이목을 끄는 유형이다. 이 치유로 인해 자녀들의 염려에 대한 주님의 다정한 관심이 드러난다. 그분은 머리털 하나라도 그분의 허락 없이는 떨어지지 않게 하시고 모든 일에서 기도와 간구를 통해 그분에게 원하는 바를 알리도록 그들을 초대하신다. 그분이 오셔서 고치시는 것은 자녀들을 향한 계속되는 사랑과 배려의 징표이다.

이는 인류에 대한 축복의 선언이다. "모든 백성이 그 걷는 것과 하나님을 찬송함을 보고"(행 3:9). 인간을 축복하는 모든 것이 하나님을 영화롭게 한다. 질병과 고통은 갈릴리 정복자의 명령 앞에서 도망쳤고, 죽음 그 자신도 깜짝 놀라 새하얗게 질릴 지경이었고, 자신의 왕관이 곧 이분의 권세 앞에서 땅에 떨어질 것이라는 것을 알았다. 의심할 바 없이 고통받는 인류를 위해 값없이 주어지는 은혜가 오랫동안 굳게 잠겨있는 보물이 가득한 집 안에 저장되어 있다. 원수들이 어쩔 수 없이 인정할 수밖에 없지만, 오순절의 치유는 미신이라고 비웃어 넘기기보다는 하나의 축복

(benediction)으로 환영받아야 하는 복(blessing)이다.

이 치유는 사람들을 예수님께로 이끈다. 사람들이 "빵과 물고기"를 얻으려고 왔더라도, "보화"와 "진주"를 얻으려고 남아있게 될 것이다. 사람들은 그런 능력과 자비가 나타나는 곳으로 "달려와서 엄청나게 놀라워한다."

이것은 예수님을 높인다. 예수님을 높이지 않고 그에게 모든 영광을 돌리지 않는 치유는 오순절의 치유가 아니다. "너희가 십자가에 못 박고 하나님이 죽은 자 가운데서 살리신 나사렛 예수의 이름으로 이 사람이 건강하게 되어 너희 앞에 섰느니라"(행 4:10).

이것은 부흥의 능력이다. "그러나 말씀을 들은 사람 중에 믿는 자가 많으니 남자의 수가 약 오천이나 되었더라"(행 4:4). 오순절 치유는 부흥을 방해하거나 성결에 집중하지 못하도록 하는 게 아니라, 이 두 가지 일에 자극을 더한다. 많은 이들이 놀랐고, 거룩한 체하는 종교 지도자들이 머리를 흔들며 베드로를 위협했을지라도 수천 명이 구원받았고, 그리스도의 원수를 당황시키며, 하나님을 영화롭게 했고, 사도들이 이 싸움을 계속해 나갈 수 있도록 다시 재충전해 주었다.

오순절의 치유는 믿지 않는 자들을 혼란스럽게 한다. "또 병 나은 사람이 그들과 함께 서 있는 것을 보고 비난할 말이 없는지라"(행 4:14). 사도들이 붙잡혔을 때 예수님이 고쳐주신 보지 못하는 사람보다 더 지혜롭게, 그리고 하나님의 치유를 반대하는 어떤 현대인들보다 더 지혜롭게 그들은 그 사실을 부인하지도 않고, 하찮게 보지도 않고, 또는 다른 데로 원인을 돌리려 하지도 않고 인정하며 가만히 있었다. 언제나 어디서나 오순절의 치유는 반대자들이 아무것도 말할 수 없도록 혹은 아무것도 말하지 않은 것보다 더 바보스러운 이야기를 하게 만들 정도로 그들을 혼란스럽게 한다. 성경이 가르치고 강조하는 바와 같이 오순절의 치유는 누군가 헛되이 가르칠 때 나타나는 부끄러움 대신 언제나 능력을 보여준다.

오순절의 치유는 신뢰하는 기독교인의 성품이 자라나도록 돕는다. 고침을 받기 위해 하나님께 직접 의지하는 마음을 길러준다. 그래서 그분과의 새로운 교제의 길을 트고 그분께 더욱 의지하게 한다. 하나님께 대한 의존을 경멸하는 자족하는 자만심과 기분 좋은 대조를 이룬다. 이렇게 해서 오순절 치유는 히브리서 11장이 찬미하는 것과 같이 하나님에 대한 견고한 믿음을 키우는 데 도움을 준다. 그리고 이 믿음은 반대자들의 이름이 망각 속에 부식되어 갈 때 천상의 광택으로 빛날 것이다.

오순절의 치유는 반대를 일으킨다. "그들을 잡으매 날이 이미 어두웠으므로 이튿날까지 가두었으나"(행 4:3). 사탄은 그렇게 해서 높아지는 하나님과 찬송 받으시며 조용히 계시는 예수님을 보지 못할 것이다. 오순절의 치유는 대제사장들과 가야바 집안과 알렉산더 집안 사람들, 그리고 "시기로 요동하며" 자신들보다 더 큰 능력을 행사함을 질투하고, 자신이 속한 당파의 특권 때문에 두려워 떠는 "대제사장의 문중"을 흥분시켰다. 이 사람들은 언제나 진리를 가리기 위해 먼지를 일으켜서 진리를 보는 모든 사람들의 눈을 가리려 한다. 그러나 하나님은 그들이 결코 부정할 수 없는 사실로 그들을 물리치시고, 바알세불에게 치유의 근원을 돌리려는 것이 거짓임을 드러내고, 그의 참된 종들이 담대히 일어나 승리를 주장하고, 용감하게 말씀을 전하고, 손을 내밀어 병을 낫게 하셔서 "표적과 기사가 거룩한 종 예수의 이름으로 이루어지게" 하였다(행 4:29,30). 여러 반대의 목소리에 대해 모든 시대의 베드로와 요한은 준비된 대답을 가지고 있다. "우리는 사람보다 하나님께 복종해야 한다."

이는 하나님께로부터 인정받은 치유이다. "빌기를 다하며 모인 곳이 진동하더니 무리가 다 성령이 충만하여 담대히 하나님의 말씀을 전하니라"(행 4:31). 하나님은 치료하시고, 적들을 물리치고, 당신의 종들을 보호하시고, 새로운 승리를 위해 성령으로 새롭게 세례를 베풀어 주심으로써 오순절 치유의 신성함을 증거하셨다.

이것은 기적의 치유이다. 오순절의 치유는 기적이며, 기적의 시대는 아직 지나가지 않았다. 사람들은 지나갔다고 주장하지만 아무도 증명하지 못한다. 치유를 행하는 능력을 잃어버린 사역이지만, 그것이 회복되지 않을 것이라고 말할 수 있을까? 당신이 이 치유의 번갯불을 사용하는 법을 배우지 않았다면, 오순절 치유를 받은 모든 사람들이 역겨운 "미신"의 희생자라고 추론하지 말라. 당신이 키가 너무 커서 바닥에 닿을 수 없고 하늘로부터 온 오순절 치유의 단추를 만질 수 없다면, 여기에 닿을 수 있을 만큼 작은 어린이들의 이름을 부르지 말라. 암흑 시기의 짙은 안개와 어두움으로 인하여 단지 소수만이 오순절 치유를 발견하였고, 찾는 자들이 아직은 예수와 사도들처럼 힘 있고 자유롭게 그것을 통제하는 것을 아직 배우지 못하였다면, 바보나 미친 사람이라고 결론짓지 말고, 오히려 인내심을 가지고 기도해 주라. 많은 사람들이 벽에 있는 못 구멍을 단추로 착각하고, 그들 자신의 환상을 치유의 손길로 착각했다 하더라도, 신유의 물줄기가 멈추었고, 번개가 더 이상 치지 않는다는 것을 증명하기 위해 역사와 이방 땅, 성경과 미신을 샅샅이 뒤지는 바보짓은 하지 말라.

어떤 비밀은 "지혜롭고 현명한 자들"에게는 감춰져 있고 오직 "어린아이들"에게만 드러난다는 사실을 기억하라. "아버지에게도 그러하니 그의 눈에 보시기 좋기 때문이다."

오순절의 치유는 언제나 이용 가능한 치유이다. "은과 금은 내게 없거니와 내게 있는 이것을 주노니", 이는 구원과 마찬가지로 거저 받는 것이다. 돈으로는 이것을 살 수 없다. "너희 중에 병든 자가 있느냐 그는 교회의 장로들을 청할 것이요 그들은 주의 이름으로 기름을 바르며 그를 위하여 기도할지니라. 믿음의 기도는 병든 자를 구원하리니 주께서 그를 일으키시리라 혹시 죄를 범하였을지라도 사하심을 받으리라"(약 5:14-15). 성경이 암시하고, 사실이 알려주는 것처럼 이런 경우에는 치유를 위한 믿음이 적어도 어떤 경우에는 주어지고, 치료가 효과를 나타낸다. 하나님과 가까이 동행하며 말씀의 가르침과 성령의 인도에 민감하다면 이런 일에 있어서 하나님의 뜻을 감지할 수 있을 것이다. "사랑하는 자여, 내가 모든 일 위에 바라노니" 하나님의 모든 온전하심으로 가득차고 또한 "너희 영혼이 잘됨 같이 범사에 잘되고 강건하기를" 구한다.

> 그분의 약속 안에서 확신하고
> 그분의 완전하신 뜻을 배우게 하소서.
> 그분의 비밀스런 곳에 거하며
> 그분을 신뢰하고 잠잠하게 하소서.
> 그분이 "치유의 은사"를 주실 때
> 그분을 찬양하고 믿게 하소서.

그분의 소중한 다루심에 감사하며
기쁨으로 그 선물을 받나이다.

그분의 사랑이 간직하고 있는
선하고 놀라운 선물을 이렇게 주실 때
우리 모두 우리를 빚으신 그 손에 입 맞추자.
구주여, 바로 이 시간 일하소서.
어떤 상황에서든 당신의 뜻이 이루어지길
당신에게 존귀와 영광과 능력이
이제와 영원히.

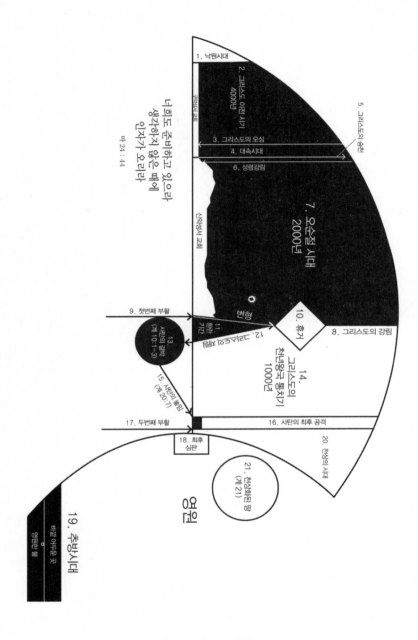

〈예수 재림에 대한 도해〉

제 10 장

오순절 대망:
그리스도의 재림

Pentecostal Expectancy
of Christ's Return

오 순절 교회는 아름다운 처녀와 같이, 흠 없는 신부의 예복을 차려 입고 돌아오겠다고 약속한 신랑을 끊임없이 기다리고 있다. 그 신랑은 교회를 구속하여 얻었으며, 결혼을 준비하려고 떠났다. 신부의 이러한 기대는 의무감에서가 아니라 신랑과의 이별로 인한 고통과 그분의 현존의 즐거움 같은 것이다. 진정한 신부는 자신이 사랑하는 자에게 "나는 그를 기대해야만 한다."거나, 또는 "그를 기대할 수 있을 거야."라고 말하지 않고, 도리어 혹 신랑이 보이지 않을까 하여 하루에 열두 번이라도 방문이나 창문 곁에 서 있을 것이다. 이러한 기대는 초대교회의 특징이었다. 그리고 오늘날의 교회가 더 오순절의 모델처럼 될수록 우리도 마찬가지로 교회의 소유물(possession)을 갈망하고 찾는 것을 보게 된다. 사탄은 언제나 신자들에게 이러한 진리를 감추려고 애써 왔는데, 성화되지 않고 준비되지 않으면 듣기 싫을 뿐이기 때문이다. 사탄은 후천년설이라는 막연하고 흐릿한 개념으로 인간의 마음을 채우는 데 성공했다. 후천년주의는 교회와 인간의 업적을 과장하여, 오직 재림하시는 주님만이 할 수 있는 것들을 교회에 귀속시키고, 천년왕국 통치의 많은 예언들을 뒤틀어서 교회에 적용시키거나, 최후의 심판 이후에 있게 될 천상화 된 땅에 적용한다. 사탄은 재림을 "악한 자의 멸망"과 "영혼의 잠"이라는 오류 아래로 깊이 묻어 버리고, 재림의 바로 그날과 다른 오류들을 짜 맞추어 놓아서, 실제로 선한 사람들이 오순절의 의미와 능력에 대한 이 위대한 성경의 진리를 받아들이고 가르치는 것을 두려워하게 해왔다. 사탄은 재림을 선포하는 것이 성결에서 방향을 전환하는 것이라는 그럴듯한 변명 아래, 사람들이 재림을 소유하고 선포함으로 인한 기쁨과 위로를 얻지 못하

하나님의 오순절 번갯불

도록 방해해 왔다. 성결을 핑계 삼아 이러한 영광스러운 진리를 전하는 것을 두려워하지 말아야 한다. 오히려 그 진리를 금지하는 인간의 올가미로 인해 자유를 박탈당하는 것을 정말 조심해야 할 것이다. 재림의 진리가 올바르게 선포되고 받아들여지면, 성결을 감추는 것이 아니라 최후의 심판에 대한 교리처럼 가장 크게 장려하는 것으로서 성결을 승리와 함께 하는 영원한 승리로 나타나게 할 것이다. 신랑이 오기를 끊임없이 기대하는 사람은 신부의 예복에서 죄의 얼룩을 전혀 보지 못할 것이며, 잠자는 영혼이 깨어나고 준비하는 것을 보게 될 것이다. 어떤 사람들은 그것을 두려워할 것인데, 이는 재림을 옹호하는 자들 중 일부가 범했던 실수 때문이기도 하고, 또한 사탄이 그것을 덮어 놓으려고 하는 혼미함 때문이기도 하다. 또 다른 이들은 학식 있는 사람들이 그것을 조롱했기 때문에 무서워한다. 모든 교훈들이 자칭 친구라는 이들의 손에서 고통 받지만, 모든 것은 신비함을 갖고 있으며, 우리에게 다 펼쳐지지 않아서 여전히 배워야 한다. 따라서 이 중 어떤 것도 진리를 사랑하는 자가 재림을 숙고함에서 돌아서게 할 이유가 될 수는 없다. 오순절 교리와 경험에서 재림이 차지하는 중요한 위치로 인해 우리는 모든 방향에서 이러한 복잡한 거미집에서 먼지를 털어내서, 그것을 바라보고 또한 실제 있는 그대로의 것을 검토해야 한다. 초기의 오순절 교회가 그렇게 하였고, 만일 우리가 그 완전한 특권을 소유하려면 이 소유권의 비밀을 배워야 하고, 마찬가지로 그와 연관된 진리들도 함께 배워야 한다. 가능한 대로 독자들 앞에 간단하게 재림에 대한 견해를 제시할 것이고, 이것으로 재림이 독자들 각 사람에게 위로가 되기를 바란다.

성서가 재림에 부여하는 엄청난 강조는 온 교회의 대망하는 태도에서, 재림에 대한 주님의 강력한 강조에서, 그리고 백성들에게 지속적으로 깨어서 재림을 준비하라고 하는 주님의 명령 속에서, 또한 주님이 재림을 생생하게 묘사하신 비유 안에서 나타난다. 재림은 제자들의 동일한 가르침에도 나타나는데, 하나님이 우리 주님을 승천 이후로 지상에 다시 보내신다는 것이 첫 번째 메시지였고, 주님이 두 천사를 파견해서 재림을 선포하였다는 것과 또한 교회는 그의 부재로 인해 멍하니 불평하고 있지 말라고 명령하셨다는 사실에서 나타난다. 더구나 그가 가신 것과 "같은 방식으로" 주님이 인격적으로 재림하실 것을 보증하셨다.

이러한 진리를 소유함으로 신자들은 특별한 위로를 받는 근거가 될 것이며, 성결을 고취시키고, 영혼을 얻는 사역과 그 선포를 자극한다는 사실로 인해 힘을 주며, 회심시키며, 성화되게 하고, 교화하고, 더 나아가 재림에 관심을 증진시키는 강력한 복음의 능력이 된다.

이토록 집중하게 하는 주제에 대한 성서의 가르침은 무엇인가? 이 짧은 장에서 그것을 완전하게 제시하는 것은 불가능하지만, 명확한 개요를 제시하기 위하여, 그 주제를 보다 완전하게 다루도록 이번 장의 마지막에 책명을 제시할 것이다. 함께 실은 도표는 재림 전후의 사건들에 대한 오순절적인 관점을 표현하기 위해 고안되었다. 조금만 주의를 기울이면, 쉽게 파악할 수 있을 것이다.

1. **낙원시대:** 창조부터 첫 번째 조상의 타락까지의 시간을 포함함. 이 시기는 그 창조자의 형상대로 창조된 인간과 함께 열린다. 이 형상

은 "의로움과 참된 성결"로 "모든 생물"을 다스리는 "통치권"을 가진 것이며, 낙원인 고향에서 하나님과 함께 다스리는 것이다. 그리고 인간의 조상이 하나님께 반역함으로 끝났고, 사단, 저주 그리고 치명적인 타락과 연결된다. 그러나 도래할 그리스도에 대한 약속으로 끝나는데, 그리스도는 죄에서 구원하시고, "뱀의 머리를 찧을" 것이다.

2. **족장과 모세 시대:** 에덴에서부터 베들레헴 구유 안에 한 아기, 즉 그리스도의 오심에 대해 주어진 약속이 첫 번째로 성취되는 것까지 해당된다. 이 기간에는 메시야에 대하여 반복적으로 기록된 약속이 들어있다. 그는 무력한 어린양, 즉 "세상의 태초부터 죽임 당한" 자로서 올 것이고, 십자가 위에서 피흘려 죽을 것이다. 그런 다음에 "전능한 하나님"과 이스라엘의 실로 왕으로서 다시 오실 것이며, "참을 수 없을 만큼 불쾌하게 나라들을 조롱할 것이고, 토기장이의 그릇처럼 산산조각 나도록 벌줄 것이다." 그리고 흰 예복을 입은 주님의 신부와 함께, 모든 신조들과 왕국들의 폐허 위에 영원한 진리의 정권을 세우고, 그 안에서 모든 백성들이 성결해져서 그분의 뜻이 하늘에서 이루어진 것처럼 땅에서도 이루어질 것이다. 이 기간 동안은 율법이 주어졌고, 예언과 기록으로 수많은 불타는 손가락들이 하나님의 아들의 오심을 늘 주목하며 오순절의 교회와 영원한 왕국을 가리키고 있다.

3. **그리스도의 성육신:** "그러므로 주께서 친히 너희에게 한 가지 이적을 주실 것이다. 보라, 처녀가 잉태하여 아들을 낳을 것이요 그 이

름을 임마누엘이라 하리라"(사 7장; 14장. 마 1:21-25). 유대민
족은 재림과 그리스도의 첫 번째 오심을 혼동했다. 그들이 이스라
엘 왕국의 회복을 주님의 사명으로 이해하였음은 사도행전 1장 6절
의 질문에서 드러난다. 그리고 그것은 주님의 계획 중 한부분임이
아주 분명한데, 이는 주님께서 그것을 부인하지 않았고, 단지 그 시
기에 대해 아는 것을 자제하셨다는 사실에서 추측할 수 있다. 그의
첫 번째 오심은 약속된 주의 재림을 위한 길을 준비한다. 갈보리 상
에서, 뱀은 주님의 "발꿈치"를 상하게 하였지만, 주님이 재림하실
때에는 뱀의 머리를 밟아 부술 것이고, 그래서 어떤 면에서 아직 성
취되지 못한 에덴의 예언을 완수할 것이다.

4. **대속 시대:** 이 기간은 요람에서 십자가와 승천까지 예수의 생애를
포함한다. 즉 그분의 삶, 그분의 가르침들, 그분의 복음, 그를 따르
는 자들을 부르심, 그분의 기적, 십자가에 못박힘, 부활, 교회에 사
명을 부여함, 그가 아버지의 우편에 돌아갈 때까지이다. 이 기간은
주님의 오심을 미리 말한 모든 예언이 성취됨을 증거하며, 주님의
재림을 보도한 자들에게 대단히 강조되고 부가되었다. (복음서와
그들의 언급을 보라.) 이 기간에 그리스도는 십자가 위에서 세상을
구속하였으며 온전한 성화의 예복을 구입하였다. 이 성화의 옷을 입
은 주님의 신부는 그분과 함께 영원히 다스릴 것이다.

5. **승천:** 예수는 친히 "아버지께로 가서" 그의 백성들을 위해 장소를
예비해야 한다고 말씀하셨다. 주님은 이것을 그대로 행하셨다. "그
때 주 예수께서 저들에게 말씀하신 후에 하늘로 올리셔서 하나님의

하나님의 오순절 번갯불

우편에 앉으셨다"(마 16:19). "또 내가 가서 너희를 위해 장소를 준비하면, 다시 와서 또한 너희를 내게로 영접할 것이다. 내가 있는 곳에 너희도 함께 있을 것이다"(요 14:3). "또 그가 이러한 것들을 말씀하실 때, 저들이 보니 그는 올리움을 받았다. 그리고 구름이 그를 받아들여서 그들의 시야에서 사라졌다"(행 1:9).

6. **성령의 강림:** 성령의 약속은 구약과 복음서의 예언을 통해 흐르는 많은 줄들 가운데 하나의 흰 줄이다. "이는 내가 목마른 자에게 물을 부어줄 것이며, 마른 땅 위에 시내가 흐를 것이다. 나는 내 영을 네 자손에게 부어줄 것이고, 너의 후손들에게 나의 축복을 부어줄 것이다"(사 44:3, 또한 겔 11:19, 욜 2:28). 이 예언들의 영광스러운 성취는 사도행전 2장 1–4절에서 나타난다. 그때 예정된 시간에 성령이 강림하셔서, 오순절 교회를 세우시고, 지상에 감독교회를 만드셨다.

7. **오순절시대:** 이 기간은 오순절에 성령의 강림으로부터 교회가 휴거 시의 '들려 올림'까지의 오순절 교회를 포함한다. 환난기의 무서운 심판을 피하면서 교회는 신랑과 결혼식을 축하한 다음에 주님과 함께 지상으로 돌아온다. 이것은 성령의 경륜으로 그의 직무는 결혼식을 위해 신부를 준비시키는 것이다. 성령의 지도 하에 복음은 온 세상에 전파되고, 또한 교회는 휴거와 영접과 재림을 위해 준비되고 완전케 된다.

8. **예수의 강림. 신부를 영접하기 위해 오심:** "그러나 밤중에 큰 소리를 지르니, 보라, 신랑이다! 와서 그를 맞으러 나오라"(마 25:6, 계

19:7).

9. **변형:** 살아있는 성도의 변화와 죽은 자들의 부활, 그리고 공중에서 신랑을 만나기 위한 의기양양한 승천. 이것이 첫 번째 부활이다.(계 20:5, 6) "이는 주께서 친히 큰소리와 천사장의 소리와 하나님의 나팔소리와 함께 하늘로부터 내려오실 것이다. 그리고 그리스도 안에서 자는 자들이 첫째로 일어날 것이며 그 다음에 우리 살아있는 남은 자들이 구름 속에서 그들과 함께 끌어 올려져 공중에서 주님을 만날 것이다. 그래서 우리는 항상 주와 함께 있으리라"(살전 4:16, 17).

10. **휴거:** 이는 신부와 신랑의 만남과 인사, 지상에로의 승리로운 재림을 위한 결혼잔치와 준비를 표현한 것이다. 휴거가 지속될 시간의 길이는 주어지지 않았으나 분명히 길지는 않을 것이다. 사건의 특성상 가능하지 않겠지만, 만일 그것이 지금과 현재, 이천년의 마지막 사이의 중간시기를 포함한다면 긴 시간일 수도 있을 것이다. 이렇게 구출되고 휴거된 신부와 그녀가 사랑하는 신랑과의 만남인 결혼식, 인사와 영광 등은 말로 형용할 수 없이 너무도 달콤할 것이다. 세상의 어떤 사람이 이런 유례없는 일을 놓치겠는가? 이것은 찬란한 천년 동안 아니, 아마도 영원히 노래와 이야기의 주제가 될 것임에 틀림없다.

11. **대환란:** 휴거가 위로 올라가는 것이라면 대환란의 시간은 이전이나 지금도 또 전혀 알려진 적 없던 것으로, 지상에서 발생하는 것이다. "이는 그때 엄청난 환란이 일어날 것이다. 그러한 것은 세상 시작 때부터 지금까지 없었고 아니, 앞으로도 영원히 없을 것이

하나님의 오순절 번갯불

다"(마 24:21). 그리스도께서 자신의 신부를 위해 오실 때와 주님이 그녀와 함께 다시 재림하실 때에, 지상에서는 비참함이 절정에 달할 것이다. 공중에서는 신부의 모임이 있고, 땅 위에는 사탄의 범죄와 잔혹한 축제가 있어 어두운 시대가 이전의 영광스러운 날과 비교된다. 이 기간 동안에 이후의 사건들이 모두 발생하게 된다. 그들 중 일부는 계시록에 언급된 "진노의 대접들"이 계속 진행되면서 강도가 높아질 것이고 이미 땅 위에 부어졌다.(갓비의 계시록 16장의 주석을 보라.)

이러한 모든 심판으로부터 하나님의 거룩한 백성은 구원받을 것이다. 다만 이 기간을 통과하고 구원받게 될 자들은 예외인데, 이들은 틀림없이 순교를 당할 것이다. 미국 기독교의 최근의 학살은 이 피의 추수의 첫 번째 열매들일 것이다. 추수는 아마도 대환란으로 진행되어 가면서 무시무시한 사이클론이 될 것이다.

사람들은 주연을 벌이고 먹고 술 취하는 것을 그만둘 것이다. "이는 홍수가 나기 전날까지 그들이 먹고 마시고 결혼하고 혼인하기를 노아가 방주에 들어가기까지 그렇게 하였고, 그들은 홍수가 와서 죽을 때까지 알지 못했다. 인자의 임함도 그와 같을 것이다"(마 24:38).

그리스도의 재림에 관한 회의론이 절정에 달할 것이다. "말세에 조롱하는 자들이 자기들의 정욕을 따라 행하면서 조롱하기를, '그의 오심의 약속이 어디 있느냐?'고 말할 것이다." "조상들이 잔 이후로, 모든 것이 처음 창조와 같이 그대로 있느니라"(벧후 3:3,4). "그러나 악한 종들이 마음에 말하기를, 내 주인이 더디 오리라 하여 자신에게 속한 종들을 때리고, 술친구들과 함께 먹고 마시고 술 취하였다. 그 종의 주인이 그가 예상치 못한 날, 그가 알지 못한 시간에 왔을 때, 그를 엄히 때리고, 외식하는 자가 받는 벌을 받게 할 것이다"(마 24:38-51).

그때 아마겟돈(Har-Magedon)의 무서운 충돌이 일어날 것이다. "또 그들이 히브리어로 아-게게돈이라 불리는 곳에 모여들 것이다"(계 15:16). "또한 내가 보니, 짐승과 땅의 왕들과 그 군대들이 말탄 자와 그의 군대를 대항하여 전쟁하려고 모였다"(계 19:19).

그곳에서 무서운 육체적인 경련이 일어날 것이다. "또한 거기에 빛과 큰소리와 천둥이 있고, 거대한 지진이 있는데, 사람이 땅 위에 있던 이후로 그와 같은 것은 있던 적이 없을 정도로 엄청나게 크고 강한 지진이 일어났다. 또한 위대한 성이 세 부분으로 나뉘었고, 나라들의 도시들이 멸망했다. 또한 큰 성 바벨론은 하나님 앞에 기억되어 그의 맹렬한 진노의 포도주 잔을 받았다. 그리고 모든 섬들이 추방되고 산들도 사라졌다"(계 16:18-20).

민족들에게 엄청난 전쟁과 고통이 있을 것이다. "그때 그가 그들에게 말하기를, 민족들은 민족을 대항하여 일어나고, 왕국은 왕국을 대항하여 일어날 것이다. 엄청난 지진이 일어나고, 곳곳에 기근과 전염병이 있을 것이다. 또한 테러와 하늘로부터 큰 징조가 있을 것이다… 또한 태양과 달과 별들에 징조가 일어나고, 땅 위에 민족들의 고통, 바다와 큰 물결의 포효로 인해 혼란이 일어날 것이다(눅 21:10, 11, 25).

다가오는 격변에 대한 무서운 예언이 있을 것이다. "사람들이 세상에

하나님의 오순절 번갯불

다가올 일들을 예상하고 두려워 기절할 것이다"(눅 21:26).

무서운 지진이 빈번히 땅을 뒤흔들고 땅의 구조들을 계란 껍질처럼 깨고 부서뜨리며, 기근과 전염병이 많은 사람들을 죽일 것이다. 옛적부터 항상 계신 이가 실행하는 정당한 심판의 두려운 광경과 엄청난 징조가 크게 놀라게 할 것이다. "또한 큰 지진과 처처에 기근과 전염병이 일어날 것이다. 그리고 무서운 일과 하늘로부터 큰 징조가 있을 것이다"(눅 21:11).

지금 가득한 거짓 그리스도와 거짓 선지자들이 오순절 교회가 제거될 때 엄청나게 늘어나는데, 자신감을 얻어 그 속이는 능력으로 더욱 늘어날 것이다. "이는 거짓 그리스도와 거짓 선지자가 일어나며, 큰 징조와 기사를 보일 것이다. 할 수 있으면 택한 자들까지도 타락하게 하기 위함이다"(마 24:24).

적그리스도가 나타난다. "그때 불법한 자가 나타나리니 주 예수께서 입의 기운으로 그를 죽이시고 강림하여 나타남으로 폐하게 될 것이다"(살후 2:8).

교황 제도가 번창하다가, 이 기간 동안 무너질 것이다(요한계시록 18장을 보라.).

적그리스도가 일어나고, 하나님의 왕국을 대항하려고 땅의 모든 세력들을 연합할 것이다(살후 2:8-10, 계 19:20).

이들과 더욱 많은 불길한 사건들이 짧지만 끔찍한 심판이 내리는 기간 동안에 두렵게 성취된다. 이는 마지막 그리스도의 재림 이전의 기간이다. 많은 사건들이 공중에서 이미 일어난다. 우리는 검은 구름을 보고, 이 무시무시한 폭풍에서 울려나는 꽝음을 들을 수 있다. 지난 18세기에 일어났던 것보다 더욱 큰 지진이 있을 것이다. 과학자들은 태양, 달, 그리고 땅의 놀라운 징조들을 기록할 것이다. 전에는 결코 없던 나라들이 대환란 기간 동안 큰 아마겟돈 전투를 준비할 것이다. 더 많은 위스키가 만들어지고 이전 어느 때보다 많이 마시며, 자살, 강도, 강간과 교수형이 늘어난다. 그리고 거대한 보아뱀처럼 술집들, 도박장과 매춘굴들이 살인적인 동료들로 꽉 찰 것이다. 개신교회들에서조차 교권주의가 영성을 주도하고자 하고, 또한 교황주의가 교회와 나라의 통제권을 손에 쥐려 한다. 거짓 선지자들이 늘어나고, "사람들은 거짓 예언을 아주 사랑한다." 지진의 우르릉거리는 소리들이 물질계가 흔들려서 내는 것보다 훨씬 더 크게 울린다. 이러한 것들은 죄와 사단 권세의 붕괴가 다가왔음과 또한 승리로운 피로 씻긴 흰말을 탄 자가 그의 성도들을 구출하고 그의 영원한 나라를 건설하려고 오심이 가깝다고 선포하는 것이다.

"그러나 이러한 것들이 지나가기 위해 오기 시작할 때, 보라, 그리고 너의 머리를 들어라. 너의 구속이 가까이 왔기 때문이다… 그러나 너희는 스스로 주의하라. 그렇지 않으면 너의 마음이 고통과 어두움, 그리고 이러한 삶에 대한 근심으로 짓눌리게 되어, 그날이 올무같이 너희에게 임할 것이다… 그러나 너는 우선 장차 올 일들이 지나가고 피할 수 있도록, 그리고 인자 앞에 서도록 간구하고 모든 시기에 주의하라"(눅 21:28, 34, 36).

재림. 대환란의 무서운 심판이 격렬하게 심해지면서, 지옥의 주인은 더욱 지독해지고 절정에 달하여 도전적이 되고 극도로 화가 나서 하나님의 아들에 대항하려고 연합한다. 이 기간의 사건들에 취해 있을 때, 약속

하나님의 오순절 번갯불

된 그리스도가 갑자기 재림하실 것이다. "그때에 그들은 인자가 능력과 큰 영광으로 구름 타고 오는 것을 보리라"(눅 21:27; 또한 행 1:2, 계 1:7, 계 14:14). 왕은 빛나는 광채로 왕과 승전한 무리들과 함께 위엄으로 이제 내려오신다. "또 내가 하늘이 열리는 것을 보니 보라, 백마와 그 것을 탄 자가 있으니 그 이름은 충신과 진실이라 그가 공의로 심판하며 싸우더라… 그 옷과 다리에 이름을 쓴 것이 있으니 만왕의 왕이요 만주의 주라 하셨더라"(계 19: 11, 16). 땅의 군대들이 옛날처럼 주님을 멸망시키려고 일어나지만 패배한다. "또한 내가 보니, 짐승과 땅의 왕들과 그 군대들이 말탄 자와 그의 군대를 대항하여 전쟁하려고 모였다. 그리고 그 짐승이 잡히고 그 앞에서 표적을 행하던 거짓선지자도 함께 잡혔는데 이는 그 짐승의 표를 받고 그의 우상에게 경배하던 자들을 표적으로 미혹하던 자라 이 둘이 산 채로 유황불 붙는 불못에 던져졌다"(계 19:19-20). 이 때에 다음의 사건들이 나타나도록 계획되었다.

부끄러운 정치 권력과 위조된 교권주의는 그 모든 지도자들과 함께 파멸할 것이다(계 19:20).

사탄은 사로잡히고 묶여서 천년동안 무저갱에 던져질 것이다. "또한 내가 보매, 천사가 무저갱의 열쇠와 큰 쇠사슬을 그 손에 가지고 하늘로부터 내려와서 용을 잡으니, 곧 옛뱀이요 마귀요 사탄이라. 잡아서 천년동안 결박하여 무저갱에 던져 넣어 잠그고 그 위에 인봉하여 천년이 차도록 다시는 만국을 미혹하지 못하게 하였는데 그 후에는 반드시 잠깐 놓이리라"(계 20:1-3).

순교자들이 부활하여 천년의 통치에 참여할 것이다. "또한 내가 보좌들을 보니, 그들이 그 위에 앉았고, 그들에게 심판이 주어졌다. 또 내가 보니 예수를 증언함과 하나님의 말씀 때문에 목베임을 받은 자들의 영혼과 짐승과 그의 우상에게 경배하지 않고 그들의 이마와 손에 표를 받지 아니한 자들은 살아서 천 년간 그리스도와 함께 다스렸다"(계 20:4). 그리스도는 개인적으로 모든 교회와 국가의 통치를 그 자신의 왕국으로 바꾸실 것이다. 또한 모든 지위를 거룩한 자들로 채우실 것이며, 국가가 "지극히 높으신 자의 손"에 돌아갈 것이라는 다니엘의 예언이 기쁘게 성취됨을 보게 될 것이다.

천년왕국(Millenial Reign). 이것은 재림부터 최후심판까지의 기간이다. 다음의 사건들이 이 기간을 위해 계획되어진 것이 분명하다.

1. 천년왕국은 그리스도 자신이 온 세상을 다스리는 왕국기간이다. "그에게 권세와 영광과 나라를 주고 모든 백성과 나라들과 다른 언어를 말하는 모든 자들이 그를 섬기게 하였으니, 그의 권세는 소멸되지 아니하는 영원한 권세요, 그의 나라는 멸망하지 아니할 것이다"(단 7:14, 또한 시 72:8, 슥 19:9, 계 11:15).

2. 그의 신부인 교회는 왕들과 제사장처럼 왕관을 쓰고 부활한 몸으로 주님과 함께 셀 수 없이 많은 땅을 다스리는 권세를 받게 될 것이다. "그러나 지극히 높은 자의 성도들은 나라를 받고 그 소유가 영원하고 영원하고 영원할 것이다"(단 7:18). "나라와 권세와 온 천하 나라들의 위세가 지극히 높으신 이의 거룩한 백성에게 붙인 바 되리니 그의 나라는 영원한 나라이다. 모든 권세 있는 자들이 다 그를 섬기며 복종하리라"(단 7:27). "복 있고 거룩한 자들은 첫 번째 부활에

하나님의 오순절 번갯불

참여하는 자들이다. 둘째 사망이 그들을 다스리는 권세가 없고 도리어 그들이 하나님과 그리스도의 제사장이 되어 천년 동안 그리스도와 더불어 왕 노릇 하리라"(계 20:6, 또한 계 5:9, 10, 고전 6:2).

3. 하나님의 백성들은 부활 이후의 주님과 같은 몸을 갖게 될 것이다. "지상의 여행이 천상의 비행으로 뒤바뀌는 것." "오직 여호와를 앙망하는 자는 새힘을 얻으리니 독수리가 날개치며 올라감 같을 것이요 달음박질 하여도 곤비하지 아니하겠고 걸어가도 피곤하지 아니하리로다"(사 40:31).

4. 열두 사도들은 이스라엘의 열두 지파를 다스리는 그리스도의 왕국의 수장들이 될 것이다. "예수께서 이르시되 내가 진실로 너희에게 이르노니 세상이 새롭게 되어 인자가 자기 영광의 보좌에 앉을 때에 나를 따르는 너희도 열두 보좌에 앉아 이스라엘 열두 지파를 심판하리라"(마 19:28).

5. 지금 탄식하고 있는 생기없는 피조물들은 기뻐할 것이다. "이는 피조물이 허무한 데 굴복하는 것은 자기 뜻이 아니요 오직 굴복하게 하시는 이로 말미암음이라 그 바라는 것은 피조물도 썩어짐의 종노릇 한 데서 해방되어 하나님의 자녀들의 영광의 자유에 이르는 것이니라"(롬 8:20, 21).

6. 동물의 성격이 그 포악함을 상실하고, 땅은 신음을 그치고 노래하며 가시와 들장미 대신에 장미를 피우게 될 것이다(사 60:13).

더 이상 전쟁은 없을 것이다. "그가 열방 사이에 판단하시며 많은 백성을 판결하시리니 무리가 그들의 칼을 쳐서 보습을 만들고 그들의 창을 쳐서 낫을 만들 것이며 이 나라와 저 나라가 다시는 칼을 들고 서로 치지 아니하며 다시는 전쟁을 연습하지 아니하리라"(사 2:4).

이때가 오기 전에 그리스도를 위해 모든 것을 버린 자들은 모두 이제 백배를 받게 된다. "예수께서 이르시되 내가 진실로 너희에게 이르노니 세상이 새롭게 되어 인자가 자기 영광의 보좌에 앉을 때에 나를 따르는 너희도 열두 보좌에 앉아 이스라엘 열두 지파를 심판하리라 또 내 이름을 위하여 집이나 형제나 자매나 부모나 자식이나 전토를 버린 자마다 여러 배를 받고 또 영생을 상속하리라" (마 19:28,29).

전례 없던 부흥이 휩쓸어 많은 무리가 하나님 나라에 들어가게 될 것이다. "그때에 네가 보고 기쁜 빛을 내며 네 마음이 놀라고 또 화창하리니 이는 바다의 부가 네게로 돌아오며 이방 나라들의 재물이 네게로 옴이라"(사 60:5). 악마가 묶이고, 이방의 나라들과 교회주의가 멸망하고, 교회와 국가에서 성도들이 능력 있게 되며, 또한 성령이 거룩한 백성과 함께 연합하시고, 종교의 부흥이 일어나 구원하는 은혜로 엄청난 나이아가라처럼 땅을 휩쓸어 범람하게 될 것이다.

성결이 이 시대의 특징이 될 것이다. "사람들이 너를 일컬어 거룩한 백성이라 할 것이다"(사 62:12). 거룩한 교회들, 정부들, 설교자들은 지금과 같이 성결을 예의적인 일이 아니라 일상의 상태라고 규정할 것이다.

하나님의 백성들은 많은 일을 다스리는 통치자가 될 것이며 주님의 기쁨에 들어갈 것이다. "그 주인이 이르되 잘하였도다 착하고 충성된 종아 네가 적은 일에 충성하였으매 내가 많은 것을 네게 맡기리니 네 주인의 즐거움에 참여할 지어다"(마 25:21).

사탄의 놓여남. 지상에서 낙원의 영광보다 더한 천년 왕국의 마지막에, 사탄이 감옥에서 잠깐 동안 놓여날 것이다. "천년이 차매 사탄이 그 옥에서 놓여 나왔다"(계 20:7). 사탄은 악마의 본능에 충실하게, 땅을 다시 정복하려고 날아서 되돌아간다. 사탄은 여전히 땅이 난공불락도 아니고, 성결도 그의 책략을 대항하는 증거가 아님을 하나님의 아들에게 보여줄 것이다. "바다의 모래같이 많은 수"의 무리들이 그에게 귀를 기울인다. 그들은 땅의 아름다운 성, 예루살렘으로 모이고, 그곳은 평화가 천년동안 온전하게 통치하였는데, 이제는 무장하지 않은 왕과 백성들을 파멸하려고 위협한다. 그러나 그들의 손이 노획물을 탐욕스럽게 움켜지려 할 바로 그때, 하늘이 열리고, 평지에 있는 저주받은 도시 위로, 하늘로부터 하나님께서 보내신 불이 내려와서 "그들을 불태운다". "또한 그들이 지면에 널리 퍼져 성도들의 진과 사랑하시는 성을 두르매 하늘에서 불이 내려와 그들을 태워버렸다"(계 20:9).

이렇게 하여 사탄의 땅에 대한 마지막 공격은 완전히 수치스러운 패배와 영원한 추방으로 끝나고, 정치적 음모와 교회주의적 음모라는 두 장교와 함께 불타고 영원히 고통받는다.

최후심판. 이것은 뒤따르는 악마의 처형을 나타낸다. 그리스도는 이미 그의 보좌에 앉으셨기 때문에, 이 시기에는 주님의 오심에 대해 언급하지 않는다. 악한 자의 심판은 그리스도의 재림으로 시작되었고, 산 자들에게는 무서운 진노가 내려지고, 악한 죽은 자들은 자신들의 마지막 처형을 기다리고 있다.

의로운 자들은 첫 번째 부활에 참여하며, "심판받지 않을 것이다." 오직 육체 가운데 행한 일들에 따라서 상급을 받으며, 활짝 펼친 공간과 영원한 영광을 배당받는 축복을 누리는 것이다. 이 시점에서 다음의 사건들이 일어난다.

죽은 자들은 큰 자나 작은 자나 심판대 앞으로 소환된다. 이는 천년왕국 기간 중 죽은 선한 자들과 또한 모든 시대의 악한 자들이 포함된다. "또 내가 보니 죽은 자들이 큰 자나 작은 자나 그 보좌 앞에 서 있는데 책들이 펴있고 또 다른 책이 펴졌으니 곧 생명책이라 죽은 자들이 자기 행위를 따라 책들에 기록된 대로 심판을 받으니"(계 20:12). "무덤에 있는 자들이 다 그의 목소리를 들을 것이요, 선한 일을 행한 자는 생명의 부활로, 악한 일을 행한 자는 심판의 부활로 나오리라"(요 5:28-29). 양과 염소의 비유는 분명히 최초의 심판과 대환란의 끝에 주어지는 상급에 모두 적용된다. 또한 사탄의 최후 공격과 패배에도 해당한다. 같은 원리가 두 경우에 다 적용되고, 둘 다 "인자가 와서 그의 영광의 보좌에 앉으셨을 때" 집행된다. 이 비유에서 언급된 "그때"가 "하루가 천년 같다"고 하신 그 주님이 말씀하셨다는 사실과 그의 나타나심에서 형벌은 악한 자를 그 말(문장)이 최후 심판에서 모든 것이 지나갈 때까지 결박하는 것임을 기억하면, 외견상 보이는 어려움들이 해결된다. 마태복음 15장에 기록된 달란트의 비유와 양과 염소의 비유는 분명히 그리스도의 천년 통지의 취임에서 발생하기 시작하는 사건들을 포함하지만, 그 사건의 완결은 종말에 최종 부활과 최후심판에서의 상급과 형벌로 이루어진다. 그것들이 모두 한 시기에 일어난다는 통속적인 개념들은 분명히 틀린 것이다. 만일 통치자가 의자에

하나님의 오순절 번갯불

앉았을 때, 그러한 사건이 발생한다고 가정한다는 것이, 그 사건들이 취임하는 날이나 또는 그 해에 모두 발생한다는 뜻이라고 볼 필요는 없다. 오히려 그의 통치 동안에 일어난다는 것을 뜻한다. 이 비유의 의미에 대한 이러한 관점은 이 문제에 대한 다른 성경의 가르침들과 조화를 이룬다. 대통령이나 왕의 통치에 적용될 때, 년도를 감추는 것으로 "그때"라는 단어를 해석하는 사람들이 그 단어가 하나님께 적용되는 그 시점을 의미한다고 주장하는 것은 이상하지 않은가!

선한 자들은 그 행위를 따라서 상을 받고, 또한 악한 자들도 모두 자신들의 행위에 따라 처벌되어 지옥으로 추방된다. 의로운 자들은 영광스러운 별처럼 각자 상을 받을 것이고, 악한 자들은 빛을 거절하고 기회를 악용하는 영원한 운명 속에서, "다소간의 채찍질"을 당한다.

"또한 누구든지 생명책에 기록되지 못한 자는 불 못에 던져지더라"(계 20:5). 기회를 소홀하게 여긴 죄가 여기에서 끔찍한 유죄판결로 낙인찍힌다. "그리고 이 무익한 종을 바깥 어두운 데로 내쫓으라 거기서 슬피 울며 이를 갈리라"(마 25:30). "그때 그가 그들에게 대답하여 이르되, 내가 진실로 너희에게 이르노니 이 지극히 작은 자 하나에게 하지 아니한 것이 곧 내게 하지 아니한 것이니라 하시리니 그들은 영벌에, 의인들은 영생에 들어가리라 하시니라"(마 25:45, 46).

천사들이 심판받는다. "또 자기 지위를 지키지 아니하고 자기 초소를 떠난 천사들을 큰 날의 심판까지 영원한 결박으로 흑암에 가두셨으며"(유 6절).

추방 시대. 이 기간은 땅에서 추방되는 사탄, 마귀, 그리고 악한 영들의 결코 끝나지 않는 운명을 포함한다. "그러나 두려워하는 자들과 믿지 아니하는 자들과 흉악한 자들과 살인자들과 음행하는 자들과 점술가들과 우상 숭배자들과 거짓말하는 모든 자들은 불과 유황으로 타는 못에 던져 지리니 이것이 둘째 사망이라"(계 21:8). "개들과 점술가들과 음행하는 자들과 살인자들과 우상 숭배자들과 및 거짓말을 좋아하며 지어내는 자는 다 성 밖에 있으리라"(계 22:15, 마 25:46, 막 9:43-48).

천상 시대. 이 기간은 하나님 나라의 영원한 시대에 해당한다. 그곳에서 주님의 구속의 피로 씻음 받은 백성들이 예수와 함께 공동 상속인으로서, 큰 성 거룩한 예루살렘(계 21:10)과 정결해지고 천상화된 땅에 자유롭게 출입하며, 이것이 그들의 영원한 상속이 되도록 하나님이 준비하실 것이다(계 21:1). "이기는 자는 이것들을 상속으로 받으리라 나는 그의 하나님이 되고 그는 내 아들이 되리라"(계 21:7). "다시 밤이 없겠고 등불과 햇빛이 쓸데없으니 이는 주 하나님이 그들에게 비추심이라 그들이 세세토록 왕 노릇 하리로다"(계 22:5).

"이러한 것들을 증언하신 이가 말씀하셨다. 그렇다, 내가 속히 오리라." 독자들도 밧모섬의 예언자와 같이 말하고 느낄 것이다. "아멘, 주 예수여. 오시옵소서."

이 위대한 사건들을 준비하는 자들은 복이 있다. 성결의 결혼예복이 없는 자들과 등불에 성령의 기름을 채우지 않은 자들의 운명은 두려울 것이다.

이러한 그리스도의 재림과 그에 관련된 사건들에 대한 오순절의 관점은 거룩한 생활을 강력하게 자극하고, 이것을 맞아들이는 자들에게 축복을 가져다준다. 다음은 그리스도의 오심을 어렴풋하고 끝없는 미래로 연기시키는 그러한 생각을 뛰어넘는 재림에 대한 오순절 관점의 유익들이다.

오순절적 관점은 왕이 어떤 순간에라도 오실 수 있음을 상기하는 것이다. 그럼으로써 주님의 재림을 천년왕국 너머로 제거하려는 관점과 비교할 때, 깨어있음에 대한 이중의 필요성을 나타내는데, 즉 "모든 대화에서 거룩하라"와 같은 온전한 성화라는 결혼 예복으로 준비되어 있도록 지속적으로 자극하고, 또한 다른 이들도 이와 같이 준비되도록 격려하는 것이다.

전천년설은 성경과 일치하고 사실들과도 일치한다. 후천년의 관점은 어떤 것과도 일치하지 않는다.

전천년설은 대환란뿐만 아니라 천년왕국도 제거하지 않는다.

전천년설은 자연스럽고 아름답게 구약과 신약 두 예언들의 성취를 보여준다.

전천년설은 첫 번째와 두 번째 부활을 설명할 수 있다.

전천년설은 사탄의 갇힘과 사탄의 최종 공격, 그리고 하나님의 천상의 세계로부터의 영원한 추방을 조화롭게 위치시킨다.

전천년설은 신조나 숫자들에 의존하는 것이 아니고 오히려 전천년설을 뒷받침하는 성서에 의존한다.

전천년설은 인간의 "황금시대"를 드러내지만, 인간적인 성취의 결과로서가 아니라, "만물 안에서 뛰어난" 그리스도의 능력을 통해서이다. 그것은 경험의 범위를 벗어난 건조한 교리로서 그리스도의 재림을 가르치는 것이 아니라, "영광스러운 소망"과 그의 오심에 대한 기대를 낳는다. 이러한 "경험"은 값진 소유가 아닌가?

전천년설은 그분의 재림에 대해 논쟁하는 마음이 아니라, 주님을 만나는 것에 대한 갈망을 낳는다.

전천년설은 다음과 같이 가르치는 오류를 피한다. 즉, 성령과 그리스도의 사명이 이 시대의 섭리에서 세상을 변화시키지 못한다면 실패한 것이며, 천년왕국의 강림을 인간의 노력으로 인한 더딘 과정으로 떨어뜨리는 비관주의를 가르치는 오류이다. 그 대신 성경이 가르치는 대로 천년왕국을 어깨 위에 정사를 메신 그분의 재림으로 가르친다.

전천년설은 세상이 그리스도가 오기까지 "계속 더 좋아진다"고 기대하는 실수에서 구해준다. 현실과 성경을 볼 때, 그 시대는 "노아의 시대와 같이" 될 것이며, 그때에 "한 사람은 데려감을 당하고, 다른 사람은 그대로 남겨진다"고 분명하게 선언하고 있다(마 24장을 보라). 만일 그분이 이 세상이 그분의 재림 시에 천년왕국이 만발할 것이라고 가르쳤다면, 그리스도가 다음과 같이 말씀하셨을까. "그럼에도, 인자가 왔을 때, 세상에서 믿음을 보겠느냐?" '서구기독교옹호자(Western Christian Advocate)'의 한 기자는 최근에 진실하게 기술하였다. "현 세계의 상황은 고대세계보다 더 좋아지지 않았다. 지난 삼백년 동안 진행되어온 믿음의 붕괴는 세상에 하나님 없는 엄청난 단체들을 남겼다."

전천년설은 오순절 백성 사이의 연합의 끈이다. 이들은 대부분 후천년주의의 반열에서 이 주제를 비추는 신약성서의 밝은 시대로 우르르 도망친 사람들이다. 알포드(Alford), 갓비(Godby)와 그 동료들과 같은 훌륭한 주석가들과, 또한 스펄전(Spurgeon), 무디(Moody), 고든(Gor-

하나님의 오순절 번갯불

don)과 같은 많은 영적 거장들이 이러한 밝은 오순절의 경로를 따라 인도함을 받았다. 또한 이들은 신조, 교회사, 성서 비틀기라는 수단 없이도 하나님이 그분의 봉인(seal)을 실수 없이 설정하셨음에 대하여 다른 관점을 가진 사람들의 작업을 축소하려고 노력하면서, 전천년설에 대한 확고부동한 입장을 증명하고 있다.

전천년설은 그리스도의 오심에 관련된 잡다한 먼지들을 날려버린다. 이 먼지는 후천년의 이론들에 의해 일어난 것인데, 후천년설로 인해 많은 정직한 영혼들이 당황스러워 했다. 하나님의 말씀이 전천년설의 입장에 있다고 알기에, 그것을 소유한 자들은 성서의 논의 장소에서 추론자들이 때때로 그들을 조롱하고 천년설 신봉자들에 대해 악평하는 것을 기꺼이 받는다.

전천년설은 부활이 단 한번뿐이라는 비성서적인 가정들을 피하고, 부활을 분명히 두 번 선언한 말씀의 요새에 머문다(계 20:5, 6, 그리고 참조들). 이렇게 하나님이 분명하게 말씀하실 때, 모든 인간의 목소리는 잠잠해진다.

전천년설은 성령이 천년의 통치기간 중에 물러나실 것이라는 보증되지 않는 가정들을 거부한다. 오히려 성령이 지금처럼 그때 지상에 흘러갈 큰 부흥으로 거룩한 백성들을 인도하실 것이라고 믿는다.

전천년설은 장래의 집행유예를 가르친다는 비난을 부인한다. 그것이 그리스도의 재림에 대한 모든 관점들을 용인하는 천년왕국 동안 집행유예를 의미하는 것이 아니라면 말이다.

전천년설은 재림을 일반화하는 대신 예외적 사실로 토론하려는 필요에서 구해준다. 신약성서의 모든 비유와 그 외의 가르침들은 악한 자의 목전에서 흐르는 강물같이 공의가 되살아나고 보상받는다고 선언한다. 그물의 비유를 보라(마 8:47, 48). 열처녀, 달란트 그리고 양과 염소의 비유(마 25장과 다른 기타). 단지 우리가 예외처럼 보이는 것을 발견한 것은 가라지의 비유이다(마 13:36-43). 후천년주의자들은 이 하나의 예외를 일반화시켜서 집요하게 인용해왔다. 그러나 그것은 하나의 예외며, 그 말씀은 성도들이 소유하기 전, 모든 악한 자들의 최후의 추방에 대한 분명한 언급이다. 즉 그것은 천년왕국에서가 아니라 천상화 된 땅에서의 일이며, 이 시기에 최후심판이 따라온다. 진리는 전천년설을 유지하기 위해 그렇게 성경을 곡해할 필요가 없기 때문에, 성경을 곡해하는 오류는 스스로의 패배를 알리는 것이다.

전천년설은 인간에게 이 땅에서는 시범적으로, 또한 장차 하나님 아버지 앞에서는 왕과 제사장으로서 인간의 모든 능력을 실행함에서,두 가지 방식으로 인간의 가장 고상한 성품을 발전시킬 기회를 제공해 준다.

전천년설은 단지 개혁적인 운동들에 의존하는 것이 아니라 오히려 인간의 회심을 추구한다. 또한 예수께서 명하신 대로 사람들에게 "모든 것"을 가르치고, 인간의 유익과 하나님의 영광을 위한 모든 노력에 공감한다.

전천년설은 세상과 죄와 사탄의 왕국이 실패할 것을 알고 있으며, 은혜와 하늘나라를 확장시킨다.

전천년설은 하나님의 선하심과 조화를 이룬다. 하나님은 죄인의 운명을 경고하시지만, 여전히 하나님의 자유로운 대행자 인간이 스스로 선택하여 '자기 행위의 열매를 먹는' 것을 존중하신다. 반면에 주님은 그분의

하나님의 오순절 번갯불

목소리에 귀 기울이는 모든 사람들을 구하시고 상 주신다.

전천년설은 재림을 선포하는 많은 예언들을 설명할 수 있다. 그러나 일부의 사람들이 실수하는 것처럼, 날과 시간을 정하려고 생각하지 않는다. 하나님이 "아무도 모른다"고 분명하게 선언하셨기 때문이다.

전천년설은 지금까지 성령의 사역이 대부분 실패하였다고 하는 신성모독적인 결론으로 몰고 가는 비성서적인 입장을 피한다. 또한 인간의 더딤과 어리석음으로 크게 방해받았지만, 하나님이 이미 이루셨음과 계획하신 사역이 이루어지고 있음을 드러낸다.

"그리스도와 사도들은 그것을 선포했다." "너희도 준비하라 너희가 생각지 않은 때에 인자가 올 것이기 때문이다"(마 24:44 그리고 이전의 언급들). 이는 구약과 신약 성서에서 수백 번 언급되었다. 이러한 빛에서 보면, 이 말씀을 조롱하는 사람들과 또한 그것을 선포하는 목회자들의 입을 막는 사람들의 잘못이 얼마나 밝히 드러나는지. 그러니 성경을 불태우거나 믿거나 둘 중 하나를 선택해야 한다.

재림의 선포는 구원으로 인도한다. "너희가 어떻게 우상을 버리고 하나님께로 돌아와서 살아 계시고 참되신 하나님을 섬기는지와 또 죽은 자들 가운데서 다시 살리신 그의 아들이 하늘로부터 강림하실 것을 너희가 어떻게 기다리는지를 말하니"(살전 1:9, 10). 재림은 초기의 회심자들이 죄를 버리도록 자극하였다. 처음부터 필자는 재림의 말씀을 선포했고, 두 참회자는 울면서 제단 앞으로 왔다. 재림은 많은 사람들을 각성시켜서 복을 받게 한다.

전천년설은 인류의 비교할 수 없는 최고도의 진보를 선포한다. 그 안에서 거룩하고 왕 같은 그리스도는 거룩한 백성을 인도하여, 성령의 협력과 더불어 전에 인간이 마음으로 상상하여 들어갔던 것보다 더욱 영광스러운 승리의 정상에 그들을 세우신다.

전천년설은 더욱 앞을 향해 나아가도록 하여 언제나 더 나은 것을 가르친다. 후천년주의적인 철학자가 선포하는 것처럼, "우리가 지금 눈에 보이는 그리스도의 이 땅 위의 통치보다 훨씬 더 나은 믿음의 학교에 살고 있다"면, 그러면 같은 논리에 의해, 우리는 우리가 이후에 되어질 것보다 지금이 더욱 잘 사는 것이고, 그렇다면 하늘나라 자체는 후퇴한 것이다! 그러한 결론을 강요하는 신념에서 빠져나오길 바란다. 하나님의 커리큘럼(curriculum)에서 끝없이 진보하는 학생은 신앙이 비전이 되고 기도가 찬양으로 몰입되는 길에 도달한다.

전천년설은 성서와 역사적 사실들과 조화된다. 인간은 구원받는 속도보다 훨씬 빠르게 태어나고 있다. 그리고 앞으로 악한 자들은, 그러한 비율만큼 존재하고 더욱 늘어나고 있다. 부풀린 종교적 통계자료의 행렬은 회심자와 마찬가지로 단순한 교회 참가자들도 함께 계산한다. 따라서 이러한 자료는 더이상 사용할 수 없다. 그들이 실제로 회심했다 하더라도, 악한 자들이 늘어난다는 사실은 여전하기 때문이다.

전천년설은 "오직 증거"를 위해 복음을 전파하는데, 그 초창기처럼 순수하고 능력있게 효과적으로 복음을 선포하지 못한다는 거짓된 비난에 대해 결백하다.(이 책의 앞 장을 보라.)

전천년설은 모든 시대에서 하나님의 통치와 조화된다. 고대의 세상에서, 죄는 징벌의 심판을 불러왔고, 소돔에서의 롯과 같이 오직 은혜를 입은 소수만이 구원받았다. 그렇게 예루살렘에 있는 사람들이 구원받았고, 그와 같이 인자의 오심에 대한 선포에서도 마찬가지이다. "그 길은 좁고, 그 길을 찾는 자가 많지 않다."

전천년설은 그것에 호의적인 사람들의 열광주의와 실수에 직면해서도, 또한 어떤 이들이 성결을 패배시키려고 사용하는 동일한 궤변으로 재림을 공격하는 적들에 직면해서도, 언제나 설득력을 갖는다.

전천년설은 비관주의에 대항하는 적이다. 이것은 죄의 최종적인 폐기, 악마의 패배와 추방, 땅을 사로잡은 사악한 악마의 동료들의 패배, 그리고 우리 주 예수 그리스도로 말미암은 은혜의 완전하며 궁극적인 엄청난 승리를 생생하게 묘사한다. 이것은 죄와 그 결과라는 관점에서만 비관적이지, 기독교에 대한 관점에서는 더할 나위 없이 낙관적이다.

전천년설은 죽음의 도래보다는 회개와 성결의 면류관을 쓰는 계기로서의 예수의 재림에 영혼의 눈을 고정시킨다. 성경에서 죽음에 대한 경고는 드물지만, 왕이 오신다는 경고는 빈번하다.

성서는 교회를 각성시키는 강력한 진리들을 남겨두셨는데, 그리스도께서 갑작스럽게 강림하실 가능성과 그때 준비되지 않은 자들이 살아서 대환란 기간의 엄청난 재난으로 고통당해야만 한다는 것이다. 이는 또한 후천년주의자들이 훔쳐가려는 진리이다.

전천년설은 세상을 초월하도록 강력하게 장려한다. 더욱 공정한 풍토에 대한 기대를 진작 없애버린 사람은 세상의 것들에 덜 집착하게 된다. 세속성은 영적인 반역이다! 그리스도의 재림에 대한 오순절의 관점은 세속성에 대한 유혹을 줄이고, 하늘에 보화를 쌓도록 추진한다.

전천년설은 선교 정신을 육성한다. 전천년설을 고수하는 운동들과 사람들은 선교사역에서 가장 적극적인 자들에 속한다. 그들 중 일부가 "오직 증거"를 위해 복음을 전하였다면, 불평하지 말고 기뻐하자. 그 주장대로 그리스도는 이렇게 해서도 전파되고, 이렇게 시작된 사역을 완전케 하려고 또 다른 사람들을 보내시기 때문이다. 성인(saint) 고든(Gorden)은 마지막 메시지에서 재림 진리가 선교적인 노력에 영감을 불어넣는 효과를 설명한다. 그는 말한다. "선교적 크리스천이 아닌 사람은 봉사의 상급을 받는 위대한 날이 올 때, 그 명단에서 빠지는 크리스천이 될 것이다. 그러므로 죽어가는 수백만에게 구원의 소식을 전하는 사역과 관련해서 주님이 당신에게 무엇을 하게 하시는지를 날마다 스스로에게 물어라. 만일 당신이 젊고 그 사역을 하기에 필요한 것들을 가졌다면, 주님이 당신을 이방인에게 가게 하시는지를 주의 깊게 살피라. 아니, 당신이 개인적으로 갈 수 없다면, 외국인 선교에 대한 관심으로 당신의 재산에 있는 피의 담보를 부지런히 조사하라. 이는 주님의 보혈로 당신을 구원하기 위해 빚진 것 때문에 이방인들에게 빚을 지고 있기 때문이다. 나는 당신에게 경고한다. 주님이 당신을 계산하러 오실 때 잃어버린 자들에게 복음을 전하는 데 거룩하게 헌신하는 대신 지나친 사치에 투자된 재산이나 불필요하게 축적된 부를 보신다면, 당신은 곤경에 처할 것이다."

전천년설은 성결을 보편적이고 영원한 승리로 나타내며, 모든 영광을 아버지, 아들, 성령에게 돌린다. 사탄이 비성경적인 오류와 교회주의적인 쓰레기산에 그 진리를 말뚝 박아서 잊혀지도록 오랫동안 애써 온 것에 놀라지 말라. 이는 사탄이 온전한 성화의 값진 교리를 감추려고 한 것과

하나님의 오순절 번갯불

도 같다. 이러한 적들의 반대와 이 진리의 친구들 중 일부의 오류들과, 또한 그 진리와 관련된 운동이 아직은 타락하지 않았다고 보는 건전한 사람들의 비판, 이 모든 것들이 사람들의 마음을 재촉하면서 소망의 별처럼, 그 사실을 선포하는 펜과 목소리를 통해 아름답게 깨달아질 것이다. 재림은 모든 피조물에게 선포된 복음의 기쁜 소식 중에도 가장 생명력 있는 부분이다.

"충성되고 지혜로운 종이 되어 주인에게 그 집사람들을 맡아 때를 따라 양식을 나누어 줄 자가 누구냐? 주인이 올 때에 그 종이 그와 같이 하는 것을 본다면, 그러한 종들은 복되다. 진실로 내가 너희에게 말한다. 그는 그의 모든 소유를 그에게 맡기리라. 그러나 만일 그 악한 종이 마음에 생각하기를 주인이 더디 오리라 하여 동료들을 때리며 술친구들과 더불어 먹고 마시게 되면 생각하지 않은 날 알지 못하는 시각에 그 종의 주인이 이르러 엄히 때리고 외식하는 자가 받는 벌에 처하리니 거기서 슬피 울며 이를 갈리라"(마 24:45-51). "그러므로 주의하라, 너희는 그 날과 그 시를 모르기 때문이다"(마 25:13). "그러므로 형제들이여 주의 오심까지 인내하라. 보라, 농부가 땅에서 나는 귀한 열매를 바라고 길이 참아 이른 비와 늦은 비를 기다리나니, 너희도 길이 참고 마음을 굳건하게 하라. 주의 강림이 가까우니라. 형제들아 서로 원망하지 말라. 그리하여야 심판을 면하리라. 보라, 심판주가 문 밖에 서 계시니라"(약 5:7-9).

〈재림〉

그리스도가 오고 계신다!

피조물들이 신음을 그치고 산고를 멈추게 하라.

영광스러운 선포가 소망을 회복하고 신앙을 더하게 하라.

그리스도가 오고 계신다!

오소서, 당신은 축복된 평화의 왕!

세상은 지금은 당신의 쓰라린 십자가와 고통을 이야기할 수밖에

없지만,

세상은 당신의 영광을 또 다시 보게 되리라.

당신이 다스리려고 다시 오실 때.

그리스도가 오고 계신다!

마음을 각기 다시 긴장하여라.

오랫동안 당신의 포로가 갈망해왔고,

안식과 고향과 당신으로부터 너무 멀지만,

천상의 옷이 빛나는 광채에서,

곧 저들이 당신의 영광을 보리라.

그리스도가 오고 계신다!

즐거운 희년을 서둘러라.

우리 앞의 "복된 소망"과 더불어

하프 줄을 당겨라.

강력한 재림 합창이

모든 혀에 전해지게 하여라.

그리스도가 오고 계신다!

오소서, 주 예수여, 속히 오소서!

-J. R. Macduff

이 주제에 대한 더욱 상세한 것은 고든(Gordon)의 책 "재림과 선교"(Ecce Venit 1달러 25센트), 갓비(Godbey)의 "계시록"(Revelation 1달러), 피켓(Pickett)의 책 "보라, 주님이 오신다"(Behold, He Cometh 25센트)를 보라.

제 11장

오순절 교회

The Pentecostal Church

교회보다 더 혼란스러운 주제는 별로 없다. 사탄은 이러한 혼란에서 유익을 취해왔고, 또한 혼란의 대부분을 만들었다. 이 주제에 자리 잡은 혼미함을 쫓아내는 데 도움을 얻으려면, 다음의 진리들을 명심해야 한다.

1. 회심하지 않은 사람들의 단체는 어떤 이름으로 불리더라도 그리스도의 교회가 되거나 그리스도의 교회의 어떤 부분도 될 수 없다.

2. 회심하지 않은 사람들의 어떤 단체가 그 두루마리에 중생하거나 성화된 몇 사람의 이름을 가지고 있다는 사실로 인해 신약성서의 교회가 될 수는 없는데, 이는 마치 가시덤불 속에 있는 달콤한 사과 몇 개가 그 장소를 맛있는 사과 과수원으로 만드는 것이 아닌 것과 같다.

3. 한때는 교회의 한 가지였다 해도, 또 교회라는 이름을 갖고 있더라도 타락한 단체의 목사들과 회원들은 교회가 아니다. 이는 강물이 말라버린 때에도 강의 바닥면을 여전히 강이라고 하는 것과 마찬가지이다.

4. 전쟁놀이 하는 소년들이 군대를 구성하는 것이 아닌 것처럼 세례 의식이나 주의 만찬, 혹은 다른 공적 예배의 형식들이 교회를 세우는 것은 아니다.

5. 종교적 활동과 전시회, 만찬, 선교 후원 등의 선한 행동들이 교회를 세우지 못한다. 이러한 모든 일들과 그와 유사한 많은 일들이 구원이 없는 사람들에 의해 이루어지기 때문이다(고전 13장).

6. 예배드리기 좋은 장소와 우아한 가구들, 그리고 감명 깊은 종교적 연설자와 예술적인 음악이 교회를 세우지 못하는데, 교회는 이들

하나님의 오순절 번갯불

중 어떤 것과도 더불어 존재하는 것이 아니다. 이런 것들이 종종 교회라는 이름하에 존재하지만, 오히려 이런 것들에는 교회의 본질이 완전히 결핍된다.

7. 회심자의 몸과 심지어 성화된 사람들의 몸이 회심하지 않은 사람에 의해 담당되고 조종되거나 세상의 이익으로 조작된다면, 그 단체들은 그리스도의 교회가 아니다. 이는 오하이오 주의 많은 젊은이들이 충성된다 하더라도, 그 주의 공직자와 정부가 반역자에 의해 지배된다면, 연합국이 될 수 없는 것과 같다. 지도자들에 의해 배신당한 유대인 교회는 양떼 속에 많은 헌신자들이 있었음에도, 하나의 교회로서 하나님께 인정받지 못했다.

8. 첨탑을 가진 건물과 설교단과 파이프 오른간이 그리스도인의 교회를 구성하지 못하는데, 이런 모든 것들이 세례도 받지 않은 이들의 부정함과 세속성을 수반할 것이기 때문이다.

9. "좋은 사람들"의 단체가 교회를 구성하지 않는다. 혹 그렇다면, 세속적인 많은 단체들도 교회가 될 수 있을 것인데, 세상의 기준으로 볼 때에는 그런 단체들에도 "좋은 사람들"이 가득 차 있다. 헬라어로 "교회"를 번역하면 그 참된 본질은 "부름 받은 사람들"을 의미한다. 세상과 세상적인 연대와 연합체로부터 나온 사람들이 성령의 능력으로 다시 태어나고, 하나님을 아버지로, 예수를 구세주로 받아들이고, 또한 성령을 성결케 하는 자로 받아들였거나 맞이할 준비가 된 사람들만이 그리스도의 교회를 세울 수 있는 재료들이다. 이러한 주요한 조건이 충족되지 않는다면, 성서적인 교회에 속했다

고 주장하는 여하한 사람들의 단체도 기만이며, 영적인 우상숭배의 죄를 범한 것이다. 그 죄에 대한 처벌은 계시록 21장 8절에 나와 있다.

적의 일상적인 수작은 세속적인 클럽을 조직하거나 또는 하나님의 백성들의 교회를 온갖 종류의 세속적인 행동에 참여하는 것으로 변형시켜서, 만일 어떤 사람이 성령의 시각으로 저항하고 경고하면 "교회에 불충성"한다며 신랄하게 비난한다. 그리고 혹시 누군가 그 기만의 정체를 벗겨낼 만한 사랑과 용기를 가졌다면, 날카로운 대못 같은 비판으로 그 사람을 찌른다. 성경을 드러내는 오순절 하늘로부터 이러한 위선적인 부끄러운 일들을 내리치는 하나님의 진리의 번개는 그리스도를 저주하고 마귀 들렸다고 고발한 거룩한 척하는 바리새인 부류들에게 틀림없이 "신성 모독적"으로 여겨질 것이다. 왜냐하면 주님으로부터 유사한 번개가 그들의 머리에 떨어졌기 때문이다. 그러나 현대의 위선자들은 이전 시대와 마찬가지로 자신들의 위선적인 종교성 뒤에서 안락하게 살기에, 오직 번개만이 그들이 현혹시킨 영혼들에 대한 영향력을 부숴버릴 수 있다.

사탄의 가장 영리한 속임수 중 하나는 사탄의 장관들을 사역자로, 사탄의 군대를 교회로 위장하는 것이다. 사탄은 이러한 "마법"으로 온 세상을 기만하고자 한다. 하지만 그리스도의 참된 교회에 대한 성경적 표지는 열린 성경과 열린 눈을 가진 가장 단순한 성도라도 볼 수 있는 것으로 진짜와 가짜 사이의 차이점과 같은 것이다. 다음은 참된 신약성서 교회의 특징들이다:

신약성서 교회는 세속적이지 않은 교회이다. 이 교회는 세상과 세상의 모든 길과 노력을 버렸으며, 또한 모든 세상적인 계획의 복잡함에서 자유하다. 그 건물들, 가구, 노래, 사역, 재정, 선교사역과 구성원들은 세상이 아니라 하나님을 따른다. 세속적인 사람들과 세속적인 정치로 조종되고, 축제와 콘서트, 육욕에 넘겨진 교회는 그리스도의 교회가 되기를 멈춘 것이다. 그런 교회가 뉘우치고 회개하지 않는다면 진정한 신자는 그들의 참여와 지원을 변절한 매춘부에게서 살아있는 참 포도나무 가지로 옮겨야 한다. 그러한 거짓 교회들과 사람들을 향하여 "너희 간부와 간통한 여자들아, 너희는 세상과 벗된 것이 하나님의 원수인 것을 알지 못하느냐?"라고 외치는 오순절 선언은 치명적인 분노로 펄쩍 뛰었다. 세상의 글들에서 오려낸 다음의 내용들은 "소위 교회"라고 불리는 이들의 배교를 설명할 수 있는 수 많은 것 중 하나의 샘플이며, 또한 그들의 반역이 그리스도를 핑계삼는 것에 대한 질책이다: "경건한 기만. 숙녀들이 매력적인 교회 오락을 열어서 세상을 강타했다. 그들은 며칠 전에 한 행사를 개최하였는데, 그 행사의 특징에 대해 두 숙녀 사이에 벌어지는 수영대회라고 광고했다. 그 집은 당연히 북적였다. '수영 대회' 프로그램에 이르자, 커튼이 올라가고 두 여자가 단상이 있는 무대에 서 있는 것이 보였다. 단상에는 씻는 물 대접이 있었는데 물의 표면에 성냥이 떠 다니며 수영을 하고 있었다. 청중은 그 유머에 제대로 얻어맞아 소리 지르고 웃으며 고함질렀다." 이런 식으로 자물쇠를 빼앗긴 삼손은 블레셋 사람들을 위해 옥수수를 갈았으며, 그동안 사람들은 웃거나 조롱했으며, 지옥은 기뻐하고 천사들은 울었다.

신약성서 교회는 회심한 교회이다. 서신서들은 교회를 "그리스도 안에"

그리고 아버지이신 하나님 안에 있는 존재이라고 말했고, 또한 그 구성원들은 "성화된 이들"과 "성도들"로 언급하는데, 그 용어는 오늘날 교회들 안에 있는 수많은 세속성으로 인해 실제적으로 무시되는 것이고, 금에 녹이 슨 것처럼 더 이상은 교회의 특징으로 적용될 수 없는 것이다. 아나니아와 시몬 같은 이들이 섞여들어 간 것도 분명하지만, 그들은 뜨겁게 달궈진 스토브에서 나온 증기처럼 급히 떠났다. 첫 번 오순절 교회는 성화를 베푸시는 성령을 받고자하는 그 특별한 목적을 위해 다락방에 모였던 백 이십 명으로 구성되었다. 그들은 실망하지 않고 오직 성령을 받았으며, 온전히 성화되어 하나님을 위해 열광적이고 단호하게 세상을 버리고 죄를 파괴하는 다이너마이트로 바뀌었다. 하지만 이들은 우리 시대의 자만하는 귀족적인 교회들에서는 환영받지 못했을 것이다. 어쨌든 이들과 이들의 사역 아래 회심한 대중들이 첫 번째 오순절교회를 구성하였다. 교회에 참여하는 것과 교회예식으로 중생을 대신하고, 소위 교회를 자신의 죄를 포기하지 않는 불쌍하게 착각에 빠진 속물들로 채우는 변절한 설교자들은 얼마나 책망 받아야 할까. 사역자들이 참회와 제단 기도로 초청하는 것을 생략하고, 그저 손드는 것과 카드에 서명하거나 교회에 참석하는 것으로 구원의 경험을 대체하는 관례는, 오순절의 빛에서 볼 때, 루시퍼의 타락과 꼭 같은 어두운 반역죄임에도 불구하고 여전히 모든 곳에서 실행되고 있다. 참된 교회들은 진정으로 회심한 회원들로 구성된다.

신약성서 교회의 멤버십은 하늘에 기록된다. "그러나 너희가 이른 곳은 시온 산과 살아계신 하나님의 도성인 하늘의 예루살렘과 천만 천사와 하늘에 기록된 장자들의 모임과 교회와 만민의 심판자이신 하나님과 및 온전하게 된 의인의 영들과 새 언약의 중보자이신 예수와 및 아벨의 피보다 더 나은 것을 말하는 뿌린 피니라…"(히 12:22-25). 멤버십의 기록은 하늘에 보관되며, 그에 참여한 자들은 천사들의 무리와 고인이 된 성도들이다.

신약성서 교회는 성화된 교회이다. "그러므로 예수도 그가 자신의 피로 백성을 거룩하게 하려고, 문밖에서 고난당하였다"(히 13:12). 성화는 그리스도의 신부가 입는 일상복이다. 중생으로 신부는 이 옷을 입고, 온전한 성화로 모든 얼룩에서 깨끗해진다. 그러므로 사도들은 교회를 성화된 것이라고 말하며, 동시에 교회가 온전하게 성화되도록 기도한다. 모든 진정한 교회의 구성원들은 부분적으로 성화되어, 온전한 성화를 갈망하거나 소유한다. 성화를 반대하고자 부분적인 근거들을 들고 일어나는 늑대 울음과 으르렁거림은 그리스도의 참된 교회가 아니라, 빛, 생명, 사랑, 승리와 능력의 진정한 근원인 불을 두려워하는 늑대의 무리가 되어가는 군중의 모습을 보여준다.

신약성서 교회는 충성스런 교회이다. 자주 반복되는 정의로서 "교회는 하나님의 말씀이 선포되고 성례전이 정당하게 시행되는 충성된 사람들의 몸이다."라는 말은 정당한 것이다. 또한 그 행간에는 말씀이 충실하게 선포되지 않는 충성되지 못한 자들의 단체는 교회를 흉내내는 신성모독적인 협잡이라고 생생히 빛나게 새겨 넣은 글자들이 선포되어 있다.

신약성서 교회는 순종하는 교회이다. 그리스도는 완전히 성화되기까지 예루살렘에서 기다리라고 명했다. 바로 그 장소에서 인간 하이에나들이 여전히 제자들과 지도자들을 향해 울부짖었지만, 그 구성원들인 남자와 여자와 아이들은 약속된 능력이 오기까지 기다렸다. 이 능력은 구원 태풍의 중심지가 되어서, 죄인들을 성도로 변화시키고, 그들을 몰아쳐서 주님과 영원히 함께하도록 휩쓸어 갔다. 죄를 폭로하고 기만을 간파하는 그분의 번개는 모든 시대의 유다와 가야바와 아나니아에게 두려움을 준다.

신약성서 교회는 하나님께 속한다. "만일 내가 지체하면 너로 하여금 하나님의 집에서 어떻게 하여야 할지를 알게 하려 함이니 이 집은 살아계신 하나님의 것이요 진리의 기둥과 터니라" (딤전 3:15). 어떤 이들은 마치 자신이 교회의 소유자인양 "나의 교회"라고 말한다. 또 다른 사람들은 그들이 교회의 소유주인양 "우리 교회"라고 말한다. 하나님께서는 하늘 보좌를 소유하신 것 같이 실제로 당신의 교회를 소유하신다. 사실 교회는 땅 위에 있는 하나님의 보좌이다. 창조와 구속, 그리고 보존의 삼중적 권리로 교회는 하나님께 속하며, 그분의 번개는 하나님의 권리를 강탈하고자 하는 모든 이들 위에 내리친다.

신약성서 교회는 그리스도께 복종한다. "또 만물을 그의 발 아래 복종하게 하시고 그를 만물 위에 교회의 머리로 삼으셨느니라 교회는 그의 몸이니 만물 안에서 만물을 충만하게 하시는 이의 충만함이니라"(엡 1:22,23). 머리이신 그리스도는 당신의 몸을 위해 계획하며, 몸 된 교회는 주님의 뜻대로 지도받는다. 그러므로 교황제도나 혹 죽은 개신교주의건 간에, 주님의 뜻을 거부하는 교회 조직체는 그분의 참된 몸의 일부가 아니다. 교회는 주님께 충성해야만 한다. 파벌과 위원회, 또는 상담이 교회와 주님 사이에 들어오려고 할 때, 교회가 그것들에 저항해야만 한다. 이는 베드로와 요한이 산헤드린에게, 충성된 루터가 교황에게 했던 저항이며 또한 참된 신부에게 위험한 바람둥이가 다가올 때에도 마찬가지이다. 조직이나 교리에 대한 충성이 그리스도에 대한 충성을 대체해서는 절대로 안 된다. 교회에서 그리스도의 주권을 침해하는 교리와 조직과 사역자들을 용납하는 사람은 하나님의 성전을 이방 땅에서 행하는 것보다 더 용서할 수 없는 우상숭배로 더럽히는 것이다. 이는 교회가 더 큰 빛의 현존 가운데 존재하기 때문이다. 하나님의 참된 교회에서는 주님의 주권이 인정되고 준수되어야 한다.

교회의 직임자들은 성령으로 세례 받아야 한다. "형제들아 너희 가운데서 성령과 지혜가 충만하여 칭찬받는 사람 일곱을 택하라 우리가 이 일을 그들에게 맡기고"(행 6:3). 여기에서 우리가 얻는 조언은, 교회의 일상사는 하나님이 그 일을 위해 특별하게 자격을 주신 평신도의 손에 있어야 하고, 또한 그들은 거룩한 사람들이어야 한다는 것이다. 거룩한 사역과 임직은 교회를 위한 하나님의 계획이다. 사람이 군대의 직임자가 되기 위해 사관학교를 졸업해야 한다면, 그리스도의 교회의 직임이라는 더 힘든 사역을 위해서 오순절의 다락방을 졸업하는 것은 훨씬 더 필요한 일이다. 군대의 지도부에 반역자를 임명하는 것과 교회에 세속적인 직임자를 임명하는 것은 동일한 것이다. 하나님은 성결과 싸우는 설교자와 세속적인 직임자들이 사람을 임명하는 그 어떤 교회도 좋아하지 않으신다. 구원받지 못한 사람을 영리하거나 영향력 있거나 부유하다는 이유로 위원회에 두고, 또 성령충만한 사람들 곁에 배치한다면, 당신은 성령을 모욕하고 자신이 하나님보다 현명하다고 생각한다는 사실을 온 세상에 광고하는 것이다. 하나님이 사용하실 수 있고, 또한 하나님이 그 사역을 축복하실 수 있도록, 그 신성한 직무를 위하여 사람을 회심시키고 적합하게 하실 때까지 금식하고, 기도하고, 설교하고, 하나님께 탄원하는 것이 천만 배 더 나은 것이다. 피니(Finney) 총재는 세속적인 교회를 해산시키고, 해산된 멤버들을 회심시키고 재조직함으로써 위대한 부흥을 시작했다. 건축자재에 부패한 목재를 놓은 것에 관해 건축자를 비난하는 사람들이 하나님의 성전에 진흙을 계속해서 부어넣기를 고집한다. 그 성전은 하나님께서 금으로 만든 벽돌이 있어야 한다고 하신 곳이다. 그러한 교회들은 번영하라! 그러나 그들이 감히 그럴 수 있는가?

신약성서 교회는 성령으로 인도받는 교회이다. 스데반이 집사가 되었을 때, 그리고 바울과 바나바가 그들의 사역을 위해 "갈라섰을" 때, 성령의 마음을 배웠으며, 그분의 뜻이 이루어졌다. 이와 같이 오순절 교회의 심의와 회의는 성령의 마음을 구하고 그분의 뜻을 배우고 행하는 반면에, 거짓 교회들은 그와는 다른 근거와 저급한 동기들에 영향 받는다.

신약성서 교회는 하나님이 보호하시는 교회이다. "주님은 우리의 방패이며 이스라엘의 거룩한 자는 우리의 왕이시다"(시 89:18).

> "시온은 언덕으로 둘러싸여 섰으며,
> 시온은 하나님의 능력으로 보호된다."

이 말씀이 죽은 세속적인 교회주의(ecclesiasticisms)에 적용된다면, 그것은 교회라는 이름 아래 진행되는 구역질나는 희극이다. 하지만, 하나님의 참된 백성들에게 적용된다면, 이는 아름다움과 위로와 진리로 가득하다. 하나님의 능력과 섭리의 장막(pavilion) 안에 숨겨진 신부는 "분쟁의 혀"로부터 보호되며, 또한 하나님의 허락이 없이 누구도 그녀의 머리칼 한 올도 건드릴 수 없는데, 이는 신부의 덕과 하나님의 영광을 위해서이다.

신약성서 교회는 거룩한 교회이다. 교회는 하나님의 뜻에 순종함으로, 세상에 대한 불순종으로, 상업적인 잣대로부터의 자유함으로, 불세례 받은 증언으로, 그 날카롭고, 사랑스럽고, 영감 있는 꾸짖음으로, 예수에 대한 열정으로, 영혼에 대한 사랑으로, 자기 부인과 해방으로, 그리고 부끄러움과 부정직함에 대한 심판으로 성결을 소유했음을 보여주는데, 단지 성결에 대한 이론상의 믿음이 아니라 값을 매길 수 없는 보석을 가득 소유한 것이다.

신약성서 교회는 하나님이 공급하시는 교회이다. 하나님은 교회의 영적인 모든 필요를 예비하셨다. 사도들, 선지자들, 전도자들과 교사들은 교회의 중생, 양육과 일치, 그리고 거짓 교훈과 교활한 사기꾼으로부터 보호, 조명, 계발, 성장과 사랑에의 완전을 위해 주어진 것이다. "그가 어떤 사람은 사도로, 어떤 사람은 선지자로, 어떤 사람은 복음 전하는 자로, 어떤 사람은 목사와 교사로 삼으셨으니 이는 성도를 온전하게 하여 봉사의 일을 하게 하며 그리스도의 몸을 세우려 하심이라 우리가 다 하나님의 아들을 믿는 것과 아는 일에 하나가 되어 온전한 사람을 이루어 그리스도의 장성한 분량이 충만한 데까지 이르리니"(엡 4:11-13). 위에 명시된 사역자들의 분류는 이러한 목적을 위해 서로 연합하여 사역하도록 계획된 것이다. 또한 오순절 교회는 하나님이 이와 같이 위임하신 모든 이들을 인정하고 환영한다. 하늘의 오순절의 복음전도와 전도자들에게 반대하는 것은 그리스도의 진정한 교회로부터 나온 것도 아니고, 양육된 것도 아니다. 진정한 교회는 겸손하기에 주님이 사용할 기관들에 관하여 교회의 거룩한 머리에게 명령할 수 없으며, 또한 베푸신 축복에 너무 감사해서 그토록 심한 비판적인 판단의 영이 자리잡을 수 없다.

신약성서 교회는 환대하는 교회이다. 오순절 교회는 "투덜거림 없이 환대"해 왔다. 위대한 그리스도인의 보고서는 말한다. "가장 비참한 모습 중 하나는 평신도가 그들의 일원들 접대하기를 중단한 것이다. 사역자들을 공공 호텔로 보내 버리는 관습이 널리 퍼진 것이다." 신약 성서의 모델을 따르는 교회들은 그들의 사역자들을 사랑하고 잘 대접하겠다는 이유로 사역자들을 자신의 집에서 쫓아내지는 않는다.

신약성서 교회는 연합된 교회이다. "너희는 유대인이나 헬라인이나 종이나 자유인이나 남자나 여자나 다 그리스도 예수 안에서 하나이니라"(갈 3:28). 한 몸으로 하나님의 성령의 세례 받은 곳에는 믿음, 사랑 그리고 그분의 재림과 영원한 통치를 기대함에 있어 거룩한 일치가 존재한다. 참 포도나무의 가지들은 하나의 중심으로부터 그들의 생명과 힘을 얻으며, 그분의 영광을 위하여 연합하여 열매를 맺는다. 분열하여 당 짓는 것, 비웃는 것, 말다툼하는 것, 질투, 이기주의, 교회에서 자리를 차지하는 것은 더 이상 하나님의 교회가 아니다. 천국은 지옥과는 다르다. 그러한 일이 서서히 다가올 수도 있지만 오순절 교회의 열기는 그것들을 곧 녹이거나 밖으로 쫓아낸다. 인종, 색깔, 그리고 사회적 지위의 장벽들은 그리스도 교회에서 진정한 자리를 갖지 못한다. 검은 얼굴들이 눈보다 더 하얀

하나님의 오순절 번갯불

마음을 가질 수도 있고, 반면에 수많은 하얀 얼굴들이 "바깥 어두움"처럼 검은 마음을 갖기도 한다. 교회라고 주장하는 격조 높은 사회적 클럽들이 도리어 계급 또는 피부색으로 인해 하나님의 성도들에게 비평과 배척의 돌을 던지며, 오늘날 세상을 저주하는 사탄의 가장 놀라운 기만의 한가운데 존재한다. 차별대우하는 이들과 사람을 구별하는 자들은 하나님의 보복이라는 무자비한 소용돌이에 표류하여 반드시 두려운 운명에 처할 것이다. 이는 다음 절에 나타나는 "그리스도의 몸"과 얼마나 비교되는가? "이 모든 일은 같은 한 성령이 행하사 그의 뜻대로 각 사람에게 나누어 주시는 것이니라. 몸은 하나인데 많은 지체가 있고 몸의 지체가 많으나 한 몸임과 같이 그리스도도 그러하니라"(고전 12:11,12).

신약성서 교회는 결실을 맺는 교회이다. 강가에 있는 나무처럼, 오순절 교회는 계절에 따라 열매를 맺는다. 큰 가지에는 거룩한 삶의 빛나고 무르익은 과일의 아름다운 꽃들이 사시사철 풍성하다. 보리수나무처럼, 오순절 교회의 회심자들이 사막의 천막에서부터 시저의 법정에서 볼 수 있을 정도로 퍼져나갔다. 오순절 교회들은 항상 열매를 맺는다.

신약성서 교회는 의로운 교회이다. 불의함은 사탄이 자신의 가짜 교회 회원들에게 입히는 더럽고 다 해어진 제복이다. 공적으로나 사생활에서 고의로 잘못을 저지르는 사람은 그리스도의 참된 교회의 모든 구성원들을 덮어주는 의로운 예복을 입지 못한다. 상거래에서의 속임수, 교회, 일, 가정의 의무를 소홀히 하는 것, 의로움을 거부하거나 부당행위에 대한 범죄적인 방치, 하나님의 교회에 멤버십을 방해하는 모든 것, 여기에 "정의가 물처럼 흐르고, 공의가 강력한 하수처럼 흘러야 한다." 오늘날 세상의 도덕적 악의 대부분은 의심할 여지없이 땅에 속하여 죽어 있고 또한 죽어가는 교회들에서 의로움에 관한 훈련의 부족이 원인일 것이다.

신약성서 교회는 말씀을 존중하는(Word-hornoring) 교회이다. 오순절 교회는 "이러한 것들이 과연 그러한가?" 하여 성경을 살펴본다. 오순절 교회는 쉽게 살 수 있는 방법을 보여주는 세속적인 목회자를 바라보지 않고, 어떻게 의롭게 살 수 있는지 배우기 위해 하나님의 말씀을 바라본다. 오순절 교회는 "성장하도록 세워줄 수 있으며", 또한 "성화된 자들 가운데 기업을 얻게 하는" 하나님의 은혜의 말씀을 구하고 순종하며 기뻐한다. 따라서 말씀은 비난의 도깨비불, 광신과 동족의 위험으로부터 구해주고, 하나님의 말씀을 무시하고 대신 꿈, 환상, 감명받음, 열정, 육적인 상담, 재정으로 대체시키는 사람들을 파괴한다.

신약성서 교회는 하나님이 만드신 교회이다. "주께서 구원 얻는 사람을 날마다 더하게 하시니라"(행 2:47). 오직 하나님만 사람을 당신의 교회로 연합시킬 수 있으며, 하나님은 오직 구원받는 사람만을 연합하신다. 이것은 이름하여 구원받지 않은 사람들의 무리들은 그리스도 교회의 한 부분이 될 수 없다는 것과 세례나 교회에 참석하는 것이 그리스도께 오는 것을 대신하는 것이라고 생각하는 어리석은 짓은 착각이며 함정이라는 것을 확증한다. 가짜 교회들은 사람들이 자신들과 연합하도록 부추긴다. 참된 교회들은 사람들로 하여금 그리스도를 주목하게 하는데, 그리스도만이 당신의 몸으로 사람들을 가입시킬 수 있기 때문이다.

신약성서 교회는 보편적인 교회이다. "하늘과 땅의 모든 족속에게 이름을 주신 분"(엡 3:15). 오순절 교회는 모든 지방과 환경, 땅 위나 아래에,

산 자나 죽은 자 가운데 중생한 자들로 구성된다. 그 회원들은 다양한 종파들에 속해서 죽더라도 모두 하늘의 출생과 시민권의 표를 갖는다. 그들은 곧 모두 서로 사랑하며 미리 준비된 영원한 처소인 대저택에서 그들의 아버지와 큰 형님과 함께 다시 하나되어 궁극적이며 나눌 수 없는 거대한 가족으로 모이게 될 것이다.

신약성서 교회는 박해받은 교회이다. "형제들아 너희가 그리스도 예수 안에서 유대에 있는 하나님의 교회들을 본받은 자 되었으니 그들이 유대인들에게 고난을 받음과 같이 너희도 너희 동족에게서 동일한 고난을 받았느니라. 유대인은 주 예수와 선지자들을 죽이고 우리를 쫓아내고 하나님을 기쁘시게 하지 아니하고 모든 사람에게 대적이 되어 우리가 이방인에게 말하여 구원받게 함을 그들이 금하여 자기 죄를 항상 채우매 노하심이 끝까지 그들에게 임하였느니라."(살전 2:14-16). 마귀는 오순절의 능력과 활동으로 채워진 참된 그리스도인과 참된 교회들을 증오한다. 그러므로 마귀는 그들을 침묵시키지 못하면, 언제나 그들을 대적하도록 자기의 모든 군대들을 집결시킨다. 마귀는 매우 영리한 대장이라서, 명목상의 신자들에게 탄약을 낭비하지 않는다. 가짜 교회들이 마귀의 표적이 되지 않는 이유는 그들이 마귀의 동지이므로 그들을 두려워할 이유가 없기 때문이다. 그러나 모든 시대의 오순절 교회들은 박해받는 교회들이었다. 혹 이것이 진실이 아니라고 생각한다면 성령과 불로 세례를 받고, 완전하게 거룩함을 받으라. 또한 죄인들이 진실로 참으로 중생되고 신자들이 온전히 성화되는 공격적인 운동을 이끌라. 지속적으로 확실하게 이런 목적을 위해서 사후관리(after-services)를 개최하라. 교회 위에 성령이 내려오셔서 사람들이 오순절의 기쁨으로 울고 웃고 소리 높여 외칠 때까지 인내하며 견디라. 이렇게 하는 모든 사람들은 이 문단의 내용이 참되다는 것을 경험으로 알고 있다.

그들은 교회를 기뻐한다. 그들은 "자신들의 재산을 잃는 것을 기쁘게 받아들였고," 또한 그들이 하늘의 신랑과 함께 고난 받는 자로 여김 받는 것을 기쁨으로 생각하였다. 부족하고 겉치레하는 교회들은 이렇게 행동할 수 없으며 오히려 의무를 회피하고 비난과 반대에는 불평한다.

신약성서 교회는 기도하는 교회이다. 반대에 직면하고, 난처해지고 박해받을 때 오순절 교회는 어두움의 능력이 흔들리고, 감옥 문이 터져 나가고, 적들이 굴복되고, 쇠사슬이 끊어지고, 사탄이 패할 때까지 기도했다. 기도는 하나님의 참된 교회의 가장 강력한 무기이다. 오순절 교회는 무릎으로 날아오르는 법과 "분노와 의심 없이 거룩한 손을 높이 들어" 전쟁에서 싸우기 위해 전능함을 끌어오는 방법을 안다. 그 교회의 기도 모임은 능력의 장소이다. 교회의 주방은 가난한 자들을 먹이는 용도 외에는 필요 없다. 오순절 교회의 믿음의 기도는 병자를 치유하고, 유혹받는 자를 인도하며, 죄인을 회개시키며 믿는 자를 성화시키며 교육하고, 재정적인 골칫거리라는 산을 옮기고, 극복하기 어려운 장벽 같은 홍해를 가른다. 가짜 교회들은 모든 것을 정복하는 이러한 기도의 능력이 결핍되어 있다. 참된 교회는 공격당할 때 무릎으로 날아오르지만, 약한 교회는 계속 두려워하는 상태로 있고, 가짜 교회는 논란과 타협에 의지한다. 기도 없는 사람은 능력 없는 사람이다. 영적인 능력은 학식 있는 설교에서 나오는 것이 아니라 무릎 위에 서 있는 교회에서 나온다.

하나님의 오순절 번갯불

신약성서 교회는 철저히 조직화된 교회들이다. 성령의 인도 아래 오순절 교회들은 승리를 위해 준비되고 조직되었다. 각 사람은 온전한 몸의 건강을 위하여 자신의 적당한 은사를 활용하였다. 하나님의 소명 받은 여자들이 설교하고 예언하며 증언하는데, 인간적 전통에서는 배우지 못한 사람들이지만, 하나님의 일에서는 지혜롭다. 하나님은 약한 자들을 선택해서 강한 자를 당황하게 하시고, 강한 자들이 하는 일이 약한 자들의 일을 무효로 만들지 못하게 하신다.

신약성서 교회는 충성스러운 교회이다. 하나님의 지도자들과 그분이 임명한 대리인들 모두에게 충성한다. 오순절 교회는 그들을 환영하고 순종하며 후원하였다. 그 교회는 복음 사역을 자유롭게 유지하기를 거부하는 인색하고 불충성하는 것에는 낯설었으며, 마지못해 억지로 하지 않고 오히려 기쁜 마음과 자원하는 마음으로 내어주었다. 하나님께 불충성하는 자칭 교회들은 신자들의 충성을 요청할 수 없다. 교회는 하나님과 그분의 말씀에 충성해야만 하고, 그에 상반된 모든 것에는 불충성해야 한다. 한 사람이 예수 그리스도와 성령과 하나님의 말씀과 또한 동시에 교회의 한 멤버로서 교회에 충성할 수 없다면 무엇인가 교회에 잘못된 것이 있다는 것을 나타내는 것이다.

신약성서 교회는 유배(exile) 교회이다. 오순절 교회는 위로부터 태어났으며, 이 세상에서는 순례자이자 이방인이다. 그의 고향은 하늘에 있고 그의 안식처는 이곳에 없다. 오순절 교회는 이 세상의 방식을 따르지 않는다. 야만인들 중에 있는 선교사와 같이, 그는 조국의 관습을 유지하고 돌아가기를 기대하면서, 오순절 교회와 마찬가지로, 그의 거룩한 구속자처럼 반역하는 세상에 속한 자들이 아니라 왕족의 구성원으로서 관습, 방식, 법을 유지한다. 세상에 있을 때에는 잠깐 동안 그의 임무를 할 수 있는 시간을 갖는 것뿐이다.

신약성서 교회는 일하는 교회이다. 오순절 교회는 그리스도인의 노동을 매우 폭넓게 대치해온 현대의 죽은 행실에는 전혀 낯설다. 우리가 듣기에, 하나님의 영광을 위해 공적으로 건설되는 병원이 아니라, 실제로는 일부 부유한 사람의 칭찬을 위한 것이다. 그리스도인 노동은 겉만 번지르르하게 바느질된 겉옷을 부유한 회원에 대한 과세를 줄이려고 최고 입찰자에게 판매하는 자선단체들이 아니다. 강연 단체나 음악 리허설, 여성행진대(broom drills), 그리고 퀼트 단체(crazy-quilt socials) 등도 아니다. 이러한 뻔뻔한 놈들은 아직 태어나지 않았다. 교회의 사역은 예수를 믿음으로 시작되었고, 주님을 위한 순수한 사랑으로 실행되었다. 이는 맨발의 오순절 교회를 가시가 많은 언덕에 오르게 하고, 뱀이 들끓는 골짜기로 내려가게 하고, 더위와 추위, 지독한 가난, 불과 칼을 무릅쓰고, "몇 사람을 구원하려고 모든 사람을 위하여 모든 것"이 되었다. 이것은 오늘날도 꼭 같이 동일하다.

신약성서 교회는 증언하는 교회이다. 강력한 아마존처럼, 오순절에 발생한 증언의 물줄기가 전 세계로 흘러나갔다. 집에서 해외에서, 사적으로나 공적으로나, 친구들이나 적들 가운데, 그 교회의 멤버들은 온전히 구원하는 예수의 능력에 대해 말하기를 멈추지 않았다. 어떤 오순절 설교자들도 불 세례 받은 증거자들을 억압하려고 했다는 기록은 없다. 오늘날 교회들이 벙어리됨은 대부분 교회들이 죽은 상황임을 확인시키는 것이

하나님의 오순절 번갯불

다. 타락한 교회들에는 원초적인 증언들을 대신하는 많은 대체물들이 있다. 성경 인용, 선포된 설교에 대한 논평, 정치적인 열변, 시련과 환란에 대해 말하는 것, 욕구와 해결안을 채택하는 것, 권면 등은 죄로부터 구원하는 예수의 능력을 증언하는 것과 온전히 성화시키는 성령의 자리를 차지하게 되었다. 그러나 하나님은 그 속임수를 간파하여 거절하시고, 또한 그렇게 행동하는 범인 외에는 누구도 속지 않는다. 체험적인 구원이라는 주제에 대해 벙어리 된 교회는 죽은 것이며, 아무리 적극적이라 해도 그 교회는 오순절 계통이 아닐 것이다. 영적인 파상풍은 영적 죽음을 확실히 드러내준다. 오순절적 체험은 언제나 오순절 증언이라는 꽃과 열매를 맺는다.

신약성서 교회는 타협하지 않는 교회이다. 오순절 교회는 공적으로나 사적으로, 일반적으로나 개인적으로, 세상, 사람, 또는 마귀와 연합하지 않았다. 이 회원들은 말로만 "이 세상의 헛된 화려함과 영광을 포기하지" 않았고, 그래서 고도로 세속적인 패션으로 차려입지 않았으며, 따라서 그들의 삶에서 맹세를 어기지 않았다. 하지만 저 공적 종교가 행하는 거짓말이 세례라는 신성한 의식의 보호 아래 지속적으로 발생하고 있다. 우리는 초대교회에서 단 하나의 아나니아와 삽비라를 읽었다. 그런데 그들의 피는 무서운 추수의 씨앗이 된 것 같다. 얼마나 허황되고 위선적인 조롱인가! 바알은 이런 식으로 예수 그리스도에게 향을 피우고, 그곳에서 자칭 주님의 사역자들은 사역을 한다! 어떤 정직한 영혼이 그 잘못에 대해 항의하고 지적하면, 그의 목소리는 마치 에베소에서 그 마을 서기관이 조용하게 진정시킬 수 없었던 대적의 폭동처럼 항의와 변명의 소동에 빠져

버린다. 오순절 교회의 사역자들은 누구도 세속적인 비밀의식을 집행하지 않는다. 현대판 "에베소서의 다이아나"가 요구하는 정당정치나 사회적 영향력이나 인기는 그 어떤 것도 그리스도의 왕국의 원리에 대한 오순절 사역자들의 충성에서 단 하나의 철자(i)라도 바꾸는 이유가 될 수 없다. 세상적인 타협의 방식들, 즉 돈을 늘리기 위해 또한 오락과 즐거움을 위해 오늘날 많은 교회들에서 열리는 정기적 대회들은 그때는 모두 알지 못했던 것들이다. 바울이 어느 세력 있는 이교도가 "재정적으로 큰 도움이 될 것"이라는 이유로 또한 교회에 "사회적인 지위"를 줄 것이라서 그를 공식적인 위원(Official Board)으로 임명했다고 상상해보라. 지금 보여지는 복음의 빛을 저지하는 현대의 속물들은 그 당시 정직한 이교도들보다 몇 만 배나 더 악하고, 오늘날의 방법들은 여전히 다방면에서 이교도들에게 교회의 멤버십과 공적 지위를 준다. 진실로, 오순절의 헌법(규약)은 침해되고 하나님을 기쁘시게 하지 못하며, 또한 주님의 재앙이 그러한 결탁에 내려질 것이다. 베드로가 "그의 영향력을 넓히기" 위해 또한 자신과 가족들의 "요구가 채워지도록" 도움이나 보호를 얻으려고 어떤 세속적인 단체와 연합하는 것을 상상해보라. 그럼에도 현대판 베드로 지망자들이 광범위하게 동일하게 행동하고 있다. 그러나 그들은 다음과 같은 점에서 오순절 베드로와는 전혀 다르다. 그들은 하나님을 향한 베드로의 열정과 자기 희생의 정신과 구원에 대한 확신과 성령을 붓는 것과 병자를 치유하는 능력과 또한 많은 이들이 자랑스런 예루살렘에 타오르는 부흥의 약속된 불을 내려오게 하는 능력이 결핍되어 있다. 오순절의 영역에서 어떤 사도들이 "넥타이 사교단체"(Necktie Social)나 "노래하는 해골(singin' skule)"이나 "미친 사교단체(Crazy Social)"들을 그들의 강연에서 시작이나 마침에서 순서를 준 적이 있는가? 아니면 "그들이 대가없는 후원자가 될 것에 대한 희망"으로 그 발표들을 따른 적이 있는가? 잠자는 교회들의 자칭 사도들은 어찌나 자주 이렇게 하는지. 반면, 얼마나 적은 이들이 확신과 용기를 가지고 "아니요"라고 하고, 얼마나 적은 이들이 그들의 백성들에게 사탄의 거짓과 하나님의 황금의 차이를 가르치는지 모른다. 사실 우리는 이런 일을 하는 데 무감각해져 있음이 틀림없다. 많은 곳에서 이런 식의 무감각이 화산 폭발을 일으켜 설교가를 변방 갈멜산과 같은 곳에 보내 버리는데, 그곳에서 그는 바알신에게 굴복하지 않은 유일한 한 사람으로 스스로 느끼도록 시험당할 것이며, 그곳에서 그의 청중들은 모기, 진드기, 그리고 소나무 그루터기 같은 것들이 되어 버릴 것이다. 하나님께서 간섭하셔서 이고니온의 바울에게 하신 것처럼 당신의 신실한 종을 좀더 공정하고 쓸모있는 곳으로 이끌어 가지 않으시는 한 말이다. 우리는 교회보다 세속적인 제도들에 더 많은 시간과 돈을 들이는 멤버들은 오순절 교회들에 없다고 들었는데, 이는 그들이 세상을 따르지 않고, 오히려 하나님의 완전하시고 선하시고 받을 만한 뜻을 알기 위해 그들의 마음을 새롭게 함으로 변화를 받았기 때문이다. 그러므로 "타협 없음"(no compromise)은 모든 오순절 그리스도인들의 이마에 성령으로 인친 것이다. 그러한 인장은 숙박 장소에서 찍히는 것이 아니다. 극장이나 교회의 소동에서 받는 것도 아니다. 비록 이러한 장소들에는 받은 인장은 속히 말라 버리지만 지극히 높으신 분의 비밀 장소인 기도의 제단에서 오순절 세례라는 불타는 인증의 보호를 받는다.

오순절 교회의 멤버들은 한 몸으로 모두 세례를 받았다. 그들은 모두 사랑의 금줄로 함께 묶여졌다. 하늘의 불이 그들 마음 가운데 분파의 장벽을 세우는 이유를 대지 않도록 육욕의 불순물을 태워 버렸다. 바울주의자, 요한주의자, 베드로주의자는 너무 미미한 소수의 성화되지 못한 사람들이기에 새로운 교파를 시작할 수 없고, 그렇게 분리시키는 신조라는 철의 장벽은 아직 세워지지 않았다. 결점과 개인적인 차이들은 모두 완전한 사랑의 아름다운 잔디 아래로 깊이 묻혔다. 이는 오순절 항구에서 출발된 교회였다. 이 교회가 금방 타락하여 사도시대에서조차도 분열이 나타났고, 지금 이 시대와 이전 시대의 종파들로 되었다. 우리 모두는 "한 마음"이 되도록 강력하게 권고 받고 있다. 오순절에서 이러한 큰 기적이 일어났는데, 그것은 하나님의 교회 안에 있는 그분의 뜻과 능력이 영원하다는 징표였다. 이러한 특권과 요구에 대한 비관적인 논평은 결국 사탄이 현시대 교회를 분열케 하는 시끄러운 당파싸움이 된다.

신약성서 교회는 대망하는 교회이다. "그러나 우리의 시민권은 하늘에 있는지라 거기로부터 구원하는 자 곧 주 예수 그리스도를 기다리노니"(빌 3:20). "우리의 생명이신 그리스도께서 나타나실 그때에 너희도 그와 함께 영광 중에 나타나리라"(골 3:4). "그리고 목자 장이 나타나실 때, 너희는 시들어버리지 않는 영광의 면류관을 받을 것이다"(벧전 5:4). 황홀해하는 신부가 자신의 결혼날과 신랑이 앞으로 계속 함께하며 영원히 교제할 것을 예상하는 것과 마찬가지로, 그녀는 행복한 성혼을 고대한다. 지금은 믿음으로 주님이 그녀의 마음 안에 거하지만, 그러나 그때는 마음과 눈으로 그분을 보게 될 것이다. 지금은 그분을 향한 그녀의 사랑과 공간

하나님의 오순절 번갯불

이 연약함으로 인해 제한을 받지만, 그때에는 완전한 마음과 영혼 그리고 몸으로 주님과 같이 되고, 주님을 사랑할 수 있으며, 그리고 전과 다른 방식으로 그분을 섬기고 기뻐할 것이다. 그래서 "주님이 오실 때까지 전념하여" 스스로와 다른 것들을 준비하면서 그분이 명령하신 대로 끊임없이 재림을 기다리고 있다. 사탄은 교회로부터 이 예복을 훔치려고 필사적으로 노력해 왔으나 실패하였다. 가짜 교회들은 누덕누덕한 더러운 예복을 입고 주님을 만나는 것이 몹시 두려워서 그분의 오심을 비웃는다. 오순절 교회들은 "그분의 나타나심에 대한 영광스러운 소망" 안에서 늘 기뻐한다.

신약성서 교회는 승리하는 교회이다. "내가 이 반석 위에 내 교회를 세우리니 음부의 권세가 이기지 못하리라"(마 16:18). 지옥을 제외하고, 이 땅과 교회 내적인 반역자들의 반대를 당당하게 극복하면서, 교회는 "모든 대적이 사라지고 그리스도가 진실로 주가 되시는" 때까지, 승리로 휩쓸도록 예정되었다.

신약성서 교회는 피로 산 교회이다. "하나님이 자신의 피로 사신 것"(행 20:28)이다. 그분은 십자가에서 자신의 피를 흘림으로써 무한한 값으로 교회의 자유를 사셨다. 이렇게 그분은 교회에 대한 사랑을 나타내셨고, 영광스러운 부활로서 주님의 능력은 교회를 그 자신과 같게 만드실 것이다.

신약성서 교회는 확고한 기초 위에 세워졌다. "보라, 내가 한 돌을 시온에 두어 기초를 삼았노니 곧 시험한 돌이요 귀하고 견고한 기촛돌이라 이것을 믿는 자는 다급하게 되지 않으리라"(사 28:16). 그리스도의 교회는 그리스도 자신 위에 세워진다. 그러므로 어떤 폭풍도 교회를 흔들 수 없고, 또한 어떤 지진도 교회를 요동치게 할 수 없다. 마귀와 그의 거짓 설교자들이 오순절 교회에 반대하여 날조한 모든 거짓은 "일소"되고, 또한 주님의 모든 대적들은 물에 빠진 수많은 쥐들처럼 은신처 밖으로 범람할 것이다. 대환란의 "넘치는 재앙"이 다가오는 동안, 악한 자들이 그 끔찍한 징벌의 심판 아래 짓밟힐 때, 하나님의 구원받은 교회는 하나님의 기초 위에서 흔들림 없이 안전할 것이다.

신약성서 교회는 영감을 주는 부흥으로 축복받을 것이다. "오직 여호와께서 네 위에 임하실 것이며 그의 영광이 네 위에 나타나리니 나라들은 네 빛으로 왕들은 비치는 네 광명으로 나아오리라 네 눈을 들어 사방을 보라 무리가 다 모여 네게로 오느니라 네 아들들은 먼 곳에서 오겠고 네 딸들은 안기어 올 것이라 그때에 네가 보고 기쁜 빛을 내며 네 마음이 놀라고 또 화창하리니 이는 바다의 부가 네게로 돌아오며 이방 나라들의 재물이 네게로 옴이라"(사 60:2-6, 60장의 균형을 보라). 오순절 교회는 부흥하는 교회이다. 이 시대의 부흥들은 필시 휴거 때까지 지속적으로 증대되어서 천년왕국 통과하는 동안에 모두를 회심시키고, 성화시키는 능력의 사이클론으로 땅을 휩쓸 것이다.

신약성서 교회는 세계의 주권을 갖게 될 것이다. "너를 섬기지 아니하는 백성과 나라는 파멸하리니 그 백성들은 반드시 진멸되리라"(사 60:12). 이 예언은 아직 성취되지 않았다. 지구상에는 그리스도의 교회를 섬기는 나라가 없으며, 그분의 왕 되심조차 인정하지 않는다. 그러한 일들이 심판받고, 의로움을 기뻐할 자들을 위한 자리가 만들어져야만 한다.

신약성서 교회는 위로받는 교회이다. "무릇 시온에서 슬퍼하는 자에게 화관을 주어 그 재를 대신하며 기쁨의 기름으로 그 슬픔을 대신하시고 그들이 의의 나무 곧 여호와께서 심으신 그 영광을 나타낼 자라 일컬음을 받게 하려 하심이라"(사 61:3). 이와 같이 하나님은 그의 지속적인 현존과 보호로 교회를 위로하시고, 또한 교회의 모든 대적을 이기는 영광스러운 승리의 약속으로 위로하시는데, 마침내는 다가오는 천년 왕국에 참여함, 즉 천상화 된 땅에 대한 영원한 소유, 그리스도와의 공동주권에 참여하는 것과 세계 경영에 참여함에서 완성된다.

앞의 사실들로부터 분명한 것은 신약성서에 묘사된 교회와 오늘날 교회라는 이름을 따르는 많은 단체들 사이에 커다란 간격이 존재한다는 것이다. 다음은 몇 가지 차이들이다.

모든 교회에 세속적이지 않은 구성원들이 있겠지만 그들이 교회를 지배하지는 않는다. 그러나 거짓 교회들은 구성원들에 의해 지배된다. 보이는 교회의 참된 가지들은 그리스도를 최고의 권위로, 성령을 그분의 대표자로, 하나님의 말씀을 그들의 인도자로 인정한다. 가짜 교회들은 위원회, 컨퍼런스, 추기경, 교황을 그리스도의 위치에 대치하고, 성령을 무시하며 신조에 맞게 성경을 뒤틀고 인간의 견해를 하나님의 말씀으로 대치한다. 참된 교회는 성결과 성경 진리의 보호자이지만, 가짜 교회는 "불결한 새들"의 새장으로, 그 악취가 공기를 오염시키고, 그 오류와 더불어 지구의 극한 지역까지 날아간다. 참된 교회는 하늘로부터 태어났으나, 가짜 교회는 땅에서 났다. 하나는 사람을 구하기 위한 생명선이지만, 나머지는 사람을 유인해서 멸망시키는 죽음의 덫이다. 흰 옷을 차려입은 참된 교회는 그리스도와 함께 영원히 다스릴 것이다. 그러나 가짜 교회는 교황 제도나 혹은 타락한 개신교의 딸의 모습이든지, 하나님이 "주님의 입의 말씀과 주님 오심의 빛으로" 태우실 것이다. 가짜 교회들은 바자회, 축제와 놀이에 열려있지만 오순절 부흥에는 닫혀있다! 그들은 하나님을 기쁘시게 하는 사역 대신 사람을 기쁘게 하는 섬김을 추구하고 후원한다. 그들은 성화에 대한 설교보다 에세이와 강의를 더 좋아한다. 그들은 예수 그리스도 안에 있는 것보다 사회적인 지위를 더 영광스러워하고, 체험적인 구원보다 문화와 대학의 커리큘럼을 더 중요시한다. 그러한 것들은 하나님께 악취가 되고, 사탄이 지옥을 희생자로 채우는 함정이다. 오늘날 대다수의 교회와 달리 오순절 교회는 사교 클럽이나 드레스 행진이나 놀이 단체나 레스토랑이나 문학 단체가 아니었고 오히려 하나님이 그분의 백성을 구원하고 양육하려고 교회를 통해서 일하시는 곳이었다. 이렇게 하지 않는 "소위 교회"들은 죽어 있지만, 오히려 그들은 자신들이 살아 있다고 주장한다. 그들의 거짓된 가식은 심판 때 벗겨질 것이고, 거기에서 거짓된 교회의 믿음 없는 관리자들과 구성원들은 그들이 배반한 신뢰의 하나님과 그들이 속여 왔던 잃어버린 영혼들을 만날 수밖에 없다.

다음의 의무와 특권은 그리스도 교회의 참된 구성원 모두에게 해당된다:

교회를 경멸하지 말라. "너희가 먹고 마실 집이 없느냐? 너희가 하나님의 교회를 업신여기고 빈궁한 자를 부끄럽게 하느냐 내가 너희에게 무슨 말을 하랴 너희를 칭찬하랴 이것으로는 칭찬하지 않노라"(고전 11:22). 모든 조직을 걷어차고, 그들의 불경건한 삶을 교회에 떠맡김으로써 교회를 경멸하는 사람, 교회에 독소가 되는 교훈들을 먹이거나 또는 구원받지 못한 사람들로 채우려고 하거나 또는 세속적인 오락과 코믹한 즐거움으로 교회를 망신시키는 사람들은 왕 중의 왕과 그분의 배우자인 신부 모두에게 심한 모욕을 주는 죄를 짓는 것이다. 교회의 적들은 다음의 경고를 기억하라! "만일 누구든지 하나님의 성전을 모독(파괴)하면, 하나님이 그를 멸하실 것이요". 여기에서 하나님의 성전은 영혼을 가리키며 개인과 교회 모두에 존재하는데, 태만이나, 거짓된 교훈 또는 박해로 인해 사람들은 이와 같이 "멸망하고" 그럼으로써, 하나님이 징벌인 번쩍이는 번개를 불러들인다.

교회에 관한 신자의 특권과 의무는 평범하다. 하나님은 그분의 뜻을 정직하게 구하면, 모든 환경에서 하나님 자신이 하시는 것을 보여주실 것이다. 만일 당신이 그리스도의 참된 교회의 가지라면, 그곳에서 하나님을 성실하게 섬기라. 만일 당신이 하나님의 교회라고 기만하는 일종의 가짜 연합에 속해 있다면, 그렇게 하면 안 된다. 만일 당신이 그곳을 변화시킬 수 없다면, 그때는 스스로 살아있는 나무의 참된 가지인지를 확인하라. 하나님은 그분의 백성이 시간이나 돈을 사탄의 거짓을 뒷받침하는 데 낭비하기 원치 않으신다. 기도하라. 현명하고 경험 있고 충성된 하나님의 자녀들에게 상담하라. 하나님은 모든 사실을 아시므로 당신의 길이 하나님께 완전하게 헌신되어 있는지를 아신다. "주님이 너의 발걸음을 인도하실 것이다." 하지만, 하나님의 참된 백성 가운데 드러난 음탕함과 위조화폐로 인하여, 사탄으로 하여금 당신이 그런 이유로 교회를 포기하게 만들지 않을까 주의하라. 반역자가 승선하였더라도, 참된 사람들이 담당하는 선박은 반역자들이 소유하고 조종하는 선박과는 엄청나게 다르다. 모든 조직들을 매도하면서, 또한 그 조직에 참여하지 않는 사람들을 배척하는 군중은 최소한 진정한 신부의 주된 표지 중 하나를 결여한 것이다. 하나님이 다스리는 각 구성원들은 자신의 행동 과정을 결정해야 한다. 만일 자신이 판단하지 않는다면, 누가 이것을 할 것인가? 고용된 목회자가 하는가? 거짓 교회를 보호하는 세속적인 기관의 구성원들이 할 수 있는가? 그러한 판단은 모든 자유로운 도덕적인 행위자의 특권이며, 이것은 교회도 국가도 그로부터 빼앗을 수 없는 하나의 권리이다. 인간은 이러한 원리를 개인적으로 정치적 정당들에 적용하고, 같은 원리로 교회에도 적용해야 한다. 이러한 권리를 빼앗는 자는 자기 스스로를 교황으로 세우는 것이다.

교회를 확장하라. "예루살렘아 내가 너를 잊을진대 내 오른손이 그의 재주를 잊을지로다. 내가 예루살렘을 기억하지 아니하거나 내가 가장 즐거워하는 것보다 더 즐거워하지 아니할진대 내 혀가 내 입천장에 붙을지로다"(시편 137: 5,6). 그러므로 참된 교회의 구성원은 교회의 번영을 위하여 기도하고 계획하며 그들의 "가장 큰 즐거움"보다 교회를 더 좋아하고, 교회의 선한 일을 위해 그들 자신의 개인적으로 선호하는 것들을 기쁘게 희생한다. 엉터리 구성원들은 개인적인 유익이나 승진을 위하여 교회의 유익을 이기적으로 희생시킨다.

교회에 호소하라. "네 형제가 죄를 범하거든 가서 너와 그 사람과만 상대하여 권고하라 만일 들으면 네가 네 형제를 얻은 것이요 만일 듣지 않거든 한두 사람을 데리고 가서 두세 증인의 입으로 말마다 확증하게 하라 만일 그들의 말도 듣지 않거든 이방인과 세리와 같이 여기라"(마 18:15-

17). 위에서 말한 방식대로 조정할 수 없는 회원들 간의 이견을 해결하는 것은 교회의 의무이다. 이러한 명령을 무시하고 세속적인 법정으로 가는 것은 잘못이다.

교회를 먹이라. "하나님의 교회를 먹이라"(행 20:28). 사역자들은 이와 같이 교회의 생계를 위탁받았다. 교회에 독이 들었거나 희석된 음식을 먹이거나 굶주리게 하는 사람은 교회와 자기 자신을 위험에 처하게 하는 것이다.

교회를 위해 기도하라. "예루살렘의 평화를 위하여 기도하라"(시 122:6). 참된 교회의 회원들은 교회가 최고로 번영하도록 기도하고, 단지 물질적인 번영만이 아니라, 오히려 "점이나 주름 잡힌 그러한 것이 없도록," 교회의 "구원이 타오르는 램프처럼 뻗어나가도록 하기 위한 것이다."

> "예루살렘을 위하여 내 눈물이 떨어지고,
> 교회를 위하여 기도를 올려 드리네.
> 내 염려와 수고가 드려지고,
> 염려와 수고가 끝날 때까지.

교회를 사랑하라. "예루살렘을 사랑하는 자는 형통하리로다"(시편 122:6). 그리스도는 교회를 너무나 사랑하셔서 교회를 위해 자신을 주셨으며, 또한 그 구성원들 역시 동일한 사랑을 가졌다. 아버지가 주님을 세상에 보내신 것처럼 그렇게 주님도 그들을 보내셨다.

당당한 성과 강력한 성벽으로

타의 추종을 불허하며 유일한,

수많은 신성한 노래의 주제로 사랑받는

하나님의 거룩한 도시는 빛났네.

"이렇게 공평이 시온에 자리하였으며,

온 땅의 영광이어라.

그러나 더 공평하고, 완전한 힘으로

그리스도인의 성전이 섰도다.

"각 나라와 시대의 충성된 자들

이 영광스러운 교회를 세우네.

바위에 세워진, 무의미한 분노와

위협하는 폭풍우가 부네.

비록 대적의 무리가 두렵게 해도,

그리고 모든 약하고 힘없는 팔이

전능자를 대적해도,

두려워 말라.

너의 하나님은 너의 요새이시다.

해리 아우버(Harriet Auber)

　-이 장에 대해 보다 더 자세한 주제들을 살펴보고 싶으면 셋 리스(Seth C. Rees)가 쓴
"이상적인 오순절 교회"(The Ideal Pentecostal Church)를 보라. 50센트이다.

　　　　　　　　　　　　　　　하나님의 오순절 번갯불

〈반석 위에 세운 집, 모래 위에 지은 집〉

오순절 설교자들(pentecostal preachers)

오순절 설교자들은 왕의 명령만을 듣네,
비록 원수들이 모든 수단을 동원하여 온 땅에 일어나
왕에게 도전을 할지라도.

비록 왕을 배신하도록,
맹렬한 불꽃이 오순절 설교자들의 발을 태우려 해도,
이들은 모든 고통을 고상하게 물리치고,
승리를 갈망하리.

그러나 오순절 설교자들의 울부짖음은 겁에 질린 통곡이 아니리.
저 높은 곳에 계신 하나님께 충성을 바치는 맹세이며,
용감히 싸우다 죽음으로 향하려는 결의이리라.

사람들과 악한 영들이 격노케 하고,
모든 지옥이 자신들의 악한 권세자들을 끌어모을 지라도,
그러나 모든 세대를 거쳐 여전히,
오순절 설교자들은 충성을 증명하리.

오순절 설교자들이 땅에 엎드려질 때,
모든 사람들에게 울려 퍼지는

하나님의 오순절 번갯불

구세주의 부르심을 들으리:
"나와 함께 다스리리라."

곧 임할 그의 나라에서,
오순절 설교자들은 왕의 권세를 함께 누리며,
거기서 영원토록 영광 중에 다스리리.

제12장

오순절 설교자
Pentecostal Preachers

성경은 오순절 전도자들의 초상화로 가득한 앨범으로써, 우리 연구에 필요한 자료들이다. 앞으로 전개될 내용은 이 십자가 영웅들의 특권과 자격과 인격에 초점을 맞추는 것이다.

오순절 설교자들의 관점은 필자에게 영감을 주었다. 그리고 필자는 이 글을 읽는 모든 진실한 설교자들에게도 영감을 줄 것을 바라고 믿는다. 또한 이 글을 읽은 모든 사람들의 마음에 그리스도의 사역자들에 대한 더 큰 사랑과 강력한 충성심을 심어 줄 것이라고 믿는다. 그리고 다음 장에서 보게 되는 "배교한 사도들"의 특성과 그리스도 사역자들의 특성을 분별하는 것에도 도움이 될 것이다.

하나님은 오순절 시대에 그분의 모든 목회자들이 오순절 경험을 소유할 것을 요구하신다. 지혜로운 계명! 영광스러운 특권! 그 빛 속에 살아가는 사람들은 표시를 갖고, 이로써 더욱 커다란 축복을 공유한다. 목회자들의 인격과 자격은 오순절의 불이 처음 떨어졌을 때나 지금이나 동일하다.

오순절 설교자들은 거룩하게 부름 받은 설교자들이다. 오순절 설교자들은 장사하는 사람들처럼 사역을 선택하지 않고, 오히려 일꾼이 자신의 연장을 고르는 것처럼 하나님이 그들을 선택하신다. 그들은 하나님의 사역을 성취하기 위해 거룩하게 선택된 도구들이다. 그들은 이를 알고 있으며, 이것이 그들에게 확신과 겸손을 불러일으킨다. 즉 확신은 그들의 "충만함이 하나님께 있다."라고 느끼기 때문에, 겸손은 그들이 자신들만으로는 그 사역을 절대 성취할 수 없다는 것을 알기 때문에 주어진다. 자칭 목회자라고 하는 사람들은 준비되지 않고 선택받지 않은 도구들로서, 그들은 스스로 주인의 무리에 들어가고자 한다. 오순절 설교자들은 하나님이 부른 사람들이다. "이 존귀는 아무도 스스로 취하지 못하고 오직 아론과 같이 하나님의 부르심을 받은 자라야 할 것이니라"(히 5:4). "사람들에게서 난 것도 아니요 사람으로 말미암은 것도 아니요 오직 예수 그리스도와 그를 죽은 자 가운데서 살리신 하나님 아버지로 말미암아"(갈 1:1). 하나님의 부르심이 없다면, 그는 스스로 부른 것이거나, 친구의 부름일지도 모르고, 어쩌면 교회의 부름일 것이다. 그런 자들은 성경이 말하는 오순절 설교자가 아니다.

오순절 설교자들은 그리스도의 위임받은 설교자들이다. 예수께서는 친히 베드로와 요한과 바울을 부르신 것처럼 그의 모든 참된 설교자들에게 사도의 직분으로 개인적인 부르심을 주신다. 이처럼 삼위일체 안에서 둘째 위격은 신성한 신뢰와 책임을 부여하기 원하시는 자들을 선택하는 데 있어 첫 번째 위격과 연합하신다.

오순절 설교자들은 성령이 보증하는 설교자들이다. 성령이 말하기를 "내가 불러 시키는 일을 위하여 바나바와 사울을 따로 세우라"(행 13:2). 성령 자신이 교회를 통해 아버지와 아들의 부르심을 드러내기 때문에, 모든 참된 사역자들은 그의 부르심에 대한 삼위일체의 권위를 갖는다.

오순절 설교자들은 교회가 위임한 설교자들이다. 하나님은 언제나 당신의 진리를 선포하도록 부르신 자들을 교회가 인정할 수 있도록 인도하신다. 죽은 교회주의가 진정한 그리스도 교회의 자리를 빼앗을 때에는, 교회주의는 하나님의 설교자들을 인정하지 않는다. 반면 그분의 참된 신부인 교회는 언제나 그들을 인정한다.

신약의 모든 설교자들은 이러한 승인을 받았고, 가시적인 교회와 조화롭게 일했으며 교회에 복종하였다.

그때와 마찬가지로 지금도 오순절 설교자들은 호의적이며 한결같다. 만약 하나님의 참된 사람들이, 이 모든 사실과 함께 성스러운 직무에 대한 사역자의 은사를 인정할 수 없다면, 그는 스스로 잘못 알았거나 혹은 그 사역의 때가 아직 이르지 않았음을 확신하는 가운데 있는 것이 나을 것이다.

오순절 설교자들은 신성한 자격을 갖춘 생산품들이다. "저가 또 우리로 새 언약의 일꾼 되기에 만족케 하셨으니 의문으로 하지 아니하고 오직 영으로 함이니 의문은 죽이는 것이요 영은 살리는 것이니라"(고후 3:6). 참된 오순절 설교자는 자만심에는 죽고, 다만 하나님의 충만에 대해서는 더욱 성장해 간다. 그는 "자만심"(big head)을 갖는 대신에 큰마음과 전능하신 하나님에 대한 믿음을 갖는데, 그분은 각 시대의 이세벨과 바리새인과 헤롯과 산헤드린 모두를 합한 것보다도 훨씬 더 크신 분이시다. 또한 오순절 설교자는 하늘과 땅 그리고 그 가운데 있는 모든 것을 지으신 하나님을 안다. 하나님은 수많은 죄, 지옥에 갈 운명의 반역자, 죄인들 중의 대장이라도 구원하시는 능력으로 돌아오게 하셨고, 용서하셨으며, 성령으로 세례를 베푸시고 그 성령의 선물을 주셨다. 그리고 하나님의 영적인 왕국의 "유능한 사역자로 만드셨다." 이런 이유로 모든 오순절 설교자들은 특별한 사역, 즉 태양이 창조되지 않은 영적인 세계를 비추도록 하여 사람들을 따뜻하게 만드는 일을 위한 하나님의 창작품이다.

그리스도는 그의 모든 사역자들을 "사람을 낚는 어부"로 만들 것을 약속하신다. 돈이나 영향력, 또는 후원을 낚는 어부가 아니라, 사람들 자체

하나님의 오순절 번갯불

를 낚는 어부다. 도덕적인 훈련이나 정신적인 문화는 어느 것도 이런 하나님의 창조에 영향을 줄 수 없다. 하나님은 반드시 그렇게 하셔야 한다. 그렇지 않으면, 그 사역자는 헛되이 낚시질하게 될 것이다. 그분의 눈부신 미끼가 물고기를 겁줘서 도망가게 할 것이다. 이는 그 사역자가 하나님이 만드신 어부가 아니든지, 혹은 그가 잡은 것이 변화되지 않은 속물이나 형식주의자의 "나쁜 것"이 된다면, 그 물고기들이 아무리 큰 인물이라 하더라도 "버림받아" 마땅할 뿐이다(마 13:47).

오순절 설교자들은 회심한 설교자들이다. 그리스도는 그들을 "참 포도나무의 가지들", "세상으로부터 선택된 자들", "천국에 이름이 기록된 자들"이라고 선언하셨다. 그들은 주님을 따르기 위해 "모든 것을 버림으로", 순종함으로, 반세속적으로, 그리고 성결에 대한 타는 목마름으로 그들의 구원을 증거하였다. 성결은 오순절의 기도 다락방에서 열흘 동안 열정적으로 머무르며 회개와 씨름하도록 그들을 이끌었다.

회심하지 않고, 세속적이며, 인기를 추구하고, 성결을 회피하고, 성화와 싸우며 반대하는 수많은 선포자들과 얼마나 비교되는가. 오순절 설교자들은 항상 죄를 저버리고, 세속을 등지며, 마귀와 대적하고, 영혼을 얻으며, 성결을 사랑하고, 하나님을 증거하고 성화를 추구하는 중생이라는 견고한 기초를 갖는다. 이러한 경험이 없는 설교자들은 지푸라기로 만든 집이나 그림 같은 것인지도 모른다. 다만 빠져드는 모래와 진흙에 기초를 둔 선포자는 무너져서 스스로 지옥에 떨어지는 것뿐 아니라 그가 속인 피해자들도 함께 끌고 내려간다. 끔찍한 광경이지 않은가! 공포스런 운명이다!

오순절 설교자들은 성령세례를 받은 설교자들이다. 그들은 오순절 이전에 건강하게 회심하고, 다락방에서 성령의 선물을 받았다. "믿음으로 그들의 마음을 정결하게 하고", "하나님의 모든 충만함"으로 채움받은 설교자들은 "모든 것 안에서 충만함으로" "모든 선한 일에 풍성했다." 모든 오순절 설교자들은 이런 세례를 소유한다. 이 세례를 갖지 못한 사역자는 단련되지 않은 거친 날을 가진 낫처럼 곡식을 얻는 것보다 더 많이 잃어버리는 자이다.

오순절 설교자들은 온전히 성화된 설교자들이다. 온전한 성화는 예수가 그를 믿는 자를 위해 성령과 불로 세례를 주실 때 일어나는 역사이다. 그들은 이러한 성화를 받았고, 이 역사를 증언하고 선포하였다. 때때로 그리스도의 사역자들이라고 스스로 공언하는 자들에게서 들려오는 성화에 대한 야유와 조롱은 사도적 설교자들 가운데서는 있을 수 없는 일이다. 이런 식으로 그들은 자신들의 공언이 거짓이며, 그들이 지옥의 협력자임을 광고하고 있다.

온전히 성화된 존재가 되기 전에 강단에 급하게 올라가는 사역자들을 성서는 보증하지 않는다. 교회의 가장 큰 통치자로부터 그를 따르는 모든 이들에게까지 일반적으로 주어진 명령은 온전화 성화를 받기까지 "기다리라"는 것이다. 그래서 사도들은 그렇게 해석했다. 그렇지 않으면 오순절은 단지 곰팡내 나는 필사본에서 온 연속 강의가 되었거나, 또는 복음적 예배로 통하는 현대의 많은 희극들과 마찬가지로 패션쇼나 뮤지컬이 되었을 것이다.

불이 붙지 않은 성냥으로 램프에 불을 붙이려는 것은 어리석은 일이

하나님의 오순절 번갯불

다!

만일 내 벽난로 안에 불이 없다면 어떻게 다른 이들을 따뜻하게 할 수 있는가?

만일 내 자신이 복음을 받지 않았다면, 다른 이들에게 어떻게 해야 받을 수 있다고 말할 수 있겠는가?

만일 내가 약을 검증하지 않았다면, 어떻게 약을 권할 수 있겠는가?

만일 내가 책임을 회피한다면 어떻게 내가 다른 이들을 순종하라 가르칠 수 있겠는가? 오순절 설교자들은 그 약속된 능력을 받기까지 정직하게, 끈질기게, 공손하게, 실제로 기다렸다.

비록 그들이 3년 동안 그 스승으로부터 온전히 직접 가르침을 받았다 해도, 그 약속이 성취되기까지 기다리지 않고 전쟁터로 달려 나갔다면 그들은 얼마나 어리석은 자들이었겠는가. 온전한 성화를 부여받는 것이 유일한 성공의 보장이었으며, 그것이 없었다면 그들은 다만 절망적으로 실패할 수밖에 없었을 것이다.

그들은 그런 어리석음과 죄의 희생물이 되지 않을 만큼 아주 지혜로웠다. 그러나 지금도 수천 명의 사람들이 이 같은 일을 반복하고, 오순절의 부음받음을 대학 졸업장으로 대체하고 있다. 하늘 무기고 대신 종이 한 장으로! 하늘의 포병대 대신에 색칠한 장난감 총으로! 전능한 힘의 자리를 대신하는 한낱 인간 대행사들로!

그러한 장교들이 세상과 육신과 마귀의 공격으로 타락하고, 패배하여 병원으로 가게 되는 것은 전혀 놀랄 일이 아니다.

오순절 설교자들은 순종적이고 일관성이 있었으며 자신의 용광로가 강렬한 불로 타올라야 사람들을 따뜻한 온기로 이끌 수 있다는 것을 알고 있다.

오순절 설교자들은 목격한 것을 증거하는 설교자들이다. 우리 구원자께서 열두 사도들에게 주신 작별의 말씀은 선포하라는 것이 아니라, 기다리라는 것과, 또한 성령을 받으라는 것, 그리고 모든 다른 명령의 수행은 "증인됨"이 아니라면 소용없다는 것이었다. 이 책임은 그분의 사역자들에게 주어졌으며 절대 폐지된 것이 아니다. 이것은 사도적 선포자들에게뿐만 아니라, "온 땅과 모든 시대의 모든 사역자들"에게 대한 것이다. 교회의 최고 통치자(the supreme Head of the church)로부터 주어진 기본 명령이라는 관점에서 본다면, 보통 자주 일어나는 일처럼, 설교자들은 간증을 한 것(giving testimony)에 대해서 사과할 것이 아니라 증언을 생략한 것(omitting testimony)에 대해 사과해야 한다.

여기에서 의미하는 것은 "나에 대한 증인"(witness unto me)이 되지 않는 사역자는 누구라도 대 주교이신 주님의 가장 중요한 명령을 위반하면서 산다는 것을 말한다. 성령의 성결케 하시는 세례 없이는 그런 증인이 되는 것이 절대로 불가능하다. "오직 성령이 너희에게 임하시면 너희가 권능을 받고 예루살렘과 온 유대와 사마리아와 땅 끝까지 내 증인이 되리라 하시니라"(행 1:8). 첫째가 능력이고, 그 다음에 증거하는 것이 하나님의 순서이다. 그럼에도 이를 무시하는 죄를 범하는 사역자들이 때때로 신자들을 "교회에 불충성"한다는 이유로 비난하는 데 가장 앞장서고 있다. 그 신자들은 실상 교회의 여흥과 세속적인 위원회보다 더 높으신 그리스도께 충성하는 자들이다. 이러한 모순은 터무니없고 웃음거리가

하나님의 오순절 번갯불

되기에 충분하며 유다를 부끄럽게 할 정도로 배신적인 것이다. 이런 사람들은 아마도 곧 교회의 수장인 주님의 최고 감독권을 반대한 대역죄로 인해 그들이 상급법원에 기소된 사실을 깨닫게 될 것이다.

오순절 선포자들은 주인의 말에 주의를 기울이고, 성령 체험을 구하며 "현실을 무릅쓰고 온전한 성결을 전파한다." 그들은 회심하였고 그래서 회심을 안다. 그들은 전적으로 성결하게 되었고, 그래서 성결을 안다. 그들은 "알고 있는 것을 값없이 받았고", 또한 그러한 지식이, 그들이 현존하는 것처럼 그들의 존재의 한 부분이라는 것이 절대로 빈말이 아님을 안다. 이런 이유로 그들은 그 복음을 선포하는 것뿐 아니라 이 구원하는 능력을 증거한다. 바울은 다른 많은 사역자들처럼, 그의 설교단이 증언대(witness box)로 바뀌는 것에 대해 결코 사과하지 않았다. 강단에서 성령세례 받은 간증은 마르지 않는 샘인 구원의 교리들을 물줄기로 흘러 보내는 것과 같다. 이 둘은 필수적이다. 저수지는 물방아를 돌게 하지만 그 물이 방앗간으로 흘러가지 않으면 절대 곡식을 빻을 수 없을 것이다. 성령의 강력한 압력 아래에서 간증의 물길이 오순절에 사람들 위에 부어졌을 때, 그 부흥의 방앗간은 탈곡을 시작하였고 그 수천의 곡식이 영광스러운 구원의 경험으로 빻아져 들어가기까지 계속되었다. 사탄은 공개적인 반대와 열정 없는 학자들의 폭넓은 암시를 통해서, 또한 다른 수천의 방법으로 이러한 간증의 흐름을 멈추게 하려고 줄곧 애쓰고 있다. 오순절 체험이라는 이러한 은사를 소유했다는 사실에 엄청난 부담을 갖게 만든 것이다.

성화되지 않은 신자들은 맹목적으로, 그리고 중생하지 못한 교수들과 선포자들은 실랄하게 간증에 대해 반대한다는 표현을 자주하며, 자신들의 잘못된 상태를 노출시킨다. 많은 선포자들이 오순절 기준에서 너무 멀리 표류하게 되어 설교 중에 자신들의 경험을 언급한 것에 대해 거의 예외 없이 사과하는 상태까지 이른 것이다.

하지만 오순절 세례를 받은 사역자의 입에 재갈을 물리려는 시도는 나이아가라 폭포에 댐을 건설하거나 화산을 마개로 막는 것과 같다. 그런 일을 시도하는 자들은 그 흐름 속에서 익사하거나 불에 타버릴 것이다.

이 번갯불은 성결의 체험을 기다리지 않고 성결의 이론에 안주하는 사람들, "살아있는" 성결에 대한 사도적인 지혜보다도 그저 친절한 지적을 일깨우는 것 정도에서도 얼마든지 성결을 알 수 있다는 공상을 즐기는 사람들에게 떨어진다. 이 번갯불이 가짜 전문가들의 휘장을 불태우고, "옛사람"(old man)을 감전사시키고, 구원의 소나기를 내리게 하기를 구한다!

이 성령으로 세례 받은 간증의 다이너마이트를 가지고 무지한 크루 족 소년인 새미 모리스(Sammy Morris)는 10년 동안 천 명의 신학교 졸업생이 평생 동안 간증 없이 할 수 있는 것보다 더 많은 것을 하나님과 영혼들을 위해 이뤄냈다. 아무리 반짝인다 해도, 백만 개의 빙산이나 불타지 않는 수많은 횃불들보다 단 하나의 활활 타는 횃불이 더 많은 불을 일으킬 것이다.

경험이 없고 교육을 받지 못했더라도 오순절 설교자들은 수많은 신학 교수들이 할 수 없는 것을 해낸다. 즉, 그들은 중생과 온전한 성결에 대한 자신의 경험을 말할 수 있다. 이것은 이러한 경험 없는 모든 시대의 인간과 천사에 대해 배우는 것보다 더 가치 있는 것이다.

교회 안에서 배교의 징후를 나타내는 신호는 이러한 경험이 없는 사람을 관리자의 자리에 앉히고, 사역자로서 적합한 조건으로 오순절 경험이 아니라 대학 졸업장을 요구하는 것이다.

하나님은 구원의 경험을 말할 수 없을 뿐만 아니라 그 교리를 선포할 수 없는 사람들을 자신의 사역자로 원하지 않으신다. 그리고 만약 실제로 그러한 경험이 없다면, 말할 수 없다. 그러므로 그러한 사람들은 그 경험을 얻기 위해 시간을 갖거나 은퇴해야 할 것이다.

이러한 사실은 수많은 이들을 하나님 앞에 대면하도록 만들었다. 거기서 그들은 한 학생의 휘파람만큼이나 자연스럽게 간증한 내용을 발견하였다.

설교단에서 이 체험이 부족하다면 청중석에서는 이 체험의 결핍이 가중된다. 그렇게 되면, 하나님의 가장 강력한 군사력의 하나인 교회를 잃어버리는 것이다.

이 점에서 명백하게 실패한 자들이 높은 자리에서 영향력을 갖는 것은 다른 이들을 침묵하도록 하는 사탄의 도구이다. 어떤 사람은 심판 때 대면하여 해결해야 하는 무서운 장부(계좌)를 갖게 될 것이다. 이에 유명한 사례가 성서에 있다. 높고 낮은 자리에서, 강단에서 오순절 간증하는 것을 기뻐하는 사역자들의 하나님께 감사하라. 전능하신 하나님이 이들의 수를 증가시키신다!

오순절 설교자들은 온전한 복음을 선포한다. 단편적인 복음, 즉 완전하게 성화시키는 성령 세례와 불로 세례 받는 것을 꺼리는 것은 절대로 하나님이 의도하신 바가 아니다. 복음이라는 단어의 성서적 정의는 "구원에 대한 하나님의 능력"이다. 그러므로 성결 전파를 회피하는 자는 자신의 사역에 있어서 구세주께서 위임하신 것 중 가장 중요한 부분을 누락시키는 것이다. 사도행전 16장 18절에서 바울은 자신에 대한 사역자의 소명을 설명하면서 선포를 포함한다고 분명하게 밝힌다.

(1) 죄의 용서

(2) "그리스도 안에서 믿음으로 성화된 자들 가운데 있는 유산"을 받는 특권

모든 사도들은 자신들이 받은 위임에 대해 진실했다. 즉 예수의 피를 믿음으로, 성령의 능력에 의해 유전 죄로부터 완전하게 구원하는 영광스런 복음을 선포하고 기록하였다. 사도들은 확실한 기초를 놓았을 뿐만 아니라 금과 은과 성령세례라는 귀중한 돌로 성결한 교회를 세웠다.

고용인은 교회의 기초를 중생 대신에 교회에 참여하는 것, 물세례, 혹은 구원을 위한 다른 사역들과 같은 '모래'로 대치한다. 그리고 또한 성령과 불로 성화시키는 세례라는 두 번째 역사를 피하고 비웃는다. 예수께서 꾸짖었던 그들의 조상처럼 소경들의 눈 먼 인도자들은 하나님의 자비로 구출되지 못한다면, 눈이 먼 무리와 함께 죄와 불신앙의 "배수로에 떨어져" 영원히 계속 가라앉을 것이다. 하나님의 오순절 설교자들은 "순전한 마음과 흰 옷을 입고", 천국 자체의 광채로 빛나는 얼굴과, 하나님의 진리의 진동으로 울리는 목소리로, 승리하는 무리에 참여하며 완전한 사랑의 뷸라 언덕(Beulah heights)에 오른다. 또한 넘치는 기쁨 가운데 하나님이 주신 오순절 경험이라는 "젖과 꿀과 포도주의 잔치"에 참여한다.

오순절 설교자들은 성서적 설교자들이다. 예수님과 마찬가지로, 그들

도 자신들이 말한, 모든 진리에 대해 "기록된 것"을 갖는다. 설교자들은 그들 자신을 전하는 것이 아니라 말씀을 선포하도록 위임받았다. 말씀을 생각하거나 회피하거나 변명하지 않고 오직 말씀을 선포하는 것이다. 말씀의 능력에 대한 살아있는 해설자들은 말씀의 신성을 선언하고 더불어 증명한다. 사람을 예배하는 사람을 기쁘게 하고자 하는 정신으로 인간이 만든 복음을 읽는 인간, 그들이 만든 사역은 오순절 유형과는 아주 다른데, 그것은 마치 죽어가는 열병환자의 숨소리와 사이클론 폭풍의 차이와 같다.

복음 사역자는 천국 통치의 전령관(herald)이다. 사람들을 기쁘게 하거나 즐겁게 하는 데 목적을 두지 않고 오직 그들이 처한 위험과 탈출할 수 있는 유일한 길을 선포한다.

이러한 메시지를 다른 것으로 대치하는 사람은 사람들을 속이고 하나님을 배반하고 스스로에게도 끔찍한 파멸을 가져온다.

모조된 사역은 회중을 기쁘게 하고자 회중을 연구한다. 반면에 오순절 사역은 말씀을 연구하고 하나님을 기쁘시게 하는 것을 배우려고 하나님 앞에서 기다린다. 세상으로부터 받는 극심한 분노는 하나님이 계시하신 뜻을 선포하는 것에서 떠나는 것과는 비교할 수 없을 만큼 작은 것이다. 세상의 압박은 하나님의 메시지가 엄청나다는 사실을 다른 데로 돌리고 약화시키려는 세속적인 근거로부터 나온다. 만일 진리가 그들에게 부딪히면, 돈을 후하게 내는 집사는 눈살을 찌푸리고 세상을 사랑하는 장로는 초조하며 그 가족들은 저항할 것이다. 많은 오순절 사역자들이 단지 복음의 메시지에 충성했다는 이유로 떠나도록 강요받았다. 그러나 하나님은 그들에게 "빵과 물이 주어지도록" 돌보셨다. 오순절 선포자들은 자신들에게 위임된 거룩한 신뢰를 배신함으로 양심의 평화와 하나님의 자비를 잃는 것보다 차라리 기꺼이 목숨을 잃었다. 최후의 날이 도래할 때, 오순절 선포자들을 따랐던 사람들 모두는 그들의 충성으로 인해 약속된 보상을 만 배나 받을 것이다.

오순절 설교자들은 강력한 선포자들이다. 오순절 설교자들은 성령의 능력을 받았다. 그래서 비록 스스로는 약할지라도 "성령과 능력의 나타남"으로 복음을 선포한다. 그러므로 그들은 담대하게 말한다. "우리의 복음은 말로만이 아니라, 능력과 성령, 그리고 많은 확증들로 증거된다."

단순히 진리를 선포하는 것은 복음을 전파하는 것이 아니다. 난로에 석탄만 가득 채우는 것이 불을 지피는 것은 아니다. 마치 불이 석탄을 태우는 것처럼 그렇게 선포된 복음은 성령의 능력으로 흥분된 사람의 입술에서 진리를 타오르게 한다. 많은 사역자들은 복음의 난로에 진리의 석탄을 채우고 굴뚝을 탓하며 관을 손보면서, 그리고 이것이 복음을 선포하는 것이라고 상상하면서 일생을 보낸다. 아니다. 석탄은 불길에 던져 태워져야 한다. 그런 불을 점화하는 비밀은 오순절 다락방에서만 드러나는 것이다.

그것은 냉담한 사람에게 단단한 석탄 덩어리를 던져주고, 불을 활활 타오르게 지펴서 그들을 따뜻하게 하는 것이다. 어떤 설교자들은 강단을 사람들의 머리에 차가운 진리라는 거대한 덩어리를 던지는 석탄 투척 훈련장으로 바꿔버린다.

어떤 설교자들은 석탄을 예술적으로 칠하고 매 안식일마다 분석한다. 어떤 선포자들은 예술, 철학, 과학이라는 차가운 진주를 다루기 좋아한다.

어떤 선포자들은 현재의 선정적인 화제를 가지고 논다.

어떤 선포자들은 석탄의 생김새를 변증하고 신도들이 좋아하도록 석탄을 고치려고 한다.

오순절 선포자들은 석탄이 성령의 기름으로 흠뻑 적셔지고 높은 곳에서 온 불로 불붙는 것을 본다. 그래서 빛을 발하고 불꽃이 튀고 따뜻해지며 이끌려오고 놀라게 된다. 이 불은 교만한 바리새인을 태우고 얼음에 갇힌 속물적인 사람과 형식주의자들을 녹이며 천년왕국의 전령들을 불태운다.

이런 사역자들의 선포가 복음의 적들을 두렵게 하고, 반대편 모든 요새를 무너뜨리며 하늘과 땅과 지옥에 널리 전하는 사실은 하나님의 왕국이 기쁨과 오락을 위해 그려진 그림이 아니라, 오히려 하나님의 아들의 형상으로 만들기 위해 깨우고, 경고하고, 구하고, 녹이고, 형태를 만드시는 하나님의 음성이라는 것이다.

오순절 설교자들은 성결한 선포자들이다. 모호하거나 불명확한 것이 아니라 오히려 체험을 소유하고 또한 사람들이 그 체험을 소유하도록 촉구한다는 면에서 환희 밝히는 번개이다. 정확하지 않은 명사수는 더 이상 명사수가 아니다. 성서적 성결의 삶과 증거를 강요하지 못하는 모든 이들은 오순절 선포자들의 성서적 기준에 미치지 못한다. 고의적으로 그 기준과 싸우는 모든 이들은 무기를 무장하지 않는 귀족들처럼 성결에 대한 적들이다. 성결은 하나님과 그의 통치에 대한 충성이다. 그분의 나라에 대한 충성을 불가능하다고 선언하는 사람은 반역자이다. 성결이 불가능하다고 말하는 사람은 더 나쁜 사람이다. 그러한 거짓의 영들을 조심하라. 그 영들은 스스로 먹이고 입힌 하나님의 무리를 속여서 강탈하는 자이다. 이와 같이 예수는 바리새인들이 전파하는 것을 주의하여 듣고 다만 그들의 모범은 따르지 말라고 하였다. 거룩한 삶의 불가능성을 가르치는 사역자들의 선포를 주의 깊게 들으면 그들과 함께 지옥에 빠지게 될 것이다. 그 선포는 들어주지도 말고 지지하지도 말아야 한다. 다만 반대하고 폭로해야 한다. 최근의 야외집회에서 성결에 반대하였던 대적자는 담배의 노예로 밝혀진 것과 같이 성결에 대한 그들의 반대는 항상 공적인 죄나 사적인 죄에 뿌리를 두고 있음을 알 수 있다.

오순절 설교자들은 지혜로운 선포자들이다. 세속적인 지혜나 약삭빠름은 평범한 것이 아니다. 그것은 기필코 쾌락을 추구한다. 이것은 지혜가 아니고 다만 종교를 가장한 세속적인 정책일 뿐이다. 이것은 또 다른 옷을 입은 예수회주의(Jesuitism)이다.

오순절 설교자들은 아홉 가지 은사들 중 지혜의 은사를 소유하는데, 이 은사들은 성령께서 구령사업을 위해 충성스런 사역자들을 무장시키기 위한 것이다. "어떤 이에게는 성령으로 말미암아 지혜의 말씀을, 어떤 이에게는 같은 성령을 따라 지식의 말씀을, 다른 이에게는 같은 성령으로 믿음을, 어떤 이에게는 한 성령으로 병 고치는 은사를, 어떤 이에게는 능력 행함을, 어떤 이에게는 예언함을, 어떤 이에게는 영들 분별함을, 다른 이에게는 각종 방언 말함을, 어떤 이에게는 방언들 통역함을 주시나니"(고전 12:8-10). 이와 같이 그리스도는 그들을 지혜롭게 하신다. 그래서 그들은 그리스도의 거룩한 인도를 받으며 그들의 모든 적들이 부정하거나 저항할 수 없는 지혜의 입을 받는다.

이러한 신적인 은사의 결핍과 성령의 은사를 세속적인 정책으로 대신하는 것은 교회 안에서 불필요한 혼란을 일으킨다.

무한한 지혜의 도구를 소유한다면 그 지혜로 인해 우리는 육적인 계획에 의존하는 어리석음을 분별할 수 있게 된다.

그 지혜의 은사는 하나님께로 나지 않은 사람들과 많은 종류의 어리석음으로부터 구원받은 사람들이 함께 하나님의 교회를 세우려는 시도가 불합리하다는 것을 알 수 있게 한다.

지혜의 은사는 가장 지혜로운 방식으로 개인들에게 접근 할 수 있게 하며, 사람과 마귀의 술책을 면하게 할 수도 있다. 이 지혜는 학습이나 경험의 산물이 아니다. 오히려 이것은 사람의 능력을 조명해 주시고 하나님 자신을 위해 그 능력을 다루시는 하나님의 직접적인 은사이다. 이 도시에 사는 한 회심한 카우보이는 이 지혜를 소유하여 교육받은 수많은 그리스도인들보다 더 지혜롭게 영혼을 구원한다. 그러한 지혜를 통해서 초기 오순절 선포자들은 시기하는 유대인과 음모를 꾸미는 이방인들의 연합된 지혜를 앞질렀다. 그리고 그들의 왕국이 무너진 폐허 위에 겸손한 목수의 제국을 세웠고, 이 왕국은 영원히 설 것이다. 또 다른 실제적인 예를 들어보자면 하나님은 교만한 신학자의 손에 하나님 나라의 통치권을 절대로 주지 않을 것이며 앞으로도 결단코 주시지 않을 것인데, 이들은 하나님과 성령의 은사보다 자신의 두뇌를 찬양하는 사람들이기 때문이다.

오순절 선포자들은 의견이 맞지 않는 사람에게 섣불리 다가가기 보다는 진리를 성숙하게 포용하도록 안내했으며, 그래서 주의와 관심과 확신을 사로잡아 청중들이 그들이 전하는 구원의 메시지를 잘 들을 수 있도록 준비시켰다.

베드로가 오순절에 또한 고넬료의 집에서 그의 회중들에게 접근한 것, 바울이 아그립바 왕 앞에서, 또한 아테네에서 연설한 것과 그가 초기 회심자들에게 보여준 재치가 얼마나 다른지 주목해 보라. 바울은 노예와 같은 이들에게 전문용어들이 아니라 "성령의 은사"라는 형식으로 온전한 성화의 문제를 제시하였다.

방법의 다양성을 가진 이러한 지혜는 진리에 충실하며, 또한 계속해서 사람들과 마귀를 모두 놀라게 하고 무찌른다. 모든 오순절 설교자들이 겸손히 그러한 지혜의 필요성을 고백하고 공급받기를 구한다면, 이 지혜를 얻게 될 것이다.

오순절 설교자들은 각성케 하는 선포자들이다. 웹스터는 마귀가 자신의 뒤에 있다는 것을 느꼈기에, 사람들에게 설교하기를 원한다고 밝혔다고 한다. 그런 식으로 오순절 설교자들은 하나님의 메시지를 선포한다.

사람들은 오순절 설교자들 안에 있는 신적 배터리로 인해 그들에게 이끌려졌고, 그 다음엔 사람들을 뛰어 오르게 하는 하나님의 진리라는 전류로 인해 마음이 찔림 받아서 오순절 설교와 오순절 제단에서 그랬던 것처럼, 구원을 위해 "울부짖었다." 그들은 십자가와 부활, 회개, 죄의 용서와 완전 성화, 인간의 책임과 의무, 그리스도의 중보와 왕의 재림, 천국과 지옥, 그리고 심판을 선포하였고, 수천의 사람들이 떨며 회심하고 성화되었다. 오순절 선포자들은 모든 위대한 복음의 진리 안에 숨겨진 능력을 사용하여 사람들을 일깨워 회개하도록 하였고, 가장 험악한 상황에서

하나님의 오순절 번갯불

도 성공하였다.

그것은 웃으면서 말하는 짧은 설교가 아니다. 투박한 연설도 아니고 또한 입으로 하는 박식한 강의도 아니다. 오순절 설교자는 생생한 묘사나 일순간 반짝이다 사라지는 극적인 재미를 위해 세움받지 않았다. 오히려 죄를 도말하고 마귀를 멸망시키며, 영원한 왕국의 승리를 위해 성령의 번갯불을 던지는 것이다. 그 사역자의 임무와 능력의 원천은 그때나 지금이나 똑같다. 사탄은 그때만큼이나 단단하게 자리잡고 있으며, 그런 만큼 사역자와 탄약도 그때만큼 필요하다.

영적 전쟁의 열기 속에서, 우리가 하나인 것처럼 신적인 무기를 인간의 발명품으로 대신하는 설교자들을 위한 시간도 공간도 존재하지 않는다. 천상의 열과 빛, 폭탄과 다이너마이트, 그리고 전기적 번갯불은 오직 잠자는 교회와 죽어가는 세상, 그리고 타협하는 사역을 깨우고 죄의 선고와 성령의 회심과 성화를 가져올 무기이다. 오순절 선포자들은 천국의 전신갑주와 무기에 만족하며, 그 무기를 사용할 때 양해를 구하지 않는다.

박학한 주석가 갓비(W. B. Godbey)가 최근에 지옥에 관한 열 개의 시리즈 설교를 했다. 그때는 단지 몇 명의 즉각적인 회심자만 있었지만, 곧 이백 명이 회심하였다. 그리고 제이콥 냅(Jacob Knapp)과 동지들이 오순절 라인에 서게 되었다. 이러한 종류의 오순절의 확신에 찬 선포 없이는 오순절 회심과 성화가 불가능하다.

그러한 선포의 결핍이야말로 수많은 현대의 열매들이 작고 시들고 공허한 이유이며, 이러한 열매들은 교회-가입(church-joining)이라는 화려한 줄로 복음 나무라는 가지에 묶여있다. 사실 거기에는 달콤하게 숙성된 열매가 있어야 한다. 이런 식의 열매들을 묶어놓는 과정이 심지어 부흥으로 보고되고 있다! 그리고 이런 열매들을 가장 잘 묶어낸 사역자가 가장 위대한 부흥사다! (오순절 부흥 장과 오순절 회심의 장을 보라.)

오순절 선포자들이 이르렀을 때, 첫 번째 설교는 이러한 가짜 사과들을 털어버릴 것이며 나무가 복음의 열매를 맺기 전에, 우선 깨끗하게 되어야 함을 보여줄 것이다. 이러한 현상이 있기에 성령의 전도자와 목사들은 불분명한 집단들을 불신해야 한다. 오순절 설교자들은 성서적이고 오순절적인 각성을 주장하고 어느 누구의 방해에도 개의치 않고 각성케하는 진리들을 역설한다.

오순절 설교자들은 헌신된 선포자들이다. "하나님의 복음을 위하여 택정함을 입었나니"(롬 1:1). 그들은 복음 사역자로서 온전히 의무를 실천하는 것에 있어서 사업이나 사회 정치적인 얽힘이 끼어들지 못하게 한다. 만일 그들이 일시적으로 "천막을 짓거나" 책을 만든다면, 복음을 더 효과적으로 선포하기 위해서였다. 세상으로부터의 분리는 절대적으로 필요한 것이다. 그들은 하나님의 메시지를 받아야 하고 그것을 신실하게 선포해야 한다. 만약 어떤 사람이 군생활로 분리되지 않는다면, 좋은 군인이 될 수 없을 것이다. 마찬가지로 장애가 되는 구속들을 끊지 않는다면, 좋은 사역자가 될 수 없다.

오순절 설교자들은 신뢰받는 선포자들이다. "오직 하나님께 옳게 여기심을 입어 복음을 위탁 받았으니 우리가 이와 같이 말함은 사람을 기쁘게 하려 함이 아니요 오직 우리 마음을 감찰하시는 하나님을 기쁘시게 하려 함이라"(살전 2:4). 이들은 무한한 소유, 형언할 수 없는 가치로운 보물,

불멸의 광채를 발하는 왕관을 가지신 하나님이 신뢰하는 하나님의 진정한 사역자들이다. 그들은 영적인 녹을 씻어 윤을 내도록, 그리고 강도들로부터 지키도록 위임받았다. 즉, 신뢰하여 맡긴 것에 충성함으로써 사람들을 축복하고 하나님을 기쁘시게 하는 것이 그들의 유일한 동기이다. 하나님은 어떤 양도 경고 없이 늑대에 의해 멸망하거나 세상에 미혹되지 않도록 그들에게 돌보는 사역을 맡기신다. 진정한 설교자는 양들이 "하나님이 허락한 특권"이며 영광이 자신 위에 부여되었음을 느낀다. "복음의 사역자가 되려면 나는 무엇을 포기해야 하는가!"라는 소리들을 자주 하는데, 이런 병들게 하는 허튼소리에서 떠나라. 이 고귀한 소명에 대한 숭고한 관점을 갖지 못한 사람은 확실히 자기 자리를 놓친 것이다. 이러한 영광은 하나님이 선택한 사람들에게만 허락된 것이며 천사들이 틀림없이 즐거이 내려와서 그들을 지켜줄 것이다.

오순절 설교자들은 하나님이 기뻐하시는 선포자들이다. "사람들이 아니라 우리의 마음을 다해 하나님만을 기쁘시게 한다." 사역자란 오직 한 사람만을 기쁘게 하는 자이다. 바로 하나님이다. 만약 신랑의 인정을 받는 신부라면, 그 신부는 세상이 그녀를 어떻게 생각하든지 신경 쓰지 않는다. 하나님은 사역자의 신랑이다. 이 책을 쓰면서 나는 하나님을 화나게 하기 보다는 오히려 내 절친한 친구들과 모든 세상 사람들을 노엽게 하였다. 만약 내가 하나님의 미소를 소유하게 되었다면, 사탄은 분노하고 "사람들이 헛된 것을 상상하고 통치자들이 나를 반대하도록" 권고했을 것이다. 그 모든 것은 마치 금광을 소유하고 있는 사람이 동전 몇 닢을 잃는 것과 같다. 영광! 하나님이 기뻐하고 동시에 세상이 기뻐하는 선포자가 되는 것은 불가능하다. 반드시 둘 중 하나는 포기해야만 한다.

오순절 설교자들은 아첨하지 않는 선포자들이다. "너희도 알거니와 우리가 아무 때에도 아첨하는 말이나 탐심의 탈을 쓰지 아니한 것을 하나님이 증언하시느니라"(살전 2:5). 그들은 결코 거짓 선포자들의 속임수나 약한 선포자들의 실패에 의지하지 않는다. 모든 참된 선포자들은 하나님이 위임한 자들이다. 하나님은 그분의 보호와 지원을 보증하신다. 그러므로 그는 권력자에게 구걸하는 아첨꾼이 될 필요가 없다. 그의 때는 그의 손에 있는 것이 아니라, 오직 하나님의 허락하심에 달려있다. 한 사역자는 후원자의 손을 핥는 강아지가 아니라 하나님이 명령하시는 것과 그때와 장소에 소나기와 번개를 보내기 위한 전기폭풍이다.

오순절 설교자들은 영광을 추구하지 않는 선포자들이다. "사람들이 추구하는 영광"이 아니다. 또한 대중적 찬양의 영광이나, 신문의 악평, 통계학상 우위, "1등"의 약속은 그들의 관심 대상이 아니다. 사실 오순절 선포자들은 이런 수준이다. "이러한 영광"을 추구하는 선포자는 거품을 추구하는 선포자이다. 그러나 하나님의 영광을 구하는 사람은 황금의 세계를 발견할 것이다. 참된 선포자는 이것을 추구하고 발견한다.

오순절 설교자들은 온화한 선포자들이다. "오직 우리는 마치 보모가 그녀의 어린 아이를 돌보듯이 당신들 가운데서 친절하다." 이런 사역자들은 주님의 마음을 품는다. 영적인 간호사인 그들은 자신에게 맡겨진 사람들을 소중히 돌본다. 따라서 참을성 있고 부드럽고 친절하며 온화한 사역자는 자신들에게 맡겨진 사람들의 필요에 봉사한다. 비록 깨뜨리고 강탈하며 파멸시키는 영적인 도둑들과 강도들에게는 무서울지라도, 하나님의 자녀들에게 그 선포자들은 최대한 간절히 사랑하는 보모와 같이 더 부드럽고 친절하며 온화하다. 폭풍 구름처럼, 한 면은 번갯불이고 또 다른 면은 햇빛이다.

오순절 설교자들은 거룩한 선포자들이다. "여호와의 기구를 메는 자들이여 스스로 정결하게 할지어다"(사 52:11). "내가 거룩하니 너희도 거룩할지어다"(벧전 1:16). 양 무리들에게 성결하라고 요구하려면 목자는 더욱 성결해야 한다. 하나님은 결코 성결하지 않은 선포자를 계획하지 않으셨다. 옛 섭리에서조차도 성결은 요구되었다. 성결치 않은 복음 사역자는 충성하지 않는 애국자만큼 커다란 모순이다. 만약 선생님이 불충하다면 학생에게 무엇을 기대할 수 있겠는가? 어떤 장군이 미치지 않고서야 충성함이 없는 부하에게 일을 맡기겠는가? 그렇다면 어떻게 하나님이 그의 군사들을 경건하지 않은 사람에게 맡기겠는가? 경건치 못함은 하나님께 불충이다. 오순절 사역자들은 거룩한 남자들과 여자들이다. 왜 몇몇 사역자들은 "명예박사"(D.D)를 자랑스러워하고 하나님의 거룩함이라는 주제를 부끄러워하는가?

오순절 설교자들은 겸손한 목사들이다. "곧 모든 겸손과 눈물이며 유대인의 간계로 말미암아 당한 시험을 참고 주를 섬긴 것과"(행 20:19). 그들은 자신들이 위대한 하나님의 연약한 요원(agent)일 뿐이고 구원은 전적으로 하나님께 있으며 그의 영과 은사와 보호하심이 없다면 완전히 실패하고 지옥으로 빠질 수밖에 없음을 깨닫는다. 이와 같이 하나님께 의지하는 관점이 그들을 겸손하게 한다. 겸손은 영적인 위대함을 드러내는 표시이다. 오순절 사역자들은 결코 거만하거나 오만하지 않다. 그들은 거만한 칭호와 번쩍이는 휘장, 또한 격조 높은 스타일, 공작 같은 과시를 경멸하고, 또한 개인적으로 악의적인 평판보다는 무명을 더 좋아한다. 그들의 왕은 본능적으로 겸손한 가정이나 고독한 산으로 달려가셨다. 단지, 전쟁터에 있어야 할 때에만 예외였다. 하나님의 왕국은 "이 세상"에 있지 않다. 세상의 모든 유행과 왕좌와 왕관은 속히 부서지고 썩는다. 그러나 하나님의 왕국은 태양 빛보다 더 밝게 영원히 빛날 것이다. 그리고 그 왕들과 제사장들에게 지상의 빛나는 영광은 톱밥보다 못한 것이다. 겸손은 하나님이 그들의 왕관에 박아 넣은 별들 중 하나다. 그것은 단지 부하고 가치 있고 반짝이기만 한 장식과 천박한 색깔을 가진 땅 위 모든 시대의 영광보다 더 가치 있다. 이 반짝이는 보석은 그리스도의 참된 사역자를 꾸며준다.

오순절 설교자들은 명확한 선포자들이다. 그들이 쓰는 언어는 빛처럼 명료했다. 그들은 위선적인 말과 말솜씨에 치중하는 것, 에둘러 말하기와 까다로운 비판에 대해 진리를 왜곡하는 어조로 굴종하는 협잡에 매이지 않는다. 그들은 분명하게 죄와 파멸, 그리고 지옥과 색욕과 심판에 대해 말한다.

오순절 선포자들은 주님과 동일하게 사람들 앞에서 가면을 벗기고, 사람들로 하여금 "선포자들이 그들 자신들에 대해 말하는 것이 무엇인지를 인지할 수 있게 한다." 그들은 성서와 역사에 대한 언급으로, 또한 모두에게 친숙한 비유로 진리를 설명한다. 그래서 누구도 그 진리의 의미를 놓치지 않게 한다. 그들은 추상적인 신학자들이 자기중심적인 의견들을 과장하는 그런 자만하는 공허한 수다에는 전혀 관심이 없다. 그들은 "엄청나게 과장된 허영의 말"을 하기 때문이다.

오순절 설교자들의 능력은 정신문화를 의존하지 않는다. "그들이 베드로와 요한이 담대하게 말함을 보고 그들을 본래 학문 없는 범인으로 알았다가 이상히 여기며 또 전에 예수와 함께 있던 줄도 알고"(행 4:13). 신학자들에게는 유감스럽고, 바리새인들에게는 당혹스럽게도, 기독교의 기초를 놓은 사람들은 대학을 나온 사람들이 아니었다는 것이다. 하나님은 당시의 박사들 중에서 그의 후계자들을 선택할 수도 있었지만 그들을 본체만체했다. 지상에서 알려진 최고의 학위와 교육받지 못한 노동자들을 비교하여 그의 영원한 성전의 기초로 교육받지 못한 노동자들을 선택하셨다. 열한 명의 교육받지 못한 사람들과 오직 한 사람의 학자가 그리스도께서 친히 세우신 첫 번째 회의의 비율이었다. 이것은 성령세례가 결핍된, 학위 받은 사람들을 교회에 앉히고자 고집하는 영에 대한 불같은 책망이다. 그것은 무식한 사람이 되라는 것이 아니라, 다만 천국의 건축이나 기초는 인간의 지식에 의존하지 않음을 보여주려는 것이다. 하나님은 강함을 부끄럽게 하려고 세상의 약한 것을 선택하셨다. 갈릴리 어부들의 정신문화를 빌미로 사역자들에게 대학 졸업장을 요구하는 것에 찬성하는 논제로 만들려는 학자들의 순진한 시도는 실패한다.

비록 교육받지 않았을지라도, 오순절 설교자들은 학자들을 가르쳤다. 장로들과 서기관들이 대학 과정이라는 공허한 빨대를 통해서 유한한 지식을 흡수하였다면, 인간의 학식에 대해 배우지 못한 이들은 마르지 않는 위대한 샘에서 생수를 마셨다. 그리고 하나님의 무한한 바다에서 너무나 충만하기에, 이런 비통하고 공허한 박사들은 "그들의 지식을 가리켜, 그들이 예수와 함께 있었다는 것"을 고백할 수밖에 없었다. 오늘날 투박하고 교육받지 못한 많은 설교자들이 도시 전체의 교육받은 학자들보다 더 많이 영혼들을 하나님과 성결로 이끈다.

오순절 설교자들은 교육받은 선포자들이다. 이 세상의 지식이 아니라 더 지혜로운 세계의 지식이다. 그리스어에 뿌리를 둔 통달함이 아니라, 세속성의 심연과 복잡한 뿌리를 정복하는 것이다. 물질세계의 철학이 아니고, 영적인 것에 대한 것이며, 구원계획과 영혼을 구하는 과정에 대한 지식이다. 즉, 학교에서 배우는 화학이 아니라 죄인을 성자로 바꾸고, 영적인 어두움을 영광스러운 빛으로 바꾸는 화학이다. 별이 있는 하늘의 천문학이 아니라 모든 보이는 것들이 사라졌을 때, 누구의 별이 빛날 것인지를 연구하는 천문학이다. 지상의 들, 숲, 꽃들에 국한된 식물학이 아니라 불라 랜드(Beulah land)의 "계곡의 백합화"와 나무들, 식물들, 꽃들이 누구의 소유이며 어떻게 분석해야 하는지를 연구하는 식물학이다. 학교에서 연구하는 지질학이 아니라 "영원한 반석"을 찾기 위해서 발굴하고 불로 연단한 금을 소유하는 것이다. 농업의 현대적인 시스템을 말하는 것이 아니라 마음의 황갈색 땅에 씨를 뿌려서 영원한 수확을 준비하는 농업이다. 그래서 시대의 환상을 깨는 것으로, 그들은 "무지하고 교육받지 못한 사람들"이지만, 그러나 "합의를 거친" 지식으로, 세상에서 자랑스러워하는 학위 목록을 초월하여 전진하였다.

오순절 설교자들은 담대한 선포자들이었다. "빌기를 다하매 모인 곳이 진동하더니 무리가 다 성령이 충만하여 담대히 하나님의 말씀을 전하니라"(행 4:31). 사랑은 모든 노예적인 공포를 몰아내었고, 그들은 "사자들

　　　　　　　　하나님의 오순절 번갯불

처럼 용감"했다. 이러한 담대함으로 그들은 교회의 명예와 최고 권위의 법정에서 살인자를 책망하고, 산헤드린 공회의 고발 앞에서 담대하게 말할 수 있었다. 그런 책망을 하고서 결국은 그들에게 자신들의 생명을 내어주었다. 계속적으로 권위들과 권력들, 세상과 지옥의 모든 권세들에 맞서는 동안, 오순절 선포자들에겐 두려움이 조금도 없었다. 그들은 봉급이나 지위, 또는 교회의 특권과 명성을 상실하는 두려움으로 푯대를 포기하거나 바리새인과 기회주의자들을 즐겁게 하거나 분노를 진정시키거나 가려운 귀를 진정시키기 위해 그들의 메시지를 부드럽게 하지는 못할 것이다. 그들은 교회의 모든 주권자들과 국가들보다도 하나님을 기분 상하게 하거나 실망시키는 것을 백만 배 이상으로 더 두려워한다.

오순절 설교자들은 자발적인 선포자들이다. "우리는 보고 들은 것을 말하지 아니할 수 없다 하니"(행 4:20). 오순절 선포자들의 마음에는 샘처럼 복음이 계속 흘러 넘친다. 그들은 복음의 흐름을 억제하거나 멈출 수 없고 또한 복음을 선포하지 않을 수도 없다. 그러므로 "반드시 해야 하는" 의무가 "하고 싶은" 기쁨으로 바뀌었다. 선포는 더 이상 끌고 가야 하는 짐이 아니라, 오히려 추진력 있는 전기 모터가 되었다.

오순절 설교자들은 불의 불꽃들이다. "그는 그의 천사들을 바람으로, 그의 사역자들을 불꽃으로 삼으시느니라" (히 1:7). 옛 섭리의 마지막 위대한 선포자인 요한은 불타고 "반짝이는 불빛"이라고 거룩하게 불렸고, 바울은 "이방인의 빛"이라고 불렸다.

모든 오순절 사역자는 정의(definition)를 넘어서는 하나의 확증이다. 거짓된 불이 아니고 수사학적인 불도 아니며 하나님과 더불어 타는 불이다. 기름에 흠뻑 젖어 불이 붙은 이파리 하나가 머지않아 온 숲을 불붙게 할 것이다. 사역자는 작은 잎이다. 성령의 기름부음을 받아 흠뻑 젖어서 하나님에 의해 불타오르는 잎이다. 그 불은 곧 퍼져나가서 죄의 나무들 가운데서 영광스러운 부흥의 큰 불이 된다.

하나님은 오직 하나님으로 흠뻑 젖어 하나님을 열망하는 잎이 되고자 원하는 자들과 하나님의 뜻이 있는 곳 어디서든 성령의 강풍으로 태어난 수백만의 선포자들을 원하신다.

오순절 선포자들은 모세의 불타는 떨기나무의 잎과 같이 그렇게 불타오르지만 결코 소멸되지 않는다.

오순절 설교자들은 박해받는 선포자들이다. 오순절 선포자들은 항상 지독한 박해의 대상들이다. 박해는 복음 사역자들의 일을 방해하려는 사탄의 노력이며 자신의 왕국으로 끌고 오지 못하는 자들에게 손해를 입히려는 앙갚음이다. 그러한 손해에 영향 받지 않는 선포자들이 포도나무에서 찍혀 떨어지거나 적은 보상을 받지는 않을 것이다. 오순절 선포자들은 끊임없이 사탄의 군대를 억류하고, 아군을 무장시키고, 사탄의 음모를 밝혀내어서, 사탄의 특별한 증오를 불러일으킨다. 전쟁터에 있는 사람들은 총탄소리를 들을 뿐만 아니라 총 맞을 가능성도 많다. 오순절 박해자들 진영이 존재하는 장소라면, 결코 휴가란 없다. 박해는 오순절 사역자의 영향력을 가늠하도록 하는 척도 중의 하나다. 박해가 없다면 오순절 능력도 없다는 것이 하나님의 나라의 규칙이다.

박해에 대한 불평이나 분개는 오순절 경건이 부족하다는 표지다. 성령 충만한 사람들은 박해에 대해 거의 말하지 않으며 절대로 불평하거나 보

하나님의 오순절 번갯불

복하는 태도를 갖지 않는다.

오순절 설교자들은 승리한 선포자들이다. 하나님은 그들을 지원하실 뿐만 아니라, 승리를 주신다. 오순절 선포자가 굶주렸다는 기록은 어디에도 없다. "빵을 주시고, 물도 역시 허락하셨다." 산헤드린이 그들을 체포했으나 이것은 단지 그들에게 복음을 선포하도록 신이 주신 기회였다. 또한 공의회의 집행인들은 오순절 선포자들이 "예수와 함께했다는 것"을 인정할 수밖에 없었고 그들을 처벌할 이유를 찾지 못했다.

사도들이 "감방"에 들어갔을 때 "믿는 자들의 수가 약 오천"이었다. 어떤 충성된 장군이 하룻밤에 오천 명의 죄수들을 잡을 수 있다면, 또한 적들을 패배시키고 그 총포를 내리친다면, 기꺼이 가두지 않겠는가?

그러므로 그들은 그들을 사랑하시는 하나님으로 인해 "정복자를 능가" 하였음이 분명하다. 그들의 좌우명은 "승리"이고, 그들은 지상과 지옥의 혼합된 반대자들의 면전에서 하나님이 승리를 주실 때까지 외친다. 그 승리는 완전히 불리한 상황을 확실하게 정복하기 위해 승리롭게 그들을 실어 나르는 마차로 변화된다. 그들에게 있어 그때까지의 체포, 패배, 감옥, 죄수복과 죽음 모두는 승리를 향해 가는 징검다리다.

비록 그들을 반대하는 죽은 교회중심주의의 문들은 닫힐지라도, 새 예루살렘인 "그리스도의 신부"가 내려온다. 새 예루살렘의 문은 목사들과 사람들에게 밤낮으로 열려 있어서 그들을 맞아들여 영원히 서로 섬기고 외칠 수 있게 할 것이다.

사탄은 그들이 피워놓은 불을 끌 능력이 없다.

큰 도시가 불타는 것을 멈추게 해야 한다고 상상해 보라. 사용가능한 모든 소방차들이 즉시 그 현장에 투입된다. 물이 많으면 불을 빨리 끌 수 있을 것이다. 그런데 갑자기, 어떤 비밀한 샘이 촉발되어 모든 호스의 물이 석유로 바뀐다! 곧바로 불은 승리의 날개를 타고 엄청나게 타오를 것이고 온 도시를 위협할 것이다!

이것이 인간의 마음 안에, 그리고 가정과 교회들 안에 있는 성령의 불의 모습이다. 마귀는 즉시 화제경보를 울리고, 불을 끄려고 가능한 모든 호스를 동원할 것이다. 마귀의 소유는 파멸되었다! 사탄의 최고의 종들 중 일부는 패배했다! 그 펌프는 작동되었고 비평과 추방, 그리고 박해라는 찬물이 사방에서 꽤 흘러나왔다! 그러나 보라! 비밀스러운 샘이 터졌고 물이 기름으로 바뀌었다. 기름은 불이 잘 타오르도록 하여 하나님의 사람들을 "극도로 기쁘게 하고," "기쁨으로 뛰어오르게 한다." 그것은 스데반이 변화되었을 때, 베드로와 요한이 산헤드린 앞에 소환되었을 때, 야고보가 살해당하고, 베드로가 투옥되고, 헤롯이 하나님을 괴롭힐 때 일어났다.

그러므로 하나님은 사람들과 마귀들의 분노를 유발시켜 하나님 자신의 영광과 하나님 백성들의 선을 위해 일하게 하신다. 그분을 영원히 찬양하라!

만약 하나님이 우리와 함께하시면 누가 우리를 대적할 수 있는가?

오순절 설교자들은 비정규적인 선포자들이었다. 교회의 규정이 하나님이 계시하신 의무와 오순절 설교자들 사이에 세워졌을 때, 그러한 규정들이 유기적인 그물망을 끊었다. 그리고 존 웨슬리가 선포를 제한하라는 브리스톨의 주교의 명령에 "사람들보다 오직 하나님께만 순종하라."라고 대답했던 것처럼, 모든 비슷한 상황에 처한 선포자들에게 이러한 선례는 고

하나님의 오순절 번갯불

무적이다.

케케묵어서 쓸모가 없는 법률에 대한 충성은 그것이 아무리 많은 사람들, 대사장처럼 높은 사람의 머리에서 나온 것이라 해도 하나님께 대한 불충성이다.

오순절 선포자들은 하나님의 말씀, 하나님의 영, 하나님의 아들이신 최고 권위자를 항상 인식한다. 이렇게 하는 것이 종교적인 무정부상태라면, 이와 유사한 사람들인 다니엘과 세 친구들, 사도들, 존 웨슬리, 피니, 윌리엄 부쓰, 그리고 지금 성자로 칭송되는 수많은 사람들이 "무정부주의자"였다. 오순절 선포자들은 의식주의나 성직자의 영향력과 재산보다 무정부상태를 더 좋아했다. 어떠한 이유에서건 반대와 억압으로 고난 받는 모든 사람들은 오순절 시대의 형제들처럼 즐거이 승리하는 은혜를 소유할 수 있다는 사실이 기쁘다.

오순절 설교자들은 회개를 선포한다. 하나님이 타락한 자들에게 전한 가장 위대한 메시지는 회개다. 비록 자신의 머리를 값으로 치렀지만, 세례 요한도 그것을 선포했다. 그래서 예수와 그의 사도들도 선포했고, 그리고 위임받은 일에 진실했던 모든 사역자들도 선포했다. 거짓된 회심은 틀림없이 회개가 결여된 것이 이유일 것이다. 그것은 완전히 회개하지 않고, 죄를 가지고 하나님의 나라에 들어가려고 노력하고 믿기 때문이다. 구원의 조건으로써 죄에 대한 진정한 회개를 선포하지 않고 역설하지 않는 사역자는 하나님의 나라를 잘못 전하고 있으며 사탄에 협조하여 미혹된 희생자와 함께 사람들을 지옥에 보낸다. 또한 반석 대신에 모래 위에 그 집의 기초를 두는 건축자와 같다.

이 교리는 땅에서는 인기가 없지만, 하늘의 천사들은 죄인들이 이 교리를 받아들이고 회개할 때마다 기뻐한다.

오순절 설교자들은 신적인 보호를 받는 선포자들이다. 오순절 설교자들이 사역을 마치기 전에 그 대적들이 "그들을 죽이려고 계획할" 때마다, 하나님은 그들의 행위를 다스리시고 구하시려고 가말리엘이나 펠릭스를 준비시킨다. 하나님은 땅과 하늘, 교회, 국가, 천국과 지옥의 세력을 명령하시어 자신의 사람들을 보호하시고, 그분의 뜻이 유지되는 한 하나님이 그들을 숨기려고 특별히 준비한 저택을 뚫을 수 있는 사람은 아무도 없다. 박해는 반드시 하나님의 동의를 얻은 뒤에 이 구역으로 들어올 수 있다. 그리고 들어온 뒤에도 하나님이 허락한 한도까지만 행동할 수 있다. 또한 하나님은 모든 박해에 고통을 기쁨으로 변화시키고 치유하는 연고와 오순절 격려를 갖고 계신다. 따라서 그들은 불평하지 않고 "하나님의 이름을 위해 수치를 받는 것에 합당하게 여김받는 것을 기뻐한다."

오순절 설교자들은 끈기 있는 선포자들이다. "그들이 날마다 성전에 있든지 집에 있든지 예수는 그리스도라고 가르치기와 전도하기를 그치지 아니하니라"(행 5:42). 오순절 선포자들은 주일처럼 월요일에도 경건하고 지속적이다. "우울한 월요일"이란 선포자의 계열에 있는 사람의 달력에는 없는 것이다. 그들에게는 모든 날들이 거룩하다. 우울하거나 슬픈 날이 없다. 휴식의 안식법을 지키는 동안에도 그들은 재창조를 위하여 월요일을 준수한다. 다른 날들과 같이 월요일은 우울함이 없는 은총으로 충만한 날이다.

그들의 삶에는 영적인 우물들이 끊임없이 계속해서 흘러나온다. 영적

하나님의 오순절 번갯불

인 태양인 그들은 빛을 세상에 흘러보내는 것을 멈추지 않는다. 그들은 흐르고 빛나고 타오른다. 사탄은 자신의 왕국에 맞서는 적대행위가 멈추기를 헛되이 기다린다. 그들은 공적인 목회를 끈기 있게 하는 것 뿐 아니라 그들이 가는 집집마다 복음으로 초청하는 기회로 삼는다. 그들은 강단에서의 커다란 영향력이라도 집집마다 방문하는 심방을 대체할 수 없다는 것을 알고 있다. 거짓된 선포자들은 이 모든 것을 무시하거나 사회적 소명으로 대신한다. 즉 그리스도를 선포하는 것을 대신하여 그날의 화제들을 말하고 닭요리를 먹거나 한다!

그리스도는 "모든 피조물들에게 복음을 전파하라"고 명령하신다. 열 명 중에 한 명이 교회에 오지 않았을 때, 사도들이 했던 것처럼 끈기 있게 심방하지 않는다면 어떻게 우리의 구원자이신 그리스도의 명령을 성취할 수 있겠는가?

오순절 설교자들은 인격적인 그리스도를 선포한다. 자신도, 의견도, 그 신조도, 건조한 교리도 그 어느 것도 개인적인 그리스도의 선포에 영향을 주지 않는다. 오직 예수 그리스도를 확신하면서 선포하여 회심시키고 구원하는 직무를 수행한다.

교리는 주님과 분리시켜 아름다움을 잃고 곧 시들어 버리는 뽑혀진 장미와 같게 만든다. 하지만 교리의 중심인 그분으로부터 빛을 발할 때, 그 아름다움과 능력은 경이로운 것이다. 심지어 성결의 교리도 율법적이고 독재적이며 까다롭고 그리스도를 좋아하지 않는 소유자들과 분리된다. 그러나 그 원천과 중심이신 그분과 함께 받아들이면, 체계적인 그리스도인의 삶인 성결을 드러낸다.

오순절 설교자들은 성결을 강조한다. "예루살렘에 있는 사도들이 사마리아도 하나님의 말씀을 받았다 함을 듣고 베드로와 요한을 보내매 그들이 내려가서 그들을 위하여 성령받기를 기도하니" (행 8:14, 15).

그들은 성결을 선포할 뿐만 아니라, 예를 들어 어린 회심자들이 온전히 성결케 하는 은사를 기대하고 받도록 지혜롭게 인도하기 위한 목적으로 특별한 모임을 열기도 한다. 그들의 모범은 "모든 모임은 성결 모임이 되거나 다른 사람들을 용서하기 위한 모임이 되어야 한다"는 주장에 대하여 이러한 특별한 목적으로 모이는 것을 정죄하는 사역자들을 꾸짖는 사례이다. 또한 다른 어떤 변명들도 마찬가지다. 오순절 설교자들은 영적인 삶 속에서 특별한 기도와 교육이 특별한 세대에 필요하다는 것과, 용서받은 젊은 회심자들이 피로 산 유산을 소유하도록 즉시 인도받아야 함을 깨달았다. 이것은 회심자들이 이전의 나쁜 행실로 돌아가는 것을 막는 하나님의 해독제이다. 이것이 바로 친구가 결혼할 때 옆에 있게 하는 화동이다. 성결을 소유하면 그들은 세속적인 즐거움을 위한 부추와 양파를 즐거워하지 않을 것이다.

신적인 해독제를 관리하지 않는 선포자들은 세속적인 즐거움이라는 바위에 앉아 파멸하는 젊은이들을 책임져야 한다.

오순절 설교자들은 신중하다. "그 계교가 사울에게 알려지니라 그들이 그를 죽이려고 밤낮으로 성문까지 지키거늘 그의 제자들이 밤에 사울을 광주리에 담아 성벽에서 달아내리니라"(행 9:24, 25). 그들은 때로는 용감함보다는 신중해야할 타이밍이 있다는 것과 싸우지 않고 피하는 것이 하나님의 명령이라는 것을 알고 있다. 이러한 원리로 주님은 이 땅에 오셨을 때에, 헤롯의 분노에서 피하여 요셉에 이끌려 이집트의 보호소로 가서 지내셨다. 주님의 사역 가운데 수차례나 적들의 분노가 번개처럼 올 때에는 스스로 물러났다. 왕들과 왕자들 앞에서도 용감했던 불굴의 바울은 하나님이 인도하심이 있을 때에는, 신중함이라는 방책을 받아들일 만큼 겸손했다. 이러한 신중함은 "지혜의 은사"이다. 그것은 가장 지혜로운 방법으로 지혜로운 일을 하게 한다.('오순절 은사' 장을 보라.)

순진한 선포자들은 이런 은사를 자연스러운 기민함과 더불어 세상적인 거짓이라고 오해한다. 그런 사람들은 여우의 술책과 관계되지 않겠지만 천사의 활동과도 관계가 없다. 일부 사역자들은 반대자와 학대자를 자극하지 않는 방법으로 성결을 선포할 것을 주장하는데, 그들은 이것이 최상의 지혜와 신중함의 증거라고 생각한다!

그들은 다음과 같이 한다면 성결을 선포하는 것이 반대가 아니라 칭찬을 받게 될 것이라고 한다. 즉, 타락을 폭로하지 않고, 완전한 치유에 초점을 맞추지도 않고, 즉각적인 결단을 강조하지 않고, 예수의 피와 성령을 통한 회심 이후에 추구해야 하는 은혜로운 사역의 필요를 주장하지 않는다면 말이다.

신중한 형제여, 당신의 다음 번 성결 설교에서 현재 소유한 경험에 대한 즐거운 간증으로 신중하게 정점에 이르라. 당신이 죄인들이 용서를 빌 정도로 열렬하고 단호하면 사람들이 당신을 설교단에 부를 것이다. 그러면 당신은 대부분의 장소에서 어김없이 날아오는 화살에 대해 당신 자신의 타고난 신중함만으로 보호받기에는 부족하다는 사실을 알게 될 것이다. 오순절의 신중함은 적들에 대한 두려움이 아니라, 오히려 모든 적들을 패배시킬 지혜로 가득하다. 때로는 전투 없이, 외면적으로는 패배한 것 같은 방식으로 승리한다. 갈보리는 기독교를 죽이는 것처럼 보였고, 기독교는 무덤에 묻혔다. 그리고나서 승천한 기독교는 전쟁터에 승전기를 올렸다. 이러한 것들 하나하나가 마귀를 대항하는 그리스도의 승리로운 캠페인에서 가장 뛰어난 지혜의 승리였다. 하나님을 위해 자신을 포기한 사람은 계획을 성공하기 위한 세속적인 정책이 필요하지 않다. 하나님이 어느 누구도 반대할 수 없는 조언으로 그를 인도하시기 때문이다.

"지혜"로워 지기 위해 "미련"해지는 것은 사람들의 조언에서 전능자의 조언으로 자신의 자아를 바꾸는 행동이다.

오순절 선포자들은 이것을 실행하려고 "신중함"을 소유한다. 그리고 하늘이 땅에서 높음같이 인간의 머리에서 나온 지혜보다 훨씬 더 나은 지혜를 소유하게 된다.

오순절 설교자들은 옥외 설교자들이다. 복음의 포도주는 유대인의 한계라는 병을 깨뜨리고 온 땅으로 흘렀다. 구원은 공기와 햇빛처럼 벽화가 그려진 벽으로 가둘 수 없다. 수많은 교회의 오르간은 단지 하나님의 성전의 갈라진 틈 사이에서 부는 바람에 불과하다. 값비싼 대성당은 지저분한 새들의 모임장소일 뿐 하나님께는 악취다. 야외의 어떤 장소든지 하나님의 진실한 자녀들이 만나서 그의 뜻을 배우고 행하는 곳이 바로 성스러운 장소이다. 반면에 거짓 예배자들이 하나님의 마음을 찌르는 것 같이 첨탑을 하늘 높이 세운 교회들은 정욕과 교만, 강요, 위선과 이기심이 거룩함을 빙자하여 공허하고 헛되이 하나님의 이름을 만나고 취하는 곳이다. 게으른 기도와 찬양은 이교도의 성지나 이교도의 고행자의 우스운 광대깃과 주술사만큼이나 하나님께 불쾌한 것이다. 그렇다. 심지어 그곳엔 성경이나 복음의 빛과 신실한 사역자와 경고하는 사역자가 없다. 요단강의 요한, 산상의 예수, 마르즈 언덕의 바울, 아버지 무덤 위의 존 웨슬리, 혼잡한 길거리의 구세군처럼 오순절 선포자들은 야외에서 선포할 때 정확하게 제자리에 있는 것이다. 그들은 선포할 강단을 원하지 않았고, 신중하게 원고를 곁에 두지도 않았지만, 원고를 빼먹지 않았다. 그들은 돌보는 데 있어 거짓된 체면이 없기 때문에, 박스 혹은 드럼통은 알맞은 강단이 되었고 하늘은 흘러가는 구름의 휘장으로 쳐져있거나 파란 둥근 천장으로 치장되어 있고 휘황찬 빛의 세계로 보석들이 장식되었다. 이러한 각각의 하나님의 수공품이 그들이 전파한 복음이며 그들이 위로부터 영감을 얻은 것이었다. 그래서 지상의 모든 교회는 그들에게 문을 닫았지만 그들에게는 항상 열려 있어서 예배드릴 수 있는 수많은 장소가 있다. 신선한 공기가 풍부하고 교회 관리인, 가스, 연료를 위한 비용도 필요 없고 탐욕스런 관리자가 염려하는 튼튼한 카펫도, 모아 놓은 비용도 없다.

모든 신약의 역사 가운데 교회 건축이라는 복음서는 없다. 이는 교회 건축이 필요 없다는 것이 아니다. 그러나 오순절 운동은 교회 건물 없이도 섭리적으로 열려 있는 유용한 장소와 기회로 인해 자신의 방법으로 승리했으며 첨탑과 프레스코화로 장식한 부유한 성결하지 않은 추종자가 몇 시대에 걸쳐 이룬 것보다 더 큰 사역을 반세기 만에 이뤄냈다. 그것은 하나님은 당신의 왕국을 세워감에 있어 그런 모든 도움으로부터 자유롭다는 것을 보여준다. 만약 그들이 교회를 건축하지 않고 많은 일을 했다면, 그리고 만약 현대 교회의 강단과 좌석이 오순절 체험을 가진 선포자들과 사람들로 채워진다면, 승리하였을 것이다. 한편, 유대인의 회당이든지, 그들이 소유한 강단이든지, 그들의 형제들이든지, 야외든 간에 오순절 선포자들은 모든 곳에서 예수를 선포할 수 있다. 이러한 적응은 그들에게 값없이 베푸시는 성령의 선물과 은사들로 인한 것이다.

오순절 설교자들은 품위 없는 선포자들이다. 그리스도의 진정한 위엄을 가진 주님 외에는, 그들은 세상을 결코 동료로 보지 않았다. 그들은 바리새인들의 특징이었던 뻣뻣하고 딱딱하며 수의와 공동묘지 같은 품위에는 전혀 생소하다. 오순절 설교자들은 기회가 주어질 때마다 울고, 소리치고, 웃고, 또한 기도할 정도로 체면을 차리지 않는다. 그들의 주님은 십자가에 달리셨다. 그들의 첫 번째 부흥은 취중장난으로 불렸고, 그들은 품위 없이 불규칙하게 자주 모였다. 오순절 선포자들은 구속복(straight jacket)을 입거나, 수의로 묶을 수 없었다. 하나님이 그들을 자유롭게 하셨기에 누구도 그들을 구속할 수 없다.

오순절 설교자들은 명성에 연연해하지 않는 선포자들이다. 하나님은 누구든 자신이 명성 있다고 생각하는 사람에게는 성령과 불로 세례를 주지 않으실 것이다. 세례는 절대적으로 하나님께 받는 것이다. 오순절 선포자들은 모두 성령세례를 받았다. 그들은 하나님의 의지에 반하는 자신들의 모든 의견을 내려놓았다. 많은 사람들은 이 점에서 망설인다. 성도들과의 관계에서 생긴 그들의 명성은 하나의 우상이다. 그 우상을 하나님이 주실 평판과 바꾸기 위해, 불로 세례를 받고자 한다면 분쟁이 생기게 될 것이다. 그들은 성령세례를 원하지만 변화받기엔 아직도 부족하다. 그들은 하나님을 갈망하지만 여전히 모든 동료들과 "좋은 친구, 좋은 만남"

하나님의 오순절 번갯불

을 가져야만 한다. 모든 사랑, 모든 지혜, 모든 능력의 하나님이 사람이 만들 수 있는 것보다 더 나은 명성을 사람들과 천사들 가운데서 주실 수 있다는 사실을 보지 못한다. 그래서 그들은 이 지점에서 넘어진다. 하지만 오순절 승리를 가진 사역자들은 땅과 지옥에서 얻는 모든 명성보다 성자들과 하나님의 천사들과 아버지와 아들과 성령과 더불어 오히려 더 선한 명성을 얻는다. 그들은 모든 사소한 불빛들을 가리는 한 별을 보았고, 주님처럼, "명성 없는" 존재가 되었음을 기뻐한다. 또한 "스스로 종의 형상을 취하여" "죽기까지 순종한다." 만약 그들이 하나님을 기뻐한다면, 많은 불신자들을 교회로 데려올 뿐 아니라, "수많은 아들들이 영광스럽게" 되도록 지원할 것이다.

오순절 설교자들은 하나님께 고용된 선포자들이다. "내가 그리스도의 복음을 위하여 드로아에 이르매 주 안에서 문이 내게 열렸으되 내가 내 형제 디도를 만나지 못하므로 내 심령이 편하지 못하여 그들을 작별하고 마게도냐로 갔노라"(고후 2:12-13). 그들의 삶속에서 우리는 박해와 빈곤과 부족함에 대한 그 어떤 불평도 듣지 못한다. 시민권을 거절당했을 때 그들은 기쁨과 승리로 나라들을 순회하였다. 보냄 받은 곳에서 돌에 맞고 죽음의 위협을 당했을 때, 그들은 일어섰고 또 다른 사역지를 열었다. 이러한 부류의 사람들 앞에 하나님은 언제나 누구도 닫을 수 없는 열린 문을 놓아두신다.

억압하는 사역지를 걱정하며 우는 소리를 내는 복음 선포자는 자신이 오순절 타입이 아니라고 광고하는 것이다. 이 점에서 교회적인 박해를 느끼지 못해서가 아니라 오히려 승리가 박해를 요구할 것이고, 그래서 다른 문들이 섭리로 열리게 될 것이다. 유대인들이 바울을 팔레스타인에서 몰아냈을 때, 하나님은 그에게 세계 대도시의 시민권을 주시고, 모든 비용과 더불어 복음의 씨를 전 대륙에 뿌릴 수 있는 기회를 주셨다. 이렇게 자신을 제한하는 모든 오순절 선포자들은 섭리로 열린 문들을 찾게 될 것이다. 하나의 문이 닫히고, 사람이 "포기하자"고 말할 때, 하나님이 다른 문을 여시고는 말씀하신다. "내 사랑하는 아들아, 나아가라". "나아감"은 장님의 눈에는 내려가는 것 같겠지만, 오순절의 시야에서는, 모든 것이 분명하고 만족스러운 것이다.

오순절 설교자들은 "치유의 은사"를 믿는다. 그들은 오순절의 은혜 받은 자로서 치유의 은사를 인정하며, 하나님이 그 은사를 주시면 고통 받는 자들을 위로하기 위해, 그리고 성결 운동의 진보를 위해 그 은사를 사용한다. 사도들처럼 그들은 그 은사를 지나치게 강조하지 않으며, 또한 그 은사 사용함을 무시하거나 막지도 않는다. ('오순절 치유'에 관한 장을 보라.)

오순절 설교자들은 순결한 선포자들이다. 사도들의 과실이나, 또는 어떤 방식으로든 교회를 압박하는 추문에 대한 기록은 없다. 너무나 경이로운 사도들의 비밀은 틀림없이 그들이 성령과 불로 진정한 세례를 받았으며 간직했다는 사실에 있다. 이러한 세례가 악으로부터 그들을 지켰다. 사도들은 자신들이 섬긴 사람들 가운데 살면서 어떻게 "정의롭게, 거룩하게, 흠 없이" 일하는지를 도전적으로 보여주었다. 그리스도의 가장 강력한 자석들에서 드러나는 거룩한 삶에 의해 감전된 간증들이 사람들을 그리스도께로 이끌도록 하였다. 육과 영의 모든 더러움으로부터 깨끗하게

하나님의 오순절 번갯불

된 그들은 모든 순결함으로 "나이 많은 여성을 어머니로, 젊은 여성을 여동생으로" 대한다.

사탄은 성의 부적절한 친밀함으로 인해 하나님의 사역자들을 곤경에 빠뜨리고자 한다. 그리고 어떤 이들은 사람을 미혹시키는 매력으로 사탄과 연합해서 치욕을 불러오고 영원한 소유를 파멸로 몰아간다.

상담이나 다른 이유들을 핑계로 한 의심스러운 성적인 어울림은 반드시 피해야 한다. 제단에서의 접촉은 묵인되어서는 안 된다. 제단이나 상담실에서 상담하는 동안, 여성의 손을 잡고 어루만지는 사역자들은 경솔한 행동 때문에 곤경에 빠질 것이다.

이것은 민감한 주제로서, 강단에서 강조되어야 할 필요성이 있고, 삼손처럼 이런 환심을 사려는 사람을 통한 사탄적인 접근에 대하여 둔감해서는 안 된다.

모든 감리교 사역자는 공식적으로 "언행을 삼가고, 여성에게 스스로 사려 깊게 행동할 것"을 약속한다. 만일 모두가 이 규칙을 따른다면 많은 악을 피할 수 있을 것이다.

오순절 선포자들은 육욕과 모든 육적인 식욕에 대하여 승리를 주장하였으며, 그밖에 사항들에 대하여는 그들은 "진정한 자유인"이 아니라 종들이었다.

오순절 설교자들은 형제애를 가진 선포자들이다. "내가 내 형제 디도를 만나지 못하므로 내 심령이 편하지 못하여 그들을 작별하고 마게도냐로 갔노라"(고후 2:13). 그들은 서로 사랑했다. 지위와 권력을 구하는 죄를 짓는 모든 이기적인 야망은 오순절의 전기충격으로 감전사했다. 이후로 그들은 이면공작과 교회정치로부터 자유로웠다. 그리고 그들이 자신의 영광이나 이익을 위한 지위를 구하여 표에 영향을 주려고 노력했다는 기록은 전혀 없다. 그들 사이에는 험담도 없었다. 그들은 형제로서 서로를 사랑하고 권고했으며 하나님이 주신 교제 가운데 기뻐했다. 그들은 좀처럼 혼자 행하지 않았다. 바울과 바나바는 희생과 승리와 경험을 "함께"했다. 그래서 그들은 서로를 위해 자신의 삶을 기꺼이 내려놓았다.

그들의 연합은 우정 따위의 유대가 아니고 세속적인 농담, 혹은 그리스도가 없는 이야기에 자극된 대화도 아니며 신앙을 버린 목회자들과 같이 맥주와 담배를 즐기지도 않는다. 다만 공유할 수 있는 기쁨과 슬픔, 박해와 승리를 나눔으로 서로를 격려했다. 오순절 설교자들은 그 시대에 거짓 선지자들을 형제적인 축사에 포함시키지도 않았고, 최근 불경건한 한 사역자가 한 것처럼 그들의 강단에 초대하지도 않았다.

오순절 설교자들은 대단히 명예로운 선포자들이다. 그들은 마치 머릿가죽을 승리의 증표로 챙기던 원주민처럼, 명예학위를 갈망하지 않았다. 이는 주님이 금지하신 것이며, 대신에 그들은 서로 사랑하는 형제들(B. B)이라는 이름을 가졌다. 이 이름은 그리스도 자신이 그분의 뜻대로 행하는 모든 이들에게 수여한 것이다. 또한 하나님의 뜻을 행함으로써 하나님의 나라의 멤버와 그의 사랑하는 아들과 더불어 상속자와 통치자들이 된다. 교회나 국가나 단체들이 줄 수 있는 직함과 학위는 터진 풍선처럼 공허한 것이다.

오순절 설교자들은 사람을 기쁘게 하는 선포자가 아니다. "내가 지금까지 사람들의 기쁨을 구하였다면 그리스도의 종이 아니니라"(갈 1:10).

만약 바울이 세속적인 마음을 가진 사람들의 요구를 채워주거나 구원을 유지시킬 수 없었다면, 그 누구도 그것을 할 수 없다. 설교자가 세속적인 영향력에 노예처럼 묶여 있다면 그리스도의 종이 아님을 분명하게 드러내는 것이다.

오순절 설교자들은 신적으로 공인된 선포자들이다. "너희는 우리의 편지라 우리 마음에 썼고 뭇 사람이 알고 읽는 바라"(고후 3:2). 하나님은 영혼을 구하고 성화시키는 설교자들의 사역을 친히 보증하셨다. 하나님은 오순절 선포자들을 통해서 이러한 결과를 완수하신다. 그리고 "비록 불신 때문에 그들이 할 수 없는 엄청난 사역들이 있을 지라도" 하나님은 그들의 수고를 축복할 것이다. 그래서 그들의 "잎은 시들지 않을 것"이고 그들이 행하는 일들은 무엇이든 "번성할 것"이다.

한 사역자의 성공은 그가 하나님과 하나님의 복음의 위임에 대해 완전히 충성하는 존재인가에 달려있다. 만일 그렇다면, 하나님은 열매를 책임지신다. 또한 그 결과는 반갑고, 기쁜 것이며, 베드로가 성령강림절에 설교했을 때 삼천 명의 회심자들이 나온 것이든지, 또는 스데반이 당한 광포함과 수없는 돌팔매질을 받아 순교한 것이든지 간에, 하나님의 시각에서는 둘 다 똑같이 성공적이다. 하지만 반드시 기억해야할 것은 스데반이 탁월하게 선동하기 전에 그의 사역에서 "제자들이 크게 증가한" 것을 보았다는 것이다. 열매 없는 사역은 그리스도 없는 사역이다. 하나님은 공허한 일에 당신의 대사를 보내지 않으신다. 하지만 뺄셈의 부흥도 덧셈과 곱셈만큼 필수적이다. 최근의 한 오순절 선포자는 이백 명 중에 한 명을 빼냈다. 이빨은 반드시 채워지기 전에 빼내야 한다. 그렇지 아니면 나

중에 괴롭힐 것이다. 하나를 빼내면, 다른 것이 채워진다. 그리고 양자는 승리의 협력자로서 함께 기뻐할 것이다. 오순절 선포자들은 이러한 종류의 성공을 성취할 것이다. 그들은 20년간 한 명의 회심자에게 설교하고 또 "앞으로 20년을 설교하라"는 사람의 이야기로 격려받기 원치 않는다. 그들은 "눈물로 뿌리고 기쁨으로 거둔다." 영혼을 구원하고, 성화되고, 교화되고 하나님의 뜻을 이루고 거둘 때가 되면 "피곤치 않고 선행으로 거둘 것이다." 읽지도 쓰지도 못하는 한 카우보이는 회심하여 3개월 동안 여러 번 구원과 성결의 도구가 되었다. 복음의 사역자들이 그 사람보다 결실이 적을까? 만일 그들이 평판을 개의치 않는 때, 그들이 삶속에서 겸손하고 자기를 부정하는 때, 지속적으로 노력하는 때, 그리고 신앙과 불로 충만한 때가 아니라면 그럴 것이다!

하나님은 자신의 사역을 완수하실 것이며, 하나님의 손에서 유순한 평신도와 여자들 무리는 하나님이 지위를 올려주시는 자들인데, 이는 일반적으로 "현명하고 분별 있는" 자로 불리는 많은 사람들을 당황하게 할 것이다.

하나님은 환상을 통해 오순절 설교자들에게 말씀하실 수 있다. 사도행전 10장에서 베드로가 경험한 것을 보라. 또한 사도행전 16장 9-10절에서 바울이 경험한 것을 보라. "밤에 환상이 바울에게 보이니 마게도냐 사람 하나가 서서 그에게 청하여 이르되 마게도냐로 건너와서 우리를 도우라 하거늘 바울이 그 환상을 보았을 때 우리가 곧 마게도냐로 떠나기를 힘쓰니 이는 하나님이 저 사람들에게 복음을 전하라고 우리를 부르신 줄로 인정함이러라."

하나님의 오순절 번갯불

오늘날 어떤 사역자가 주요한 강단에서 환상 체험을 말한다면, 사람들은 편견과 무지로 그에게 광신자라는 오명을 씌울 것이다. 하지만 그는 사도적 계열에 서게 될 것이다. 이는 하나님이 "환상들"이 주어질 것이라고 이미 선언하셨고, 따라서 신실한 사람들은 그 비전을 받았으며 여전히 받고 있다. 또한 사역자들이나 바울같은 경건함과 분별력을 가진 이들은 이 환상이 예언의 완성을 확증한다고 선포한다. 악몽이나 단지 자신의 상상에 대하여 신적인 해석을 하는 사람들에 의해 환상이 오용되는 책임을 이제는 경고해야 한다. 하지만 우리는 반드시 오순절 선포자들이 남긴 약속된 유산의 일부로서 그러한 환상을 인정해야 한다. 그렇지 않으면 예언된 것과 체험한 것 모두에 폭력을 행하는 것이다. 필자는 이 문제에 대해서 "인상들(Impressions)"에서 충분히 다뤘다.

오순절 설교자들은 크게 기뻐하는 선포자들이다. "한밤중에 바울과 실라가 기도하고 하나님을 찬송하매 죄수들이 듣더라"(행 16:25). 그리고 이때에 "수많은 채찍들"로 맞아 고통 받고 지독히 "깊은 감옥"에서 "발은 차꼬에 든든히 매어"져 있었다. 확실히 바울과 실라는 하늘의 비밀들을 소유하였다. 하나님이 엄청난 지진을 일으켜서, 친히 그들을 풀어주신 것이 놀랄 일이 아니었다.

모든 오순절 선포자는 사회적, 교회적 채찍들 또는 사탄의 많은 "채찍들"이 그의 등을 내리치는 곳에 이르게 된다. 그가 섭리에 따라 감금당하여 "내적 감옥"으로 들어갔을 때, 그리고 그의 발에 통제할 수 없는 속박된 환경이라는 차꼬가 채워지면, 모든 친구들을 잃은 것처럼 보이고, 심지어 하나님께도 잊힌 것 같이 보인다. 그때에 탁월한 기도자들을 바라보라! 기쁨으로 할렐루야를 외치라! 승리를 노래하라!

그런 순간에 연약하게 울면서 불평하는 배교자들은 괴로움과 보복으로 가득 찬다. 마치 늑대들처럼, 자기들의 양의 가죽을 훔치고 으르렁거리고 이빨을 내보인다! 하지만 기뻐하는 선포자들은 기도와 찬송으로 온 세계를 돌아다니고 때때로 바울과 실라처럼 엄청난 부흥을 촉발시킨다.

오순절 설교자들은 시험받은 선포자들이다. 사역자의 모델이신 주님께서 심한 시험을 당하셨다. 주님의 공적 사역의 첫 번째 40일은 갈등이 이어진 기간이었다. 그 안에서, 주님은 성령—세례 받은 인간성이 중요한 모든 순간에 승리하고, 마귀에 저항하여 떠나게 하고 빛나는 천사들이 내려와 시중들게 함을 보여주셨다. 바울은 "정복자들보다 더" "다양한 유혹을 통해 낙담" 하였다. 카르보쏘(Carvosso)는 영적인 거장이었지만 "유혹이 집요했다"고 썼다. 순결한 파머(Phoebe Palmer)는 "유혹들은 복잡하고 다양하며 풍부하다"고 썼다. 그들 중 글로윙 커헤이(Glowing Caughey)도 "만약 저기 있는 하늘이 나를 구원하지 않는다면 바다가 나를 익사시킬 것이다!"라고 외쳤다.

성결은 유혹을 제거해 주지 않는다. 하지만 유혹을 대비하게 한다. 성령이 예수님께 내려왔을 때, 즉시 마귀가 예수를 공격하였다. 오순절에는 모진 핍박이 따랐다. 사탄은 다른 사람과 달리 불세례 받은 선포자들을 싫어한다. 오순절 설교자들은 사탄을 정복하고 그의 불충한 지배로부터 땅을 빼앗는 군대의 장교들이다. 그러므로 세상과 지옥에서 마귀는 그들을 혼란시키기 위해, 즉 패배와 파멸을 위해 고안할 수 있는 모든 전략을 사용한다. 사탄은 조롱과 비난이라는 견책의 막대기에 매달아 선포자

하나님의 오순절 번갯불

들을 태워죽이고자 한다. 또한 허위사실이라는 고문대 위에 놓고 고통을 가하려 한다. 감각적인 희열로 마취시키고, 자신의 힘을 과신하게 하여 그들이 받은 선물과 하나님의 언약들을 축소시켜서 도리어 그들 스스로를 약하게 만든다. 그리고 때로는 이고니온에서 바울에게 했던 것처럼 유명한 갈채를 눈사태처럼 일으켜 질식시키려 한다. 여기에서 알 수 있듯이, 전신갑주의 중요한 모든 부분들은 마귀와 그들의 졸개들과 배교한 선포자들에 의해 시험 당할 것이다.

만일 선포자들이 잠깐 동안 전신갑주의 일부를 벗어두면, 그때 바로 독화살이 날아와 꽂히고 지옥의 기관총이 그들 위를 마음대로 쏘아댈 것이다. 하지만 "속이기 위해 기다리는 유대인" 이나 "거짓 형제들"에게서든지, 또는 마귀로부터 직접오든지 간에, 하나님은 구원하시고. 적들을 분하게 하며, 마귀들을 혼란케 하시고, 죄로부터 온전히 구원하시며, 영원한 승리로 갚아주실 수 있다.

오순절 설교자들은 신실한 선포자들이다. "그러므로 오늘 여러분에게 증언하거니와 모든 사람의 피에 대하여 내가 깨끗하니 이는 내가 꺼리지 않고 하나님의 뜻을 다 여러분에게 전하였음이라"(행 20:26, 27). 그들은 위임 받은 일에 참되고 온전한 복음을 선포한다. 그들은 진실하게 상처를 탐색하는 것에 소홀하지 않다. 왜냐하면 그 고통은 하나님이 명령하셨을 때 야기되었으며 그 환자의 생명이 그들의 철저함에 의존하기 때문이다. 지옥과 성결, 그리고 복음에서 드러나는 울부짖는 늑대들에 대해 경고하지 않거나 조심조심하고 냉담하여 누구도 동요하지 않게 하는 선포자는 충실한 선포자가 아니다. 오순절 선포자는 그것이 기쁘든지 아니든지 "유익한 어떤 것도 취하지 않는다."

여성들도 오순절 선포자들이다. 예언자적 시편에서 분명히 "주께서 말씀을 주시니 소식을 공포하는 여자들은 큰 무리라"(시 68:11)고 하였다. 요엘의 예언에서도 성령에 기름 부음 받은 여자들의 "예언"이 성취되었다는 사실을 찾을 수 있다. 전도사 빌립은 네 명의 딸이 있었고, 바울은 선포자로서 여성의 예언자적 직무를 알았을 뿐 아니라, 그 여성 예언자가 어떻게 그녀의 공적인 사역을 나타내는 지에 대해 명백한 가르침을 주었다. 성스러운 사역에 대한 신적 소명과 은사와 은혜와 결실들로써, 그녀는 예언의 진정성을 증명했고, 가장 영향력 있는 오순절 선포자들 가운데에도 알려졌다.(갓비의 "여성 선포자"를 보라.)

오순절 설교자들은 사랑받는 선포자들이다. "다 크게 울며 바울의 목을 안고 입을 맞추고 다시 그 얼굴을 보지 못하리라 한 말로 말미암아 더욱 근심하고 배에까지 그를 전송하니라"(행 20:37, 38). 죄와 사탄의 권세에서 구출된 많은 사람들은 하나님이 주신 애정으로 사역자들을 사랑한다. "모든 것을 버리고" 난 다음 오순절 선포자는 주님이 약속하신 것처럼 백배의 친구들을 발견한다. 이러한 우정들은 때때로 자연적인 인연보다 더 소중한데, 이는 오순절의 진리에 헌신함으로 인해 소원해지기도 하지만, 오순절 선포자의 "기쁨과 환희의 왕관"이 되기도 한다. 스스로 부름받고, 격식을 차리며, 열매 없는 선포자들은 이러한 유대관계에는 낯선 사람들이다. 그리고 그 선포자들은 하나님이 이렇게 보상하는 사역을 향해서 자신들의 그럴 듯한 태생을 홍보하면서, 질투하듯 앙심을 터뜨린다.

오순절 설교자들은 준비된 선포자들이다. "바울이 대답하되 여러분이

하나님의 오순절 번갯불

어찌하여 울어 내 마음을 상하게 하느냐 나는 주 예수의 이름을 위하여 결박당할 뿐 아니라 예루살렘에서 죽을 것도 각오하였노라 하니"(행 21:13). 하나님을 위하여 설교하고, 기도하고, 살거나 죽기를 항상 준비한다. 이렇게 준비되지 않은 사역자는 세상의 모든 지식을 익혔을지라도 오순절 선포자가 아니다.

오순절 설교자들은 결백한 선포자들이다. "그가 나오매 예루살렘에서 내려온 유대인들이 둘러서서 여러 가지 중대한 사건으로 고발하되 능히 증거를 대지 못한지라"(행 25:7). 비록 사방에서 고소했어도 적들은 자신들의 고소를 "증명"할 수 없었고 따라서 사도들은 그만두라고 강요만 당하였다.

오순절 선포자들은 이렇게 말할 수 있었다. "우리를 용납하라. 우리는 어떤 사람에게도 잘못하지 않았고, 누구도 타락시키지 않았으며, 누구에게도 속여서 빼앗지 않았다." 만약 오순절 선포자인 체하는 사람들이 이러한 오순절의 결백함을 유지하지 못한다면, 그들은 감히 하나님의 번개와 사람들의 비난을 받아 마땅하다.

오순절 설교자들은 염려하는 선포자들이다. 그들은 사람들의 구원과 성결을 마음에 두고 있다. 그들은 교회의 부흥에 열정을 갖는다. 바울이 보낸 로마서에는 자주 이 열정이 나타난다. "내가 너희 보기를 간절히 원하는 것은 어떤 신령한 은사를 너희에게 나누어 주어 너희를 견고하게 하려 함이니"(롬 1:11). "마지막으로 말하노니 형제들아 기뻐하라 온전하게 되며 위로를 받으며 마음을 같이하며 평안할지어다 또 사랑과 평강의 하나님이 너희와 함께 계시리라 거룩하게 입맞춤으로 서로 문안하라"(고후 13:11). "나의 자녀들아 너희 속에 그리스도의 형상을 이루기까지 다시 너희를 위하여 해산하는 수고를 하노니"(갈 4:19). "하나님의 성령을 근심하게 하지 말라"(엡 4:30). "간구할 때마다 너희 무리를 위하여 기쁨으로 항상 간구함은"(빌 1:4). "그리스도 예수의 종인 너희에게서 온 에바브라가 너희에게 문안하느니라 그가 항상 너희를 위하여 애써 기도하여 너희로 하나님의 모든 뜻 가운데서 완전하고 확신 있게 서기를 구하나니"(골 4:12). "평강의 하나님이 친히 너희를 온전히 거룩하게 하시고 또 너희의 온 영과 혼과 몸이 우리 주 예수 그리스도께서 강림하실 때에 흠 없게 보전되기를 원하노라"(살전 5:23).

오순절 선포자들은 항상 교회의 영적 성장을 위한 이러한 염려를 느낀다. 특히 스스로의 사역의 결실에 대해 염려한다. 이러한 염려는 그들이 진정한 소명을 가졌음을 드러내 준다. 거짓 예언자들도 교회의 일시적인 부흥을 위해 깊은 근심을 가질 것이다. 그리고 종종 강한 사회적 유대를 형성하고, 시몬 마구스처럼 부흥의 수단으로써 영적인 능력을 구한다. 하지만 그들은 하나님의 진정한 선포자가 느끼는 부드러운 염려에는 익숙하지 않다. 하나님의 선포자들은 사랑으로 수고하는 부모와 같다. 반면에 다른 이들은 이기적인 동기를 위해 일하는 원수들이다.

오순절 설교자들은 기도를 갈망하는 선포자들이다. "끝으로 형제들아 너희는 우리를 위하여 기도하기를 주의 말씀이 너희 가운데서와 같이 퍼져 나가 영광스럽게 되고 또한 우리를 부당하고 악한 사람들에게서 건지시옵소서 하라 믿음은 모든 사람의 것이 아니니라"(살후 3:1, 2). 나는 언젠가 어떤 목사가 설교를 시작할 때 기도해 달라고 하는 것을 들었다.

관례적으로 선포자들은 사람들에게 자신이 선포하는 동안 기도해 달라고 말하지만 그 목사는 간절히 바라지는 않았다. 이어진 그 설교는 마치 사막에서 불어온 바람처럼 건조했다.

오순절 사역자들은 말씀이 기도의 사역이 되도록, 그리고 "어리석은 논쟁"으로부터 구원할 수 있는 성도들의 기도를 갈망한다. 그들은 전쟁터에서 승리하기 위해 가능하다면 자주 특별한 연합기도회로 모이는 것을 좋아한다. 그들이 경험한 셀 수 없는 많은 위대한 승리들은 헌신적인 성도들의 효과적인 연합기도회에서 유래되었다.

오순절 설교자들은 검증된 선포자들이다. "이에 이 사람들을 먼저 시험하여 보고 그 후에 책망할 것이 없으면 집사의 직분을 맡게 할 것이요"(딤전 3:10). 오순절 규칙은 모든 이들이 나아가기 전에 "먼저 검증받아야 한다"는 것과 그 다음에는 그들이 "흠 없는" 존재여야 함을 유일한 조건으로 지켜왔다. 검증은 지적인 시험만이 아니라 영적인 훈련이라는 것이 명백하다. 가짜 사도는 너무 기뻐한 나머지 영적 훈련을 지적인 시험으로 대치한다.

오순절 설교자들은 잘 균형 잡힌 선포자들이다. 그들은 "건강한 정신" 뿐만 아니라 성결한 마음을 소유한다. 세상 격언에 "아무 데에도 쓸모없는 사람, 그 사람은 목사가 되어야 한다."라는 말이 있는데, 하나님의 말씀에서는 허락된 바 없다.

구약성서에서 최고의 것은 하나님께 속하였고, 어떤 결점이 있다면 이런 신성한 직무를 박탈하였다. 예수는 그의 대사로서 신뢰할 만한 분별력을 가진 건전한 사람들을 선택했다. 오순절에 있던 사람들 중 한 사람도 불건전한 연설을 한 죄가 있었다는 사례는 없다. 반면에 건강한 상식으로 충만해져서, 그들은 어리석음으로부터 구원받았다. 즉 그들은 말씀과 성령에 충만하여 모든 광신으로부터 구원받았으며 그들의 성품은 영적인 하늘에 높게 뜬 해처럼 빛났다.

오순절 선포자들은 이 부류에 속한다. 그러나 오순절 선포자라는 이름 아래 사람들은 한편으로 얄팍한 경험을 숨기고, 다른 한편으로는 광신의 극단으로 치닫는다. 하지만 어느 경우에나 오순절적 삶과는 방향이 다르다. 그러한 삶은 의무도 아니고 기쁨도 아니며, 이 둘 다 이성적이거나 올바르지 않다.

오순절 설교자들은 학구적인 선포자들이다. "네 속에 있는 은사 곧 장로의 회에서 안수 받을 때에 예언을 통하여 받은 것을 가볍게 여기지 말며 이 모든 일에 전심전력하여 너의 성숙함을 모든 사람에게 나타나게 하라"(딤전 4:14, 15). "망령되고 헛된 말을 버리라 그들은 경건하지 아니함에 점점 나아가나니 그들의 말은 악성 종양이 퍼져나감과 같은데"(딤후 2:16, 17). 비록 성령의 은사와 은혜를 둘 다 소유했을지라도, 그리고 또한 영감 받은 사람들의 우정에 호의를 베풀더라도 그들이 말씀의 선포자와 선생이 되었다면, 그들은 반드시 마음과 머리에 말씀을 두어야 한다는 것을 인정하였다. 그들은 성령을 소유한 사람들은 말씀을 연구하는 것이 더 이상 필요 없다고 주장하는 잘못된 생각과, 그런 연구 없이도 사람이 입을 열면 적절한 메시지를 하나님께서 채우실 것이라고 맹목적으로 믿는 사람들과, 연구를 할 기회가 있었음에도 연구도 준비도 없이 우연한 본문에 의존하는 게으름과는 거리가 멀다. 오순절 선포자는 영혼의 상태를 진단하고 신적인 의학서적에서 복음적 치료법을 처방하는 의사라는 사실을 알고 있다.

만일 평생 동안 기도하는 마음으로 연구한다면, 성경 하나만으로도 아직 발견하지 못한 무한한 보물들이 그 안에 있음을 알게 될 것이다. 성경 연구를 소홀히 하거나, 성경의 진리를 이해하도록 최선을 다하지 않는 사람은 사역적인 자살행위를 범하는 것이다. 그가 먼저 보물의 집에 들어가서 그것들을 소유하지 않는다면, 어떻게 "새것과 옛 것"을 가지고 나올 수 있겠는가? 먼저 손에 "성령의 검"을 들지 않고서 어떻게 휘두를 수 있겠는가? 만약 병의 증상이나 그 해결책에 대해서 공부하지 않았다면, 어떻게 처방을 내릴 수 있겠는가? 그러므로 교회의 위대한 머리되신 주님께서는 고금을 막론하고 모든 디모데들에게 "너는 진리의 말씀을 옳게 분별하며 부끄러울 것이 없는 일꾼으로 인정된 자로 자신을 하나님 앞에 드리기를 힘쓰라"고 명하신다. 어떤 사역자도 이것을 무시할 수 없으며, 무시한다면 죄짓는 것이다. 왜냐하면 성경의 은사를 대학의 과정으로 대체하는 "문화 열광"에 도취된 많은 이들이 말씀 연구와 연구한 그만큼 빛을 밝히는 일을 소홀히 하는 것은 이유가 되지 않기 때문이다.

어리석은 사람이 짚으로 된 갑옷을 입겠다고 고집한다는 이유로 나도 전신갑주를 입지 말아야 하는가? 어떤 사람이 가짜 주석인 호른으로 칼을 대신했다고 내가 가진 무기를 버려야 하는가? 그렇게 한다면, 나는 죽거나 전쟁터에서 달아날 것이고, 반면에 대적은 나의 어리석음을 비웃을 것이다. 존 웨슬리는 사역자들에게 연구하는 습관에 몰두하든지 아니면 다른 직업을 찾아보라고 충고하였다. 이는 여전히 모든 오순절 선포자들에게 좋은 충고로 여겨진다.

말씀을 소홀히 하는 사역은 교회를 굶기는 사역이다. 그리고 하나님은 이런 사역자에게 자리를 주지 않으신다. 그것은 총알이 몸을 관통하는 것처럼 굶주린 영혼들을 영적인 죽음에 이르게 할 만큼 사악한 것이다.

오순절 선포자들은 말씀 연구와 그들의 사역을 효과적으로 만드는 모든 것에 흥분한다.

오순절 설교자들은 "충성된" 선포자들이다. 그들과 하나님이 주신 의무 사이에 충성을 둔다면 이것은 언제나 교회 또는 교회중심주의에 대한 충성이 아니라, 오직 모든 면에서 그리고 모든 전쟁터에서 그리스도에 대한 충성을 말하는 것이다. 비록 하나님의 나라와 그의 아들, 그리스도의 명령이 그들을 둘러싼 군중들에게 조롱받고 거절될지라도 그들은 "그리스도를 위한 비난"이라는 배지를 붙이게 된다는 사실을 영광스러워 한다. 그리고 충성의 깃발을 높이 든다. 충성된 사람은 총알 소리나 마귀의 소리와 같이, 죽은 성직자가 납처럼 굳은 얼굴로 꾸짖는다 하여도 하나님의 이름으로 힘을 얻고 나아가, 사역하고 죽는 것에 준비가 되어 있다. 우리가 분명히 아는 것은 이 전능하신 분과 연결되어 있는 사람들은 공을 세울 것이고, 전쟁이 끝나면 보상을 받으며, 그들이 사랑하고 섬긴 왕과 함께하는 자리에 우리도 함께 자리할 것이라는 사실이다.

오순절 설교자들은 부흥 선포자들이다. 그들은 오순절에서 있었던 부흥의 결과물이자 주동자이며, 그때로부터 그들은 부흥의 능력이라는 폭풍의 중심지를 휩쓸었다. 모든 오순절 선포자들은 부흥을 사모한다. 부흥을 촉진하는 것이 그들의 가장 중요한 일이며, 그들은 개인적인 노력과 합법적으로 도움이 되는 직업을 통해 구원의 체험을 널리 퍼뜨리고자 애쓴다. 그들은 물고기가 물 없이 살 수 없는 것처럼 교회 사역의 단순한 일상 속에서 휴식할 수 없다.

부흥 없는 사역자는 적이 사방에서 몰려올 때, 싸우지 못하는 장군만큼이나 슬픈 모습일 것이다. 그러한 사역자는 반드시 소심함과 무능함에서 벗어나야 한다. 사탄은 한 사역자가 겉만 번지르르하고 속이 빈 설교를 하는 것에서, 또한 참된 성령으로 인한 종교의 부흥을 반대하는 것에서 기쁨을 얻는다("오순절 부흥"의 장을 보라).

오순절 설교자들은 순종하는 선포자들이다. 사도들이 이 자리에 지원했을 때, 그들은 "예루살렘을 떠나지 말고" 다만 "아버지의 약속을 기다리라"는 명령을 받았다. 비록 그 약속이 그 당시에는 매우 위험했음에도 불구하고, 아마도 그들 중 다수는 그러한 상황 하에서 조용한 대학 혹은 지역 교회를 더 선호했을 것이지만, 그러나 곧 그들은 하나님의 뜻에 집중했고, 십자가에 달리신 예수의 피에 아직도 붉게 물든 늑대들이 있는 곳 바로 그 중심에 머물렀다. 믿음의 손수레가 약속이 실현되는 줄을 잡기까지, 그리고 성령이 채우시고 황홀하게 하는 전기적 흐름이 있기까지, 하나님이 친히 사역을 할 수 있고 또한 사역을 하도록 만들 오순절 선포자의 모델로써 그들을 파송하기까지 머물러 있었다. 더욱 많은 직책을 바랐던 사람들은 이것을 결코 받지 못했다. 공식적인 무대도 없고, 조직된 교회도 없고, 채찍과 돌들 외에는 보장된 봉급도 없고, 교회 건물도 없었으나 각자 불평 없이 정해진 임무로 나아갔으며, 이교도 지방에 대한 조직적이고 잔인한 수색에도 불구하고, 또한 몹시 화가 난 유대인 늑대들에도 불구하고, 그들은 천 명의 회심자를 얻었다. 그리고 오순절 이력서에는 어디에도 우는 소리하는 사람은 없었다. 교회의 모든 시대에서 오순절 설교자의 형제들은 교회의 위대한 머리되신 분께 동일한 순종의 영으로 자취를 남겼다.

오순절 설교자들은 기도하는 선포자들이다. "더불어 마음을 같이하여 오로지 기도에 힘쓰더라"(행 1:14). 모든 난관 속에서 그들은 기도로 하나님께 나아간다. 그들은 '무릎학'(kneeology)을 수료했다. 그들 가운데 많은 이들이 교육받지 못했다. 그럼에도 영적인 다이아몬드가 발견되는데, 이는 점성학이나 천문학으로가 아니라, 오히려 무릎으로 가능한 것이었다. 사역자는 연구실이나 강의실에서 자신의 총을 닦을 것이다. 하지만 그의 무릎 위에 총을 올려놓지 않으면, 항상 표적을 놓칠 것이다. 오순절 선포자들은 항상 기도하는 사람들이다. 준비하고 구원하기 위한 기도 없이 재미있는 강의만 한다면, 그것은 결코 효과적인 복음 설교가 아니다.

오순절 설교자들은 불세례를 받은 선포자들이다. "마치 불의 혀처럼 갈라지는 것들이 그들에게 보여 각 사람 위에 하나씩 임하여 있더니"(행 2:3). 사역자의 성서적 정의는 춥게 만들거나 죽이기 위한 고드름도 아니고 놀라게 하거나 즐겁게 하는 봉화도 아니다. "불의 불꽃"이다. "그의 사역자들을 불꽃으로 삼으시느니라."(히 1:7) "불이 부족한" 사역자는 진정한 선포자를 구성하는 그 본질을 결여한 것이다. 가짜 선포자들은 불이 없는 선포자들이다. 그들은 인간적인 열광이라는 도깨비불로 타오르거나 진심에 감동되었을 때만 불이 있다. 하지만 불을 받는다면 휘필드처럼 말할 수 있다. 휘필드는 "나는 기꺼이 장렬하게 죽을 것이다. 인간의 영광이 아닌 예수의 사랑으로"라고 말했다. 그들은 타락한 세상의 전깃불이며, 구원함으로써, 하나님이 오순절 부흥의 큰 불을 확산시키심으로 태운다. 그들은 등잔불의 심지가 되기를 원하였고 그들에게 붙여지는 불꽃에 사라지고 소멸되었다. 애석하게도 교회 안이 냉담하다고 말하는 이유는 방법이나 기구의 결핍이 아니라 다만, "타오르는 불꽃"이 부족하기 때문이다. 마귀는 선포자들이 진정한 불의 사역으로 인해 사역자를 태우거나 추방하거나 불쾌하게 눈에 띄게 할 것이라고, 또한 불친절한 비난을 받게 될 것이라고 생각하게 만든다. 그리고 아주 성공적으로 여전히 많은 이들을 작게 뿜어져 나오는 뜨거운 양초 정도로 만들고 있는데, 실상 그들은 "힘이 다할 때까지 타오른 태양처럼" 타올라야 하는 사람들이다. 약속된 불이 떨어질 때까지 진지하게 순종하고 단호하게 기도하며 믿는 신앙의 오순절 다락방은 이런 불꽃들이 타오르는 곳이다.

오순절 설교자들은 끌어당기는 선포자들이다. 그들의 사역에는 "여러 사람이 함께 이르렀다." 오순절의 은사와 은혜를 부여받은 오순절 선포자는 사람들을 함께 데려간다. 그는 사람들을 끌어당기는 자석이다. 교회가 청중 한사람을 얻기 위해 필요한 것은 더 높은 첨탑도 푹신한 좌석도 성가대의 찬양도 교양 있는 신학자도 아니다. 오직 그 강단의 성령 자석뿐이다. 몇몇 철새들은 날아갈 것이다. 사실이 그렇다. 오순절 선포자들이 들어가면, 염소들 중 몇 마리는 더 적합한 장소를 찾아 달려나갈 것이다. 그러나 한 영혼은 교회뿐만 아니라, 그리스도에게로 이끌리게 될 것이다. 오늘날 그것은 이루어졌다. 하지만 너무 많은 허식이 자석을 파괴한 것처럼, 너무 많은 형식과 의식과 체면치레가 수많은 강단들의 힘을 부정하고 있다. 그 강단들은 끌어당기고, 구원하고 성결하게 하는 선포자들의 능력으로, 오순절로 변해야 한다.

오순절 설교자들은 신비한 선포자들이다. 많은 사람들이 그들의 선포에 의해 놀라고, 신기해하고, 그리고 성났다(행 2장). 성령으로 충만한 사람들이 성령이 주신 메시지를 선포하는 곳마다 그런 일이 일어난다. 초인적인 신비가 부족한 사역은 오순절적인 사역이 아니다. 그런 현장에 대해 익숙하지 않은 사람은 그런 사람들의 사역 현장에 앉아있을 수 없고, 하늘로부터 이르는 전기적인 흐름을 느낄 수 없다. 또 울며 회개하는 사람을 볼 수 없고, 성자들의 외침도 들을 수 없다. 더구나 반대하는 자가 녹아지는 것을 보라! 체험적으로 느낄 수 없으면, 예로부터 "이것이 무슨 의미가 있는가?"라며 어떤 이들은 짜증을 낼 것이고, 그러면 고약한 악마는 동료들 모두가 "새 술에 취했다"거나 "들불병에 불붙었다"고 선언할 것이다. 하지만 그러한 "지혜와 신중함"의 비밀은 오순절 다락방의 신비에 입문했었던 모든 사람들에게 드러났다.

고린도후서 6장에서 바울은 장인다운 태도로 오순절 사역자의 모습을 화폭에 그렸고, 사역자의 자격증을 드러냈다. 현대 인간이 만든 선포자의 모습과 통탄할 만하게 대조되는 것으로, 거기에는 명예로운 학위도 없고, 대학교 정규과정도 언급되지 않으며, 급여에 대한 암시도 없는데, 이러한 것이 당시에도 비중이 크지 않았음을 보여주고 있다. 하지만 다음의 사실들은 매우 선명하게 드러난다. 바울의 대조 묘사는 그 자신만이 아니라, 자신이 속해있던 전 오순절 부류를 포함하고 있다.

오순절 설교자들은 죄짓지 않은 선포자들이다. "우리가 이 직분이 비방을 받지 않게 하려고 무엇에든지 아무에게도 거리끼지 않게 하고"(고후 6:3). 그들은 범죄를 규탄하고 또한 자신을 깨끗하게 지켰다. 많은 이들에게 공격적이었지만, 어떤 사람에게도 죄를 짓지 않았다. 이것이 오순절적인 선명한 기준이다. 그리고 만약 누군가 그 기준 이하라면, 그 결함은 그 기준이 아니라 그 사람에게 있는 것이다. 이 점을 위반한 성결의 경험은 다시 녹여지고 재구성될 필요가 있다. 유대인들은 분에 차서 돌을 던졌다. 그러니 돌 던질 만도 했을 것이다. 그렇다해도 그들이 고발하려면, "거짓 고발"을 맹세하는 "증인들을 고용"해야 할 것이다. 사역에 대해 비난 받는 것보다는 돈을 천불 잃어버린 고통이 더 낫다.

"많은 인내로" (고후 6:4). 참지 못하는 선포자는 자신의 양심과 성도들과 죄인들과 하나님 자신에게 정죄 받는다. 참지 못함은 영혼의 경첩을 삐걱거리게 하여, 구원의 기름이 필요하다고 광고하는 것이다. 오순절 선포자들은 그들의 경첩에 녹이 없는지 살피고, 다른 이들에게 이 기름을 바르려고 하기 전에, 먼저 기름부음으로 그 경첩에 잘 발라놓는다. 인내는 사랑하려는 노력이며 진리를 찾는 것이다. 참된 선포자는 인내의 풍성함과 필요성을 알게 되며 "많은 인내"를 소유한다.

"고통 속에서" 하나님이 고통이라는 용광로의 맹렬한 불을 끄시게 되면 그들은 기뻐하고 즐거워한다. 그들은 "고통들"이 값을 매길 수 없는 보석들을 "산출하며 윤이 나게 하는" 장치라는 것을 안다. 그래서 참을성 있게 하나님의 공의를 기다린다. 잠깐 동안만 견디면 영광스러운 영원과 넘치는 영광이 주어지게 되기 때문이다.

"필요한 것들로" 궁핍이라는 쥐로 인해 고통 당한다는 것은 선포자가 궁핍을 싫어하지 않는다는 사실을 알 수 있는 사도적 표시이다. 사역자는 하나님이 약속된 공급품들이라는 철제 덫을 갖고 계신다는 것을 기억해야 할 것이며, 이 덫은 확실하게 궁핍의 쥐를 잡고 죽인다. "나의 하나님이 그리스도 예수 안에서 영광 가운데 그 풍성한 대로 너희 모든 쓸 것을 채우시리라"(빌 4:19). 믿음이 시험당할지라도, 진실된 믿음이라면 약속을 받을 것이다. 오순절 선포자가 자신의 집, 은행예금, 보험증권을 소유했다는 기록은 어디에도 없다. 목회자들과 전도자들로서 그들은 큰 액수의 봉급이든지 작은 액수든지 계약하지 않았다. 고대나 현대에나 그런 물물교환에는 오순절의 도장이 찍히지 않는다. 단지 더 많은 양털을 얻기 위해 자리를 바꾸려고 움직인 사역자들이 오순절적 전례를 찾는 것은 부질없는 일이다.

"걱정으로" 이들은 교회의 상태, 죄인들의 완고함, 친구들의 냉담, 거짓 형제들의 배신, 가정과 친구들의 상실로 인해 정신적 고문을 당한다. 하지만 이들은 예수를 위해서 기쁨으로 모든 것을 견뎌낸다.

"채찍으로" 모든 시대 속에서 이런 용감한 영웅들은 채찍질, 구타, 총알, 돌을 맞았다. 하나님은 그들의 믿음을 시험하시고, 그렇게 하여 그들의 영웅적 행동을 온 세상에 전하셨다. 하나님은 영웅적인 자리에 겁쟁이들이 앉는 것은 제지하셨다. 비난이나 추방의 형태로 영웅들에게 채찍이 오고, "저급한 부류의 음란한 친구들"로부터는 구타를 당하고 총알이 날아온다. 그러한 행동은 유대인의 짓이라고 말하지만, 실상은 유대인 아닌 사람들에 의해서 선동된 것이다. 한 사역자 아래 있는 세속적인 공식위원회와 그 위에 있는 불경스런 교회주의는 두 개의 돌이다. 하나님은 그 두 돌 사이에 그 과정을 견딜 은혜를 보유하여 그 과정을 인내하는 은혜를 받은 사람, 하늘의 빛나는 독보적인 광택을 드러내는 창자루로 다듬어진 하나님의 최고의 선택자들 가운데 몇몇을 세우신다. 이 두 맷돌 사이에서 수많은 스데반들이 그 몸은 으깨졌으나 그 영혼은 당당하였고 기뻐했다.

"감금으로" 이 충실한 사람들은 빌립보의 감옥과 베드포드 감옥과 차가운 바스티유 감옥을 두려워하지 않았다. 지난 몇 년간, 많은 교도소에는 구세군의 청년들의 입술에서 울려나온 노래와 승리의 외침이 울렸다. 현재 이들 중 대부분은 하나님의 오순절 선포자들로 임명되었다. 이 십자가의 영웅들은 태양처럼 빛날 것인데, 그때에 오순절 선포자들을 비웃던 스콜라주의적인 신학자들은 영원한 불명예로 추락할 것이다. 이러한 부류의 선포자들은 성결을 선포하고 증거하기 때문에 어느 산이든지, 소나무 숲이든지, 밧모섬 같은 곳으로 유배당한다. 하지만 그곳에서도 그들은 여전히 예언하고, 여전히 더욱 예수의 영광된 비전을 보고, 형벌 선언을 받음과 더불어 영적으로 그 과정들이 그들의 신학과정에 속하는 것임을 증명해낸다. 그들은 모든 시대에 있어 그리스도 교회의 바울 계통의 왕자들에 속한다. 거만하고 엄한 교도소장들은 잊혀져도 그들은 반짝이며 빛나고 외치고 다스릴 것이다. 수감 중의 즐거운 인내와 박해는 오순절 신임장의 한 표지가 된다.

"소동으로" "앞뒤로 넘기며" 여백을 이해한다. 그런 사람들은 때로 그들에게 불가한 것처럼 보이는 신적인 명령과 섭리적인 환경이라는 파도 가운데서 태어날 것이다. 그들이 보기에는 이유도 없고, 사역이 거기에서 완수된 것처럼 보이기도 전에, 그들은 사역의 장에서 옮겨지기도 한다. 그럼에도 그들은 주님처럼 의기양양하게 굽이치는 파도를 타고 가며 바다에 빠지지 않는다. 다만 노래하기를,

> "하나님의 숨결로, 나의 부르짖음은 물가로 퍼져 나갑니다.
> 배의 키 위에 다른 손이 받치고 있음을 느낍니다.
> 그분이 태풍이 몰아칠 때에도 나를 붙잡아서,
> 나는 떨어지지 않습니다.
> 극심한 기간은 짧을 것이고, 길다면 빛날 것입니다.
> 그는 모든 것을 명하십니다.

만약 감옥 안에서 섭리적인 사명의 불이 떨어진다면, 도시 전체가 떨리고 간수장과 그의 가족이 구원받을 것이다. 만약 밧모섬에 있다면, 계시와 "천로역정"과 같은 불타는 메시지가 새벽별처럼 유배지에서 밝게 빛날 것이다. 바빌론 유수 때에, 음모자들은 패하고 왕과 왕국은 명멸을 거듭했다. 이집트에 있을 때는 나라가 멸절에서 구원받았고 지하 감옥은 왕좌로 이어지는 계단이 되었다. 그들은 예수 그리스도의 참을성 있는 죄수들이다. 그들은 십자가의 책망을 지금 나누어 주고 하나님의 도래할 왕국의 불후의 명예를 하나님과 함께 영원히 나눌 것이다.

"일함으로" 그들은 구세주를 섬기는 데 시간을 쓰는 것과 쓰임 받는 것을 기뻐한다. 그들이 볼 때 사역자란 돈을 받거나 양육되거나 귀여움 받거나 경배 받는 주인이 아니라, 땅을 일구고, 씨를 뿌리고, 가시나무를

하나님의 오순절 번갯불

뽑고 새를 쫓는 파종자이다. 모든 걸 태울 듯이 내리쬐는 태양 아래서 하나님을 위해 금빛으로 익은 곡물을 거두는 추수꾼이다. 그리고 연회를 준비하고 사람을 모으고, 배고픈 손님을 배부르게 하는 집사이다. 오순절 선포자들은 빈둥거리는 사람들이 아니라, 하나님의 포도원에서 일하는 일꾼들이다.

"경계함으로" 거짓 공언자들과 공개된 적들의 배반에 대항하며, 또한 양들을 파멸하려는 수많은 극악한 늑대들에 대항한다. 전 시대에 걸쳐 이런 위험들은 진정한 사역자들의 경계심을 불러일으킨다. 경계심이 없다면, 그들이 뿌리를 거두기도 전에 오류라는 이름의 비둘기가 진리의 곡물을 훔쳐 달아날 것이다.

"금식으로" 오순절 선포자들은 종교적 금식을 준수하는 것의 능력을 알고 있다. 또한 왕국의 이익이 절실히 요구될 때 그들은 자신을 연단하는 은혜를 소유한다. 금식은 축제가 아니라 그들의 진실성의 표시였다. 금식을 축제로 바꾸는 것은 오늘날 사역이 거짓되고 결함이 있음을 보여주는 것이다.

"순결함으로" 의도와 마음과 삶의 순결함. 순결하지 않은 선포자는 오순절 선포자가 아니다. 오순절 회심과 세례는 마음과 삶의 불순함을 모두 쓸어내기 때문이다. "하나님은 깨끗하지 않은 도구로 자신의 손에 때를 묻히지 않으신다." 그러므로 하나님의 참 사역자들 모두는 순결함이라는 표지를 가져야 한다.

"앎으로" 기독교의 역사와 교리뿐만 아니라, 한 인격으로서 구원자이자 성결자인 예수에 대한 지식을 말한다. 오순절 선포자들은 모두 다 이 지식의 금광을 소유하고 이 지식의 깊이로부터 말할 수 없이 값진 보물을 모은다.

"오랜 고난 속에서" 오순절 목회자들은 "오래 고통 받으면서도 친절하다." 내가 아는 가장 친절하고 향기로운 사람들 중 몇몇은 어떠한 불평도 없이 긴 고통을 감내해왔다. 거짓 사도들은 이렇게 하지 못할 뿐 아니라, 움찔하며 놀라서 꿈틀거리고 거칠게 항변할 것이다.

"친절함으로" 그들은 자신의 적에게조차 친절한 사람들이다. 친절하지 못한 행위는 그들이 가진 오순절 태양의 영광을 가린다. 그들은 적들에게 "하나님이 당신을 축복하십니다!"라는 방식으로 거대한 설탕 덩어리를 던진다. 이러한 경험이 부족한 자들은 단단한 돌을 던지며 보복적으로 응수할 것이다.

"성령으로" 성령의 내주하심, 성령의 영광, 성령의 은사로 인해, 그들은 소명의 진정성을 확실하게 증거한다. 오순절 세례가 없는 오순절 선포자는 불이 없는 용광로와 같다. 바울은 성령 사역의 동반자들에게 오순절 세례가 수여되었음을 매우 단호히 선언하였다.

"진정한 사랑으로" 이는 하나님과 사람, 친구와 적 모두에게 향하는 사랑이다. 모든 사람이 바울이 말했던 만큼 알고 또한 행하기는 어렵다. 하지만 모든 사람이 온 맘 다해, 강렬하게, 지속적으로, 진실로 그렇게 사랑할 수는 있을 것이다. 오순절 선포자들은 사랑이라는 표시를 가지고 있다. 그들의 사랑은 "거짓 없는" 사랑이다.

"진리의 말씀으로" 그들은 말씀 선포의 특권과 요구가 일치하는 삶을 살았고, 성경의 진리가 메아리치도록 선포하였다. 오순절 선포자들은 자신들의 자만심이 아니라, 단지 하나님이 명령하시는 대로 말씀을 선포한다. 또한 소멸하는 세상에는 비위를 맞추는 부분적인 말씀이 아니라 온전한 말씀을 선포하는 것이 필요하므로, 그들은 말씀의 부드러움과 두려움을 다 선포한다.

"하나님의 능력으로" 그들은 확신하고, 회심하고, 성결케 하고, 심판을 다루며, 기적을 행하는 능력의 사역을 수행한다. 오순절 선포자들은 이러한 신적 에너지로 사역을 수행한다. 이 신적 에너지는 헤롯이 죽은 것과 같이 적들을 죽게 하고, 악한 사람들이 "어떻게 하면 우리가 구원을 받을까?"라고 울부짖게 하며, 마귀들이 두려워 달아나게 한다. 이 능력은 모든 오순절 증명서 위에 하나님이 날인하시는 하나의 표지다. 그것은 "기적"의 선물이거나 갓비(Godbey) 박사가 "은사와 은총"에서 설명한 것처럼 "조정되는 다이너마이트"의 선물이다. 웨든(Whedon)은 그러한 능력을 "말과 행동의 초자연적 효율성"을 의미한다고 말한다.

"공의의 전신갑주로" 오순절 선포자들은 의로운 선포자들이다. 하나님과 사람에게 더불어 의롭다. 그들은 사람과 마귀가 뚫을 수 없도록 쇠사슬 갑옷으로 뒤를 무장하고, 하나님과 진리를 위해 전투의 최전선을 압박한다. 이 전신갑주가 없다면 그들은 속히 패할 것이다. 이 공의의 전신갑주는 전가된(imputed) 의로움이 아니라, 주어진(imparted) 의로움이며, 모든 영적인 적을 대항하는 안전한 방패이다. 이 전신갑주가 없으면, 지휘관으로서 물리쳐야 하는 곳에서 겁쟁이가 된다. 의로운 존재와 의로운 삶에 대한 경험이 결핍된다는 것은 엄청난 사기이다. 하나님은 오직 마음이 공의로운 자가 기쁨으로 외치는 것을 인정해 주신다. 외치는 설교자들이 더 이상 없는 것은 이렇게 외치는 전신갑주를 더 이상 입지 않기 때문이 아닐까? 오순절에는 모든 사람이 전신갑주를 입었고, 그때처럼 지금도 전신갑주가 필요하다. 그러나 특히 고의적으로 잘못을 저지르는 사람은 누구도 전신갑주를 입을 수 없다.

"영광과 불명예로" 하나님에 대한 충성에서 오는 영광과 세상 사람들이 그들을 "종교라는 주제에 미친" 사람들이라고 여기는 불명예이다.

"악한 보도와 선한 보도" 비판하는 교수들과 마귀들 가운데는 악한 보도가 있지만, 참된 신자들 가운데는 선한 보도가 있다. 여기에는 성자들과 하늘의 천사, 하나님 아버지와 그의 아들과 성령이 계시며, "사람들에게 높이 칭송받는 것은 가증스럽다"고 하는 사람들과 함께한다.

"속이는 자 같으나 진실한 자" 성결과 싸움을 하는 교회는 예수를 사기꾼으로 고발하지만, 여전히 주님은 성육하신 하나님이시다. 그를 전적으로 따르는 사역자들은 같은 이유로 비슷한 고소를 당한다. 그럼에도 하나님의 불타오르고 빛나는 진리를 진실하게 보도한다.

"무명한 자 같으나 유명한 자" 그들은 사회 영역이나 교회 정치가들, 그리고 성결을 회피하는 동료들에게는 알려지지 않았지만 땅에 있는 하나님의 성도들과 하늘에 있는 하나님의 가족들 모두에게는 잘 알려져 있다. 오순절 선포자는 자신을 알지 못하는 곳에서 지인들을 만나지 않는데, 이는 그들이 자신을 그저 그들과 함께하는 동료로 생각하지 않도록 하려는 것이다. 그는 잘 알려진 사람이다. 그러나 잘 알려지지 않은 자로 보여진다. 진실한 선포자들은 하늘의 귀족에게서 분명하게 인정받기 때문에, 그러한 대우가 그들을 괴롭히는 것은 아니다. 반면에 그들은 주님이 받았던 대우를 자신들도 받는 것을 명예로 생각한다.

"죽어가면서도 우리는 살아있음을 본다." 이것은 죄와 세상으로부터의 "죽음"이며, 죄와 세상이 없이 "사는 것"이다. 틀림없이 이것은 바울이 한 장소에서 돌에 맞아 죽을 지경이 되고 또 다시 일어나 다른 곳에서 권세에 힘입어 전파했던 것을 암시한다. 그러므로 오순절 선포자들은 때로 비판이나 중상이나 박해로 인해, 돌에 맞아 죽을 지경에 이른다. 그래서 사람들이 선포자들을 "죽은 사람들"로 생각하게 되는 바로 그때, 보라! 그 사람들은 자신의 무덤에서 일어나 이전보다 더 큰 능력으로 살아난다. 내가 아는 성공한 어떤 목회자는 전차선에서 두마일 떨어진 장소에서 사주받은 암사자에게 살해당하고 매장 당했다. 하지만 보라, 그는 살았다! 그리고 세상을 완전히 뒤집어 놓았다.

"징벌은 받지만 죽지는 않는" 이런 부류의 선포자들은 죽임당하지 않지만 하나님과 사람에게 징벌을 받을 수는 있다. 그들은 사랑하는 아버지께서 허락하시고 보내신 그러한 훈련을 받아들이는데, 이는 선포자들을 바로잡고 세워서 더 깊은 체험과 더불어 아주 유용하게 사용될 수 있도록 만든다. 그런 사람들은 생각한다. "정의가 나를 세게 치게 하라, 이것이 친절함이다. 그분이 나를 제거하게 하라. 그것이 머리 위에 기름이 될 것이다." 복음의 전신갑주는 너무나 완벽하게 감싸서, 그러한 사람들을 "대항하도록 만들어진 어떤 무기도 성공할 수 없다."

"슬픈 중에도 항상 기뻐한다." 늑대들의 파괴에 대해 슬퍼하지만, 우리 안에 거하는 안전한 양들에 대한 기쁨도 있다. 지나간 실패들에 대한 슬픔, 반면에 현재의 구원과 고대했던 대성공에 대한 기쁨. 거짓 공언자들의 행위에 대한 슬픔, 반면에 참 기독교인의 성공에 대한 기쁨. 죄 가운데 지옥으로 빠진 영혼에 대한 슬픔, 비록 만신창이라도 구원받은 자에 대한 기뻐함이다.

"가난하지만, 부유한 자" 심령이 가난한 자는 다함없는 금광과 같은 영적인 부를 소유한 사람이다. 이 세상의 재산에 가난한 것은 오히려 다른 이들을 무한히 부요하게 만드는 것인데, 영적인 소유와 지위, 그리고 집과 왕관과 왕국들이 영원히 영광스럽게 증가할 것이다.

"아무것도 가지지 않는 것" 그들은 가정도, 집도, 땅도, 세속적인 명예도 가지지 않고, 또한 도움을 주고 그에 대한 값을 바라지 않는다. 그들은 하나님의 상속자로서 그리고 예수 그리스도의 계승자로서 "모든 것"을 받았기 때문이다. "모든 것은 너희에게 속하고 너희는 그리스도에게 속하며, 그리스도는 하나님께 속한다." 그들의 주식은 이 세상의 무가치한 먼지 속에 있지 않다. 이 땅의 것은 곧 다가올 마지막 대화재에서 타버릴 것이다. 하지만 천국의 영원한 실재 속에서 하나님의 자녀로서, 예수와 함께하는 계승자로서 그들은 영원히 왕과 제사장이 될 것이다. 그들은 이미 자신의 자리를 차지하고 그들의 왕실 의무에 들어섰으므로, 이 세상의 명예와 직위들은 그들에게 양초의 깜빡이는 것에 불과하다. 그들은 전기적 불빛과 별과 태양을 소유한 자들이기 때문이다. 이것이 오순절 선포자에 대한 바울의 그림 중의 하나이다. 오순절 학위를 가진 모든 사람은 이러한 오순절의 검증을 만족시킬 수 있다.

하나님이 선택하고 자격을 부여한 이들을 향한 하나님의 자녀들의 특권과 의무는 무엇인가? 사탄은 하나님의 자녀들을 싫어하고 세상은 조롱하며 위선자들은 주님께 했던 것처럼 그들을 대할 것이다. 하나님의 말씀 안에서 또한 하나님의 참된 자녀들의 마음 가운데서, 하나님은 분명한 의무와 특권을 주신다.

오순절 선포자들을 거부하지 마라. "너희를 저버리는 자는 곧 나를 저버리는 것이요 나를 저버리는 자는 나 보내신 이를 저버리는 것이라 하시니라"(눅 10:16). 하나님의 진정한 사역자들을 조롱하는 사람은 하나님을 조롱하는 것이고, 엘리야를 조롱한 사람처럼 회개하지 않으면 무서운 파멸이 닥칠 것이다. 번개가 칠 때 피뢰침에 손을 대고 있는 것이 하나님의 진정한 선포자들을 비난하는 것보다 낫다. 많은 교회들이 죽은 이유는 하늘로부터 하나님이 보낸 메시지인 겸손한 목회자들을 거절하고 비난했기 때문이다.

필자도 젊은 사람들의 사역으로 엄청나게 축복받고 세워진 한 교회를 안다. 그러나 어떤 이는 "그들의 젊음을 경멸하고," "경험 많은" 설교자를 데려오겠다고 고집하였다. 그 사람들이 바라는 대로 되었는데, 실상 그 목사는 막대기처럼 건조하였다. 교회는 쇠약해졌고, 그러자 사람들은 어느 정도 경험이 적은 목회자를 갈망했다.

기쁘게 오순절 설교자들을 환영하라. "이러므로 너희가 주 안에서 모든 기쁨으로 그를 영접하고 또 이와 같은 자들을 존귀히 여기라"(빌 2:29). 목회자는 어떤 일로 향기롭지 못한 영접을 기억하게 되는가? 환영의 인사는 오순절 체험이 받아들여지면 어느 정도 증가한다. 필자가 목사직에 있을 때 환영해 준 사람들에 대한 기억이 종종 "향신료"처럼 마음에 떠다닌다. 그리고 이 순간 필자의 눈은 그 기억으로 촉촉해진다. 필자는 그들의 이름 몇몇을 기억하지만 그들의 숫자와 겸손과 지면의 부족으로 인해 모두를 기억하지는 못한다. 하나님이 그들을 축복하실 것이다.

필자가 목회 직무로 돌아왔을 때, 영혼 가득한 애간장 녹이는 감정들을 절대 잊지 못할 것이다. 그 목회 직무는 자신을 따르는 사람들에게서 환영받았던 그의 첫 번째 공적인 사역이었기 때문이다. 존귀한 평신도로 알려진 사람들로 세워졌으며 오래전에 낙원과 같다고 소개된 교회에 대한 감정을 표현하는 것이다. 이것은 오순절 사람들이 오순절 목사들을 향하여 자발적으로 우러난 마음을 표현한 것이다.

> "환영합니다, 환영합니다, 사랑하는 목사님, 오늘,
> 우리는 기쁘게 당신께 인사합니다. 우리는 기도했습니다.
> 다시금 당신의 돌봄 아래 우리는 살아갑니다,
> 때에 따라 생명을 주는 고기와 빵으로,
> 당신이 성경을 펴고 우리는 듣습니다.
> 그리고 하나님의 금고에서 새 것과 옛 것을 가져와
> 하나님으로부터 확실한 축복을 받게 합니다.
> 좋은 양치기의 선물을 당신께 수여합니다.
> 그리고 당신이 이 양을 돌보는 동안에,
> 우리의 기도와 물질을 당신 두손에 올려 드립니다."

오순절 설교자들의 경건한 예를 따르라. "형제들아, 너희는 함께 나를 본받으라 그리고 너희가 우리를 본받은 것처럼 그와 같이 행하는 자들을

눈여겨 보라"(빌 3:17). 사역자들은 자신들을 따르는 신자들이 안전하도록 반드시 동행해야 한다. 그렇게 하지 않는 사람은 진정한 설교자가 아니다. 그런 모범을 따르는 것에 소홀한 신자들은 이중의 정죄에 놓이게 된다. 신자는 그의 사역자를 비난할 자격이 없다. 사역자를 정죄한 그 행동을 스스로도 범하는 공언자는 위선자이다.

오순절 설교자들의 사역에 참여하라. "모이기를 폐하는 어떤 사람들의 습관과 같이 하지 말고 오직 권하여 그 날이 가까움을 볼수록 더욱 그리하자"(히 10:25). 군인들이 교육 받으라는 장교의 명령에 모이기를 거부한다면 그들은 훈련과 징계를 받게 될 것이다. 사역자들은 그리스도의 군대의 장교들이다. 사역자들을 통해서 그분은 모든 군인들에게 중요한 순간의 메시지를 주신다. 쓸데없이 그 사역을 게을리 하는 사람은 자기 자신에게 잘못된 죄를 범하고 하나님의 메신저에게 결례하는 것이며 그리고 그들을 보낸 하나님께 무례를 범하는 짓이다. 하나님은 사역자들의 말에 주의하도록 명령하신다.

거짓 신자들은 참여를 소홀히 하는 수만 가지 이유를 갖고 있는데, 이들에게는 불쾌한 의무이기 때문이다. 오순절 사람들에게 그러한 참여는 매우 기쁜 일이다. 실제로는 잘못된 마음과 비난을 받아야 마땅한 죄된 양심을 변명해야 한다.

신자가 복음 선포자라고 공언하는 모든 사람들을 따르는 의무 또는 자신을 "교회"라고 이름붙인 그런 모든 협정을 인정하는 의무는 다른 문제이고 다른 곳에서 다루어질 것이다('오순절 사기꾼들'과 '오순절 교회'를 보라).

오순절 설교자들을 위해 기도하라. "형제들아 내가 우리 주 예수 그리스도와 성령의 사랑으로 말미암아 너희를 권하노니 너희 기도에 나와 힘을 같이하여 나를 위하여 하나님께 빌어 나로 유대에서 순종하지 아니하는 자들로부터 건짐을 받게 하고 내가 섬기를 일을…성도들이 받을 만하게 하고"(롬 15:30,31). 하나님의 사람들은 기도로 사역자들을 강력하게 돕는다. 많은 사역자들이 성도들의 기도를 통하여 온전히 성화되었다. 따라서 성도들의 진심 어린 기도를 억제하는 사람은 성공적인 목회에 필요한 조건들 중 하나를 빼앗는 것이다. 나를 위해 날마다 기도하는 사람들의 보증을 갖는다는 그 사실로 인해 나는 더 강해지고, 더 좋은 사람이 된다. 오순절의 교회들은 목회자들을 위해 기도한다.

오순절 설교자들에게 순종하라. "너희를 인도하는 자들에게 순종하고 복종하라"(히 13:17). 오순절 선포자들은 사람들에게 잘못되거나 비합리적인 일들을 요구하지 않을 것이다. 그들은 신성한 메시지와 신적인 권위를 따르며, 이를 무시하는 것은 그들의 왕과 정부를 모욕하는 것이다. 자신의 사역자들을 이렇게 대우하는 회심자들은 단지 자신의 마음속에 무정부의 씨를 뿌려서, 이것이 그들 자신의 삶속에서 뿐만 아니라 그들의 자녀들의 삶에서도 재앙을 거둬들이게 할 것이다.

구성원의 양적 성장을 위해 기도하라. "그러므로 추수하는 주인에게 청하여 추수할 일꾼들을 보내주소서 하라 하시니라"(마태 9:38). 그 모든 것보다도 세상과 교회의 필요는 성령과 불로 세례 받은 사역자들이다. 하나님은 당신의 백성들의 기도에 대한 응답으로 그런 사역자들을 보낸다.

오순절 설교자들의 결함에 대해 관대하라. "너희를 시험하는 것이 내 육체에 있으되 이것을 너희가 업신여기지도 아니하며 버리지도 아니하고

오직 나를 하나님의 천사와 같이 또는 그리스도 예수와 같이 영접하였도
다"(갈 4:14). 사역자들도 사람일 뿐이다. 그들이 모든 죄에서 구원을 받
았더라도, 여전히 인간의 결함과 약함과 부족으로 가득하므로 하나님의
사람들은 이에 대해 친절하게 행동해야 한다. 최근에 거만한 시의회는 교
회에서 가장 사도적인 한 사람을 거절하였는데, 이는 그의 방식과 그의
겸손한 외모, 단순한 옷차림 그리고 투박한 방식들 때문이었다. 갈라디
아 사람들은 바울에게 그렇게 대하지 않았고, 그가 결함이 있지만 하나님
의 천사와 같이 받아들였다.

오순절 설교자들을 사랑하라. 하나님의 참된 사람들은 오순절 선포자
들을 사랑한다. "너희의 복이 지금 어디 있느냐 내가 너희에게 증언하노
니 너희가 할 수만 있었더라면 너희의 눈이라도 빼어 나에게 주었으리
라."(갈 4:15) 그들은 설교자들이 오는 것을 기쁨으로 맞이하며. 그들이
떠나면 눈물을 흘린다. 또한 필요하다면 그들을 사랑하는 마음으로 돈 뿐
만 아니라, 두 눈까지도 기꺼이 주려고 한다.

오순절 설교자들을 지원하라. "성전에서 일을 하는 이들은 성전에서 나
는 것을 먹으며 제단을 모시는 이들은 제단과 함께 나누는 것을 너희가 알
지 못하느냐? 이와 같이 주께서도 복음 전하는 자들이 복음으로 말미암아
살리라 명하셨느니라"(고전 9:13, 14). 하나님의 계획은 그들을 부르셔
서 복음 사역을 위해 홀로 떨어뜨려 놓는 것이다. 복음사역은 모든 이들
의 시간과 정력을 요구한다. 그들은 자신과 가족들을 위한 재산을 취하는
그 모든 세속적인 추구를 버리고, 하나님과 교회에 자기 자신을 "전적인
목회 사역에" 드리기로 약속한다. 하나님은 사역자들이 가져오는 영적 축

복을 나누는 자들이 그들을 지원함으로 보답할 것을 명령하신다. 이러한 지원 두 가지는 활동적인 사역을 할 때 지원하는 것과 그들이 병들거나 늙었을 때 활동을 대신하는 것이다. 사역자들이 생계를 위해 세속적인 노동을 하는 것은 하나님이 계획하신 부분이 결코 아니었다. 자신의 시간을 모두 교회에 투자하는 사역자는 교회로부터 실제로 필요한 모든 것을 공급 받아야 한다. 스스로 자원한 바울의 분명한 예외는 결코 규칙이 아니다. 그는 자발적으로 하였고, 그렇게 하는 것이 영광이었다. 그러나 이것이 교회에 해로운 영향을 미친다는 것을 깨달았을 때 후회했다. 그는 "이러한 잘못을 용서하시오."라고 간청하였다. 하나님은 때로 사람이 하나님께 드리는 사랑의 헌물과 같이 자신의 자유의지로 이렇게 하는 것을 허락하신다. 하나님은 이렇게 바울의 자비량 계통에 있는 평신도 중 수백 명의 일꾼들에게 승리의 왕관을 씌우신다. 이들은 봉급 없이 모든 장소에서 오순절의 불을 지핀다.

그런 사람들은 남들이 알지 못하는 빵을 먹고 그들만을 위해 숨겨놓은 "반석에서 나는 꿀"을 먹는다. 그러나 하나님의 사람들이 이러한 예들을 자신들의 의무를 핑계삼기 위해 사용하는 것은 옳지 않다. 이는 명백하다. 회심하지 않은 교회 신자들은 이러한 의무를 소홀히 하고, 오순절의 사역자들에게 지원하는 것을 자주 거절한다. 그들은 자신의 "지원금" 지급을 일 년 동안 거절한 어떤 사람과 같다. 그 사람의 이유는 그 목사가 그들에게 너무 드물게 요청하였기 때문이었다. 나중에는 그 목사가 너무 그들에게 많이 요청하여서 그를 "먹여 살릴" 여유가 없고, 또한 "지급금을 지불할" 여유도 없었다.

"일꾼은 임금을 받는 것이 합당하다." 이 의무를 거절한 교회는 세금 지불을 거절한 사람과 같은 죄를 범한다. 임금은 율법에서는 세금처럼 부과된 것이었지만, 복음 아래에서는 신자의 자유의지와 선택에 맡겨졌다. 이러한 신뢰 때문에 믿음 없는 사람은 수치를 당한다. 우리는 이러한 지원을 자비심으로서나, 학비로서가 아니라, 항상 만기가 된 빚처럼 지불해야 한다. 복음 경영에서 그런 모든 빚이 채워질 때까지 '기부'할 수 있는 여지는 없다. 하나님의 참된 백성들은 이러한 거룩한 목적을 위해 할 수 있는 만큼 드리는 것을 좋아한다. 이를 거부하는 모든 자들과 "인색하게 심는" 자들은 또한 "인색하게 거둘" 것이다.

사역을 지원하기 위해 돈을 모금하려는 자선 바자회, 축제, 그리고 무도회의 형태로 세상과 비열한 타협을 하는 것은 오순절 목회자들과 사람들을 경멸하는 것이다. 이런 것 대신에 그들이 환영하는 것은 성서적인 계획과 하나님의 일을 위해 "한 주의 첫날에 하나님이 그들에게 부요하게 하신 만큼 모아서 그들에게 두"는 것이다. 모금이나 기부가 신자들의 신앙심을 망쳐놓지 않는다. 가능한 만큼 응답하고자 하면 다음과 같이 선언된 축복의 약속을 검증할 수 있을 것이다. "하나님이 당신들에게 모든 은혜로 풍성하게 하시어 언제나 모든 쓸 것에 풍성하게 될 것이다. 이는 모든 것에서 모든 선한 일을 풍성하게 하려 하심이라."

합당하게 교육을 받은 살아있는 교회들은 이러한 요청에 응답하는데, 이것은 마치 정부가 주는 음식들과 제복들 그리고 공무원들에게 월급을 지불하는 것만큼이나 자연스러운 일이다. 그러한 요청을 소홀히 하는 것은 그리스도에게 불충성하는 슬픈 방식들이다. "곡식 떠는 소의 입에 망을 씌우지 말찌니라." 이 시점에서 잠시 소홀함으로 하나님의 소들에게 일시적인 결핍의 재갈을 두게 하는 사람에게 화 있을진저. 오순절 선포자들은 그러한 지원을 받을 만하고 받아야 한다.

무엇보다 하나님의 참된 사역자 모두에게 적합한 다른 성서적 규칙들은 성령이 "참되게 회심한 마음에 쓰신" 것이다. 그러한 규칙들을 무시하는 것은 바람에 씨를 뿌리는 것이며 회오리 바람과 같은 심각한 결과를 거둘 것이다. 그들에게 주의를 기울이는 것은 금빛 나고, 영광스럽고 영원한 추수를 보장하는 씨를 뿌리는 것이다.

오순절 설교자들은 상당하게 지급 받는 선포자들이다. 하나님은 선포자들에게 확실하고 영광스런 상급을 보장하신다. 어떤 이들은 지금 받지만, 대부분은 장래에 받을 것이다. 그의 이름은 세속적인 언론에서 찬양받지 못하고 또한 세상의 신문들로부터 박수 받지 못한다. 그는 아마 의문스러운 단체들로부터 "지팡이" 선물을 받지 못할 것이며, 다른 이들처럼 "금시계" 도 받지 못할 것이다. 그의 봉급도 "충분하게 지불"되지 않거나 아예 없을지도 모른다. 하지만 이런 것들은 선포자의 영광스러운 상급에 비하면 하찮은 것들이다.

1. 그 자신의 양심의 인정과 성도들, 천사들, 아버지, 아들과 성령의 칭찬.

2. 엄청나게 위대하고 귀중한 약속들, 이는 심판의 날 불로 지팡이가 소멸되고, 시간을 측정할 시계가 없는 그때에 더욱 빛나게 비칠 것이다.

3. "불속에서 연단 받은" 금과 값을 매길 수 없는 진주와 가나안의 과일.

4. 매일 "공급된 필요들"의 모든 것과 손으로 짜지 않은 세마포를 주신 다는 약속과 결코 수리가 필요 없는 대저택, 그리고 영광스런 생명 나무에 영원히 자유롭게 출입하는 것.

5. 모든 기쁨과 슬픔을 나누는 그리스도 자신의 위로하시는 매일의 교 제와 필요한 조언, 위로, 격려와 힘을 주심.

6. 현재에 "백 배"를 받는 것. 그리고 한없이 무한한 영광.

7. 기도자들과 복음 안에서 "아들과 딸들"의 감사와 그의 사역이 축복 이었다는 다른 사람들의 감사.

8. "목자장이 나타나실 때" "사라지지 않는 영광의 왕관".

9. 모든 땅과 지옥이 주님에게 반란을 동맹했을 때 주님을 위한 싸움의 전방에 섰다는 명예로움.

10. 영원히 명예로운 배지가 될 전쟁터에서의 상처.

11. 첫 번째 부활의 몫과 그리스도의 지상 천년 통치기간 동안 그리고 영원히 영광스런 몸으로 그리스도와 함께 사역하는 특권("그리스 도의 다시 오심에 대한 오순절 대망"에 관한 장을 보라.).

12. 최후의 심판 때에 최종적이고 완전한 변호.

13. 새 예루살렘에 대한 탁월하고 영원한 약속.

이것들과 하나님의 지출부서 중 부유한 보석을 담당하는 팀에서 주어 지는 셀 수 없는 다른 축복들이 모든 오순절 선포자들의 특권이다. 모든 희생에 대한 백만 배의 보상보다 더한 특권이다.

그들을 기다리는 기쁨과 명예에 대한 장면이 선명하게 필자의 마음에 밀려들어온다. 이 악한 세상에 하나님의 아들이 다시 오실 때, "많은 물소리 같은" 두려운 소리를 들을 것이다. 눈 깜짝할 사이에, 주님의 진실한 사역자들은 불멸의 옷을 입고, 주님의 나타남을 사모하는 모든 자들과 더불어, 즐거운 소리를 외치며 "공중에서" 주님을 만나려고 일어난다. 각 사람들에게 주님은 영광의 관을 주시고, 이 관은 천사의 손으로 빛나는 이마에 씌워진다. "어린양들의 혼례가 다가왔고, 주님의 신부는 준비되었다." 주님께 신실한 모든 사역자들, 끝까지 견딘 자들이 거기에 있다! 얼마나 어울리는가! 얼마나 반가운가! 얼마나 존경스러운가!

하얗게 단장한 피로 산 신부복과 자신들을 구원하신 주님을 향한 사랑을 느끼며 빛나는 얼굴들, 그들의 노랫소리가 들린다. "우리를 사랑하사 그의 피로 우리 죄에서 씻으시며, 그의 아버지 하나님을 위하여 우리를 나라와 제사장으로 삼으신 그에게 영광과 능력이 세세토록 있기를 원하노라. 아멘" 그러나 보라! 신랑에 의해 이끌리어, 그들은 모두 신부가 태어난 곳인 지상으로 내려간다. 십자가와 무덤과 이스라엘의 무시무시한 변절의 땅으로, 구주로의 출생을 한차례 선언한 빛나는 무리들과 함께 승리롭게 그들이 지금 온다.

한때 잔인한 못에 찔렸던 주님의 발은 또 다시 예언된 것처럼 감람 산 위에서 쉴 것이다. 가시로 찔린 이마는 이제 별과 보석들로 치장된 왕관과 함께 빛난다. 더 이상 멸시 받고 거절당하는 "애통하는 사람"이 아니다. 그러나 모든 것을 정복한 "왕 중의 왕"은 그의 신부와 함께 자신의 것을 주장하고 붙잡으려고 오셨다. 세상의 왕좌들은 부서지며 그들의 파멸 위에 열두 제자들은 지정된 신성한 보좌에 앉는다. 약속된 것처럼, 예수님을 위해 "모든 것을 포기한" 모든 목자들의 도움으로 "이스라엘 열두 지파를 심판"한다. 그리고 왕 같은 제사장처럼 주님과 함께 연합하여 통치한다. "도리어 그들이 하나님과 그리스도의 제사장이 되어 천 년 동안 그리스도와 더불어 왕 노릇하리라"(계 20:6).

오순절 설교자들과 주님의 적인 사탄은 결박되어 천년동안 추방당한다. 사탄의 저주의 영향에서 해방된 사람들은 복음의 요구에 순복한다. 이사야, 바울, 웨슬리, 피니와 많은 위대한 하나님의 사람들이 그리스도인의 사역을 위한 거대한 총회와 훈련학교를 지도한다. 그리스도의 지도력과 모든 시대의 선포자들과 복음 전도자들의 연합된 노력으로, 전례가 없는 부흥이 발생할 것이다. 한 나라가 하루에 생겨날 것이다. 혼자서 천 명을 쫓아내고, 둘이서 만 명을 쫓아내고, 하늘과 땅은 주님에 대한 지식으로 충만할 것이다. 성결이 인기리에 보급될 것이다. 어떤 오순절 선포자들도 필요치 않을 것이다. 교회 안에 복음주의자들의 지위에 대한 논쟁과 여성의 권리에 관한 논쟁들이 여기에서는 신학자들을 당황스럽고 곤혹스럽게 하였지만, 이제 더 이상은 성가신 것이 아니다. 오히려 마치 빛나는 불빛의 별처럼 신학자들은 기쁘게 동의하며 그날에 목사들과 직원들의 협동으로 광대한 세상의 소명들을 향해 화살과 같이 돌진할 것이다.

그리스도의 왕국의 유익을 위하여 목회자들은 천년 동안 그들의 책임을 지속할 수 있다. 사탄과 불경한 정부들과 종교의 조직들은 쫓겨나고 추방될 것이다(계 19장과 20장을 보라). 오순절 선포자의 천 년간의 목회, 악마와 싸우지 않고, 또한 아래로는 위원회의 공적인 구성원들, 그리고 성령과 불로 세례받은 성도들에게 약속된 능력에 대해 생각해보라.

그런 약속은 성결을 소유하지 않은 사역자들에게는 지옥이 될 것이다. 그러나 그런 약속이 모든 오순절 선포자를 기다리고 있다. 그들이 땅의 가장 빈곤한 약속들 가운데에서도 소리 지르고 노래 부를 수 있음이 놀랍지 않다. 그들이 자신들을 위한 시간이 다가오고 있음을 알고 있으며 땅의 맷돌이란 천년의 수확과 영원한 보상을 위해 그들을 연마할 뿐임을 알기 때문이다.

한때는 그들의 몸이 닳고, 녹초가 되고, 오해와 모욕을 받고, 박해를 받고 억압 받았으나, 지금은 변화된 그리스도와 같이 변화된 몸을 갖고, 빛처럼 빠른 속도로 사랑, 빛, 즐거움의 새로운 사역으로 땅 위를 바쁘게 돌아다닌다. 그들은 고통이 없고, 죽지 않고, 그리고 배고픔도 없이, 예언자들, 사도들과 왕되신 분과 함께 옛 전쟁터를 천년 동안 돌아다닐 것이다. 내 생각엔 그때의 유명한 선포자는 성결 선포자가 될 것이다. 이 승리로운 시기 동안, 누구도 그들에게 성결을 하나의 "취미"로 만든다고 경고하지 않을 것이다. 혹은 그들에게 "성결을 그토록 많이 설교하지 않고 그리고 무도회나 축제를 분명하게 반대하지 않았다면" 더욱 나은 지위를 가졌을 것이라고 말하는 사람은 하나도 없을 것이다.

고상하고 충성되고, 왕족이며, 왕 같은 하나님의 사람아! 기쁨으로 얼굴을 들라. 당신의 왕국과 당신의 왕관이 가까이 왔다!

그러나, 보라! 빛나는 천년이 지나가고 있다. 천국의 햇빛 아래, 죄의 성처럼 어둡고 고독한 장소들이 모두 기쁘게 되고, 모든 사막은 장미같이 꽃피며, 오랫동안 악마의 어두운 지역이었던 곳과 악마적인 인간들의 지역이 천국의 아름다움보다 더 좋은 곳으로, 하나님의 참된 사역자들과 즐거운 사람들의 행복한 집으로 바뀐다. 어둠 속에서 철컹거리는 사슬 아래에 오래 억류된 것에 미치게 된 사탄은 분노로 가득 차서 이제 돌아온다. 악마적인 계획으로, 지옥에서 변절한 설교자들과 악마와의 긴밀한 협의안을 만들어 이 구속된 세상을 치명적으로 파괴하고자 한다(계 20:7-8). 모든 지옥의 군대가 따르면서, 불시에 불운하고 죄로 가득한 평원의 도시들 위로 하늘로부터 불이 떨어져서 사탄과 그의 무리들은 혼란스럽고 당황하여 사로잡히게 된다. 하늘의 강력한 경찰부대의 고발 아래, 정의로운 응징의 폭풍으로 사탄은 바깥 어두움의 두려움과 영원한 파멸로 쏠려간다.

그러나 보라, 왕의 오른손에 어떤 눈부시고 영광스런 광경이 있는지! 죽을 수밖에 없는 시야를 뚫고 넘어서, 하늘의 세상에서 천국의 영들이 둘러싸고 있는 곳, 나는 지금 보는 것에 이끌린다. 왕의 오른편, 그의 사역자들은 참되고, 죄와 사탄에 대항하여 오랜 전쟁 속에서 고생하였지만, 이제는 위대한 보상으로 새로운 할당을 받기 위해 부름 받는다. 그들 중 많은 이들이 잔혹한 고문 기구에 고난당했다. 어떤 이들은 화형에 처해졌고 또 어떤 이들은 아직도 그들을 서서히 죽게 하는 증오와 비웃음의 희생자가 되었다. 어떤 이들은 눈먼 지도자들에 의해 사역이 비하되었는데, 성결과 하나님에 대한 충성 때문이었다. 나는 그 군중들 사이에서 최초의 예언자들과 사도들을 본 것 같았다. 폴리캅(Polycarp)과 녹스(Knox)와 라티머(Latimer)도 거기 있었고, 순교자의 정신을 가졌던 모든 사역자들과 모든 오순절의 설교자들도 거기 있었다. 그들의 마지막 변호의 시간이 이제 다가왔다. 그들은 성령의 충만함과 처음으로 기쁨의 경험으로 충만하였을 때, 또한 초기 사역에서, 전쟁터에서, 후방에서 하늘이 그들에게 너무나 어두워 인간과 마귀들이 그들 주위에서 화를 낼 때, 그들의 영혼을 채웠던 매우 제한적이었던 기쁨을 기억한다. 그들은 영광스런 천년통치의 행복한 사역을 행하는 동안에 왕과 제사장처럼 그들의 영혼이 부풀어 올라 뒹굴던 환희를 기억한다. 그리고 틀림없이 엄청난 보상을 기다릴 수 있음에 놀란다.

그들은 아버지의 나라에서 태양처럼 빛을 내면서, 그분의 명령을 기다린다. 이제부터는 그분이 선택한 분명한 길을 그분의 뜻으로 움직이는 것이 그들의 천국이 될 것이다.

그는 모든 언어로 말한다. 나는 마치 그 사람에게만 홀로 말하는 것처럼 사람들이 감격하는 것을 상상한다. "내 아버지께 복 받을 자들이여, 창세로부터 너희를 위하여 예비된 나라를 상속 받으라"(마 25:35-46).

"잘했다, 착하고 충성된 종아. 너는 적은 것으로도 충성하였지만 나는 너를 많은 것들에 대한 통치자로 세울 것이다. 네 주인의 기쁨에 참여해라."

영광스런 영원의 문이 열려서 흔들린다. 그리고 지상의 견습중인 설교자에서부터 천년왕국의 사역자들에 이르는 이 베테랑들은 모든 것을 상속받기 위해 천상의 호위대의 인도를 받고 무한한 기쁨, 명예, 그리고 새 하늘과 새 땅의 영광을 소유하기 위해 말할 수 없는 환희로 전율하여 그곳을 휩쓸게 된다. 이 모든 일이 일어나는 곳은 "다시 저주가 없으며 하나님과 그 어린 양의 보좌가 그 가운데에 있으리니 그의 종들이 그를 섬기며 그의 얼굴을 볼 터이요 그의 이름도 그들의 이마에 있으리라 다시 밤이 없겠고 등불과 햇빛이 쓸 데 없으니 이는 주 하나님이 그들에게 비치심이라 그들이 세세토록 왕 노릇" 할 것이다(계 22:3-5).

이것은 모든 참된 오순절 선포자에 대한 무한한 상급의 일부이다. 이름이 기록된 사람들은 모두 행복한 자들이다.

오순절 사기꾼들(Pentecostal Imposter)

어두움의 그늘에서,
광명의 천사들로 가장하고,
찬란한 빛의 예복을 입고,
오순절 협잡꾼들은 감히 나타난다.

사탄의 능력으로,
하나님과 정의를 시기하며,
오순절 협잡꾼들이 죄를 옹호하기 위해 처절하게 싸울 때,
이들의 주인이 가까이 다가온다.

높은 지위에서,
교만과 미움에서 태어나,
섬뜩한 운명으로 들어갔을 때,
오순절 협잡꾼들의 지도자는 쫓겨내려 왔다.

그는 이 땅을 취하기로 맹세했고,

이 땅의 주인이신 그리스도로부터 나누어 갖기로 서약했다.
즉, 그리스도께서 창조하신 그리스도 자신의 것이,
이제는 지옥에 속하게 되었다.

오순절 협잡꾼들의 예언자적인 눈속임처럼,
거짓으로 가득 찬 사탄의 대리인들은
인간의 영혼을 놀라게 하고,
길을 잃고 방황하게 한다.

예수님께서 나타났을 때,
두려운 공포에 사로잡혀,
오순절 협잡꾼들은 자신들에게 내려진 판결을 들을 것이고,
그리고 도망갈 것이다.

하나님의 오순절 번갯불

제13장

오순절
거짓 사역자들
Pentecostal Imposters

"저런 사람들은 거짓 사도요 궤휼의 역꾼이니 자기를 그리스도의 사도로 가장하는 자들이니라. 이것이 이상한 일이 아니라 사단도 자기를 광명의 천사로 가장하나니, 그러므로 사단의 일꾼들도 자기를 의의 일꾼으로 가장하는 것이 또한 큰 일이 아니라. 저희의 결국은 그 행위대로 되리라"(고후 11:13-15).

사탄은 속임수로 타락을 가져왔으며 그와 유사한 방법으로 구원을 훼방한다. 그러므로 때때로 교회 사무실에서 그럴 듯한 존엄한 모습을 갖춘 사탄의 사역자를 볼 수 있다.

위의 성경 말씀은 이러한 사기꾼들의 존재를 언급한다. 이것은 사실 예상했던 것이며, 마지막에 이들은 분명히 패배할 것이다.

밝고 아름다운 지구가 즐거운 지상의 승객들과 더불어 위대한 창조센터로부터 운행되었을 때, 사탄은 그것을 보고 탐내어 그 제작자에게서 지구를 빼앗아서 자기 규칙대로 지구를 지배하고, 자기의 제국에 연합시키고자 결정하였다. 사탄은 한 가지 방법만이 가능할 것이라 생각했는데, 그것은 그 거주민들을 속이고, 그 다음에 죄를 집어넣는 것이었다. 사탄은 뱀이라는 대리인을 통해서 이 일을 하였다. 뱀은 최초의 거짓 선포자였으며 지상으로 온 지옥 정부의 대사였다. 사탄의 계획은 주님의 왕국을 그 자신의 정부로 대치하는 것이고 지금도 그렇다. 세상을 완전히 정복하기 위해 사탄은 자신의 종교 체계를 수립하려고 했다. 그리하여 사탄의 지배하에 있는 거짓된 교회의 관행들과 거짓된 목사들이 세상에 가득 찼다. 어느 곳에서든지 거짓 목사들이 사탄의 가장 사악한 목적에 헌신했

하나님의 오순절 번갯불

다. 그들은 하나님의 위대한 천상의 연합국인 성조기를 버리고서, 하나님 나라의 충성스러운 장교라고 고백한다. 이런 식으로 그들은 많은 사람들을 공략한다. 이것이 기독교에 대항하는 사탄의 가장 성공적인 방법이므로, 이러한 사탄의 계획들을 폭로하고, 사탄의 거짓된 예배의 대행자들이 하는 일들도 알려야만 한다.

어떻게 그들을 발견하고 폭로하느냐 하는 것이 이번 장의 주제이다. 필자는 지금 묘사하려고 하는 고통스러운 장면을 그리는 것이 꺼려지는데, 이런 폭로가 필요한 끔찍한 현실로 인해 상처를 받았기 때문이다. 하지만 필자는 하나님께서 이 교활한 적들을 폭로하는 것을 크게 즐거워하시고, 이 사역에 거룩한 부르심을 느끼면서, 이 사역에서 하나님께 도움이 되도록 즐거이 최선을 다할 것이다.

이러한 계열(Line)들로 인해 어쩌면 그들 중 어떤 사람은 깨닫거나 구원을 경험할 것이다. 이는 은혜로운 위대한 기적일 것이지만, 이 관점에서의 더 큰 유익은 거짓 사역자들의 간계로 인해 위험에 빠진 사람들을 경고하는 것이다. 성서는 모든 세대에서 그들의 특징이 똑같으며, 하나님은 악한 사역자들이 경고해 주지 않는 무자비함에 그분의 어린 양들을 방치하지 않으셨음을 보여준다. 하나님은 말씀으로 확실한 표시를 선포하셨다. 그래서 사람들은 말씀 가운데 확실한 표시를 지혜롭게 읽고 알게 되면 그들의 덫에서 벗어날 수 있다.

그들을 폭로하는 의무는 종종 몰이해에 대한 두려움으로 소홀해지고, 또한 잘못되고 씁쓸한 의도들 때문에 비난받았는데, 사실은 모든 진실한 사역자들에게 이러한 의무가 주어져 있다. 예수님과 사도들은 그러한 두려움에서 자유로웠다. 하나님 나라의 진실한 대리인들은 모두 거짓된 예언자들과 거짓된 복음을 반드시 경고해야 한다. 이는 근거도 없이 책망하는 것처럼 심한 비판이 아니라, 가장 깊은 사랑의 징표이다.

사랑이 있다면 어떤 사람이 썩은 다리 위를 걷는 것이나, 겉만 멀쩡한 배를 타고 바다에 가는 것이나, 또는 가짜 은행에 돈을 맡기는 것을 경고할 것이다. 그러면 경고받은 사람은 거짓된 삶의 위험 속에서 있을 때 영적인 사람들을 통해 잘못된 정신 상태에서 벗어나 훨씬 더 견고해질 것이다.

사도들이 그랬던 것과 마찬가지로, 오늘날 복음적인 교회의 사역에도 진실한 사람들이 있음을 믿는다. 진실한 자들이 행하는 미덕에 대한 책들이 분명히 기록될 것이다. 하지만 이번 장의 목적은 미덕을 칭찬하기 위함이 아니라, 진실한 자들의 사역을 엄청나게 방해하는 자들의 사기를 폭로하려는 것이다. 예수는 어떤 부류의 사람들에게는 어린양이었다. 그러나 주의 날에 종교적인 위선자들에게는 사자였다. 그리고 주님의 복음은 그때나 지금이나 동일하다.

이 장은 실수로 가득 차 있을지라도 빛 가운데 걸어가는 정직한 사역자들에 대해서가 아니라, 세상을 경고하기 위해, 그리고 신자들의 안전을 위해 하나님이 확실하게 인쳐두신 거짓 사도들에 대해 말하고자 한다. 자기에게 붙은 그 낙인들 중 어느 하나라도 찾은 사람은 경고를 잘 받아들여야 할 것이다. 이미 죽었거나 죽어가고 있는 시대의 교회를 현혹시키는 적들은 하나님과 사람의 대적들에게 비옥한 경작지를 제공하였고, 그런 교회들은 예외없이 이 대적들에게 파괴당했다. 그들의 특징은 항상 동일하며, 그들에 대해 예언자들과 사도들과 그리스도께서 친히 묘사한 상황

하나님의 오순절 번갯불

들은 예나 지금이나 정확하다. 하나님께서 친히 그들에게 하시는 말씀을 들어보라.

오순절 사기꾼들은 참된 설교자에게 심한 슬픔의 원천이다. "선지자들에 대한 말씀이라 내 중심이 상하며 내 모든 뼈가 떨리며 내가 취한 사람 같으며 포도주에 잡힌 사람 같으니 이는 여호와와 그 거룩한 말씀을 인함이라"(렘 23:9). 모든 참된 사역자들은 이러한 사기꾼들의 기만적인 계략으로 인해 하나님과 성결이 손상당하는 것을 애도한다.

오순절 사기꾼들은 불경스럽다. 욕을 한다고 해서 불경스러운 것이 아니다. 마음에서 우러나오지 않는 예배는 모두 불경하다. 부르심을 받지 않고도 하나님의 사역자의 직무를 맡는 것은 신성한 직무를 더럽히는 불경이다. 그런 자들은 과거에도 있었고 오늘날에도 존재한다. 하나님이 말씀하신다. "내가 내 집에서도 그들의 악을 발견하였노라"(렘 23:11). 성결과 성령세례, 그리고 다른 성서의 교리를 반대하는 설교는 하나님과 그분의 진실한 사람들에게 가장 불쾌한 종류의 불경이다.

"오순절 사기꾼들은 바알을 의지하여 예언하였다"(렘 23:13). 하나님의 참된 사역자라고 떠들지만, 그들은 이교도의 예배의식을 혼합하였다. 오늘날에도 그들을 따르는 자들이 감히 그리스도의 참된 사역자라고 말하면서 동시에 세상적인 제도들의 역겨운 예식에 참여한다. 그러한 제도들은 중생을 무시하고, 안식일을 지키지 않으며, 자신들의 규칙을 어기는 사람을 죽이고, 이교도적인 겉치레와 허식을 행하는 것이다. 그곳의 사역자들은 그런 교제에 모인 사람들을 가볍게 여긴다. 그리고 그들은 화려한 훈장, 세속적인 우정과 연설로 세상적인 마음의 기쁨을 구한다. 그때와 마찬가지로 지금도 그들은 "바알을 의지하여 예언한다."

"오순절 사기꾼들은 간음을 행한다"(렘 23:14). 음탕한 생각과 음탕한 외모로, 그들은 수많은 가증스럽고 비밀스런 사악함으로 엄청난 죄를 범하였다. 또한 그들은 하나님의 적들과 타협하고, 영적인 간음이라는 한 층 "더 끔찍한" 죄와 타협함으로써 범죄한다. 공적인 폭로를 통해 숨겨진 죄가 어느 정도 드러났어도, 이제껏 이러한 부류들에서 그 악은 조금도 개혁되지 않았다.

오순절 사기꾼들은 사람을 속인다. "거짓을 말한다"(렘 23:14). 그들의 주장도 거짓말이고, 그들은 거짓말을 지키려고 거짓말하는 습관에 익숙할 수밖에 없다. 지금도 마찬가지이다. 그들은 인간이 아주 진지한 환경 속에서 "사는 동안에 사랑 안에서 완전하게 되기를 희망한다."고 밝힌다. 그리고 그 다음에는 그것은 불가능하다고 설교한다. 그들은 성서의 모든 진리를 선포하고 지킬 것이며 모든 잘못되고 거짓된 교리를 몰아낼 것을 맹세한다. 그리고 그 다음에는 그렇게 하는 데 소홀할 뿐만 아니라 거짓을 퍼뜨린다.

오순절 사기꾼들은 스스로 보냄 받은 설교자이다. "이 선지자들은 내가 보내지 아니하였어도 달음질하며"(렘 23:21). 하나님은 그의 말씀을 선포하기 위해 정직하고 중생한 사람들만 보내신다. 하나님의 부름도 받지 않은 사람이 하나님의 말씀을 선포한다면, 감히 스스로를 하나님의 번개라고 생각하는 것이다. 그런 사람은 의회에 스스로 보냄 받은 상원의원과 마찬가지로, 자신이 모욕한 정부로부터 승인과 지원을 받을 수 없다.

오순절 사기꾼들은 자신의 말을 하나님의 메시지로 대치한다. "내가 그

하나님의 오순절 번갯불

들에게 이르지 아니하였어도 예언하였은즉"(렘 23:21). 예레미야 같은 참된 사역자들은 하나님께 메시지를 받는다. 그런데 참된 사역자가 아닌 사람들은 발람처럼 사람들이 가장 기뻐할 만한 주제를 선택한다. 그들은 전보 배달부와 같지만, 그 전보를 위조한다. 그들은 전보를 모으고 수수료를 횡령한다. 이렇게 하는 선포자와 사람들에게 화 있을진저!

오순절 사기꾼들은 방자한 선포자들이다. 그들은 베드로와 요한이 자신들의 교회에서 설교하는 것을 금지하였고, 오늘날, 그 후예들도 유사한 방식으로 현대의 베드로를 대접한다. "나는 어느 저녁 펀몬(Fonmon)에서 연약함과 고통 속에도 불구하고 어떻게 예수님이 우리를 죄로부터 구원하셨는지를 설명했다. 다음날 아침 여덟시에 펀몬에서 4마일 떨어진 작은 마을인 볼스톤(Bolston)에서 설교를 했다. 거기서부터 나는 랜트리샌트(Lantrisant)를 향해 말을 탔고, 그곳 교회 사용을 청하려고 목사를 보냈다. 그의 대답은 매우 기꺼이 그리 하겠노라는 것이었으나, 감독은 허락하지 않았다. 무슨 법으로? 나는 법적으로 죄가 없다. 또한 이단도 아니고, 어떤 범죄자도 아니다. 무슨 권위로 그때 내가 설교를 중단해야 하는가? 뻔뻔스럽고 방자한 권력에 의해서였다"(웨슬리 저널, 1권 245쪽). 모든 시대에서 오순절 사기꾼들은 오순절 선포자들을 향해 옛날과 같은 마음으로 대한다.

오순절 사기꾼들은 서로의 설교를 훔친다. "나 여호와가 말하노라 그러므로 보라 서로 내 말을 도적질하는 선지자들을 내가 치리라"(렘 23:30). 훔친 설교와 훔친 사설은 은행을 터는 것이나 주머니를 좀도둑질 하는 것과 마찬가지이다. 그래서 하나님으로부터 변절한 성직자라는 오명을 얻는다. 하나님의 사역자는 이렇게 서로 강도질하지 않고도, 하나님께로부터 선포할 메시지를 받을 수 있다.

오순절 사기꾼들은 말씀의 경고를 마음에 두거나 선포하지 않는다. "나팔소리를 들으라"고 하지만 그들은 말한다. "우리는 듣지 않겠노라 하였도다"(렘 6:17). 죄의 영향력에 대한 경고를 거절하는 것과 구원을 거부하는 것의 위험, 그리고 심판으로 달려감과 예고 없이 지옥으로 떨어지는 것에 대한 두려움을 거부하는 것 등은 분명히 거짓된 사역임을 드러내는 것이다. 심판 때에 틀림없이 멸망한 군중들을 만나서 그들과 함께 마귀와 그의 사역자들을 위해 준비된 영원한 암흑으로 떨어질 것이다.

오순절 사기꾼들은 "기회주의자"이다. 이런 설교자들은 하나님이 명령하신 복음의 양식을 드러내지 않고 사람들의 기호에 영합한다. 특별히 도시 교회에서 오순절 복음을 설교하지 않는 것에 대한 그들의 변명 중 하나가 "시대가 바뀌었고, 다른 무언가가 더 낫다."라는 것이다. 그러나 하나님의 아들에 대한 그 영광스러운 옛 복음을 대체하는 모든 것들에는 실패라는 글자가 쓰여지고, 그것을 지울 수 없을 것이다.

오순절 사기꾼들은 탐욕스럽고 거짓된 위로를 준다. 그들은 거짓된 것을 행하면서 참된 사역자라는 존경과 보상을 갈망하기에 탐욕스럽다. 사람들이 거듭나지 못했는데 구원받았다고 믿도록 하고, 성화되지 않았는데 영혼 구원이 준비되었다고 생각하도록 격려하는 것, 게다가 "평화, 평화"를 외침으로 구원의 조건들을 충족시키지 못한 구도자들과 하나님이 평화를 말하지 않은 사람들을 격려하는 것은 그들을 거짓으로 대하는 것이다. 최근 모임에 참석한 완전히 망한 한 젊은이가 깊은 확신 가운데 자신의 죄를 고백했고, 다른 삶으로 인도받기를 갈망했다. 목사는 그에게 "그렇게 나쁘다고 느낄 필요 없다."라고 하였고, 또한 그가 생각한 것처럼, "그렇게 나쁘지 않다."라고 말했다. 이것은 거짓된 위안이다! "평안하다, 평안하다, 하고 말하지만 실은 평안이 없다"(렘 8:11).

오순절 사기꾼들의 존재는 하나님의 참된 사람들에게 시험거리로써 그들의 말을 거절해야 한다. "너를 낮추시며 너를 주리게 하시며 또 너도 알지 못하며 네 조상들도 알지 못하던 만나를 네게 먹이신 것은 사람이 떡으로만 사는 것이 아니요 여호와의 입에서 나오는 모든 말씀으로 사는 줄을 네가 알게 하려 하심이니라"(신 8:3). 본 장에 언급된 표식을 하나라도 갖는 설교자들은 사람들로부터 지원과 존경을 받지 못하고, 하나님의 미소를 사라지게 한다. 하나님은 그런 위반자를 교정할 방법이 없다고 알려주셨다.

오순절 사기꾼들은 완고하다. 하나님이 명령하셨다. "옛적 길 곧 선한 길이 어디인지 알아보고," 그러나 그들은 거절하며 말했다. "우리는 그리로 가지 않겠노라"(렘 6:16). 그들은 성결이라는 성서의 길을 가고자 하지 않는다. 오늘날도 그 형제들과 마찬가지로 그들은 조상의 종교를 왜곡했고 하나님의 말씀을 자신의 생각으로 대신했다.

오순절 사기꾼들은 눈멀고 무지하고 벙어리이며 방탕한 자이다. 그 파수꾼들은 모두 눈이 먼 자들, 아무것도 모르는 자들, 벙어리 개들, 방탕한 자들(사 56:10-12) 이다. "눈이 먼" 것은 죄의 도랑에 빠지고 다른 이들을 그곳으로 인도하기 때문이다. 그들은 경험적인 구원의 근본적인 원리에 대한 "지식이 없다." "벙어리"는 죄의 심각한 위험이나 구속의 특권에 대해 말을 못하는 것이다. "꿈꾸고, 누워있으며, 잠자기 좋아하는" 것은 목회적인 상담을 하지 않고, 잃어버린 양들과 목자의 돌봄이 필요한 사람들을 찾지 않는 것이다. 그러면서 여전히 "자신의 목숨을 어린양들을 위해 희생한!" 그분의 대리자라고 고백하는 것이다.

오순절 사기꾼들은 만족할 줄 모른다. "그 개들은 탐욕이 심하며 만족할 줄 모른다"(사 56:11). 그들이 바라는 만큼 많아지는 그런 큰 봉급도 없고, 그들이 사다리를 세워서 오를 만큼의 높은 지위도 없다. 그럼에도 그런 것들을 만들려고 영향력을 발휘하여 모든 것을 소집한다. 그렇게 노력해서 얻을 수 있는 것이라면, 그런 충분한 시간과 돈과 지식은 세상을 구하기 위한 사다리를 만드는 데 써야 한다.

오순절 사기꾼들은 믿음 없는 사람들에게 인기가 있다. "이 땅에 기괴하고 놀라운 일이 있도다 선지자들은 거짓을 예언하며 제사장들은 자기 권력으로 다스리며 내 백성은 그것을 좋게 여기니 그 결국에는 너희가 어찌 하려느냐"(렘 5:30-31). 한 사역자의 인기는 아마도 하나님께 대한 불충함의 척도일지도 모른다. "종들은 모두 주인이 이듬해 오도록 요청하는 것에 만장일치하였다."는 것은 아마도 세속적 교회와 타협한 설교자에 대한 경고일 뿐이었을 것이다. 이러한 현상은 예레미야의 시대에도 있었고, 당신이 분명히 이름을 지명할 수 있는 지금 그 장소에도 존재한다. 천국의 왕과 정부와 세상에 속한 자들에게 동시에 인기를 누리는 것은 불가능하다.

"한 여자는 거짓 선지자일 것이다"(느 6:14). 기록된 바에 따르면, 몇몇 여성들은 악마의 왕국에서 높은 지위를 차지한다. 여자가 첫 번째로

하나님의 오순절 번갯불

타락했다 하더라도, 그녀가 혼돈을 지속시키는 데 있어서 처음은 아니다. 이러한 부류의 사탄의 대사들이 끼치는 재앙 가득한 영향력은 강력하고 두려워서, 어느곳에서나 느낄 수 있다.

오순절 사기꾼들은 죄 가운데 살고 있는 거짓 고백자들로 땅을 채운다. "행악자의 손을 굳게 하여 사람으로 그 악에서 돌이킴이 없게 하였은 즉"(렘 23:14). 하나님과 공의와 성결에 반대하는 것은 죄를 남겨두어 결국 악마적인 요새가 되도록 만드는 것이다.

오순절 사기꾼들은 다른 이들을 실수하게 만든다. "백성을 인도하는 자가 그들을 미혹하니 인도를 받는 자들이 멸망을 당하는도다"(사 9:16). 거짓 선생들은 연약한 자들을 동요시키고 자신들을 본받게 해서 순수함에서 불의함으로 인도한다. 그러므로 "약한 자들을 실수하게 하는 원인"이 된다. 이러한 것이 죽은 교회 내의 불신앙의 원인이다.

오순절 사기꾼들의 형식적인 사역은 하나님께 용납되지 않는다. "시바에서 유향과 먼 곳에서 향품을 내게로 가져옴은 어찌함이냐 나는 그들의 번제를 받지 아니하며 그들의 희생제물을 달게 여기지 않노라"(렘 6:20). 수많은 예배당, 문화, 세속적 지혜, 교회의 명성. 세속적인 신도로 채워진 세속적 교회 안에서의 경험, 군중들을 끌어들이는 것, 파이프 오르간, 값비싼 합창단, 높은 뾰족탑, 프레스코화가 그려진 벽들, 쿠션으로 된 의자들 그 어떤 것도 하나님께 대한 충성심을 대신하는 것인양 하나님을 속일 수 없다.

오순절 사기꾼들은 교회를 파괴한다. "많은 목자가 내 포도원을 헐며 내 몫을 짓밟아서 내가 기뻐하는 땅을 황무지로 만들었도다"(렘 12:10).

가짜 목회자는 살아계신 하나님의 교회를 당파들끼리 서로 충돌하는 곳으로 바꾸거나, 또는 잔치하며 유행을 따르는 상류계층들이 북적대거나 차갑고 냉습한 송장들이 가득 찬 곳으로 바꿀 것이다. 이런 식으로 "기뻐하는 땅"을 "황폐한 황무지"로 변하게 한다.

오순절 사기꾼들은 철면피이다. "그들이 가증한 일을 행할 때에 부끄러워 하였느냐 아니라 조금도 부끄러워하지 않을 뿐 아니라 얼굴도 붉어지지 않았느니라"(렘 6:15). 현대의 일부 사역자들의 뻔뻔한 대담무쌍함 즉, 설교하고 동시에 맥주를 마시거나 담배의 노예이거나, 또는 음란한 이야기를 하고, 농담을 즐기고, 자신의 말을 어기고, 성결을 반대하는 것 등은 이 세대가 끝나지 않았음을 보여준다.

오순절 사기꾼들은 죽음의 형벌에 종속되어 있다. "그런 선지자나 꿈꾸는 자는 죽이라 이는 그가 너희에게 너희를 애굽 땅에서 인도하여 내시며 종 되었던 집에서 속량하신 너희의 하나님 여호와를 배반하게 하려 하며 너희의 하나님 여호와께서 네게 행하라 명령하신 도에서 너를 꾀어내려고 말하였음이라 너는 이같이 하여 너희 중에서 악을 제할지니라"(신 13:5). 그들이 하나님과 인간 모두에게 지금까지 저질러온 범죄와 또 현재 저지르는 범죄는 너무나 엄청난 것이어서 하나님이 할 수 있는 한 가장 가혹한 형벌을 내리셨다.

오순절 사기꾼들의 번영은 짧다. "그러므로 그들의 길이 그들에게 어두운 가운데 미끄러운 곳과 같이 되고 그들이 밀어냄을 당하여 그 길에 엎드러질 것이라 그들을 벌하는 해에 내가 그들에게 재앙을 내리리라 여호와의 말씀이니라"(렘 23:12). 그러므로 번영하는 동안에 멸망이 그들에게 다가온다.

오순절 사기꾼들은 가나안의 꿀과 포도주 대신에 고뇌와 증오를 먹어야 한다. "그러므로 만군의 여호와께서 선지자에 대하여 이와 같이 말씀하시니라 보라 내가 그들에게 쑥을 먹이며 독한 물을 마시게 하리니 이는 사악이 예루살렘 선지자들로부터 나와서 온 땅에 퍼짐이라 하시니라" (렘 23:15). 가나안의 경험을 거절하게 되면, 그들은 바벨론의 음식을 먹고 살 수밖에 없다.

오순절 사기꾼들은 굉장한 일들을 할 것이다. 이집트 사람들은 모세를 좌절시키고, 거짓된 사탄의 종교가 진실되다고 입증하고자 하였다. 그리고 최후 심판대 앞에서, 이러한 사기꾼들이 체포되어 심문받을 때, 거기에서도 심지어 그들은 자신들이 악마를 쫓아내고, 최고 심판자의 면전에서 놀라운 일을 행한 능력을 자랑스럽게 주장하는 것으로 그려진다. 몰몬교, 심령주의, 크리스천 사이언스, 가톨릭과 이교주의에는 이러한 타락한 조직의 "거짓 예언자"들이 병을 치유하고 다른 "놀라운 일들"을 행한 사례들로 가득 차 있다. 그러므로 신약성서는 사역자들의 진정성을 검증할 때 기적을 행하는 능력의 유무가 아니라 그리스도의 영을 소유했느냐에 초점이 맞추어져 있다.

그들이 번영하더라도, 오순절 사기꾼들은 결국 거꾸러질 것이다. "그러므로 그들이 엎드러지는 자와 함께 엎드러질 것이라 내가 그들을 벌하리니 그때에 그들이 거꾸러지리라 여호와의 말씀이니라"(렘 6:15). 하나님은 그들의 그릇된 번영 한가운데로 찾아오신다. 그리고 고통과 폭로, 또는 죽음으로 그들의 가면을 벗기셔서 그들의 위선을 폭로하신다.

오순절 사기꾼들은 자신들의 사역으로 인한 파멸에 책임이 있다. "이 선지자들은 내가 보내지 아니하였어도 달음질하며 내가 그들에게 이르지 아니하였어도 예언하였은즉, 그들이 만일 나의 회의에 참여하였더라면 내 백성에게 내 말을 들려서 그들을 악한 길과 악한 행위에서 돌이키게 하였으리라"(렘 23:21-22). 이런 부류에는 분명히 처음엔 진실로 부름을 받은 사역자들도 있었을 것이다. 그들은 타협하여 구원을 잃고도 여전히 자신들의 직무에 집착한다. 모든 거짓된 사역자가 반드시 기억해야 할 것은 그에게 신실하지 못한 모든 결과에 대한 책임을 물으신다는 것이다. 지금 많은 교회들이 영적으로 두려운 상태에 있는 이유는 대부분 믿음 없는 사역 때문이다. 복음주의 교회의 설교자들이 오직 성령을 받게 하고, 단일 년 동안만이라도 성령의 복음인 완전한 구원을 주장하게 하라. 그러면 얼마나 강력한 변화가 일어나겠는가. 그러나 이렇게 하는 선포자들이 너무 적다. 한 사람이 그렇게 하면, 그는 많은 곳에서 이상하고 변덕스러우며 극단적인 사람이라고 간주된다. 하지만 그런 설교는 예외적인 것이 아니라 정기적인 것이 되어야 한다. 아주 많은 사람들이 온전한 성결을 싫어하거나 잘못 전하고 혹은 성결에 대해 광신적인 인상을 가졌다는 것을 핑계로 온전한 성결을 설교하지 않은 것에 대해 변명한다. 그 어떠한 천박한 변명도 절대로 심판의 때 그런 사역을 변호하지 못할 것이다. 이러한 잘못은 선포자들이 주로 강단에서 설교해야 하는 의무를 수행하지 못한 결과이다. 그리고 그런 반역적인 과정을 지속한 것에 대해 변명하는 것은 비겁하고 쓸데없는 짓이다. 이것은 죄인의 사악함을 감추지 못하는 무화과나무의 앞치마와 같다. 하나님의 사역자라고 공언하면서, 여전히

하나님의 오순절 번갯불

하나님이 주시고 선포하라신 복음 전도의 명령을 무시하는 성직자보다는 차라리 중앙 아프리카 한가운데 있는 가장 미개한 이교도가 더 낫다.

오순절 사기꾼들은 영혼을 살해한 죄인이다. "가령 내가 악인에게 이르기를 악인아 너는 반드시 죽으리라 하였다 하자 네가 그 악인에게 말로 경고하여 그의 길에서 떠나게 하지 아니하면 그 악인은 자기 죄악으로 말미암아 죽으려니와 내가 그의 피를 네 손에서 찾으리라"(겔 33:8). 이러한 범죄를 저지른 모든 사람들은 가장 깊은 어둠에 물든 살인자들이다. 이 무시무시한 고발 앞에서 가짜들은 떨고 흔들리고 침몰하게 된다.

오순절 사기꾼들의 희생자는 그들과 함께 멸망한다. "선지자의 죄악과 그에게 묻는 자의 죄악이 같은즉 각각 자기의 죄악을 담당하리니"(겔 14:10). 그러므로 속이는 자와 속임 받는 자는 함께 구렁텅이로 빠질 것이다. 그곳에는 그들의 공통된 불행 때문에 서로를 영원히 조롱할 것이다. 그때에는 결코 회중이 적다고 불평하지 않을 것이다. 더 큰 회중과 더 큰 심연이 설교자들을 그 불명예 아래로 묻어버리기 때문이다. 이는 사기꾼들을 처벌하는 영원한 불의 불꽃이다.

위의 내용들은 구약성서에서 거짓 성직자들을 묘사한 부분이다. 그 내용도 끔찍한데, 우리는 신약성서에서 더 가혹한 장면을 발견할 수 있다. 백합과 무지개, 그리고 폭풍우의 엄숙한 암흑을 그렸던 사람은 그 하던 것을 멈추고 거짓 사역자들을 멸망시키러 오신 주님의 일하심을 완벽하게 묘사한 장면을 복음 전시실에 남겼다. 하나님은 거짓 사역자들이 하나님의 어린양들을 멸망으로 인도한다는 것을 아시고 매우 단호한 목소리로 경고하신다. 이러한 사람들에 대한 하나님의 첫 메시지는 극심한 힐책과 또한 그들의 진면목을 놀랍게 폭로하는 것이다. 주님은 그들에 대하여 다음의 사실을 대담하게 강조하셨다.

오순절 사기꾼들은 눈먼 사역자들이다. "맹인들이여 어느 것이 크냐 그 예물이냐 그 예물을 거룩하게 하는 제단이냐"(마 23:19). 오순절 사기꾼들은 고집부리며 성서를 전통으로 대치하는 것을 좋아하고 심하게 눈이 멀어 아무것도 볼 수 없었다. 그렇게 그들은 눈이 멀어 세례 요한에게서 "마귀"를 보고, 참된 메시아에서 술고래를 보았다. 그 후손들은 오늘날 성서적 중생과 성결을 소유한 자를 그 조상들이 우리 구세주에게 행한 것처럼 대한다. 그들은 성령의 부흥과 부흥사들에게서 장점을 보지 못한다.

오순절 사기꾼들은 질투심이 많은 설교자들이다. 요한과 예수가 군중들을 이끌어, 오순절 사기꾼들의 공허한 말을 들으려고 남아있는 자가 하나도 없게 되었다. 그래서 오순절 사기꾼들이 분노하고 고발하는 것이다. 위대한 구원의 부흥은 오늘날도 동일한 방법으로 동일한 일들을 발생시킨다. 오순절 사기꾼들은 공적으로나 사적으로나 부흥을 반대함으로 그들이 구원을 기뻐하는 여인의 후손에게 속하지 않고, 그런 부흥 사역을 꾸짖는 뱀의 자손에 속한다는 사실을 널리 알린다.

오순절 사기꾼들은 예수를 거절한다. 예수는 걸어다니고, 말하고, 설교하고, 예언하고, 죽고, 그리고 그들이 보는 앞에서 다시 살아나셨다. 그럼에도 오순절 사기꾼들의 자손들은 오늘날도 역사를 되풀이 하고 있다. 그들은 성결을 얻거나 선포하지 않고, 성화를 흠잡거나 반대한다. 그리고 어찌나 눈이 멀었는지 진정한 오순절 부흥 속에서 "마귀들", "도깨비불", "광신"과 "방종" 외에는 아무것도 보지 못한다.

오순절 사기꾼들은 봉급만을 구하는 자들이다. 그들은 주는 것보다 받을 것에 더 많은 관심을 갖는다(눅 16:14).

오순절 사기꾼들은 지위를 갈망한다. 계속 교회의 지위가 오르지 않으면 그들은 침울하다. 그들은 그 이상의 승진을 보장받으려고 사람들이 가진 지위의 명성을 이용하여 사람들을 데려온다.(마 23:6).

오순절 사기꾼들은 직함과 명예스런 학위를 사랑하는 자들이다. 자주 직함을 얻으려고 고민하며, 만일 자기들의 직함을 언급하지 않으면 기분 나빠한다. 오순절 사기꾼들은 하나님의 나라가 "하나님의 뜻을 행하는" 모든 사람들에게 수여하는 "형제"라는 칭호보다 직함이나 학위를 더 선호한다. 그들은 형제라는 조건에 만족하지 않고, 굶주린 개가 마른 뼈를 고집하는 것처럼 직함들을 붙잡는다(마 23:7-10).

오순절 사기꾼들은 축제에 가는 설교자들이다. "축제 때 최상의 공간을 사랑하고" "회당에서 최고의 자리를 좋아하는" 지위를 추구하는 설교자들이다.

오순절 사기꾼들은 직함을 추구하는 선포자들이다. "사람에게 랍비라 칭함을 받는 것", 영혼을 구하는 것 대신에 멋스러운 차림새, 향연과 축제를 좋아하고 높은 지위를 차지하려고 다투는 것, 명예로운 학위를 얻기 위해 일하는 것들은 거짓된 사역의 상징이다(마 23:7-12). 하나님의 왕국의 직함들보다 학교의 직함을 더 중요시하고, 온전한 성결보다 문화를 중요시하는 설교자들은 치명적인 질병에 걸린 증상들을 보여주는 것이다.

오순절 사기꾼들은 구원을 방해하는 선포자들이다. "너희는 천국 문을 사람들 앞에서 닫고 너희도 들어가지 않고 들어가려 하는 자도 들어가지 못하게 하는도다"(마 23:13). 그들은 "심술 사나운 사람"(이솝우화에 나오는)의 부류들로서, 먹지도 않으면서 물려고 달려든다. 그런 사역은 구원의 문을 막는 사탄의 가장 효과적인 장애물이다. 그런 설교자들은 진정한 부흥을 경험하지 못하고 오류만을 찾고 부흥을 가진 사람들에게 돌을 던진다. 그러므로 그들 자신이 변절했음을 선언하는 것이다.

오순절 사기꾼들은 성결운동을 박해한다(행 4:1,2을 보라). 한편으로 그들이 목회자일 경우, 성결을 고백하는 것을 불쾌해한다. 반면, 인사 위원회(Appointment Committee)는 참된 성결을 고백하는 설교자들을 해임하겠다고 협박한다. 그들은 오순절 경건을 소유하고 고백하는 자들을 "괴짜", "광신자", "극단론자"라고 부르고 때론 그보다 더 심한 말로 돌을 던진다(행 7:57,58).

오순절 사기꾼들은 과시하는 사역자들이다. 그들은 "영광을 받기"도 전에 "나팔을 부는" 자들이다(마 6:2). 모든 시대에 설교자들의 나팔수 가족이 나팔을 불며 그 혈통을 선전해왔다. 그러나 스스로의 영광을 위해 나팔을 울리고 고함을 치는 자들이 그리스도와 인류애를 위한 눈물과 고통을 받아들이지는 않는다. 하나님의 영광을 위해 복음의 나팔을 부는 것과 자신의 영광을 위해 뻔뻔하게 나팔을 부는 것 사이에는 무한한 차이가 있다.

오순절 사기꾼들은 보상을 받은 설교자들이다. "진실로 너희에게 이르노니 그들은 자기의 상을 이미 받았느니라"(마 6:2). 그들은 다가올 엄청난 영광과 지상의 명예, 그리고 그들의 직임에 대한 상급을 추구하여 보상받는다.

오순절 사기꾼들은 고용된 설교자들이다. "달아나는 것은 그가 삯꾼인 까닭에 양을 돌보지 아니함이나"(요 10:13). 희망이 사라졌을 때 거짓사역자들은 세속적인 보상을 위해 일하는데, 일에 대한 동기가 불분명하다. 그 보상이 생계나 월급이나 승진인지는 중요하지 않다. 고용된 자는 양들보다 그런 것들에 더욱 마음을 쓰며, 자신의 이익을 위협하는 사람이나 일과 같은 "늑대를 만나면" 양떼를 떠나서 자신을 보호한다.

오순절 사기꾼들은 모범적이지 못한 사역자들이다. "그들이 말하는 바는 행하고 지키되 그들이 하는 행위는 본받지 말라"(마 23:3). 그들은 죄에서 구원받음이 결여된 죄의 종이며, 자신들이 설교하는 낮은 기준 조차도 실천하지 못한다. 그들의 본보기를 따르는 것은 그들의 파멸을 공유하는 것이다.

오순절 사기꾼들은 맵시 있는 선포자들이다. "곧 그 경문 띠를 넓게 하며 옷술을 길게 하고"(마 23:5). 많은 성직자들의 고급 실크 모자는 바로 이 본문을 제대로 생각나게 한다.

오순절 사기꾼들은 진리에 의해 마음이 상한다. 진리가 그들을 불태운다. 그러므로 그들은 진리에 저항하며 반대할 구실을 찾는다(마 15:12).

오순절 사기꾼들은 그리스도에 의해 폭로된다. 예수님은 어떤 상황에서도 징계받지 않고 죄짓는 일을 지속하도록 죄를 허용하는 감상적인 분출을 하시는 분이 아니다. 그러므로 주님은 모든 이들이 오순절 사기꾼들의 본질을 볼 수 있도록 폭로하신다. 이러한 일이 성결 부흥 운동이 감당하는 사역의 한 부분이며, 그래서 오순절 사역자들은 일부 지역에서 냉혹한 박해와 반대에 직면한다. 술집이나 거짓고백의 배후를 공격하는 전투가 없다면 죄가 드러나지 않는다.

오순절 사기꾼들은 위선적인 선포자들이다. "외식으로 길게 기도하는 자니"(막 12:40). 그러므로 이 부류의 사람들은 자신들의 본래의 특징을 숨기기 위해 외투로 덮듯이 가장 신성한 행동을 불경하게 헛되이 사용한다.

오순절 사기꾼들은 개종시키는 선포자들이다. "너희는 교인 한 사람을 얻기 위하여 바다와 육지를 두루 다니다가"(마 23:15). 숫자에 대한 열망과 교단에 대한 열의로 인해 이 사기꾼들은 교회의 교인을 얻으려고 훌륭하게 행동한다. 때때로 이들은 선택된 사람들을 기만하는 소위 부흥회를 인도하기도 한다. 그들은 중생과 온전한 성결 대신에 "세례" 혹은 "교회 가입"을 주장한다. 그들은 통계에 열광하고 숫자를 자랑스러워 한다. 영혼 구원과 성화 훈육보다 대중들에게 더 신경쓴다('오순절 회심'과 '오순절 부흥'의 장을 보라).

오순절 사기꾼들은 교양 있는 선포자들일 것이다. 그리스도를 비난했던 이들은 당대 최고의 신학교를 졸업하였다. 그리고 성서의 지식에 정통하였다. 오늘날 그런 부류의 사람들은 비슷한 우월감을 가지고 있으며, 오순절 사기꾼들처럼 오순절 졸업장과 오순절을 소유함으로 나타나는 결과보다도 대학의 교육과정을 더 강조한다.

오순절 사기꾼들은 거만한 선포자들이다. 그들은 조상, 교회 재산과 특권, 교육과 국가가 주는 지위에 대해 자랑스러워 하면서 인간의 자만과 과시로 가득 차 있다. 그에게 예수님을 위한 자리는 없으며 비천한 목수의 메시지를 받아들이는 기질도 아니다. 또한 회개와 자기 포기를 수용하

하나님의 오순절 번갯불

는 것이 근본 원리인 종교를 받아들일 수도 없다. 그런고로 그들은 자만심을 위해서 왕국과 왕관과 창조의 그리스도를 놓친다. 그 자손들도 자신의 혈통을 광고하면서 여전히 똑같은 구렁텅이로 빠진다.

오순절 사기꾼들은 성서를 거절하는 선포자들이다. "내 말이 너희 안에 있을 곳이 없으므로 나를 죽이려 하는 도다"(요 8:37). 진리의 말씀을 거절함은 하나님과 성결과 성령을 고백하고 증언하는 것에 대한 증오를 낳고 키우는 것이다. 거짓된 사도는 진리의 말씀을 거절함으로써 증오와 질투와 악의와 박해를 그들 마음 속에 있는 친숙한 은신처에 둔다. 최근에 어떤 교회에서 성령 충만한 전도자가 진실하고 정열적이며 감동을 주는 성령 설교 시리즈를 전했다. 많은 사람들이 그의 메시지를 거절하였고, 그에게 축복 대신 악담을 하였다. 그렇지만 몇몇 사람들은 믿고 성령으로 세례 받았다.

오순절 사기꾼들은 시대를 섬기는 설교자들이다. 그들은 시대가 바뀌었으니 설교도 변해야 한다고 주장한다. 이와 같은 고백을 통해, 그들은 하나님 대신에 그들이 사는 시대를 기쁘게 하고자 한다는 사실을 인정하고 있다. 사도적 설교는 세계의 모든 시대에서 마귀를 패배시키는 유일한 방법이다. 진실한 설교자들은 하나님이 시대를 따르는 것이 아니라 시대가 하나님을 따라야 함과, 하나님이 그들을 따르는 것이 아니라 그들이 하나님을 따르는 것이어야 함을 알고 있다. 그렇지 않은 교회주의자들은 여론의 바람개비이며, 가짜 의사들로서 사람들에게 진짜 약을 처방하지 않고 오히려 사람들이 멸망하는 것을 보고싶어 한다.

오순절 사기꾼들은 게으른 설교자들이다. "화 있을진저 외식하는 서기관들과 바리새인들이여 너희가 박하와 회향과 근채의 십일조는 드리되 율법의 더 중한 바 정의와 긍휼과 믿음을 버렸도다 그러나 이것도 행하고 저것도 버리지 말아야 할지니라"(마 23:23). 바리새인들은 십일조를 드리는 것에 세심했던 후손들보다 더 잘 준수하였다. 이렇게 드리는 십일조는 대부분 하나님께서 제지하신 것이었다. 하지만 이런 마음은 "심판, 자비, 그리고 믿음"과 같은 더 무거운 법의 사안들을 소홀히 하는 것과 같다. 예나 지금이나, 오순절 사기꾼들은 하나님의 심판에 대해 설교하기를 거부하거나 약화시키는 그런 방법으로 설교한다. 그리고 충족되어야하는 자비의 조건들을 주장하지 않고 믿음에 의한 칭의와 성화를 생략한다. 이러한 "더 중요한 사안들"은 때로 완전히 무시되고 심지어 조롱받기까지 한다. 진정한 복음 사역자들과 얼마나 다른가! "그들의 열매로 그들을 알리라."

오순절 사기꾼들은 불결한 사역자들이다. "화 있을진저 외식하는 서기관들과 바리새인들이여 잔과 대접의 겉은 깨끗이 하되 그 안에는 탐욕과 방탕으로 가득하게 하는도다, 눈 먼 바리새인이여 너는 먼저 안을 깨끗이 하라 그리하면 겉도 깨끗하리라"(마 23:25-26). 바리새인들은 주로 예수 시대의 설교자들이었다. 바리새인들은 지금의 대리인들처럼 훌륭한 건축술과 교회의 광채와 흠잡을 데 없는 의상과 청결함과 그밖에 외부의 계율들을 중시하지만, 그들은 죄짓는 종교의 수호자였다. 그들은 인간을 완전하게 깨끗하고 순전하게 하는 종교에 대한 어떤 이론도 믿지 않는다. 그들의 종교는 종교를 정결케 하는 대신에 희게 덧칠한다. 공허한 신앙고백으로 회칠함에도 불구하고, 그 마음 안에는, "강탈과 무절제" 그리고 육적인 마음의 열매들이 전부 존재한다. 그리스도가 그들에게 "우선 잔의 내면을 깨끗케 하라"고 명령하였지만 그들은 거부했다. 오히려 "강탈과 무절제"로 가득 채웠다. 그들은 지금 자신들의 자손이 그러하듯 예수의 가르침을 조롱하였고 주님께 저항했다. "아름다움" 없는 "아름다운" 설교, "아름다운" 교회 건물과 장식물, "아름다운" 사회적 지위들, "아름다운" 선택된 청중들은 여전히 내부에 사악함과 부패로 가득하다. 그들과 마찬가지로 회중들은 영적으로 죽은 뼈다귀가 되었고, 위선과 죄와 같은 세상의 모든 불결함으로 가득 차 있다. 두려운 장면이지만 이것이 현실이다.

오순절 사기꾼들은 성인을 예배하는 설교자들이다. 그들은 죽은 성자들을 예배하고 살아있는 사람들을 박해하고 살해한다. "화 있을진저 외식하는 서기관들과 바리새인들이여 너희는 선지자들의 무덤을 만들고 의인들의 비석을 꾸미며 이르되, 만일 우리가 조상 때에 있었더라면 우리는 그들이 선지자의 피를 흘리는 데 참여하지 아니하였으리라 하니"(마 23:29-31). 그들은 폭스(Fox)와 웨슬리(Wesley), 그리고 그와 비슷한 성인들의 기념비를 세워서 하늘 높이 찬양할 것이다. 그러나 동시에 그들의 신학을 죽이고 그들의 진실한 동행자들을 박해할 것이다. 열린 눈을 가진 사람들은 여전히 거짓 예언자의 이러한 부류가 살아있고, "그들 조상들의 행위"를 여전히 행하고 있음을 안다. 그리스도가 그분의 시대와 더불어 모든 시대에 존재하는 이런 부류의 설교자들을 묘사하신 까닭은 그들이 모든 시대의 모든 성자들을 살해한 자들이라고 주님께서 책망하셨다는 사실에서 알 수 있다. 그들은 지금도 그렇고 언제나 성령으로 씻음 받고, 충만함을 받고, 쓰임 받고, 보호 받는 남녀들을 비판하고, 추방하고 죽이는 데 있어서 지도자요 선동가들이었다.

오순절 사기꾼들은 간증을 억압하는 설교자들이다(요 12:42-43). 그들은 성령에 대한 간증을 반대한 이후에 오순절 선포자들의 능력으로 그러한 증언이 "회당 밖에서" 이루어진다는 것을 알게 되었다!(요 9장) 오순절 사기꾼들은 언제나 오순절 선포자들이 환영받지 못한다는 것을 알도록 한다. 이러한 이유로 오순절 선포자들은 그런 설교자에 의해 오늘날도 끊임없이 배척되거나 추방된다. 필요하다면 그들의 이름들을 알려줄 수 있을 것이다. 오순절의 간증이 더 빈번했다면, 그런 배척도 틀림없이 더 많아졌을 것이다.

오순절 사기꾼들은 결점을 사냥하는 사역자들이다(막 14:55-56). 그들은 심지어 주님께 결함이 있다고 맹세하도록 거짓 목격자를 세웠다. 그러나 우리의 구세주에게서 그러한 결점을 찾을 수 없었다. 또한 그들은 그리스도를 따르는 자들에게도 동일한 과정을 적용한다. 거짓 사역자들은 모든 세대의 멍청이들이다. 아름답고 흠 없는 꽃들과 나무들과 숲 위를 날아다니면서 썩은 고기를 구하며 아무것도 찾지 못한 것에 분노하며, 너무 자주 결점을 날조한다. 그들은 참된 사역자들이 거룩해서 그들을 반대하는 것이 결코 아니다. 오히려 항상 예수님에게 했던 것처럼, 악마적인 공적을 성취하기 위해서 어떤 결점 혹은 절차상의 문제을 찾거나 그릇된 고발을 하려는 것이다. 지금도 어떤 분야에서 이런 비열한 부류가 여전히 그들의 불경한 사업에 존재하고 있다는 사실이 강력하게 드러나고 있다.

오순절 사기꾼들은 폭로된 선포자들이다. "이러므로 그들의 열매로 그

하나님의 오순절 번갯불

들을 알리라"(마 7:20). 그런 사람들이 하나님의 참된 성도들을 속이려는 모든 시도는 부질없다. 참된 성도들은 복숭아와 가시를 구분하며, 포도와 가시나무를 구별한다. 열매를 맺지 못하고 가시가 많은 사역은 그 자신의 참된 본질을 스스로 광고하는 것에 불과하다.

오순절 사기꾼들은 그리스도를 십자가에 못 박는 선포자들이다. "새벽에 모든 대제사장과 백성의 장로들이 예수를 죽이려고 함께 의논하고, 결박하여 끌고 가서 총독 빌라도에게 넘겨주니라"(마 27:1-2). 그들은 예수를 거절했고 죽음으로 내몰았다. 그리고 뻔뻔한 얼굴로 그것이 진리와 종교를 도모하기 위해 행하는 것이라 공언하였다. 그리하여 그들의 악행과 위선과 죄가 절정에 이르렀다. 그리스도께서 그들이 요구했던 것처럼 위엄스런 광채로 오셔서, 이 땅에 사시면서 다스리지 않으셨기 때문에 그리스도를 거절했다. 이러한 오순절 사기꾼들의 추종자들은 지금 성령과 그리스도가 성육신하여 임하신 자들에게도 동일한 태도와 같은 정신으로 대한다. 그들은 그들 교회 안에 존재하는 세속과 세속적인 회원의 바라바들을 책망 없이 내보내고, 성령 충만한 사람들을 박해한다. 그리하여 그들 스스로 "땅 위에 뿌린 모든 정직한 피" 흘림을 초래함으로 자신들의 조상들과 동행하며, 역시 조상들처럼 그들도 종교를 도모하기 위하여 이렇게 행동한다. 그래서 조상들처럼, 그들도 영원한 지옥으로 돌진한다. 지옥의 불 속에서는 성구함과 직함의 명예가 아무 소용없다.

우리의 구세주는 교회의 교권주의적인 관료들에게서 선고받았다. 그들은 분명히 그런 행동에 대한 자기 정당화와 더불어 손가락을 성가시게 하던 "도깨비불"이 결국 꺼졌다고 넘치게 축하했을 것이다.

오순절 사기꾼들은 비겁한 설교자들이다. "그들이 무리를 무서워 하니"(마 21:46). 거짓 사역자들이 주장하는 타락한 지식이 그들을 겁쟁이로 만들었다. 그래서 그들은 복음 선포에 필요한 용기를 잃었다. 너무 비겁해서 사람들을 파멸시키는 죄를 경고하지 못하고, 그들을 구원할 수 있는 구속의 완전함을 선포할 수도 없다. 거짓 사역자들은 다함께 영원한 지옥으로 떨어진다.

오순절 사기꾼들은 증거를 관망하는 설교자들이다. "그들이 이르되 그 사람이 네게 무엇을 하였느냐 어떻게 네 눈을 뜨게 하였느냐"(요 9:26). 그들은 하나님의 강력한 사역이라는 현실에 직면하였고, 그 증언을 반박할 수 없었다. 그래서 그 증거자로 하여금 주님의 사역을 깎아내려서 그리스도가 그것으로부터 아무런 영광도 취하지 못하도록 최선을 다했다. 동일한 부류의 설교자들의 행동 역시 생생히 묘사할 수 있다. 그들은 최대한 구원에 대한 증거들을 함부로 고치고 인간으로부터 신적인 사역의 지식을 막아버리고, 하나님의 영광을 방해하는 비성서적인 용어를 고집한다.

오순절 사기꾼들은 마귀가 낳은 설교자들이다. "너희는 너희 아비 마귀에게서 났으니 너희 아비의 욕심대로 너희도 행하고자 하느니라 그는 처음부터 살인한 자요 진리가 그 속에 없으므로 진리에 서지 못하고 거짓을 말할 때마다 제 것으로 말하나니 이는 그가 거짓말쟁이요 거짓의 아비가 되었음이라"(요 8:44). 세상을 지배하고 정복하여 지옥으로 만들기 위한 사탄의 운동에 있어서 오순절 사기꾼들은 마귀의 가장 성공적인 장교들이다. 그래서 그리스도께서는 친히 그들을 마귀의 자식이라고 선언하셨다. 조상들에 대한 그들의 충성으로 인해, 그리고 죄로부터 구원하는 복음의 자리에 죄 짓는 종교를 대치함으로 인해, 그리고 그들이 지옥 백성 삼은 저주받은 영혼들의 무리들로 인해, 그들은 하나님이 주신 마귀의 자식이라는 타이틀에 합당하다는 것을 보여준다. 그리스도는 그들에게 놀랄 만한 경고를 표명하신다. 주님은 그들을 양의 탈을 쓴 "늑대들", "교활한 뱀", "독사", "눈먼 선지자", "회칠한 무덤", "사탄의 후손들", "위선자들", "지옥의 자손들", "살인마"라고 비난하신다. 주님은 그들의 마지막이 표현할 수 없을 정도로 두려울 것이며, "엄청난 저주"를 받을 것이며 "지옥의 파멸"을 피할 수 없다고 공개적으로 표명하신다. 예배가 지상에서 행하여지므로 대혼란 속에서 가장 높은 영광의 자리를 차지하려는 싸움이 있을 것이다. 이러한 부류의 사람들은 틀림없이 엄청난 희생자들을 바칠 수 있을 것이고, 사탄의 오른편에 있는 가장 높은 자리에 오를 것이다.

오순절 사기꾼들은 협박하는 설교자들이다. "그들을 어떻게 처벌할지 방법을 찾지 못하고 다시 위협하여 놓아주었으니"(행 4:21). 계략이나 종교로 두렵게 하는 것이 아니라 이런 위선자의 족속들은, 논쟁에서 패하고 사실로 인해 당황하고 불이 응답할 때, 자신들이 겁먹은 것과 똑같이 사람들이 겁먹도록 "위협하는" 방법을 사용한다. 그러나 하나님으로부터 불로 세례를 받은 자손들은 아무런 공포를 느끼지 않는다.

오순절 사기꾼들은 사람을 체포하는 설교자들이다. "백성과 장로와 서기관들을 충동시켜 와서 잡아가지고 공회에 이르러"(행 6:12). 그들은 스데반과 같이 성령 충만한 사람들을 두려워한다. 그들은 스데반과 같은 사람들이 자신들의 가면을 벗겨낼 것을 알기에, 또한 교회를 통해 수여된 성령의 은사들이 지옥을 파멸시킬 것을 알기 때문에 부흥회를 인도하는 전도자들을 반대한다. 그러므로 성령의 은사에 대한 지식을 억압한다. 그래서 스데반은 예수님처럼 체포되었고 거짓 고발 받았으며, 그는 재판을 받은 게 아니라 선고받기 위해 교회 법정 앞에 소환되었다. 이러한 독사들이 조작한 목적을 수행하는 어릿광대극이 아니라면 그들은 결코 한 사람에게도 시련을 줄 수 없다. 스데반을 살인하고 무리들이 돌을 던진 것을 볼 때 그들은 계속 배신자와 살인자라고 불려도 마땅하다. 그들은 그리스도의 이름을 배신하고 돌던지고 속이는 것과 그분의 참된 추종자들을 수없이 살해함으로써 오랫동안 그 이름을 유지할 것이다.

오순절 사기꾼들은 질투하는 설교자들이다. "유대인들이 그 무리를 보고 시기가 가득하여 바울이 말한 것을 반박하고 비방하거늘"(행 13:45). 성령의 설교자들은 종종 그들의 사역에 엄청난 군중들을 이끌어 온다. 이것이 성령의 설교자들에 의한 사역이 불러온 "반대하는 것들과 모독하는 것들"의 비밀의 주된 이유였고, 지금도 그렇다. 이는 멸망하기를 바랐던 양들을 잃은 것에 대한 양의 탈을 쓴 늑대들의 울부짖음일 뿐이다.

오순절 사기꾼들은 교활한 설교자들이다. "이에 유대인들이 경건한 귀부인들과 그 시내 유력자들을 선동하여 바울과 바나바를 박해하게 하여 그 지역에서 쫓아내니"(행 13:50). 그런 설교자들은 가능하다면 그들의 매력적인 영향 아래 있는 "경건하고 존경받는" 사람들을 앞잡이로 이용하여 자신들의 목적을 이루려고 한다. 이는 자신들의 행동이 신성한 모양새를 갖추게 하며, 한편으로는 그들이 당할 맹비난을 막아준다.

오순절 사기꾼들은 폭도들을 자극하는 설교자들이다. "그러나 유대인들은 시기하여 저자의 어떤 불량한 사람들을 데리고 떼를 지어 성을 소동하게 하여 야손의 집에 침입하여 그들을 백성에게 끌어내려고 찾았으나"(행 17:5). 자신들의 목적에 부합하면, 그들은 성령의 사역을 중지시키려고 "비열한 폭도의 무리들"과 연합한다. 이 두 부류 사이에는 지독한 친밀감이 있다. 양자는 서로 미워하지만 동일한 주인을 섬긴다. 진정한 은혜의 사역을 멈추는 것이 자신들의 이기적인 목적에 도움이 될 때 그들은 연합한다. 군중들 가운데서 나오는 나쁜 사기꾼은 유대인들 가운데 만연되어 있는 부패한 마음 속에서 태어난 것이다. 예수님이 십자가에 달렸을 때 그분에게 못을 박고 창을 찌른 것은 군대가 아니라 유대인의 위계질서제도였다.

오순절 사기꾼들은 "성질 급한" 설교자들이다. 그들은 몇 번이고 되풀이해서 발끈 하여 성을 내고, 하나님의 섭리가 막지 않는다면, 예수님과 스데반에게 했던 것처럼 하나님의 사역자들을 죽였을 것이다. 이것이 오순절 사기꾼들의 특징 중 하나다. 그들은 쉽게 선동된다. 그들은 말 한마디로 미치고 대수롭지 않게 화를 내며, 곧바로 그리고 뻔뻔스럽게도 보복한다. 가끔 아직 온전히 성화되지 못한 참된 설교자들에게서도 이러한 것들을 느낄 수 있지만, 참된 설교자들은 성질을 조절한다. 그들은 감정이 순간적으로 그들을 지배할 때, 빠르게 회개하고 고백하며 눈물을 흘리고 사과할 것이다. 그러나 거짓 사역자들은 단지 두려움과 오만한 감정 때문에 자신의 성질을 조절하지 않는다. 그 성질은 그들을 지배하여 지속적으로 흥분과 성급한 언어와 행동들, 그리고 때때로 구타를 불러온다. 그들이 스데반에게 한 것처럼 돌을 던지거나 하지 않으면, 종종 돌보다 더 심한 말들을 할 것이다. 심지어 그들은 때때로 공개적으로 이렇게 하고는 그것이 기독교 사역자들이 발행하는 신문에 나오지 않을까 하고 근심한다.

오순절 사기꾼들은 비난받는 설교자들이다. "그러나 우리나 혹은 하늘로부터 온 천사라도 우리가 너희에게 전한 복음 외에 다른 복음을 전하면 저주를 받을지어다"(갈 1:8). 그러므로 하나님의 빛은 설교를 통해 온전한 성결과 심판, 지옥과 꼭 필요한 복음의 진리를 제거하는 모든 타협적인 선포자들을 비춘다. 만일 어떤 간호사가 필수적인 치료약임에도 불구하고 환자의 입맛에 맞지 않는다고 고의적으로 약을 보류하여 환자를 즐겁게 한다면 죄를 짓는 것이다. 불멸의 영혼을 위태롭게 하는 복음의 간호사는 더더욱 그러한 것이다. 사람들은 찬양할지도 모르지만, 하나님은 "저주 받는다"고 말씀하신다. 디모데후서 3장에서 바울은 거짓 사역자들의 존재가 바로 이러한 날의 특별한 징조가 될 것이라고 선포하며, 성도들이 알아볼 수 있는 많은 징조들을 강조한다.

이기심. "자신을 사랑하는 자들." 가족들과 함께하는 가정에서의 이기심과 동료들을 대함에 있어서의 이기심.

"돈을 사랑하는 자들." 다른 사람들에게 속한 것을 이기적으로 간절히 갈망하는 것. 즉 큰 계약, 많은 봉급과 커다란 후원, 영적인 가치 대신에 그 안에 있는 돈에 의해 측정 가능한 기회들.

"자랑함." 자신들의 은사와 소유, 교회와 업적들, 심지어 성결을 방해하는 자신의 성공들을 자랑함.

"오만함." 혈통, 지위, 명성에 대한 자부심. 너무 자만해서 구원 받기 위해 제단에 갈 수 없고, 마음을 씻어야 하는 필요성을 고백할 수 없다.

하나님의 오순절 번갯불

"부모님께 대한 불순종." 부모님께 대한 존경과 순종이 결핍됨.

"감사치 않음." 자비로 제공된 것, 즉 구원이 확장되고 약속된 불세례에 대하여 감사치 않음.

"불경함." 우리 인생에서는 성결이 불가능하다고 가르치는 것. 또 우리가 육신으로 있는 동안에는 생각, 언어, 그리고 행위 안에 반드시 죄가 있다고 가르치는 것.

"자연스러운 사랑 없음." 자신의 가족 구성원을 향해 사랑이 없음. 에덴이 되어야 할 가정을 말다툼과 분쟁의 얼음집으로 변화시킨다.

"비방하는 자들." 오순절 사역자들이 선포한 하나님을 가짜 복음이라고 고발하고, 하나님의 성도들을 "광신", "도깨비불" 그리고 "불충함"으로 고발함.

"자기 통제 없음." 야생적이고 제어하기 어려운 말과 같이 달려가는 그들의 열정과 기질, 종종 굴욕적인 추문으로 드러남.

"사나움" 청교도적인 오순절과 같은 운동과 그 경험을 선전하는 사람들을 반대하는 흉포함. 그들은 바울을 향하여 "사나움"을 분명하게 드러냈다. 그들의 자녀들은 바울처럼 경험하고 선포하며 고백하고 공격적으로 나아가는 사람들에게 바울에게 했던 것과 똑같이 행하였다. 베드로는 "보라 멸시하는 사람들아 너희는 놀라고 멸망하라"고 그들을 비난했다. 이러한 부류의 사람들을 달래서 선하게 하는 것은 불가능하다. 보다 더 밝은 선함은 그것을 괴롭히는 그들의 감정을 더 비출 뿐이다. 만일 예수님과 스데반이 그들의 냉소와 비난의 화살로부터 피할 수 없었다면, 다른 이들도 피해봐야 소용없는 일이다. 이러한 부류가 멸시한다면 참으로 선한 사람임이 분명하다. 그들은 돼지처럼 다이아몬드보다 진창을 더 좋아한다.

"반역자." 유다처럼 은 삼십보다 더 적은 것 때문에 예수님과 성결을 배반하는 것.

"완고함." 인간적인 논쟁과 궤변으로 가득함. 복음을 선포하는 것 대신에 복음을 철학화하는 것. 하나님께로부터 온 불 대신에 그들 자신의 생각에서 나온 메시지이다. 즉 "마음" 설교자가 아니라 "똑똑한" 설교자이다.

"우쭐댐." 겸손한 마음 대신 우쭐하다. 복음 진리의 풍요로운 광산을 찾는 것이 아니라, 자신들의 지적인 자만심이라는 연을 날리는 것이다. 위대한 복음 대신에 위대한 자신을 설교하는 것. 교양 있는 소수의 높은 사회적인 지위들과 재정적인 기반들만 즐거워하고 "지위 낮은 사람"에게 겸손하지 않는 것.

"하나님보다 쾌락을 사랑하는 자들." 그들 자신의 쾌락 때문에 육체의 욕망과 영혼을 대적하는 전쟁에 굴복함. 세속적인 사회를 추구하는 것, 안식일을 모독하는 것, 많은 방법으로 다른 이들에게 불필요한 고통과 노동을 하게 하는 것, "많은 수고"가 아니라 안락을 취하는 것, 금식 대신 축제를 베푸는 것, 자기부정 대신에 면죄를 받으려는 것, 이와 유사한 방식으로 자신의 만족을 위해 하나님과 선한 사람들에 대해 반대로 행하는 것.

"경건의 모양은 있으나 경건의 능력은 부정함." 이 문장은 교인인 체하는 사람들과 참으로 고백하지 않는 속물들을 묘사하는 것이 아니다. 이들은 형식주의자들이고, 죄로부터 구원하시며 꼭 필요로 하는 경건을 부여하는 하나님의 능력을 부인한다. 경건의 능력은 영혼 안에 있는 성령의 능력이며 그것에 반대되는 모든 것을 제거하고 그리스도 안에 있는 마음

하나님의 오순절 번갯불

을 부여하는 것으로 이것을 소유한 사람은 "그리스도가 행하셨던 것처럼 행할 수" 있다. 이를 부인하는 모든 교수들은 이러한 부류와 연관되어 있다.

진리를 저항하는 자들. "얀네와 얌브레가 모세를 대적한 것 같이 그들도 진리를 대적하니" 거짓 설교자들에 대한 이러한 비교는 한편으로는 신도들에게 적용되기도 하지만, 여전히 거짓 사역자들에 대해 특별히 언급한 것임을 보여준다. 진리를 방해함으로써 그들은 구원의 보물함을 열 수 있는 키를 던져 버리고, 자신들을 위해 그리스도께서 값을 치른 모든 부요함을 없애 버린다. 이는 "주님의 뜻을 행하려고 하는 사람들만"이 그 교리를 알게 되기 때문이다.

타락한 마음. 그들의 거짓된 삶과 가짜 사역의 원천은 타락하고 중생하지 못한 마음 속에 있다. 타락한 마음은 성서의 성결에 대해 의도적으로 반대하는 원천이다. 태초에서부터, 타락한 마음은 하나님의 말씀의 빛을 막으려고 항상 무화과 잎으로 앞치마를 만들어서 자신의 벌거벗음을 가린다. 한 사역자가 오순절 성결과 싸운다면, 그는 그것을 이해하지 못한 것이거나 또는 어떤 죄를 숨기고 있는 위선자일 것이다.

오순절 사기꾼들은 잘 팔린다. "때가 이르리니 사람이 바른 교훈을 받지 아니하며 귀가 가려워서 자기의 사욕을 따를 스승을 많이 두고"(딤후 4:3). 이 말씀은 오순절 사기꾼들이 번성할 것이며, 같은 류의 육욕적인 사람들은 설교단에 오순절 사기꾼들이 설 것을 원해서 그들을 데려오려고 조치할 것임을 보여준다. 월든(Waldon) 감독은 최근에 설교자들의 한 회합에서, 교회 안에 필수적인 경건을 위한 진지한 요청에서 말하기를, 임명에 관계하는 감독들의 가장 완고한 고문은 "교회의 영적인 멤버들이 아니라 이사들인데, 이들은 좌석을 채우기 위해 인기 강연자를 원하는 사람들이다."라고 말했다. 그들은 세속적인 계획에 영합하는 선생들이 많아지기를 갈구한다.

오순절 사기꾼들은 폭로된 선포자들이다. "그러나 그들이 더 나아가지 못할 것은 저 두 사람이 된 것과 같이 그들의 어리석음이 드러날 것임이라"(딤후 3:9). 그들을 가릴 수 있는 칸막이도 없으며 그들의 위선과 어리석음과 죄를 영구히 덮을 수 있는 외투도 없다. 가끔 불현듯 터지는 열정이나 놀라운 기회 또는 고난의 시험에 의해 그 겉치장이 벗겨지고 그 진면목이 폭로될 것이다. 거룩하게 감동된 베드로는 이러한 성직의 반역자의 그림을 그려서 성서의 미술관에 걸었다. 베드로후서 2장에 사기꾼 미술관이라고 불릴 만한 매우 인상적인 그림들이 있다. 이 사진과 구약성서의 기자들과 예수와 바울에 의해 그려진 그림들 사이에 존재하는 밀접한 유사성에 주목하라.

오순절 사기꾼들은 거짓된 예언자들이다. 그들은 "파괴적인 이단"을 불러온다. 교회를 저주해 온 모든 이단들은 거짓 예언자들의 멤버들 중 일부가 양육한 것이다.

오순절 사기꾼들은 인기가 있다. "여럿이 그들의 호색하는 것을 따르리니" 심지어 중생하지 못한 신도들이 속한 전 교회들이 따를 것이고 그들 때문에 "진리의 도가 비방을 받게 될 것이다." 성결이 거짓 사역자들의 영향으로 인해 조롱받는다.

오순절 사기꾼들은 세속적인 설교자들이다. 그들은 육신을 따라 살며

하나님의 오순절 번갯불

육욕적인 욕망에 굴복한다. 육욕과 안락함과 향연은 소중한 동료들이다.

오순절 사기꾼들은 반항적인 설교자들이다. 그들은 "통제를 경멸한다." 그들은 수고하지 않고 또한 제멋대로 하는 멤버들을 훈련시키지 않는다. 또한 염려를 무시한다. "방자함", 그들은 죄된 길을 고집하고 하나님의 구원 방식과 성령의 "존엄성"을 매도하는 것을 두려워하지 않는다. 이 도시에서 한 사역자가 성령에 대해 언급하면서 자신이 원하는 것은 교회 안에 "성령"이 없는 것이라고 말했다.

오순절 사기꾼들은 음탕한 설교자들이다. "음심이 가득한 눈을 가지고" 그들의 개인적인 삶에는 육욕으로 가득 차 있고 모든 방식이 세속적이다.

오순절 사기꾼들은 안정된 설교자들이다. 그들은 "범죄하기를 그치지 아니하고" 죄 짓는 종교를 선포하고 실천하는데, 이것은 언제나 마귀의 종교이다. 그들은 "굳세지 못한 영혼들"을 유혹하는데, 이들은 거짓 사역자들을 진실한 사역자로 오해하고, 그들의 발언을 하나님의 메시지로 오해한다. 결국 이 사람들은 함정에 빠져 당황하게 된다. "탐욕에 연단된 마음을 가진 자들이니"라는 말씀은 그들의 악이 인격으로 구체화되었음을 보여준다.

오순절 사기꾼들의 특징은 다음과 같다.

위선자. "점과 흠이라 너희와 함께 연회할 때에 그들의 속임수로 즐기고 놀며", "저주의 자식이라, 그들이 바른 길을 떠나 미혹되어"

실망시키는 것. "물 없는 샘이요."

동요하는 것. "광풍에 밀려가는 안개니."

노예들. "멸망의 종들이니"

그들의 파멸은 다음과 같이 선언된다.

임박함. "그들의 심판은 옛적부터 지체하지 아니하며 그들의 멸망은 잠들지 아니하느니라"

확실함. "경건하지 아니한 사람들의 심판과 멸망의 날까지 보존하여 두신 것이니라"

당연함. "본래 잡혀 죽기 위하여 난 이성 없는 짐승 같아서"

영원함. 그들은 "광풍에 밀려가는 안개니 그들을 위하여 캄캄한 어둠이 예비 되어 있나니"

유다 역시 사탄의 이러한 일반적인 전략들을 오순절 교회에 충실하게 경고하였고, 말씀의 미술관에서 이미 보았던 눈에 띄는 그림들에다 그림 한 점을 더한다. 유다는 그들이 다음과 같다고 말한다.

예언함. "사랑하는 자들아 너희는 우리 주 예수 그리스도의 사도들이 미리 한 말을 기억하라 그들이 너희에게 말하기를 마지막 때에 자기의 경건하지 않은 정욕대로 행하며 조롱하는 자들이 있으리라 하였나니"

교활함. "가만히 들어온 사람 몇이 있음이라." 교활하고 속인다. 그들은 충성하겠다는 고백을 빌미로 몰래 자리를 차지한다. "우리 하나님의 은혜를 도리어 방탕한 것으로 바꾸고" 지위와 은사와 영향력을 이기적인 목적을 지키기 위해 사용한다.

대담함. "홀로 하나이신 주재, 곧 우리 주 예수 그리스도를 부인하는 자니라." 구원의 특권과 은혜를 부인하고, 하나님의 사람들이 그 특권과 은혜를 소유하도록 선포하는 권리를 부인한다.

신성 모독. "육체를 더럽히며" 욕망에 영합하여 하나님의 신전을 더럽힌다.

선동적인. 그들은 자신들을 다스리는 하나님의 통치와 교회를 온전히 성결케 하는 하나님의 능력을 무시한다.

무례함. 그들은 하나님과 하나님의 정당한 통치자들 모두 존경하지 않는다.

비합리적인. 그들은 "이 사람들은 무엇이든지 그 알지 못하는 것을 비방하는도다". 그들은 구원의 정상적인 경험도 알지 못한다.

육욕적인. "그 정욕대로 행하는 자라". 음탕한 욕망과 충동에 굴복하고 죄 짓는 삶을 산다.

뻔뻔스러운. "그들의 입은 하나님의 거룩한 사람들과 진리를 거스르는 과장된 말"을 한다.

편파적인. "이익을 위하여 아첨 하느니라." 자신들의 돈과 영향력을 위해 부에 영합한다.

조롱하는 자들. "새 포도주에 취한" 하나님의 사람들이나 아니면 비슷하게 모순된 일들을 비난함.

분리주의자. 위대한 오순절 이슈를 제외한 모든 것들에 대한 회의와 총회를 개최할 때, 성령과 불로 세례를 받은 사람들을 "분리시킨다." 성결 집회나 총회가 열린다 하더라도, 많은 사역자들이 그곳에 갈 수 없도록 만드는 것은 심각한 일이다.

불평자들. "원망하는 자며 불만을 토하는 자며." 이들은 자신들의 환경과 대우와 성결한 사람들과 그들의 모임과 신앙고백과 표현과 행동들에 대해 지속적으로 불평한다.

감각적인. "성령이 없는 자니라." 자기에게 성령이 결여되어 있으니 다른 사람들 속에서 성령이 나타나는 것을 반대한다. 더구나 유다는 그들이 다음과 같다고 선언하였다.

희망이 없는 운명. "이 판결을 받기로 미리 기록된."

위험함. "너의 사랑하는 애찬 속에 있는 암초요."

낙담. "물 없는 구름이요."

건방지고 탐욕스러움. "자기 몸만 기르는 목자요."

살인마들. "화 있을진저 이 사람들이여, 가인의 길에 행하였으며"

고용인. "발람의 어그러진 길로 몰려갔으며"

시든. "가을 나무요"

이중의 사망. "죽고 또 죽어 뿌리까지 뽑힌 열매 없는."

척박함. 그들의 사역은 회심 혹은 성결없이 수행되었다.

불안한. "자기수치의 거품을 뿜는 바다의 거친 물결이요"

궤도를 벗어난. "영원히 예비된 캄캄한 흑암으로 돌아갈 유리하는 별들이라."

형을 선고받은. 하나님이 "그 수만의 거룩한 자와 함께 임하셨을" 때. 그들에게 "심판을 집행" 하실 것이다.

형벌 받음. 그들의 형벌은 소돔과 고모라와 같고, 자신들의 첫 번 지위를 지키지 못했던 천사들과 같을 것이다. 그 천사들은 "큰 날의 심판 때까지 흑암 속에서 영원히 결박당할" 것이다.

너무 엄격하거나 혹은 타협하거나 하는 잘못을 범하지 않으려면 이 지점에서 대단히 신중하게 주의를 기울여야 한다. 사탄은 오늘날 그들이 존

하나님의 오순절 번갯불

재하지 않는다고 믿게 한다. 그래서 우리는 그들에게 저항할 준비를 하지 않는다. 이러한 잘못된 생각을 경계해야 한다. 사탄은 여전히 살아 있으며 사악한 일을 수행하고 있다. 그들은 충성스런 장교의 제복을 입은 악마의 스파이들로, 적들에게 교회를 넘겨주려고 배반하는 배신자(Benedict Arnold)*이다.

성서는 참된 신자들이 거짓 사역자를 대해야 할 방법을 분명하게 가르치고 있으며 그 사례들도 제시한다. 성서의 목소리를 틀림없이 듣고 마음에 새겨야 한다.

그들을 시험하라. "사랑하는 자들아 영을 다 믿지 말고 오직 영들이 하나님께 속하였나 분별하라 많은 거짓 선지자가 세상에 나왔음이라"(요일 4:1). 만일 그들이 진정한 사역자인지 의혹이 생긴다면, 그들에게 하나님이 주신 시험지를 적용해야 한다. 하나님의 말씀은 사기꾼을 시험하는 기준이다. 그 사람의 삶과 가르침이 그 시험을 견디지 못한다면 그는 가짜다.

경계하라. "누가 철학과 헛된 속임수로 너희를 사로잡을까 주의하라 이것은 사람의 전통과 세상의 초등학문을 따름이요 그리스도를 따름이 아니니라"(골 2:8; 엡 5:6; 마 24:4을 보라). 이것은 세속적인 철학을 하는 사역자들의 타락한 영향력으로부터 신자들을 확실하게 경호하는 것이다. 그러나 사람들은 "그리스도의 말씀"을 그들의 "철학"과 "헛된 속임수

---

* 베네딕트 아놀드는 독립전쟁시 미국의 장교로서 전투에서 용감히 싸워 승리했지만 1780년 영국군에게 자신의 요새를 넘기려고 하였다. 이후 배신자의 대명사가 되었다.

들"로 바꿔치기 한다.

그들을 피하라. "형제들아 내가 너희를 권하노니 너희가 배운 교훈을 거슬러 분쟁을 일으키거나 거치게 하는 자들을 살피고 그들에게서 떠나라"(롬 16:17). 진정한 설교자는 믿는 자들을 속물과 위선자들로부터 구분시킨다. 그러나 이것은 성서의 "교리에 대비한" 구분을 만들고, 신자들은 그들을 피하도록 강요받는다. 그들 쪽에서 호소하거나 친절했다고 하더라도 이러한 경고를 주의하지 않는다면 변명할 수 없을 것이다.

그들을 떠나라. "내 아들아 지식의 말씀에서 떠나게 하는 교훈을 듣지 말지니라"(잠 19: 27). 그들의 목회에 참석하지 말라고 적극적으로 명령한다.

그들을 지원하는 것을 거절하라. "누구든지 이 교훈을 가지지 않고 너희에게 나아가거든 그를 집에 들이지도 말고 인사도 하지 말라. 그에게 인사하는 자는 그 악한 일에 참여하는 자임이라"(요이 1:10-11). "그리스도의 가르침"과 경험이 부족한 모든 설교자들은 하나님께로부터 이와 같이 비난받는다. 또한 그들에 대한 환대와 지원은 적극적으로 금지된다. 어떤 방법으로든 그들을 돕는 자는 그 행동으로 인해 그들의 사악함에 함께 참여한 협력자가 된다. 만일 이런 식으로 거짓된 사역자들에게 탕진된 재원들이 올바르게 방향을 틀었다면, 하나님을 위하여 이 땅을 정복하는 데 필요한 재정적인 문제가 하루 아침에 해결되었을 것이다.

그들이 진리를 위반했을 때 변호하지 말라. "이에 제자들이 나아와 이르되 바리새인들이 이 말씀을 듣고 걸림이 된 줄 아시나이까. 예수께서 대답하여 이르시되 심은 것마다 내 하늘 아버지께서 심으시지 않은 것은

하나님의 오순절 번갯불

뽑힐 것이니, 그냥 두라 그들은 맹인이 되어 맹인을 인도하는 자로다 만일 맹인이 맹인을 인도하면 둘이 다 구덩이에 빠지니라 하시니"(마 15:12-14). "그들을 홀로 두라"는 것은 어떤 경우에도 우리 구세주의 충고이다. 살아가면서 증거하고 성령의 체험을 확산시키는 것을 계속하라. 그러면 하나님이 그들을 뿌리 뽑으실 것이다. 또한 그들은 눈먼 추종자들과 함께 저들이 다른 이를 위해 파놓은 "구덩이에 빠질" 것이다. 그렇지만 이것은 그들이 받아야 마땅한 경고와 비난을 금하는 것이 아니다. 하나님이 그렇게 하도록 인도하셨을 때에는 그리스도와 바울도 그들에게 경고하고 비난하였다. 비록 양들을 보호하는 울타리를 넘어 울부짖을 때 가라앉힐 수는 없을 지라도, 늑대가 양을 훔치려는 노력은 필시 좌절될 것이다. 오늘날 기독교라고 이름붙인 것들에서 보이는 수많은 결함은 기독교가 너무나 은혜로워서 늑대를 폭로하고 고발할 수 없다는 것이다. 심지어 늑대가 화나면 늑대에게 사과하기까지 한다. 진정한 오순절 사역자는 늑대를 폭로하고 이들의 소름끼치는 아우성 소리가 오순절의 하늘을 찢었을 때처럼 지금도 늑대를 불편하게 해야 할 것이다.

그들로부터 돌아서라. 바울은 디모데에게 그들을 폭로하면서(딤후 3:5) "이 같은 자들에게서 네가 돌아서라."라고 말한다. 그런 사람들에 대한 하나님의 목적은 하나님의 백성이 총수입과 청중수를 증가시켜서 그들을 이기는 것이 아니다. 그들은 너무 탐욕스럽기 때문에 도리어 하나님의 사람들이 그들에게 협력하지 않고 돌아섬으로써 그들의 행로가 위험함을 경고하려는 것이다. 하나님의 사람들은 오순절 사기꾼들이 거짓 추종자들에게나 혹은 텅빈 신도석에서 예언하도록 하라는 하나님의 지시를 받았다. 다윗은 시편에서 말할 때 마음속에 이러한 생각을 분명히 가지고 있었다. "허망한 사람과 같이 앉지 아니 하셨사오니 간사한 자와 동행하지도 아니하리이다. 내가 행악자의 집회를 미워하오니 악한 자와 같이 앉지 아니하리이다." 충성스런 사람은 배반자들의 정체를 모른다면 몰라도 그들의 진영에서 안락함을 느낄 수 없다. 영적인 배신자를 돕는 것이 정치적인 적을 돕는 것보다 더 나쁜 일이다. 사역에서 하나님을 반역하는 것은 지옥과 같은 어두운 죄를 범하는 것이다. 전능하신 하나님의 천둥번개는 이러한 죄를 짓는 모든 사람 위에 떨어지며, 또한 알면서도 그들을 지원하는 사람들에게도 떨어질 것이다.

강력한 화재경보를 유지하라. 늑대들은 불을 두려워한다. 불이 그들을 좌절시키고 성나게 하기 때문이다. 불의 보호 아래 있을 때에는 늑대로부터 안전하다. 성령세례와 불세례는 영적인 늑대들에 대한 하나님의 안전장치이다. 영적 늑대들은 그것들을 두려워한다. 그들은 불세례를 도깨비 불, 열광주의 등 필사적으로 온갖 종류의 이름으로 부를 것이다. 그러나 영적인 불은 늑대들의 본성을 폭로하고 그들의 계획을 쳐부술 것이며 그리하여 그들의 파괴행위로부터 교회를 구할 것이다. 거룩한 불이 타오르도록 유지하라.

이러한 사기꾼들이 성서시대에만 있었다는 주장은 마귀의 계략이다. "같은 일에 대해 동일한 것들은 각각에도 동일하다." 그때 당시나 지금이나 사기꾼들 부류에 대한 하나님의 묘사는 공통적이다. 그러므로 서로 같은 것이다.

예언서가 오순절 사기꾼들이 아주 많이 생길 것이라고 하였는데 이 예

하나님의 오순절 번갯불

언은 이루어졌다.

자신이 돌보는 사람들에게 경고하지 못하는 사역자들은 엄청난 죄를 짓는 것이다.

하나님의 사람들은 반드시 지금 말한 것에 대해 참되어야 한다. 그렇지 않으면 정죄받을 것이다.

늑대 가족들과 그들의 옹호자들은 다음과 같은 그럴 듯한 궤변 뒤에 숨으려고 한다.

1. "성서는 말한다. '비판하지 말라.' 이 말씀으로 또한 모든 사람은 판단받는다." 성서는 결코 비판 그 자체를 부정하지 않는다. '비판하지 말라'는 것은 사실들이 제대로 알려지지 않았을 때 잘못된 동기를 추정하는 것, 혹은 그 결과가 인식되지 않았을 때 비난하는 것을 금지한 것이다. 그러나 구세주는 명백히 이러한 부류의 사람들에게 "그들의 열매로 그들을 알리라," 라고 선언하셨다. 그리고 그의 양들에게 그들을 "경계하라."라고 명령하셨다.

2. "그런 행동은 무자비하다." 그때도 예수님은 이런 말을 위반하는 죄를 범하셨다. 그래서 범죄를 폭로한 모든 사람들은 비난받을 것이다. 진정한 자비란 호랑이를 쏘아서 위험에 처한 희생자를 보호하는 것이다.

3. 그들은 또한 마태복음 23장 2, 3절을 보호벽으로 만들려고 한다. "서기관들과 바리새인들이 모세의 자리에 앉았으니, 그러므로 무엇이든지 그들이 말하는 바는 행하고 지키되 그들이 하는 행위는 본받지 말라 그들은 말만 하고 행하지 아니하며." 그들은 이 계명에 대

한 문자적인 순종이 예수님을 거부하고 많은 다른 사악한 행동들로 이끈다는 것을 잊는다. 초기 기독교는 서기관과 바리새인들의 충고를 직접 위반하면서 오순절 진리를 선포하고 가르쳤고, 그들의 면전에 대담한 선언을 던졌다. "하나님 앞에서 너희의 말을 듣는 것이 하나님의 말씀을 듣는 것보다 옳은가 판단하라. 우리는 보고 들은 것을 말하지 아니할 수 없다 하니"(행 4:19-20).

4. "경고가 분열을 야기할 것이다." 경고하라고 명령하신 하나님이 그 결과를 돌보실 것이다. 그러한 경고는 틀림없이 경건과 실천 위에 세워진 신약성서에 근거한 교회들을 증가하도록 만들 것이다. 또한 현재 교회가 없는 곳에는 그러한 교회를 세우게 될 것이다. 만약 기독교인들이 이 문제에 대한 성서의 충고를 마음에 새긴다면, 오순절 사기꾼들의 회중이 점차 감소할 것이고, 오순절 선포자들의 회중은 더욱 증가할 것이다. 왜 아니겠는가? 형식적이고 세속적인 고백자들이 오순절 사기꾼들에 대한 지원과 돌봄을 멈추고 돌아설 것이다. 하나님께서는 하나님의 백성들이 오순절 선포자들과 더불어 그렇게 철회하는 것에 대하여 분명히 보상하실 것이다.

오순절 사기꾼들을 변호하는 사람들이 요구하는 대로 그들의 권위를 인정하는 것은 기독교를 사장시키는 것이고, 오순절을 영적인 묘지로 바꾸는 것이다. 또 그리스도와 사도들의 모범을 십자가에 매다는 것이며, 그러한 일을 반대하라고 계속 명하신 계명을 어기는 것이다.

사탄은 기독교 강단에 자신의 요원들이 지위를 차지하고 유지하도록 하려고 비슷한 종류의 수많은 궤변들을 늘어놓는다. 신자들이 취할 수 있

하나님의 오순절 번갯불

는 유일하고도 참된 길은 성서를 따르는 것과 하나님께 충성하는 것이다. 이 점에서 타협하는 사람들은 자신들의 경험을 잃어버리게 되고 자신들을 파괴하는 악마적인 소행에 참여하는 것이다.

하나님께서 믿음과 거룩한 불로 충만하게 우리를 지키시고, 그분의 완전한 뜻으로 구원하시고 성결케 하시고 보전하시고 인도하시기를 간구한다. 그러면 우리는 의무의 길을 뒤바꾸려는 마귀의 모든 장치들을 간파할 수 있고 "우리를 사랑하시는 분을 통해 정복자보다 더욱 능력"있게 될 것이다.

내가 영혼을 죽이는 지옥의 앞잡이들의 특징, 행위, 운명을 깊이 숙고할 때, 그들의 무서운 운명에 대한 그림이 내 앞에 나타났다. 그들 중 한 사람의 경험으로 그들 모두 위에 막 떨어지려는 내용을 생생하게 묘사할 수 있다.

내가 본 것은 그 사람이 침대 위에서 죽어가고 있는 모습이었다. 귀중한 모든 기회들을 소홀히 여긴 그의 과거가 무서운 악몽처럼 그를 따라다니며 괴롭힌다. 한층 더 끔찍한 미래에 대한 공포로 인해 그의 영혼은 절망스러워 한다. 의무를 무시하고 영혼들을 기만하고 하나님을 배신한 고통스러운 기억들이 거의 미치도록 그 사람을 괴롭힌다.

"무서운 소리가 귀에 들리고," "그가 평안할 때에 멸망시키는 자가 그에게 이르리니," "환난과 역경이 그를 두렵게 하며." 이 땅의 삶이 허무한 실처럼 갑자기 끊어지고 절망과 공포로 인한 격노한 부르짖음과 함께 그의 영혼이 그의 몸을 빠져나가 무서운 죽음으로 떨어진다. 고통스런 그 영혼이 타락한 영혼들의 무시무시한 구덩이 속으로 떨어지고, 그 구덩이

〈세 마귀들이 맴돌다〉

는 최후의 심판 때에 그 영혼이 선고받을 때까지 머무는 처소가 될 것이다. 그가 도착할 때, 그를 마중하는 대혼란이 일어난다. 사탄은 그의 왕좌에 앉아 큰소리로 외칠 것이다. "보라, 어두운 세상의 전쟁터에서 온 나의 가장 성공적인 장군들 중의 한 사람이다." 그때 나는 거대한 합창이 울리는 소리를 들은 것 같다. "알코올은 천 명을 죽였고, 욕망은 만 명을 죽였으나 이 선포자들과 공모자들은 수백만 명을 죽였다."

음산한 왕국에서 악마적인 환대를 하는 동안 잠시 나는 그의 영혼을 떠나서 그의 집이 있던 장소로 돌아왔다. 그 장소는 그가 오랫동안 설교했던 현장이었다. 그를 기념하여 존경심을 표하고, 그에게 애도하려고 거기에 모인 많은 사람들 가운데서, 교회와 국가에서 높은 정치적 지위를 차지하고 있는 한 사람을 보았다. 인간이 줄 수 있는 마지막 관심을 기다리며 그의 몸이 누워있는 그 넓은 공간 속에서 세 악마의 영혼들이 맴돌고 있었다. 그 하나의 이름은 세상(World)이고 두 번째는 육신(Flesh)이며 세 번째는 그의 검정 날개로 관을 가리고 있는 악마(Devil)이다.

세상은 흐느끼며 말한다. "그는 나의 가장 진실한 친구였다. 죽음이 얼마나 힘들게 우리를 갈라 놓았는지." 육신은 속삭인다. "내가 얼마나 그를 아꼈는데.", "그는 언제나 내가 원하는 것에 굴복하였다." 사탄은 그런 장군 하나를 잃은 것에 탄식하지만, 아직도 그의 승리에 대해 의기양양해 하면서 말한다. "그는 나를 잘 섬겼다." 사탄은 나를 의심스러운 눈으로 보며 말했다. "너는 여기에서 섬김 받지 못할 것이다." 호기심에서 나는 장례식의 마지막 순서까지 근처에서 머물렀다. 나는 값비싼 관을 따라가는 많은 무리들을 본 것 같다. 그 무리들은 형식 박사(Dr. Formality),

세속성 박사(Dr. Worldless), 아첨 박사(Dr. Flattery), 자기 의 박사 (Dr. Self-Righteousness), 자기본위주의 박사(Dr. Egotism), 사기 박사(Dr. Deception)에 의해 생겨난 것으로, 모두 고인의 좋은 친구들이다. 그때 위선 박사(Dr. Hypocrisy)의 팔에 기대어 그 사람의 부인과 고인의 쌍둥이 형제가 뒤따른다. 그들은 교만씨 부부(Dr. and Mrs. Pride)와 안일한 도덕씨 부부(Dr. and Mrs. Loose Morals), 헛됨씨 부부(Dr. and Mrs. Vanity), 세상사랑씨 부부(Dr. and Mrs. Love the World), 그들의 가까운 모든 친척들, 그리고 내가 시간이 없어서 기록하지 못한 수많은 이름들이 애도하는 자들 중에 있다. 그때 그가 속했던 여러 동호회들과 장례식을 담당한 한 사람이 왔다.

고인의 삼촌인 타협 박사(Dr. Elymus Compromise)는 장례식 설교를 부탁받는데, 그 지역에서 가장 인기 있는 설교자이다. 그들은 바울 또는 웨슬리에게나 적합한 찬양을 불렀다. 그 본문은 디모데후서 4장 7절이었다. "나는 선한 싸움을 싸우고," 그 본문이 공포되고 "하나님의 종, 훌륭했다"는 찬양이 불렸을 때, 사탄은 자기 마음에 맞는 희극을 즐기듯이, 험악하고도 즐거운 표정을 드러냈다. 사탄은 아마 이렇게 말했을 것이다. "나는 이러한 마지막 장면을 위해서라면 내 최고의 일꾼을 잃어도 문제가 되지 않는다."

고인이 모든 미덕을 구현한 사람으로 칭송된 후에, 그의 영혼은 "하늘의 웅장한 집에 놓이고 그의 몸은 그 마지막 쉼터에 놓였다."

내가 새롭게 만들어진 묘를 마지막으로 보려고 돌아왔을 때, 그 묘석 위에는 깜짝 놀랄 말이 적혀 있으리라 상상되었다.

하나님의 오순절 번갯불

"그는 지옥의 부활을 기다리고 있다."

나는 갑자기 하늘이 열리고 예수가 나타나심을 본 것 같다. 이 세상의 구원자는 세마포를 입은 영광스러운 무리들과 함께 타오르는 불길 속에서 하나님을 모르는 자들에게 복수하기 위해, 그리고 기쁨으로 영원히 이 세상을 다스리기 위해 나타나셨다.

오순절 사기꾼들은 자신들이 배반했던 수많은 사람들의 불타는 비난 아래, 그들이 잘못 전한 복음의 주님의 영광스런 빛 아래, 무시무시한 두려움에 질려서 주께서 나타나신 현장에서 도망치고자 한다. 예레미야가 길게 예언하였던 그날이 임했다. "너희 목자들아, 외쳐 애곡하라. 너희 양 떼의 인도자들아, 잿더미에서 뒹굴라. 이는 너희가 도살당할 날과 흩음을 당할 기한이 찼음인즉 너희가 귀한 그릇이 떨어짐 같이 될 것이라. 목자들은 도망할 수 없겠고 양 떼의 인도자들은 도주할 수 없으리로다. 목자들이 부르짖는 소리와 양 떼의 인도자들이 애곡하는 소리여, 여호와가 그들의 초장을 황폐하게 함이로다." 그들이 두려워하는 최종적이며 고통스럽고 절망스러운 운명이 가까이 왔다. "짐승이 잡히고 그 앞에서 표적을 행하던 거짓 선지자도 함께 잡혔으니 이는 짐승의 표를 받고 그의 우상에게 경배하던 자들을 표적으로 미혹하던 자라. 이 둘이 산 채로 유황불 붙는 못에 던져지고 "(계 19:20).

사탄의 미혹을 받아 기꺼이 사탄의 앞잡이 되었던 그들이 도리어 사탄의 조롱을 받으며, 그들의 불신으로 인해 천국과 그 영원한 즐거움을 상실하고 지옥에 떨어져 말할 수 없는 고통을 당하는 수많은 영혼들에게 저주받는다.

지상에서는 사탄이 투옥된 시기(계 20장)가 빠르게 지나가지만, 그러나 타락한 자들의 동굴 속에 수감된 영혼들에게는 영원한 순환처럼 느껴질 것이다.

마지막 심판이 다가온다. 그 장면들은 대단히 웅대하고 두렵고도 갑자기 놀라게 하여 준비되지 않은 모든 이들을 섬뜩하게 한다. 충돌하는 세상의 울림, 천사의 외침, 죽음의 나팔과 죽은 자들의 절망적인 부르짖음이 들리는 것 같다. 마치 최후 심판에서 심판의 목소리가 지금 보좌로부터 들려오는 것 같았다. 무덤들이 열리고 죽은 자들이 갑작스레 소환 받고 저항해도 소용없이 최후 선고를 듣게 된다.

심판의 오른편과 뒤편을 볼 수 있는 곳에서, 나는 하늘의 영들을 보았는데, 이들은 이 공포스런 광경을 지켜보기 위해 세상 각지에서 모여들었다. 보좌에 가장 가까운 천군 천사들의 꽃은 하나님의 참된 사역자들과 보혈로 씻김 받은 무리들로서 이들은 지상의 전투에서 하나님을 위해 승리한 자들이다. 구세주 왕은 지상에서 고통을 당한 그들에게 오라비의 죽음을 애도하는 마리아에게 하신 것 같이 달콤하고 부드럽게 말씀하시고 또한 무한한 공간을 채우고 있는 우주 전체보다도 그들을 더 환영하시면서 말씀하신다. "내 아버지께 복 받을 자들이여, 나아와 창세로부터 너희를 위하여 예비된 나라를 상속받으라." 천사의 수호와 영원한 기쁨의 노래가 그들의 머리 위에 흐르자 그들이 하늘의 보상과 약속을 향해 날아가서 받아 온 모든 것을 펼치니 즐거움과 영광, 명예, 그리고 영원히 유용한 것들이었다. 오! 심판의 보좌 그 왼편에는 말로 형용할 수 없는 광경이다!

하나님의 오순절 번갯불

홍수와 지진과 기근과 불의 모든 참사와 지상에 펼쳐진 고통은 속임 받고 속이는 자들의 말로 표현할 수 없을 정도로 괴로운 광경에 해당한다. 그들은 지금 자신들이 채운 쓴 잔을 마셔야만 한다. 그들은 자기들 위에 떨어진 바위들과 산들에게 그들이 깨뜨렸던 하나님의 법, 그들이 왜곡했던 하나님의 복음, 그들이 박해하고 속인 하나님의 성도들과 그들이 일축해버린 하나님의 약속들과 경고들로부터 숨게 해달라고 간청한다. 그곳에서, 그때의 고통 속에서 몸부림치는 모든 타락한 영혼들 가운데서 죄책감이 없는 사람들은 오순절 사기꾼보다 더 엄청나고 심하게 처벌받는다.

지상의 군중들을 속였던 동일한 사기의 정신으로 대담하고도 도전적인 그들은 뻔뻔하게 여기에서조차 창조주를 속이려 할 것이다. 이들은 자신들이 오랜 유배를 받을 것이라는 매우 당연한 최후 선언이 공표되자마자 일어서서 말한다. "주여, 주여, 우리는 당신의 이름을 통해 예언하였으며 당신의 이름을 통해 사탄을 내쫓았고 당신의 이름을 통해 많은 전능한 일들을 하지 않았습니까?" 이렇게 하여 그들은 자신들에 대해 기록된 말로 자신들의 악명을 널리 알리는 꼴이 된 것이다. 그래서 그들은 그들의 파멸이 취소되었다면 하늘과 그 오른편을 분노케 했을 그 정의에 최종적인 봉인을 치게 된다.

그 다음엔 심판대로부터 그들이 오랫동안 두려워한 마지막 판결이 따른다. "나를 떠나 마귀와 그 사자들을 위하여 예비된 영원한 불에 들어가라." 하늘의 집행부가 재빠르게 그들을 영원한 죽음의 문에 집결시킨다. 그들 뒤에 있는 영원한 불의 맹렬한 불길이 환영하려고 뛰어올라 그들을 괴롭힌다. 죽음의 문들이 단단한 돌짝을 연 다음에는 영원히 닫힌다. 아래로 아래로 아래로 격렬한 흥분상태로 가라앉으면서 그들은 자신과 서로와 창조주를 저주하고, 또한 자신들을 도구로 이용한 사탄을 저주하며 사탄의 희생자로서 "구더기도 죽지 않고 불도 꺼지지 않는 곳"에서 영원히 처벌받는다.

출판을 위해 이 책을 준비하는 동안 "불로 응답하신 하나님"이 그 자신의 마음을 말씀하셨을 뿐만 아니라, 또한 우리의 일과 더불어 "오순절 설교자"의 도움으로 부흥이 진전했다는 것이 필자에게 엄청난 위안이 되었다. 우리는 넉 달 동안 매일 두 가지 예배를 드렸다. 많은 이들이 이 책에서 강조한 구원의 경험 속으로 휩쓸려 들었다. 우리의 "종교서적 보급원"인 성결 도서는 많은 사람들의 축복 속에서 발행되었다.

필자에게는 서신교환과 또 다른 직무들도 있어서, 책을 저술하는 일의 노동 강도가 심한 압박이 되었다. 그러나 예수님은 이 모든 것을 통해, 놀랍게 도우시고 주도하시며 밝혀주셨다.

"양들의 큰 목자이신 우리 주 예수를 영원한 언약의 피로 죽은 자 가운데서 이끌어 내신 평강의 하나님이 모든 선한 일에 너희를 온전하게 하사 자기 뜻을 행하게 하시고 그 앞에 즐거운 것을 예수 그리스도로 말미암아 우리 가운데서 이루시기를 원하노라 영광이 그에게 세세무궁토록 있을지어다." "아멘."

하나님의 오순절 번갯불

『하나님의 오순절 번갯불』 깊이 읽기

홍용표 박사
(서울신대)

마틴 냅(Martin W. Knapp)의 본서는 19세기 말엽 "성결 오순절적 삶과 신학 요소들"을 다루어 성결 오순절 신학의 효시가 되었다. 냅은 이 책에서 사도행전적인 성령 세례(성결) 및 성령충만을 중심으로 오순절 성령론적 세계관을 다루면서 그의 주요한 12가지 논점들을 다루었다. 독자들은 먼저 냅이 스스로 표현한대로 "과중한 압박 가운데" 책을 집필하며 살던 당대 미국의 지역적, 사회문화적, 복음주의 신앙적, 영적 배경과 그 실상을 알아야 한다. 냅이 살던 시대를 이해할 때 독자는 이 책이 제안하는 급진적이고 강력한 메시지의 의미를 바로 파악할 수 있게 된다.

첫째, 냅은 미시간 시골 지역과 신시내티 도시 지역에서 성장하고 살았다. 미시건 호숫가의 천둥 번개와 새롭게 성장하는 신흥도시 신시내티의 빈민지역에서의 체험이 그가 자주 인용하는 다양한 삶의 예화들과 연관되어 있다. 냅은 미시간 주에 있는 커다란 호수 인근의 농장 지역에서 빈곤하게 자랐다. 그가 신시내티로 이주할 때는 신학적 자유주의 내지 사회복음의 등장에 대하여 복음주의 진영의 공격이 예리하여, 세대주의와 근본주의가 싹틀 때였다. 이 책은 그 모든 급변하는 상황에서 냅 스스로 오순절 세계관을 자신의 사역과 신학, 신앙에 비추어 정리한 체계적이며 초교파적인 복음주의 논점과 주제들이다. 이 책은 한 마디로 자유주의와 복음주의가 충돌하는 신학사적 배경과 그 실질적인 상황에서 산출된 체험적 부흥과 선교 운동 뿐 아니라 실행적인 복음주의 신학을 체계적으로 정리한 것이다.

둘째로, 이 책은 개인적 글이나 편지라기보다는 그의 초교파적 복음주의 신앙지「부흥자, The Revivalist」에 정리해 내보낸 공개적 논의의 주요 내용이었다. 그는「부흥자」의 독자들로부터 성결 오순절 신앙과 교리에 대해 질문 받은 것을 「부흥자」에 게재하거나 편지로 답하였다. 바꾸어 말하면 이 책은 독자들의 질문에 대해 진지하게 응답하면서 대중으로부터 사전에 최소한의 검증을 받은 내용들로 구성된 것이다.

셋째, 냅은 부흥회와 영성훈련 수양대회 등에서 전한 핵심 메시지를 이 책에 정선해 싣고 있다. 오순절적 회심, 부흥, 성령세례, 성결, 신유, 재림, 헌금, 가정, 설교, 사기꾼 목자 등이 그런 것들이다. 이 책은 복음주의가 말하는 맥락에서 복음의 다중적인 측면을 요약하고 있다. 그래서 단순히 사중복음 순서에만 치우치기보다는 성령 체험과 전도 위주, 그 이상의 오순절적인 순전한 복음이 교회 안에서 부상되어야 하는 주제들로 구성하였다. 그는 전업 부흥사로서 기존 교회들의 형식적, 외식적, 세속적 신앙을 가차 없이 예언자적으로 비평한다. 전도자 냅은 내성적인 사람이었다. 그러나 그가 부흥회와 수양회 중에 기성교회 지도자들을 비평할 때에는 날카롭고 직설적인 화법을 사용했다. 예언자적인 냅은 보수와 진보 양 진영 신앙인들의 생활 일화를 변증과 비평 차원에서 자주 사용한다. 이는 그의 청중이었던 농촌 보수파, 진보적인 이민자나 도시 빈민가 청년들의 잘못된 비전을 시정하기 위해서였다.

넷째로, 부흥사들과 예언자적 사명자들 사이에서 연합체의 주동자로 부각된 냅은 성결 오순절 연합 모임들의 지도자로 성경적, 목회적, 선교적 캐논과 매뉴얼(정전과 교본)을 제시한다. 냅은 깊은 영성을 기치로 수 천 명의 지도자가 모이는 수양대회의 리더로, 선구적인 신앙지 「부흥자」를 25,000부나 회람시키는 출판가로, "성경으로 돌아가자"는 성서학교인 '하나님의 성서학원과 선교사 훈련원' 초대 교장으로, 또한 만국성결교회 창립자로서의 역할을 충실하게 감당했다. 따라서 이 책은 성결 오순절 운동의 캐논적, 매뉴얼 성격이 강하고, 결국은 이 책으로부터 만국성결교회 헌장과 오순절교회 헌장들이 나왔음을 기억해야 한다.

다섯째로, 이 책이 제안하는 신학은 오순절 성령 역사를 강조하는 사도행전적인 부흥 성결신학이고, 전통적인 바울서신이 말하는 바울신학은 부차적인 것이다. 그는 부흥도, 전도도, 구제도, 목회도, 선교도, 신학도 성경적이며, 오순절적이며, 동시에 우주적이어야 함을 강조한다. 그래서 이 책이 목표하는 바는 오순절적(누가신학의), 우주적 성령이 역사하여 이방인이나 불신자나 또는 잃어버린 신자들을 회개시키고, 신앙인의 부흥과 전도와 성령체험을 통한 급격한 오순절적 변화에 중점을 둔다.

여섯째로, 냅에게 성경과 찬양은 필수이었으니 만큼 이 책에는 많은 성경구절과 찬양이 그의 메시지를 증빙하고 요약한다. 이 책에 나타나는 성구는 성경적이며 복음적인 그의 사상을 반영한다. 또한 찬양은 「눈물과 승리가」와 「성경적 구원 승리가」에서 선별된 것이다. 냅의 찬양은 직관적 순간적 성령의 감동과 지시를 감동적인 설교와 영적 찬양으로 표출한다. 그는 생생한 찬양을 통해 역사적으로, 영적으로, 예언적으로, 선포적으로, 그리고 명령적으로 복음 메시지를 해석하고 적용한다. 따라서 냅이 오순절 찬양에서 보여주는 해석과 적용은 이지적이며, 논리적이며, 합리적인 것을 초월하여, 성령론적이며, 감흥적일 때가 많다. 이런 그의 오순절 찬양은 치유적이며, 카타르시스적이며, 사명부여적이며, 전도와 선교 동기를 유발하려는 긍정적이며, 적극적인 권장 표현법이 사용되기도 하였다.

일곱째, 냅이 당대 미국의 첨단 기술과 정보문화를 감안하여 활용한 소통과 인쇄 기법은 혁신적이었다. 이 책의 미국판 원본 겉표지에 그려진 번개와 나무를 금박 칼라로 인쇄한 것과 매 장 마지막에 제공된 생생한 판화 그림들은 각 장이 전하는 메시지를 생생하게 요약한다. 이 책에 나타난 냅의 도표와 패러다임 요약은 확실히 당대 신세대들과의 소통에 크게 도움을 주었다.

여덟째, 냅의 청교도 사상과 윤리는 청교도적 교회, 미국적 국가관 및 생활상과 연관이 있다. 이는 냅의 선조가 미국의 남북전쟁 당시 참전하여 전사한 집안이란 점과 맥을 상통하는 부분이다. 결국 이 책은 미국이 곧 가나안 땅이라는 당대의 아메리칸 드림과 직간접적인 관련이 있다. 냅은 이 책을 통해 오순절을 체험한 기독교인의 자유와 평화, 사회에 대한 개인 책임을 전제한다. 냅이 진술한 국내 목회와 선교 현장에 대한 오순절적인 해석에는 미국 사회의 실용주의가 그대로 배어있다. 당시 이민자들이 급증하던 미국 사회에서는 당장 필요한 것을 빨리 처리하는 것(번갯불 같은 체험, 치유와 처리, 순간적인 즉흥 해결)이 시급했다. 이에 더하여 당시 세계의 선교 현장은 주의 재림이 급박하니 성령 받은 현지인들을 지체 없이 투입해야 하는 지도력이 절대적으로 필요했다. 냅은 이 부분들을 이 책에서 자주 호소하고 있다.

아홉째, 냅은 당시 성결 오순절 저자들과는 달리 자기가 인용한 글의 출처들을 명백하게 밝히고 있다. 예를 들면 성령의 은사 부분에서는 웨든(Whadon), 재림과 선교 부분에서는 고든(Gorden)이 출처가 되었음을 밝히고 있다. 그는 그가 자주 사용한 찬양가사의 출처도 밝히고 있다.

열 번째, 냅은 초교파적 신앙지 「부흥자」 등 많은 책들을 출판했기 때문에, 이 책에서 감리교 창시자 존 웨슬리는 거의 나타나지 않는다. 그는 자기 교단, 감리교 창설자 존 웨슬리를 특별히 부상시키려 하지 않는다. 냅은 오순절적 세계관에서 신흥인 성결-오순절 교회의 성경과 목회와 선교와 상황을 주석하고 석의함에 있어서 오순절적, 즉 누가-사도행전의 성령세례와 성령충만의 역사를 중심으로 해서 나름의 종합적인(연역적, 귀납적, 영적) 방식을 찾아 성경을 해석하였다. 냅의 오순절적 신학은 전통적인 바울이나 웨슬리보다는 주 예수와 사도들의 신흥 오순절적 초대교회의 성령 체험과 역사를 중심으로 성경, 곧 하나님의 말씀 자체에 중점을 두고 있다. 왜냐하면 그는 복음적이고 초교파적이며 글로벌한 차원에서 청중을 부흥으로 인도하는 원초적인 일에 집중하고 있었기 때문이다.

결과적으로 냅의 오순절적 성결교회, 그 신앙 교본과 신학을 현대적으로 적용하자면 다음의 일곱 가지로 의미를 정리할 수 있겠다. 1. 성경적이고 오순절적인 교회의 빈자들에 대한 관심, 2. 불신자 회개와 신자의 정결 체험을 통한 부흥과 참 신앙 실상의 새 패러다임 시대, 3. 주 예수의 부활에 대한 새로운 증거, 4. 성령세례와 성령충만 체험의 긍정적이며 부정적인 의미, 5. 성령 받은 신자의 인격과 도덕적 표현, 6. 증거와 봉사를 위한 성령의 새로운 능력 덧입음 부상, 7. 새 세대의 목양과 선교에서 성령과 성령 받은 자의 지역적 국제적 신뢰와 책임(독립채산 회중제)을 강조한다는 점에서 그 의미가 있음을 볼 수 있다.

냅은 만국성결교회 창립자로 성경과 상황에 대한 오순절적 해석과 적용의 모본을 보여 준다는 점에서 긍정과 부정의 평가 모두 받게 된다. 21세기 성결교회에서 본 긍정적인 평가는 냅의 오순절교회적 성결과 성령충만의 회복, 도시와 농촌의 빈약자들과 비유복자들의 믿음과 삶의 개혁인 순전한 복음, 적극적이고 초교파적이고 글로벌한 선교의 실행이다. 부정적 평가는 아무래도 전통 교회 구조에 대한 과격한 거부, 비관적으로 빈약한 인간의 모습과 대비하여 천상적 삶을 주로 전투적으로 부상시킨 것 등이다.